Ernst Modersohn

Die Frauen
des Neuen Testaments

Hänssler-Verlag
Neuhausen-Stuttgart

CIP-Kurztitelaufnahme der Deutschen Bibliothek

Modersohn, Ernst:
Die Frauen des Neuen Testaments/Ernst Modersohn.–
Neuhausen-Stuttgart: Hänssler, 1982.
  (TELOS-Bücher; Nr. 336: TELOS-Taschenbuch)
NE: GT
ISBN 3-7751-0670-7

TELOS-Taschenbuch 336
© Copyright 1982 by Hänssler-Verlag, Neuhausen-Stuttgart
Überarbeitete Neuauflage
Umschlaggestaltung: Daniel Dolmetsch
Gesamtherstellung: Ebner Ulm

Inhalt

Elisabeth

An der Schwelle des Neuen Testaments, eigentlich noch im Alten Testament, begegnen wir der Gestalt der Elisabeth, der Mutter Johannes des Täufers, des Vorläufers und Bahnbereiters unseres Heilandes. Es ist ein liebliches Bild, das sie uns bietet, wie wir überhaupt unter den Frauen des Neuen Testaments mehr Lichtgestalten begegnen als im Alten Bunde.

Es ist eine köstliche Beschreibung, welche der Heilige Geist durch die Feder des Evangelisten Lukas von Elisabeth und ihrem Manne gibt. Es heißt Lukas 1, 5.6: »Zu der Zeit Herodes', des Königs in Judäa, war ein Priester von der Ordnung Abia, mit Namen Zacharias, und sein Weib war von den Töchtern Aarons, welche hieß Elisabeth. Sie waren aber alle beide fromm vor Gott und gingen in allen Geboten und Satzungen des Herrn untadelig.«

Etwas Größeres kann nicht von einem Menschen gesagt werden, als es hier von Zacharias und Elisabeth gesagt ist: »Sie waren alle beide gerecht vor Gott.« So müssen wir besser übersetzen, denn das Wort »fromm« hat einen anderen Sinn im Laufe der Zeit bekommen. Wer seinen kirchlichen »Verpflichtungen« nachkommt, wer ein regelmäßiger Kirchenbesucher ist, der ist »fromm«. Ja, in manchen Gegenden ist »fromm sein« und »in die Kirche gehen« ein und dasselbe. In meiner Heimat kann man oft am Sonntagmittag die Frage hören: »Wo kommen Sie denn her?« Und die Antwort lautet: »Wir sind fromm gewesen«, d. h., man war in der Kirche.

An einer »Frömmigkeit«, die auf dem Erfüllen sogenannter religiöser Pflichten, auf dem Mitmachen kirchlicher Gebräuche und Zeremonien beruht, ist aber nichts gelegen. Sie hat keinen Wert vor Gott.

Gehen wir auf den Urtext zurück, so finden wir dort auch ganz andere Worte. In dem Wort, das Gott zu Abraham sprach: »Ich bin der allmächtige Gott, wandle vor Mir und sei fromm«, muß es wörtlich heißen: »und sei *vollkommen*«. Und hier in Lukas 1 müssen wir übersetzen: »Sie waren aber alle beide *gerecht* vor Gott.«

Ich besinne mich auf eine Frau, die einst zu mir kam, um mir ihr Leid zu klagen. Sie hatte einen katholischen Mann. Er war ein Trinker. Und wenn er im Trunk heimkam, dann gab es oft Prügel. Nachdem sie das gesagt hatte, fuhr sie fort: »Aber er ist so fromm!« – »So, fromm ist er?« – »Ja, er geht jeden Morgen zur heiligen Messe!«

»Fromm«, »Frömmigkeit« hat immer den Beigeschmack der eigenen Leistung, des eigenen Tuns. Und wenn man seinen Anspruch auf den Himmel auf irgend etwas Eigenes gründet, so ist man auf einem gefährlichen Irrwege!

Zacharias und Elisabeth waren viel mehr als fromm; sie waren »gerecht vor Gott«.

Es gibt verschiedene Arten von Gerechtigkeit. Die am meisten verbreitete ist die Selbstgerechtigkeit. Man hält sich für gerecht; man bildet sich ein, man sei gerecht – weil man sich nicht kennt, weil man keinen Einblick hat in sein sündiges Herz. Das ist sehr traurig, wenn jemand in dieser eigenen Gerechtigkeit steckt. Denn wer sich selbst für gerecht hält, der braucht keinen Heiland, der ist sich selbst genug. Und der geht mit seiner eingebildeten Gerechtigkeit in die Hölle! Ach, oft sehen schon andere Menschen, daß es mit der gerühmten Gerechtigkeit nicht weit her ist, und dabei meint man, mit ihr vor Gott bestehen zu können, vor dem heiligen Gott, der Augen hat wie Feuerflammen! Welche Verblendung ist das doch!

Andere haben vielleicht eine etwas bessere Gerechtigkeit. Sie halten sich nicht nur selbst für gerecht, sie werden auch von andern dafür gehalten. Es ist ihr Stolz und ihr Ruhm: »Mir kann niemand etwas nachsagen. Ich habe immer ein ordentliches, ehrbares Leben geführt.« Es mag sein, daß Menschen wirklich nichts auszusetzen haben an deinem Leben; aber bist du damit schon gerecht *vor Gott*? Kannst du dich mit deiner Gerechtigkeit *vor Gott* sehen lassen?

Willst du es wirklich wagen, dich unter die Gäste zu mischen beim Hochzeitsfest des Lammes, wenn du nicht das weiße Kleid der Gerechtigkeit Jesu Christi anhast? Wie wird es dir gehen, wenn der Herr kommt, um Seine Gäste zu besehen? Wehe, du wirst hinausgeworfen in die äußerste Finsternis!

Wie wird man gerecht vor Gott? Das sagt uns die Geschichte Abrahams. »Abraham glaubte an Gott, und das rechnete Er ihm zur Gerechtigkeit.« Gott hatte Abraham das Versprechen einer großen Nachkommenschaft gegeben. Es war – menschlich gesehen – sehr unwahrscheinlich, ja geradezu unmöglich, daß dies Wort in Erfüllung gehen würde; denn sowohl Abraham als auch Sara waren beide alt und hochbetagt. Aber so unwahrscheinlich es auch war – Abraham glaubte dem Worte Gottes.

So lebten auch Zacharias und Elisabeth in einfältigem, kindlichem Vertrauen auf Gott. Und das rechnete Er ihnen zur Gerechtigkeit.

Auf keine andere Weise können wir die Gerechtigkeit erlangen, die vor Gott gilt, als durch den Glauben. Nur daß wir es noch leichter haben als Abraham oder als Zacharias und Elisabeth. Jene glaubten an das gesprochene Wort. Wir aber können an das fleischgewordene Wort glauben, an unseren Herrn Jesus Christus. »Wer an den glaubt«, sagt Paulus, »der ist gerecht.«

Bist du gerecht *vor Gott*? Begnüge dich nicht mit einer eingebildeten und selbstgemachten Gerechtigkeit. Du wirst sonst eine furchtbare Enttäuschung erleben am Tage der Ewigkeit! Ruhe nicht eher, als bis du mit Paulus sagen kannst: »Nun wir denn *sind gerecht geworden* durch den Glauben, so haben wir Frieden mit Gott durch unsern Herrn Jesus Christus.«

Aber damit ist das Lob der beiden gesegneten Alten noch nicht erschöpft. Es heißt weiter: »Und gingen in allen Geboten und Satzungen des Herrn untadelig.«

Was bedeutet das?

Wenn Gottes Bleistift von Zacharias und Elisabeth die Worte niederschreibt: »Sie gingen in allen Geboten und Satzungen des Herrn untadelig«, so ist es wirklich so gewesen. Der Heilige Geist übertreibt nicht, wie wir Menschen es so gern tun, sondern Er sagt stets die volle, ganze Wahrheit.

Es ist etwas Großes, was dieses Wort sagt. Es kann nichts Größeres von einem sterblichen Menschen gesagt werden. Sie lebten »untadelig« und »in allen Geboten und Satzungen des Herrn«. Wenn sie »untadelig« waren nach dem Urteil Gottes, dann müssen sie ein heiliges, gottgefälliges Leben geführt haben, das ist gewiß.

Wie konnten sie aber so ein Leben des Wohlgefallens führen?

Ein Gedanke war zu jener Zeit in Israel wach geworden in vielen Herzen: der Gedanke, daß der Messias bald kommen würde. Ein Sehnen ging durch manches Herz: »Hüter, ist die Nacht bald hin?« Es gab viele, die in jenen Tagen auf den »Trost Israels« warteten. Da war der greise Simeon, dem Gott die Versicherung gegeben hatte, er solle nicht sterben, ohne zuvor den Messias gesehen zu haben; da war die liebe alte Hanna und die Jungfrau Maria in Nazareth; da waren etliche Hirten zu Bethlehem; da war der fromme Ratsherr Joseph von Arimathia (Lk 23, 51); kurz, überall im Lande gab es solche Leute, die aus der finsteren Gegenwart den Blick in eine hellere Zukunft richteten und auf den kommenden Herrn warteten. Zu diesen, die voll Sehnsucht nach dem Messias ausschauten, gehörten auch Elisabeth und ihr Mann.

Wer aber auf jemand wartet, der hält sich bereit, der rüstet alles zu, damit alles fertig und in Ordnung ist, wenn der Erwartete kommt. So hielten auch Zacharias und Elisabeth ihr Herz und Haus in Bereitschaft für den Herrn. »Wer eine solche Hoffnung hat, der reinigt sich«, sagt die Schrift. Sie wußten nicht, *wann* der Messias kommen würde, darum hielten sie sich stets zu Seinem Empfang bereit.

Wenn schon diese beiden gesegneten Menschen Kraft und Gnade hatten, einen untadeligen Wandel zu führen, sollten wir es nicht auch vermögen? Ja, sollten wir es nicht viel mehr vermögen als sie?

Der Messias, auf den sie warteten, ist gekommen. Wir brauchen nicht mehr auf den Heiland der Welt zu warten. Er ist längst im Fleisch erschienen. Er hat Sein Blut vergossen, um die Welt mit Gott zu versöhnen. Er ist auferstanden und gen Himmel gefahren; Er hat Seinen Heiligen Geist gesandt, daß wir in Seiner Kraft ein neues Leben führen können. Der Heiland ist ganz für uns da; Seine Kraft steht uns zu Gebote; Seine Gnade reicht für uns aus.

Und doch gibt es so wenig Gotteskinder, die »in allen Geboten des Herrn untadelig« wandeln! Man sagt einfach: So ein Leben zu führen, ist ein Ding der Unmöglichkeit, das kann kein Mensch. Unser Leben lang bleiben wir arme Sünder. – Ist das wirklich wahr? Müssen wir unser Leben lang Sklaven der Sünde bleiben – heftig, jähzornig, eitel, empfindlich, unrein, neidisch? Wenn das der Fall ist, wozu hat dann Christus das Opfer von Golgatha gebracht? Warum hat Er dann Sein teures Blut vergossen? Um Sklaven unseres Temperaments zu bleiben, dazu brauchen wir keinen Heiland, das können wir ganz gut allein.

Ach, man macht so wenig Gebrauch von der Gnade. Man nimmt nicht aus Seiner Fülle. Man rechnet nicht mit der vollbrachten Erlösung. Darum ernährt man auch ihre Kraft nicht.

Heute wie in den Tagen der Elisabeth liegt eine besondere Kraft in dem Gedanken: Der Herr kommt. So wie Elisabeth auf die Ankunft des Erlösers wartete, so warten wir auf Seine Wiederkunft. Es geht wie ein Aufwachen durch die Reihen des Volkes Gottes. Die Zeichen der Zeit deuten darauf hin, daß der Tag des Herrn nahe ist.

Wer nun auf den Herrn wartet, der hält sich bereit, weil wir weder Tag noch Stunde wissen. Die hat ja der Vater Seiner Macht vorbehalten. Wir müssen immerdar bereit sein, sonst kommt Er eines Tages unerwartet – und wir sind nicht bereit!

Ich bitte, sorge doch dafür, daß kein Bann auf Dir liegt, wenn Er kommt! Ist keine Schuld auf deinem Gewissen, die bekannt und gesühnt werden muß? Und laß dich doch von der Gnade Gottes bewahren, daß du keine neuen Sündenschulden machst – daß du deine Zunge im Zaum halten kannst, die so sehr zu spitzen und unüberlegten Worten geneigt ist, daß du geduldig und sanftmütig bleiben kannst, wenn die Nachbarin dich auch noch so sehr reizt.

Wenn Jesus wiederkommt, dann ist keine Zeit mehr, alte Geschichten ins reine zu bringen. Wenn du es bis dahin aufschiebst, eine Schuld zu bekennen und abzubitten, dann wird es dir gehen wie den törichten Jungfrauen: Du kommst zu spät!

Ich wünschte, der Gedanke an das Kommen des Herrn würde dein Tun und Lassen, dein Handeln und Wandeln bestimmen, dein Leben und Streben beherrschen! Dann würdest du mit größerem Fleiß dem Willen deines Gottes gehorchen und »in allen Geboten und Satzungen des Herrn untadelig« wandeln.

Zacharias und Elisabeth bekamen ein so schönes Lob. Sie bekamen es nicht von Menschen, sondern von Gott selbst. Wie urteilt Gott über dich? Darauf allein kommt es an. Wenn es doch auch von dir heißen könnte: Sie war gerecht vor Gott und ging »in allen Geboten und Satzungen des Herrn untadelig«!

1. *Eine schwere Probe.* Nachdem der Bleistift Gottes so ein schönes Lob von Zacharias und Elisabeth niedergeschrieben hat, folgt der Vers: »Und sie hatten kein Kind; denn Elisabeth war unfruchtbar, und waren beide wohlbetagt« (Lk 1, 7).

Das war eine schwere Probe. Denn Kinderlosigkeit galt zu jener Zeit geradezu als Fluch. Man empfand sie als Schande, als Schmach. (In Vers 25 sagt Elisabeth: »Also hat mir der Herr getan in den Tagen, da Er mich angesehen hat, daß Er meine *Schmach* unter den Menschen von mir nähme.«)

Ist denn das nicht seltsam, daß Gott einen gerechten Menschen wie Elisabeth so behandelt? Man sollte doch meinen, Er würde Seine Getreuen immer auf ebener und gebahnter Straße führen? Aber nein, das tut Er keineswegs. Im Gegenteil, Seine Kinder müssen oft durch tiefe Täler hindurch, müssen oft sehr rauhe Wege gehen, müssen oft sehr Schweres durchmachen, weil Gott ihren Glauben und ihre Treue auf die Probe stellen will. Und dann will Gott der Welt zeigen, wie Kinder Gottes Leiden und Trübsale ertragen – daß sie eine Kraft haben, von der die Welt nichts weiß.

Es ist kein Zufall, sondern es gehört mit zur Weisheit des himmlischen Erziehers, daß Er gerade die, welche Er besonderer Gnaden würdigt, durch besonders schwere Proben gehen läßt. Und bei den Frauen der Bibel finden wir sehr oft, daß Gott sie durch lange Kinderlosigkeit erproben wollte. *Sara* mußte bis ins hohe Alter auf die Erfüllung der göttlichen Verheißung warten. *Rahel* mußte erst von ihrem leidenschaftlichen Begehren geheilt sein, ehe Gott ihr Kinder gab. Das Weib des *Manoah*, die Mutter Simsons, und *Hanna*, die Mutter Samuels, wurden ebenso erprobt. Nicht anders ging es Elisabeth.

Einem Glauben, der durch keine Proben hindurch muß, fehlt es an der Bewährung. Wie erging es Israel, als das Volk aus Ägypten zog? Als Gott den Befehl gab, das Blut des Lammes an die Pfosten der Haustür zu streichen, da war kein Haus in Israel, an dem das Blut gefehlt hätte. Das ganze Volk war gehorsam wie *ein* Mann. Sie hatten alle Glauben an das Blut.

Dann kam die erste Probe. Mit einem Male gebot das Meer ihnen Halt. Und dann tauchte am Horizont das Heer der Ägypter auf, das sie verfolgte. Und – Israel bestand die Probe nicht. Sie schrien und sprachen: »Waren nicht Gräber in Ägypten, daß du uns mußtest wegführen, daß wir in der Wüste sterben?«

Der Herr half hindurch. Er brachte die Kinder Israel trockenen Fußes durchs Meer, und dann bereitete Er dem Heer der Ägypter völligen Untergang.

Was tat Israel nun? Es jauchzte und tanzte im Reigen.

Wie lange dauerte diese Feststimmung? Ganze drei Tage! Denn als sie nach Mara kamen und das bittere Wasser kosteten, da ging das Murren schon wieder an. Da kam die nächste Probe – und sie bestanden die Probe wieder nicht.

Der Herr half dem Volk auf Moses Bitten und machte das Wasser genießbar. Hatte Israel nun etwas gelernt?

Ja, solange sie in Elim lagerten, wo die Palmbäume rauschten und die Wasserbrunnen sprangen, so lange vertrauten sie ihrem Gott. Wenn die Sonne scheint, ist es nicht schwer, zu glauben.

Aber wie geht es in der Wüste Sin? Da gingen die Vorräte zu Ende. Da meldete sich der Hunger. Da kam eine neue Probe. Und wie bestand Israel diese Probe?

Jetzt hätten sie doch sagen müssen: Der Gott, der uns aus der Knechtschaft der Ägypter befreit hat, der uns trockenen Fußes durchs Meer geführt hat, der unsere Feinde vernichtet hat, der das bittere Wasser süß gemacht hat, der uns die Tage in Elim geschenkt hat, der Gott wird auch Mittel und Wege wissen, uns Brot zu geben in der Wüste!

Aber haben sie so gesprochen? O nein, es lautete ganz anders! »Wollte Gott, wir wären in Ägypten gestorben durch des Herrn Hand, da wir bei den Fleischtöpfen saßen und hatten die Fülle Brot zu essen; denn ihr habt uns darum ausgeführt in diese Wüste, daß ihr die ganze Gemeinde Hungers sterben lasset.«

So oft hat der Herr schon geholfen – und doch kein Vertrauen zu Ihm, wenn eine Probe kommt!

Auch jetzt wieder hilft Gott. Er gibt ihnen Wachteln. Er gibt ihnen Manna. Jeder neue Tag ist voll von Beweisen Seiner Gnade und Seiner Liebe. Und – als in Raphidim kein Wasser ist, wird wieder gemurrt!

Da verstehen wir es wohl, daß auch göttliche Geduld endlich ein Ende nimmt. Von dem ganzen murrenden, hadernden Volk ist niemand nach Kanaan gekommen; sie wurden niedergeschlagen in der Wüste! Nur Kaleb und Josua, die kamen hinein. –

Wie bestehst du deine Proben? Ist jede neue Probe ein neuer Sieg oder eine neue Niederlage? Nicht wahr, die Wüstenwanderung Israels hätte ein Siegeszug sein können; denn sie hatten einen allmächtigen Gott, der Tag und Nacht ihr Führer war. Aber es war kein Siegesmarsch, den sie durch die Wüste machten; es war ein Leichenzug, weil sie die Proben nicht bestanden!

Es gibt Proben auch in deinem Leben. Und es muß sie geben. Wenn solche Proben kommen, bestehst du sie?

Es gibt sehr verschiedene Stationen auf *unserer* Wanderung durch die Wüste der Welt. Es gibt Tage voll Sonne und Glück; es gibt auch dunkle Nächte, wo kein

Stern am Himmel steht. Wenn deine Kinder krank liegen, an den Masern oder am Scharlachfieber – das ist so eine Probe. Wenn dein Mann ins Krankenhaus muß und die Ärzte stellen fest, daß es keine Heilung mehr gibt – das ist so eine Probe. Wenn ein böses Gerede über dich umgeht, an dem kein wahres Wort ist – das ist so eine Probe. Es gibt große und kleine Proben; es gibt leichte und es gibt schwere Proben. Es gibt Proben so groß wie Felsblöcke, und es gibt welche wie Sandkörnchen. Und – manche kommen an den Felsblöcken vorbei, aber über Sandkörnchen stolpern sie. Die Sandkornproben, das sind die kleinen Widerwärtigkeiten im täglichen Leben, die kleinen Verdrießlichkeiten in Küche und Kinderzimmer, wo dies und jenes nicht nach deinem Sinne geht. Was hört man in deiner Küche? Zanken und Schelten, weil deine Hausgehilfin dir nichts recht machen kann?

Meinst du, das seien Kleinigkeiten, auf die es nicht ankomme? Aus solchen Kleinigkeiten besteht dein Leben. Und wenn du diese Proben nicht bestehst, dann wirst du in der Wüste niedergeschlagen. Laß dich warnen!

Elisabeth bestand die Probe. Sie wurde ganz still zu Gott. Sie legte Ihm ihren Herzenswunsch auf den Altar. Sie wurde ganz ruhig. Sie dachte, wie es später Paul Flemming ausdrückte:

> Ich nehme es, wie Er's gibet,
> was Ihm von mir beliebet;
> dasselbe hab' auch ich erkiest.

Und siehe da, wenn wir unsern Lieblingswunsch geopfert haben, dann gibt Gott ihn uns oft zurück. Als Mose in Midian zur Ruhe gekommen war und seine ehrgeizigen Pläne aufgegeben hatte, da berief ihn Gott zum Führer des Volkes. Als Joseph das Verlangen, aus dem Kerker befreit zu werden, endlich zur Ruhe gebracht hatte, da führte ihn Gott heraus. Als Elisabeth ihren Wunsch aufgegeben hatte, ein Kind zu haben, da gab ihr Gott eins. Sie hatte die Probe bestanden.

Ja, sie hatte mehr gelernt und hatte stärkeres Vertrauen als ihr Mann. Als der Engel dem Zacharias die Mitteilung machte, daß er einen Sohn bekommen werde, da – begehrte er ein Zeichen. Wie töricht! War die Engelserscheinung nicht Zeichen genug? Aber er bekam das Zeichen. Der Mund, der diesen Zweifel an der Wahrheit der Botschaft Gottes ausgesprochen hatte, wurde stumm.

Wie gern würde er seiner Frau erzählt haben, was er im Tempel gehört und gesehen hatte; aber nun waren seine Lippen verschlossen. Wie gern würde er Gott gedankt und gepriesen haben – er mußte schweigen. Er hatte seine Probe nicht bestanden!

Und du? Bestehst du deine Proben? Wenn Gott alle die stumm werden ließe, die an Seinem Worte zweifeln, die kein absolutes Vertrauen haben, die Seine Proben nicht bestehen, ob dann nicht deine Zunge auch verstummte?

Laßt uns doch unsern Gott ehren mit einem absoluten Vertrauen, mit völliger Hingabe! Dann werden die Proben keine Niederlagen, sondern Siege sein. Und wir werden es an jedem Tage und in jeder Lage erfahren: Er kann helfen!

2. *In der Stille.* Als das Wort des Engels sich an Elisabeth erfüllte, da »verbarg sie sich fünf Monate«, da zog sie sich zurück in die Stille.

Es hatte gewiß viel Aufsehen erregt, daß der Priester Zacharias im Tempel so plötzlich die Sprache verloren hatte. Da wollte man gern wissen, was da eigentlich geschehen war. Von ihm selber konnte man es nicht erfahren, da wollte man es von Elisabeth hören. Aber Elisabeth war nicht zu sprechen. Sie »verbarg sich«. Es widerstrebte ihr, die Sünde ihres Mannes weiterzuerzählen. Er war für seinen Zweifel an der Botschaft Gottes schwer genug bestraft. Niemand erfuhr etwas aus ihrem Munde.

Möchten es doch alle Frauen so machen! Aber wie viele machen es anders! Wenn irgend etwas nicht in Ordnung ist im Hause, dann meinen sie, sie müssen jedem ihre Not klagen und ihr Herz ausschütten. Wird dadurch etwas gebessert? O nein, im Gegenteil, dadurch wird viel Schaden angerichtet! Dadurch wird der Mann verbittert, wenn er merkt, daß die Frau umhergeht und über ihn klatscht.

Liebe Frau, wenn du etwas zu klagen und zu tragen hast, dann trag es in der Stille und klag es deinem Heiland. Mach Ihn zum Vertrauten deines Kummers, nicht geschwätzige Nachbarinnen!

Aber nicht nur dies führte Elisabeth in die Stille, daß sie ihres Mannes Zweifel nicht erzählen wollte; sie wollte auch nicht selbst ins Gerede kommen. Sie hatte ein Gefühl, als ob die Gottesgabe an Wert und Heiligkeit verlöre, wenn alle Leute darüber sprächen. Ihr Herz war so voll Lob und Dank, daß sie am liebsten in der Stille war, um ihr volles Herz dem Herrn ausschütten zu können.

Wenn etwas dem Geschlecht unserer Tage fehlt, dann ist es die Stille. Was ist das für ein Jagen und Hasten auf allen Gebieten, was für ein Schaffen und Wirken von früh bis spät! Dabei bleibt wenig Zeit für die Stille übrig. »Ich habe keine Zeit«, das ist ein Wort, das man täglich hören kann in Büros und Werkstätten, in der U-Bahn und in der Eisenbahn.

Und selbst wenn man Zeit hätte oder Zeit hat, dann vermeidet man gern die Stille – weil man nichts mit sich anzufangen weiß. Wenn man Zeit hat, dann sucht man sie zu »vertreiben« oder gar »totzuschlagen«. Ach, wie geht man mit der kostbaren Gnadenzeit um! Sich eine Weile mit sich selbst zu beschäftigen, davor graut es den nervösen Leuten heutzutage. Einmal stille Einkehr bei sich selbst zu halten, davor haben sie geradezu Angst.

Und doch ist es so köstlich *in der Stille*! In der Stille redet Gott mit uns. Da hören wir, was Er uns zu sagen hat. Da redet Er wie ein Vater mit Seinen Kindern, da macht Er uns aufmerksam auf dies und jenes, was Ihm mißfallen hat im Getriebe des Tages und in der Geschäftigkeit des Berufs. Da gibt Er Aufträge zu neuer Arbeit, da lohnt Er nach getaner Arbeit mit Friede und Freude. In der Stille können wir mit Ihm verkehren, mit Ihm reden. Und Er hört. O ja, es gibt eine trauliche Zwiesprache zwischen dem Vater und Seinem Kind in der Stille!

In der Stille, da können wir neue Kraft gewinnen. Da können wir uns rüsten zum neuen Kampf. So hat auch unser Heiland sich oft verborgen und die Stille gesucht, um allein zu sein mit Seinem Vater, um neue Kraft zu erhalten für Seine großen Aufgaben.

Wenn Er Stille brauchte, so brauchen wir sie erst recht. Wer etwas Großes und Bedeutendes in der Öffentlichkeit schaffen will, der braucht viel Stille. Wer etwas können will da draußen im Leben, der muß erst lernen in der Stille.

So war auch Elisabeth eine große Aufgabe aufgetragen. Sie sollte die Mutter des Vorläufers werden, der vor dem Herrn hergehen würde. Ihr Sohn sollte die Verheißung Maleachis erfüllen und die Weissagung Jesajas verwirklichen! Dieser geweissagte Held sollte von ihr erzogen werden! Der sollte in ihre Schule gehen! Solchen Aufgaben gegenüber flüchtet man sich gern in die Stille, um sich vorzubereiten und zu rüsten.

Warum mißraten so viele Kinder? Oft darum, weil die Mütter sich keine Zeit nehmen, sich in der Stille auf ihre großen und heiligen Pflichten vorzubereiten. Sie wollen sich vergnügen und empfinden es wohl gar unangenehm, daß ihre Mutterpflichten sie hier und da behindern in ihrem leichtfertigen Lebensgenuß. Wie manche Mutter versündigt sich dadurch aufs schwerste gegen das Kind, das sie unter dem Herzen trägt, daß sie nicht in die Stille geht!

Wenn jeder Mensch Stille gebraucht, damit Gott in ihm wirken kann, dann besonders eine Mutter, die ihr Kind erwartet. Eine Mutter, die in der Stille wartet vor ihrem Gott, die sich in der Stille vorbereitet auf ihren herrlichen und heiligen Beruf, die wird ein Segen sein für ihre Kinder.

Während der Monate, die Elisabeth in der Stille verbrachte, lebte in Nazareth, einem kleinen Städtchen in Galiläa, eine Jungfrau ebenfalls in der Stille. Da kam zu ihr auch eine göttliche Botschaft, daß sie einen Sohn bekommen würde, der werde der Heiland und Seligmacher der Welt sein. Und zugleich teilte ihr der Engel mit, wie es Elisabeth ging, die ihre Verwandte war.

Da machte sich die Jungfrau Maria auf, um ihre Freude und Bewegung der vertrauten älteren Freundin auszuschütten.

Das war eine Freude, das war eine Begrüßung! Als Elisabeth den Gruß der Maria hörte, da wurde sie des Heiligen Geistes voll, da erkannte sie in ihr im prophetischen Geiste die Mutter des Herrn.

Wer Augen hat, die der Heilige Geist geöffnet hat, der sieht mehr und tiefer, als andere Leute sehen können. Der natürliche Mensch ist blind. Jesus sagt zu Nikodemus, wer nicht wiedergeboren sei aus Wasser und Geist, der könne das Reich Gottes *nicht sehen*, eben weil der natürliche Mensch blind ist. Darum haben nicht wiedergeborene Menschen so wenig Verständnis für göttliche und ewige Dinge.

Wem aber der Heilige Geist die Augen geöffnet hat, der kann sehen, der sieht mit den Augen des Glaubens die Herrlichkeit des Herrn.

Es war nur ein kleines Kindlein, welches Simeon auf seine Arme nahm, und doch erkannte er in diesem kleinen Kinde den Gesalbten Gottes und den Heiland der Welt. Er konnte sehen.

Nackt und bloß hing Jesus am Kreuz; der Spott der Menge umgab Ihn auf allen Seiten. Und in dieser dunkelsten Stunde erkannte der Verbrecher Ihn als den Herrn des Himmels. Er konnte sehen.

Kannst du auch sehen? Sind deine Augen auch schon geöffnet?

Jesus sah stets sofort, was im Menschen war. Ihm konnte niemand etwas vormachen. Ein wenig von dieser Gabe haben auch die Kinder Gottes.

Möchten wir es nur immer besser lernen, das im Menschen zu erkennen, was Gott in ihm gewirkt hat.

Solch ein geöffnetes Auge hatte Elisabeth. Sie erkannte Maria sofort als die Mutter des Herrn, als sie ins Haus trat. »Woher kommt mir das, daß die Mutter meines Herrn zu mir kommt?«

Welche Demut spricht auch aus ihren Worten! Sie ist die Ältere, die Bejahrte; Maria ist die bei weitem Jüngere. Und doch ist sie keinen Augenblick eifersüchtig, daß die Jüngere einer höheren Gnade gewürdigt ist. Sie neigt sich demütig vor der Jüngeren als der Mutter des Herrn.

Wir wissen, daß diese demütige Mutter auch einen demütigen Sohn hatte. So wie Elisabeth der Maria gegenüberstand, so stand Johannes der Täufer dem Heiland gegenüber. Eine große Erweckung war der Erfolg seines Auftretens, und doch, als Jesus kam, da trat er bescheiden zurück und sprach: »Der nach mir kommt, ist größer denn ich. Ich bin nicht wert, auch nur Seine Schuhriemen aufzulösen.« Wenn Johannes so demütig war, dann hat er das gewiß von seiner Mutter gelernt. So hat sie ihn erzogen. Es gilt nicht nur von Johannes, es gilt auch von Elisabeth:

> Ein Herz, das Demut übet,
> vor Gott am höchsten steht.

3. *Der Herr ist nahe*. Noch einen Gedanken möchte ich aussprechen, der mir wichtig wurde. Elisabeth wußte, daß der Messias bald kommen würde, daß ihr Sohn Sein Vorläufer sein solle, der den Auftrag habe, Ihm den Weg zu bereiten. Unter diesem Eindruck stand sie bei der Erziehung ihres Sohnes. Sie erzog ihn dieser Aufgabe gemäß.

So können wir uns eigentlich nicht mit Elisabeth vergleichen. Unsere Kinder haben nicht eine so weltgeschichtliche Aufgabe zu erfüllen wie Johannes. Aber in gewissem Sinne haben wir auch wieder genau dieselbe Aufgabe. So wie sie ihren Sohn erzog, daß er die Herzen zubereiten und vorbereiten sollte für den kommenden Herrn, so sollen wir es auch machen. Auch wir sollen das Kommen Jesu vorbereiten. Wir sollen mit dazu beitragen, daß Ihm ein Weg bereitet wird in die Herzen, und zwar zunächst in die Herzen der Unsrigen. Da hast du eine große Aufgabe, du Mutter. Der Herr ist nahe. Vielleicht erleben wir Sein Kommen noch; vielleicht erleben es unsere Kinder. Da kommt es darauf an, daß wir bereit sind. Und wir sollen nicht nur selbst bereit sein, wir sollen auch andere bereit *machen*.

Stehst du unter dem Eindruck: Der Herr ist nahe? Regiert dieser Gedanke dein Leben? Wenn das noch nicht der Fall ist, dann wache auf für den Ernst der Zeit, damit du als eine kluge Jungfrau bereit bist, wenn Er kommt! –

Von dem ferneren Leben Elisabeths wissen wir nichts. Sie lebte wohl nicht mehr, als ihr Sohn auftrat. Sie war wohl nicht mehr Zeugin der großen Erweckung, die seine Predigt hervorrief. Sie erlebte das Auftreten des Heilands nicht mehr und nicht den blutigen Tod des Täufers. Sie hatte eher Feierabend gemacht. Ihr Werk war getan. Ihre Aufgabe war erfüllt.

Daß wir doch auch einmal solch einen Feierabend

machen könnten in dem Bewußtsein: Ich habe mein Werk getan; ich habe den Lauf vollendet; hinfort ist mir beigelegt die Krone der Gerechtigkeit, welche mir Gott, der gerechte Richter, an jenem Tage geben wird!

Maria

Weil in der katholischen Kirche der Mutter Jesu zu hohe Ehren beigelegt worden sind, weil man sie zur »Mutter Gottes« und »Himmelskönigin«, zur Fürsprecherin und Vermittlerin gemacht hat, darum haben sich manche aus Gegnerschaft gegen Rom angewöhnt, Maria niedriger zu schätzen, als sie es verdient. Wir wollen nicht in den einen und nicht in den andern Fehler verfallen, wenn wir ihr Bild aus der Bibel nachzeichnen. Wir wollen aber – das sei vorweg bemerkt – mit besonderer Ehrfurcht an das Bild gerade dieser Frau herantreten, weil Gott sie gewürdigt hat, die Mutter unseres Heilands zu werden.

1. *Ihre Herkunft.* Während Elisabeth aus altem priesterlichem Stamm war, entsproß Maria königlichem Geblüt. Jesaja hatte einst geweissagt: »Und es wird ein Reis aufgehen von dem abgehauenen Stamm Isais und ein Zweig aus seinen Wurzeln Frucht bringen.« So kann man Jesaja 11, 1 ganz wörtlich übersetzen. Das Haus Davids war ein abgehauener Stamm. Seine Macht und Herrlichkeit war seit langer Zeit dahin. Das Geschlecht war verarmt und zurückgegangen. Aber nun schlugen die Wurzeln wieder aus und trieben einen edlen, königlichen Zweig.

In Lukas 3, 23 wird gesagt, daß Jesus gehalten ward für einen Sohn Josephs, welcher war ein Sohn Elis. Wir müssen aber hier statt Sohn richtiger Schwiegersohn übersetzen. Auch der uralte jüdische Talmud nennt Maria eine Tochter Elis. Man könnte ja sonst Jesus nicht einen Sohn Davids nennen nach dem Fleisch, wenn Maria nicht eine Tochter Davids gewesen wäre. Der Engel sagt ja zu ihr, Gott werde ihrem Sohne Jesus den Thron Seines Vaters David geben.

In der Stille der kleinen Landstadt Nazareth, fern vom Lärm und Getriebe der Welt, wuchs Maria auf. Dort lebten die Leute in stiller Zurückgezogenheit, so daß sie oft als »zurückgeblieben« bezeichnet wurden von den Bewohnern der Provinz Judäa, ja sogar von den Galiläern, wie wir aus dem Ausspruch Nathanaels schließen können: »Was kann aus Nazareth Gutes kommen?«

Aber gerade diese ländliche Stille und Abgeschiedenheit war der rechte Boden für diese weiße Lilie. Von der Unruhe der Weltereignisse unberührt, versenkte sie sich in Israels große Vergangenheit. Sie las mit Eifer die heiligen Schriften des Alten Testaments, die sie mit Lust und Freude auswendig lernte, wie wir aus ihrem herrlichen Lobgesang (Lk 1, 46–55) ersehen, in den sie das Lied der Hanna aus 1. Samuel 2 sowie Stellen aus dem 113. und 126. und 103. und 34. Psalm hineingewoben hat.

Als sie so in ihrer Bibel las, da ging es ihr, wie es jedem geht, der mit dem Flehen um Gottes Segen darin liest: Sie erkannte im Licht des Wortes Gottes, wie sündig und unrein ihr Herz war. Und da suchte und fand sie *Gnade*. Das erste Wort, das der Engel an sie richtet, heißt darum: »Gegrüßet seist du, Begnadigte!« Denn so müssen wir das Wort »Holdselige« übersetzen, wenn wir es verstehen wollen. Begnadigt kann aber nur der werden, welcher eine Schuld auf sich geladen hat. Wer kein Unrecht begangen hat, der hat Anspruch auf *Recht*, aber um *Gnade* braucht er nicht zu rufen. Wenn aber der Engel zweimal kurz nacheinander von Gnade redet, wenn er sie erst eine »Begnadigte« nennt und dann zu ihr sagt: »Du hast Gnade bei Gott gefunden«, dann geht daraus klar hervor, daß sie von Natur aus auch eine Sünderin war wie andere Menschen. Die römische Lehre von der sündlosen, unbefleckten Empfängnis der Maria hat keinen Grund in der Schrift. –

Ehe wir nun aber weitergehen, wollen wir aus den

bisherigen Bemerkungen einige praktische Schlüsse für uns zu ziehen suchen.

Maria war aus königlichem Stamme, aber in Armut und Niedrigkeit geboren. Uns ergeht es ähnlich; auch wir sind aus königlichem Stamme. »Gott schuf den Menschen Ihm zum Bilde, zum Bilde Gottes schuf Er ihn.« Aber diese unsere hohe Würde und Ehre ist dahin. Das Ebenbild Gottes ist verloren. Die Sünde hat uns um unsere vormalige Herrlichkeit gebracht. Nun sind die Königskinder Knechte geworden, die im Schweiße ihres Angesichts ihr Brot verdienen müssen und im Staub der Erde ihre Beschäftigung haben.

Aber es ist nicht aus und vorbei mit uns, sondern wir können und sollen wieder aufstehen aus dem Staube; wir dürfen uns erheben und jauchzen: »Der uns zu Königen und Priestern gemacht hat vor Gott und Seinem Vater; demselben sei Ehre und Gewalt von Ewigkeit zu Ewigkeit!«

Wir werden wieder eingesetzt in unser Hoheitsrecht, um das der Teufel uns einst gebracht hat. Und wer ist es, der uns den Weg zum Thron wieder gebahnt hat? Jesus, der Davidssohn, das Reis aus dem alten Stamme. –

Das andere, was wir von der Jungfrau Maria lernen wollen, ist ihr liebendes Sichversenken ins Wort Gottes. Doch dafür haben die meisten Menschen heute keine Zeit und kein Interesse mehr! Es gilt, so rastlos zu schaffen und zu wirken, daß man keine Zeit mehr zu haben glaubt für das Buch der Bücher. Und dabei ist das teure alte Buch der Gegenstand so vieler und heftiger Angriffe in alter und neuer Zeit gewesen, daß mancher denkt, es würde sich nicht lohnen, sich mit diesem Buch abzugeben.

Aber es lohnt sich noch immer. So alt die Bibel auch ist, so ist sie doch nicht veraltet. Und sie wird auch nie veralten. Im Gegenteil. Des Herrn Wort bleibt in Ewigkeit. Und wer sich im Gebet in das Wort Gottes hineinliest, der erfährt es auch, daß es eine Gotteskraft ist, zu retten alle, die daran glauben.

Man könnte es gar nicht verstehen, daß die Bibel so viel geschmäht und gelästert wird, wenn sie wirklich nur ein altes Fabel- und Märchenbuch wäre, wie so manche behaupten. Vor einem Märchenbuch braucht man sich doch nicht zu fürchten! Aber jeder, der die Bibel liest, hat den Eindruck, dem er sich gar nicht entziehen kann, daß ihm hier Wahrheit entgegentritt, daß dies Buch ihm die Wahrheit sagt über sein Herz und sein Leben. Und das gerade ist der Grund, weshalb die Bibel so gehaßt und so bekämpft wird. Man will sich die Wahrheit nicht sagen lassen. Man will seinen elenden, verlorenen Zustand nicht erkennen und nicht eingestehen.

Wie schade ist das! Denn wer sich die Wahrheit über sich selbst sagen läßt und dann zu dem hingeht, der dieses Buches Kern und Stern ist, der findet Gnade, der wird begnadigt, so wie Maria begnadigt wurde.

Der Weg zur Gnade geht über die Erkenntnis der begangenen Schuld und Sünde.

Nun frage ich dich, bist du begnadigt? Wenn du noch nicht begnadigt bist, dann hängt das Todesurteil ja noch über deinem Haupt. Dann kann ja jeden Augenblick das Urteil in Kraft treten – und was dann? – Es ist Gnade da, aber nur für solche, die ihre Sünde erkannt und bereut haben. Und um zu dieser Erkenntnis zu gelangen, gibt es keinen besseren Weg als den, die Bibel zu lesen. Wer niemals die Bibel liest und darum gar nicht weiß, was Gott von den Menschen erwartet und verlangt, der hält sich in seinen törichten Gedanken für ganz gut und fromm. Er würde bald andere Ansichten bekommen, wenn Gottes Wort ihm die Forderung entgegenhielte: »Ihr sollt heilig sein; denn Ich bin heilig!« – »Ein jeglicher sei gesinnt, wie Jesus Christus auch war!« – »Du sollst Gott, deinen Herrn, lieben von ganzer Seele, von ganzem Gemüt und von allen deinen Kräften und deinen Nächsten wie dich selbst!«

Möchte das Bild der Maria dich dahin bringen, forthin deine Bibel fleißig und regelmäßig zu lesen! Dann wirst du die Wahrheit erkennen, und die Wahrheit wird dich frei machen!

2. *Ihre Jugend.* Als Maria zur Jungfrau herangewachsen war, führte Gott ihr einen gottesfürchtigen, rechtschaffenen Bräutigam zu: Joseph, den Zimmermann. Er war ein stiller, treuer Mann, der gut zu der zarten, innigen Maria paßte.

Wenn *Gott* ein Paar zusammenführt, dann paßt es immer zusammen. Nur wenn Menschen eine Heirat stiften wollen, oder wenn man selber seines Glückes Schmied sein will, gibt es kein gutes Einvernehmen. Darum sollen die Menschen eine solche Sache nicht in die Hand nehmen; wir machen nur Fehler. Aber »was *Gott* tut, das ist wohlgetan«.

Es war gut, daß Gott der Jungfrau Maria eine männliche Stütze gegeben hatte. Es sollte die Zeit kommen, wo sie eine solche Stütze brauchte. Und sie brauchte gerade einen Mann wie Joseph.

Wenn sie allein dagestanden hätte in der Welt, als das große Weihnachtswunder an ihr geschah, als sie die Mutter des Heilands wurde, da würde in den Augen der Leute, die von dem göttlichen Geheimnis nichts wußten, Schande und Schmach sich auf das Haupt der reinen Jungfrau gelegt haben. Aber nun hielt Joseph treu zu ihr.

Aber wir wollen dem Gang der Geschichte nicht vorgreifen. Wir wollen es uns nur aufs neue gesagt sein lassen, daß man auf Gott ein völliges und unbedingtes Vertrauen in allen Lagen setzen kann. Hat Er dir in deinem Leben noch keine Beweise von Seiner väterlichen Fürsorge gegeben? Ganz gewiß! Nun, so lerne es doch, deinem Gott deine Zukunft getrost anzuvertrauen!

In was für Lagen und Verhältnisse Er dich auch bringt – Er sorgt für dich!

Warum konnte Gott Maria die große Gabe, Mutter des Heilands zu werden, anvertrauen?

War sie eine Heilige? War sie die »unbefleckt Empfangene«, wie die römische Kirche sagt? Nein, davon weiß die Bibel nichts. Sie war von Natur aus eine Sünderin wie andere Menschen. Aber sie war begnadigt. Sie hatte die tröstliche und köstliche Gewißheit der Vergebung der Sünden erlangt durch ihren einfältigen Glauben an die Wahrheit des Wortes Gottes. Schon im Alten Testament – und das war ja die Bibel der Maria – steht das herrliche Evangelium: »Tröstet, tröstet Mein Volk! Spricht euer Gott; redet mit Jerusalem freundlich und predigt ihr, daß ihre Mühsal vollendet ist; *denn ihre Missetat ist vergeben*« (Jes 40). Oder es heißt: »Ich, Ich tilge deine Übertretung um Meinetwillen und gedenke deiner Sünden nicht« (Jes 43).

Diesen Verheißungen hatte sie geglaubt. Sie hatte ihre Wahrheit erfahren und konnte sich nun mit David freuen: »Wohl dem, dem die Übertretungen vergeben sind, dem die Sünde bedecket ist!« (Ps 32).

Eine höhere Ehre gibt es nicht für sündige Menschenkinder, als wenn sie »Begnadigte« werden, denen Gott ihre Schuld erläßt. Wir haben keinen Anspruch auf irgendein vermeintliches Recht; wir dürfen aber zur Gnade unsere Zuflucht nehmen, die für alle da ist, die auf alle wartet.

Maria war eine Begnadigte, wie wir schon sahen. Als Gott den Engel Gabriel zu ihr sandte, um ihr das Große anzusagen, das Er tun wollte, da sprach der Engel zweimal in wenigen Worten davon, daß Maria Gnade gefunden hatte.

Das war der Grund, weshalb Gottes Wohlgefallen auf ihr ruhte: Sie hatte im Glauben die Gnade Gottes ergriffen. Das können und sollen wir auch. Auch wir sollen »Begnadigte« werden. Doch nur der wird begnadigt, der seine Schuld eingesteht und bekennt. Ohne Erkenntnis und Bekenntnis der Sünde gibt es keine Erfahrung der Gnade!

Aber wo ein Herz die Gnade ergriffen hat, da wird es größerer Gnadenbeweise gewürdigt.

Die begnadigte Jungfrau Maria hört die wunderbare Botschaft des Engels: »Siehe, du wirst schwanger werden und einen Sohn gebären, des Namen sollst du Jesus heißen. Der wird groß und ein Sohn des Höchsten genannt werden; und Gott der Herr wird Ihm den Stuhl Seines Vaters David geben.«

Eine Botschaft, wie sie nie vorher und nie nachher einem sterblichen Menschen verkündigt worden ist.

Und doch eine Botschaft, wie sie in gewissem Sinne fort und fort an die Menschenkinder ergeht. Denn dieser Heiland und Herr, der Fleisch und Blut annahm im Schoß der Jungfrau Maria, der muß auch in dem Herzen eines jeden Menschen geboren werden. Und wird Er in deinem Herzen nicht geboren, so hat die Geburt Jesu durch Maria keinen Wert und Segen für dich!

> Wär' Christus hundertmal in Bethlehem geboren
> und nicht in *dir*, du gingest doch verloren!

Darum singt Tersteegen in jenem herrlichen Weihnachtsliede:

> Großer Immanuel, werd auch geboren inwendig!
> Komm, o mein Heiland, und laß mich nicht länger elendig!
> Wohne in mir,
> mach mich ganz eines mit Dir
> und mich belebe beständig!

Ist Jesus schon in deinem Herzen geboren? Wie oft hast du schon das Weihnachtsfest mitgefeiert! Wie oft hast du als Kind dich der Geburt des Christkindleins gefreut – und nachher hat dich der Jubel deiner Kinder umgeben –, und doch fehlt deinem Herzen noch immer das Beste! Doch ist es in deinem Herzen und Leben noch nie recht Weihnachten geworden!

Ich erinnere mich an eine Erweckungsbewegung, die ich vor Jahren im Siegerland miterlebte. Kurz vor Weihnachten nahm sie ihren Anfang. Es waren meist junge Mädchen, die zum Glauben kamen. Ich werde nie die leuchtenden Augen und die glückseligen Gesichter vergessen, als sie kamen und sagten: »Oh, *jetzt* können wir aber mal Weihnachten feiern!« Ja, dann kann man Weihnachten feiern im Geist und in der Wahrheit. Vorher ist es nur eine leere Form, eine Schale ohne Kern, wenn man Weihnachten feiert *ohne Jesus*!

»Wie soll das zugehen?« So fragte Maria den Engel. Sie fragt nicht im Unglauben. Das sehen wir daraus, wie der Engel das Wort aufnimmt. Zacharias sprach: »Woran soll ich das erkennen?« Er glaubt dem Wort nicht; er blickt auf die äußere Unwahrscheinlichkeit oder Unmöglichkeit. Und da bekommt er zur Strafe das erbetene Zeichen: Er wird stumm. Aber bei Maria ist es kein Unglaube. Sie möchte nur wissen, wie das zugehen soll, um ihr Verhalten danach einzurichten.

Der Engel gibt ihr die gewünschte Auskunft: »Der Heilige Geist wird über dich kommen, und die Kraft des Höchsten wird dich überschatten; darum wird auch das Heilige, das von dir geboren wird, Gottes Sohn genannt werden.«

So wie einst Gott den ersten Adam schuf, so ist Er auch der Schöpfer des zweiten Adams. Mehr verstehen wir nicht. Begreifen läßt es sich nicht, wie Gottes Sohn Mensch wird, um als ein Kindlein wie andere Kinder geboren zu werden. Aber wenn wir es auch mit unserm

Verstand nicht fassen und mit unserer Vernunft nicht begreifen können, so können wir es doch *glauben*.

Und das Glauben wird uns um so leichter, wenn wir selber etwas Ähnliches – entweder erfahren *haben* oder erfahren *können*. Wenn ein Mensch wiedergeboren wird, so ist es der Heilige Geist, der wirksam wird. Und ist jemand wiedergeboren, so ist er eine neue Kreatur, eine *neue Schöpfung*, wie Paulus sagt. Da ist dasselbe Gnadenwunder geschehen.

Große Gelehrte wie Nikodemus haben kein Verständnis dafür; sie fragen: »Wie mag solches zugehen?« Aber einfache, schlichte Gotteskinder erfahren es und bezeugen es:

> Nun weiß ich das und bin erfreut
> und rühme die Barmherzigkeit!

Darum zerbrich dir den Kopf nicht, *wie* das geschieht, sondern danke Gott, *daß* es geschieht, und bitte Ihn, Er möge es auch dir geschehen lassen, damit du mit Paulus sagen kannst: »Christus lebt in mir« (Gal 2, 20). –

Es war wohl eine herrliche Ankündigung, die der Engel der Maria überbrachte. Aber es war doch auch eine schwere, schwere Last, die sich damit auf ihre Seele legte. Mutter werden – in ihrem jungfräulichen Stande, und zwar die Mutter des Heilands, das war eine Aufgabe, so groß und so schwer, wie sie nie ein Mensch bekommen hat. Wird sie dieser Aufgabe genügen können? Und wird mit dieser Aufgabe nicht auch manches Schwere und Schmerzliche für sie verbunden sein? Wird nicht Joseph sie verlassen? Werden nicht die Menschen den Stab über sie brechen?

Was auch kommen mag – sie will es tragen. Und wäre es das Schwerste – sie ist bereit. Welch eine demütige Ergebenheit, welch eine gläubige Bereitwilligkeit spricht aus ihrem Worte: »Siehe, ich bin des Herrn Magd; mir geschehe, wie du gesagt hast.«

Als einst Gott Mose berief, der Befreier und Erretter des Volkes Israel zu werden, da weigerte sich Mose. »Wer bin ich, daß ich zu Pharao gehe?« Und als Gott ihm dann sagte: »Ich will mit dir sein«, da antwortete Mose: »Sie werden mir nicht glauben noch meine Stimme hören, sondern werden sagen: Der Herr ist dir nicht erschienen.« Daraufhin rüstet Gott ihn mit der Gabe aus, Wunder zu tun. Und was sagt Mose? »Ach, mein Herr, ich bin je und je nicht wohlberedt gewesen; ich habe eine schwere Sprache und eine schwere Zunge.« Gott nimmt ihm auch diese Ausrede und sagt: »Ich will mit deinem Munde sein und dich lehren, was du sagen sollst.« Jetzt ist Mose doch entwaffnet!? Ach nein, jetzt sagt er: »Nein, Herr, sende, welchen Du senden willst.« Da ward der Herr sehr zornig, daß Mose sich so lange widersetzte, und stellte Aaron neben Mose, um sein »Mund« zu sein.

Wem gleichst du? Ach, wie oft gleichen wir dem Mose! Wie suchen Kinder Gottes nach Ausreden, um sich den Aufträgen Gottes zu entziehen, die ihnen zu groß und zu schwierig erscheinen! Als ob Gott nicht für jeden Dienst auch die ausreichende Gnade hätte, die dazugehört!

Wir wollen von der Maria lernen: ihre völlige Hingabe, ihre demütige Bereitwilligkeit zu jedem Werk. Wie groß ist sie in diesem schlichten Wort: »Siehe, ich bin des Herrn Magd; mir geschehe, wie du gesagt hast.«

Möchten doch wir alle es lernen, Gott zur Verfügung zu stehen, was Er auch von uns verlangt! Willst *du* es lernen?

3. *Maria und Elisabeth.* Die heilige Freude, die Maria über die Ankündigung des Engels empfand, war so groß, daß sie dieselbe nicht in ihrem Herzen verschließen konnte. Wem sollte sie aber ihr übervolles Herz ausschütten? Ihren Vertrauten, Joseph, mochte sie nicht zum Mitwisser ihres Geheimnisses machen. Das erlaubte ihr jungfräuliches Zartgefühl nicht. Aber zu ihrer Ver-

wandten, Elisabeth, der Gattin des Priesters Zacharias, fühlte sie eine große Zuneigung, und zwar um so mehr, als sie von dem Engel gehört hatte, daß sich Elisabeth in der gleichen Lage befinde wie sie.

So machte sie sich denn auf, ihre Freundin zu besuchen.

Als sie ins Haus trat und den Gruß aussprach, da geschah etwas Außerordentliches. Elisabeth wurde voll des Heiligen Geistes. Und im prophetischen Geist erkannte sie Maria als die Mutter des Heilandes. Begeistert rief sie ihr entgegen: »Gebenedeiet bist du unter den Weibern, und gebenedeiet ist die Frucht deines Leibes. Und woher kommt mir das, daß die Mutter meines Herrn zu mir kommt?«

Wie wunderbar mag es der Maria zumute gewesen sein, als sie ihr tiefes Geheimnis so aus dem Mund der Freundin hörte! Wenn sie eine Bestätigung ihres Glaubens bedurft hätte, so hätte sie aus dieser Begrüßung eine Bekräftigung empfangen, daß die Ankündigung des Engels nicht etwa ein Traum, sondern Wahrheit und Wirklichkeit war.

Mit einer Seligpreisung schließt Elisabeth ihre Begrüßung: »O selig bist du, die du geglaubt hast! Denn es wird vollendet werden, was dir gesagt ist von dem Herrn!«

Alles weiß sie. Der Geist läßt sie einen Blick tun in die Stunde, da der Engel zu Maria trat. Sie weiß, daß Maria nicht gezweifelt hat wie Zacharias. Sie weiß, mit welcher Bereitwilligkeit Maria sich Gott zur Verfügung gestellt hat.

So ein wunderbarer Lehrmeister und Berater ist der Heilige Geist. Er leitet in alle Wahrheit hinein. Er läßt auch in verborgene Tiefen Blicke tun. Denn Er erforscht alles. Und wer den Heiligen Geist besitzt, der bedarf nicht, daß ihn jemand lehre (1 Joh 2, 27), der ist heilig und weiß alles.

Wir werden es noch bei dem alten Simeon sehen, daß

er sofort das Kindlein auf den Armen der Maria als den Heiland der Welt erkannte. Das geschah aus der Kraft des Heiligen Geistes.

Wem der Heilige Geist die Augen geöffnet hat, der sieht mehr als andere Leute.

Wie viele haben mir das schon bezeugt, daß sie in ihrem früheren unbelehrten Zustand sich fürchteten, mit gewissen Gläubigen zusammenzukommen, weil sie das Gefühl hatten, daß deren Augen in der Tiefe ihres Herzens lasen und ihr ganzes Elend erkannten.

Aber wir sind alle noch arge Stümper in der Kunst der Gesinnungsprüfung! Wir sollten es viel besser verstehen! Wie oft lassen wir uns noch täuschen und betrügen durch frommen Schein! Wenn wir mehr Heiligen Geist hätten, würden wir schärfer sehen können. Wenn wir unsere Sinne mehr übten, könnten wir nicht so leicht getäuscht werden.

Darum müssen wir *voll* des Heiligen Geistes werden, um zu erkennen, was im Menschen ist, um die Menschen recht einschätzen zu können. Jeder Mensch sollte uns nur so viel gelten, wie er in den Augen Gottes wert ist. Kinder Gottes sollten nicht nach andern Gesichtspunkten urteilen als nach göttlichen. Es sollte uns nicht wichtig sein, wieviel Geld einer hat, was für eine Stellung er einnimmt, was die Frau für eine Geborene ist und dergleichen; aber es sollte uns wichtig sein, ihn darauf anzusehen, was er in Gottes Augen gilt und wiegt.

Das wollen wir doch aus der Begegnung der Maria mit Elisabeth lernen: Wer voll Heiligen Geistes ist, der erkennt, was andern verborgen ist. Das ist ein Ding zum Anbeten.

Der Gruß der Elisabeth öffnet das versiegelte und verschlossene Herz der Maria. Nun quillt und sprudelt es aus seiner Tiefe empor: »Meine Seele erhebt den Herrn, und mein Geist freut sich Gottes, meines Heilands.«

Welch ein demütiges und anbetendes Staunen spricht

aus ihrem Lobgesang, daß Gott die Niedrigkeit Seiner Magd angesehen und ihr so große Dinge erwiesen hat. Während Elisabeth in ihrem Gruß Maria rühmt, preist Maria den Herrn, der sie so hoch erhoben und so reich begnadigt hat. Sie will keinen Ruhm für sich; die ganze Ehre soll Gott haben.

»Mein Geist freut sich Gottes, meines Heilands.« Das ist ihr erstes Wort. Darin spricht sie aus, daß sie sich auf den Heiland freut. Und es freut sich nur der über den Heiland, der Ihn braucht und nötig hat. Sie nennt Ihn »*meinen* Heiland«, meinen Retter.

Wenn sie eine Heilige gewesen wäre im Sinne der römischen Kirchenlehre, dann hätte sie so nicht sprechen können. Die »unbefleckt empfangene Mutter Gottes« braucht keinen Heiland für sich. Als der Engel nachher das große Weihnachtswunder verkündigte, sagte er nicht: »*Uns* ist heute der Heiland geboren«, sondern: »*Euch* ist heute der Heiland geboren.« Die reinen, heiligen Engel brauchen keinen Heiland. Den brauchen nur sündige Menschen. Und in die Reihe sündiger Menschen stellt sich Maria mit diesem Wort des Lobgesangs.

Er – Er – Er – so heißt es immer wieder. Ach, bei uns heißt es so oft: Ich – Ich – Ich! Nur ein paar Worte redet Maria von sich selbst, und auch die nur, um die große Gnade zu rühmen, die Gott an ihr, der armen Magd, getan hat. Und dann preist sie Ihn als den Mächtigen und Barmherzigen, der sich niederneigt zu den Geringen und die Gewaltigen und Reichen verschmäht.

»Wes das Herz voll ist, des geht der Mund über.« Gott füllt ihr Herz aus, darum redet und rühmet sie in begeisterten Worten.

Und du?

Ich will gar nicht die »Weltkinder« fragen, worüber sie am liebsten sprechen. Ich will dich fragen, die du dich ein Kind Gottes nennst: Wovon redest du am liebsten? Was ist der Inhalt deiner Unterhaltungen? Er – nur Er? Ach nein! Da wird geschwätzt und geklatscht, da geht es über den Nächsten her, da wird gerichtet und verurteilt, ohne daß man die Sache untersucht und geprüft hätte. Aber Er ist nicht der Inhalt der Gespräche; Er ist nicht die Angel, um die sich alles dreht.

Und warum nicht? Weil das Herz nicht voll ist von Ihm, weil Er nicht der Geliebte des Herzens ist.

O ihr Gotteskinder, laßt uns mehr von Ihm reden, unserm herrlichen Heiland! Laßt uns mehr Ihn rühmen und die Kraft Seines Blutes! Laßt uns, wenn wir zusammenkommen, doch wie Maria »den Herrn erheben«! Er ist es wert, daß man Ihn ehrt!

Zinzendorf hat einmal gesagt: »Ich habe nur *eine* Passion: das ist Er – nur Er.« Das könnte man auch der Maria in den Mund legen; auch sie weiß nichts anderes als: Er – nur Er. Daß es auch von dir so heißen könnte: Sie hatte nur *eine* Passion: das war Er – nur Er!

4. *Heiliges Schweigen.* Als Maria ein Vierteljahr bei Elisabeth gewesen war, kehrte sie wieder nach Nazareth zurück. Hatte sie vor der Reise ihrem Verlobten nichts von der Ankündigung des Engels gesagt, so schwieg sie auch jetzt. Sie wußte: Es ist Gottes Sache. Und weil es Seine Sache ist, wird er schon sorgen und alles leiten, wie es gut ist.

Und Gott enttäuscht ihr Vertrauen nicht. Als Joseph trauernden Herzens damit umgeht, Maria in der Stille zu verlassen, da greift Gott ein. Er sendet einen Engel zu Joseph und läßt ihm sagen: »Joseph, du Sohn Davids, fürchte dich nicht, Maria, dein Gemahl, zu dir zu nehmen; denn das in ihr geboren wird, das ist von dem Heiligen Geiste. Und sie wird einen Sohn gebären, des Namen sollst du Jesus heißen; denn Er wird Sein Volk selig machen von ihren Sünden.«

Joseph ist gehorsam. So hat Maria einen guten Schutz und das Kind einen treuen Pfleger. –

Auch hier wieder ist Marias Verhalten vorbildlich für

uns. Sind wir nicht oft bereit, uns zu verteidigen und unsere Rechte zu vertreten? Du meinst, dein gutes Recht müsse doch ans Licht kommen, und wenn dir sonst niemand beisteht, dann willst du dir selber helfen. So denkt die Welt. Aber Gottes Wort spricht anders.

Gott sagt: »Wenn ihr stille bliebet, so würde euch geholfen. Durch Stillesein und Hoffen würdet ihr stark sein« (Jes 30, 15). »Gott wird für euch streiten, und ihr werdet stille sein« (2 Mose 14, 14). Darum sollten wir sprechen: »Meine Seele ist stille zu Gott, der mir hilft« (Ps 62, 2).

Ist deine Seele stille, wenn dein Recht irgendwie angetastet wird, wenn du in irgendeine mißliche Lage gekommen bist? Oder suchst du dir selber zu helfen? Übergib dem Herrn deine Sache! So wie die Angeschuldigten vor Gericht einen Verteidiger bekommen, der ihre Sache viel besser vertritt, als sie selber es können, so haben wir, wie Johannes sagte, einen Fürsprecher, einen Verteidiger bei dem Vater: Jesus Christus, der gerecht ist.

Du brauchst deine Sache nicht selbst zu führen. Gib sie getrost in des Herrn Hand – Er wird dich vertreten und dein Recht an den Tag bringen. Wohl dir, du hast es gut!

5. *Ein Werkzeug Gottes.* Wer war das? Der Kaiser Augustus in Rom. Wer hätte das gedacht, als er den Schätzungsbefehl erließ, daß er nur ein Werkzeug in der Hand eines Mächtigeren war, der durch ihn Seine Pläne ausführen und die Verheißungen der Schrift zur Erfüllung bringen wollte?

Denn Maria wohnte in Nazareth, und der verheißene Messias sollte in dem kleinen Bethlehem geboren werden. Das hatte Micha verheißen. Wie sollte nun Maria dazu kommen, ihre Heimat zu verlassen und nach Bethlehem zu reisen? Da mußte der Kaiser Augustus es sich gefallen lassen, ein Handlanger Gottes zu sein. Er ließ ein Gebot ausgehen, daß alle Welt geschätzt würde. Es war das erstemal, daß ein solcher Befehl erlassen wurde. Darum wurde verlangt, daß jeder sich in seiner Heimat anmelde. Jedenfalls wollte er Ordnung und Klarheit bei dieser Personenstandsaufnahme haben.

Maria erschrak vielleicht, als dieser Erlaß bekannt wurde. Sie fürchtete sich wohl vor den Mühen der Reise. Aber doch war es der Weg, auf dem Gott sie führte. Es war die »rechte Straße«, von der David im 23. Psalm sagt. Kinder Gottes, die gehorsam sind, wissen, daß Gott sie auf rechter Straße führt, wenn der Weg auch bald über steile Höhen und bald durch tiefe Täler geht. –

Wunderbar, wie Gott auch Menschen in Seinen Dienst nimmt, die Ihn gar nicht kennen! Daraus geht Seine große Macht deutlich hervor, daß auch berühmte Könige und Kaiser, die sehr stolz und selbstbewußt sind, doch die Befehle des Königs aller Könige und des Herrn aller Herren ausführen müssen.

Ein Nebukadnezar, ein Cyrus, ein Alexander, ein Napoleon – so mächtig sie waren, sie waren doch nur Gottes Werkzeuge, deren Er sich bediente zu Seinen Zwecken.

Nach langer Reise – aber sorgsam behütet – kamen Joseph und Maria in Bethlehem an. Aber da war ein Volksgewimmel, daß nirgends mehr eine Unterkunft zu haben war. Denn ebenso wie Joseph und Maria nach Bethlehem gezogen waren, so hatten auch viele andere, die sich der gleichen Abstammung rühmten, nach der Stadt Davids reisen müssen. Und nun konnte das kleine Städtchen die Menge der Gäste von nah und fern nicht fassen.

Es gab damals noch keine Gasthäuser und Herbergen wie heutzutage, sondern große, offene Hallen, in denen Raum war für die durchziehenden und rastenden Karawanen. Da mußte jeder für sich selbst sorgen. In so einer offenen Karawanserei fanden sie endlich ein Winkelchen, wo sie sich einrichteten.

Die arme Maria! Unter solchen Verhältnissen sollte der Sohn des Höchsten geboren werden! Das war wohl eine schwere Prüfung ihres Glaubens.

Der heilige Erzähler berichtet: »Und als sie daselbst waren, kam die Zeit, daß sie gebären sollte. Und sie gebar ihren ersten Sohn und wickelte Ihn in Windeln und legte Ihn in eine Krippe; denn sie hatten sonst keinen Raum in der Herberge.«

Das war ein armseliges Lager für den Hohen und Erhabenen! »Er ward arm um unsertwillen, auf daß wir durch Seine Armut reich würden.«

O Wunder aller Wunder!

> Den aller Welt Kreis nie beschloß,
> der liegt in Marien Schoß.
> Er ist ein Kindlein worden klein,
> der alle Ding erhält allein.

Der Gottessohn in einer Krippe, das war wohl ein merkwürdiger Zustand. Da hätten der Mutter zu Recht Zweifel kommen können, ob dies arme Kind wirklich der Weltheiland sei.

Aber Gott legt niemand eine schwerere Last auf, als er tragen kann. Er eilt, der Mutter eine Bestätigung zuteil werden zu lassen. Er schickt aus Himmelshöhen Seinen Herold zu den Hirten, die auf dem Felde bei Bethlehem die Schafe hüten, um ihnen das Wunder dieser Nacht anzuzeigen, und dann kommen die Hirten und finden das Kindlein in der Krippe, so wie der Engel es ihnen gesagt hatte, und preisen und loben Gott, daß nun endlich nach langem Sehnen der Tag des Heils für die Welt angebrochen sei.

Mit seligem Lächeln hört Maria den Lobpreis der Hirten. Wenn auch ihr Mund schweigt, ihr Herz geht in Sprüngen. Hätte ihr Mund jetzt Worte gefunden, sie würden gewiß gelautet haben wie damals, als sie Elisabeth besuchte: »Meine Seele erhebt den Herrn, und mein Geist freut sich Gottes, meines Heilands.«

Anbetend hört sie den Hirten zu, wie sie berichten von der Erscheinung des Engels und von dem himmlischen Licht, von den Heerscharen der Herrlichkeit und ihrem wunderbaren »Ehre sei Gott in der Höhe!«.

Sie antwortet und spricht nicht. Aber sie verschließt diese Erzählung in ihrem Herzen. Sie vergleicht sie mit den Worten des Engels, der ihr damals die Geburt des Herrn ansagte. Ja, da wird jeder Puls ein Dank und jeder Odem ein Gesang!

Auch wir wollen im Geist an das Kripplein treten und dem Kinde in der Krippe unsere Huldigung darbringen. Und dann wollen wir die Mutter grüßen, wie Elisabeth einst sie grüßte: »O selig bist du, die du geglaubt hast!« – »Von nun an werden dich selig preisen alle Kindeskinder; denn Er hat große Dinge an dir getan, der da mächtig ist und des Name heilig ist.«

> Ich steh an Deiner Krippen hier,
> o Jesus, Du mein Leben!
> Ich komme, bring und schenke Dir,
> was Du mir hast gegeben.
> Nimm hin, es ist mein Geist und Sinn,
> Herz, Seel und Mut, nimm alles hin
> und laß Dir's wohlgefallen!

6. *Eine wunderbare Weissagung.* Vierzig Tage nach der Geburt des Jesuskindes machten sich Joseph und Maria auf, um der Vorschrift des Gesetzes gemäß das übliche Reinigungsopfer darzubringen. Eigentlich verlangte das Gesetz in einem solchen Fall ein einjähriges Lamm zum Brandopfer und eine Taube zum Sündopfer. Arme Leute hatten aber die Vergünstigung, statt des Lammes eine Taube zu bringen. So machte es auch Maria.

Wunderbar! In solche Armut wurde der Sohn des

Höchsten hineingeboren, daß Seine Mutter nur das Opfer armer Leute darbringen konnte!

Als sie nun im Tempel waren, um ihre beiden Tauben zu opfern, da kam aus der Anregung des Heiligen Geistes der greise Simeon in den Tempel, dem vom Geiste die Antwort gegeben worden war, er solle nicht sterben, ehe er den Messias Gottes gesehen habe.

Als er das Kindlein sah auf dem Arm der Maria, da sagte ihm die Stimme des Geistes: »Das ist der Verheißene!« Und er nahm das Kind auf seine Arme und lobte Gott und sprach: »Herr, nun lässest Du Deinen Diener im Frieden fahren, wie Du gesagt hast; denn meine Augen haben Deinen Heiland gesehen, welchen Du bereitet hast vor allen Völkern, ein Licht, zu erleuchten die Heiden, und zum Preise Deines Volkes Israel.«

Als Maria und Joseph diese Worte hörten, »da wunderten sie sich des, das von Ihm geredet ward«.

Warum wunderte sich Maria dann aber? Wußte sie denn nicht schon durch den Engel, durch ihre Freundin Elisabeth und durch die Erzählung der Hirten, daß ihr Sohn der verheißene »Trost Israels« war?

Wenn sie das auch gehört hatte, die *ganze* Tiefe und Bedeutung dieser Mitteilungen hatte sie doch nicht verstanden. Das volle Verständnis von der weltgeschichtlichen Bedeutung Jesu ging ihr noch ab. Sie hat es erst bekommen, ebenso wie die Jünger, als zu Pfingsten der Heilige Geist kam und Jesus verklärte. Bis dahin fehlte ihr das volle Verständnis, wie wir noch öfter sehen werden.

Nachdem Simeon also zu dem Kindlein gesprochen hatte, wandte er sich zu Maria und sprach zu ihr: »Siehe, dieser wird gesetzt zu einem Fall und Auferstehen vieler in Israel und zu einem Zeichen, dem widersprochen wird (und es wird ein Schwert durch deine Seele dringen), auf daß vieler Herzen Gedanken offenbar werden.«

Hatte Maria den Sinn der ersten Worte Simeons nicht

verstanden, so wird sie die Bedeutung dieser Weissagung noch weniger erkannt haben. Sie hörte nur von etwas Schwerem, etwas Schmerzlichem, von einem Schwert, das ihre Seele durchdringen werde. Aber was das bedeutete, das wußte sie nicht.

Was wollte Simeon denn mit diesen Worten sagen? Daß sich an Jesus die Geister der Menschen scheiden, das wissen wir. An Ihm werden vieler Herzen Gedanken offenbar. Die einen nehmen Ihn an, die andern lehnen Ihn ab. Aber was ist das für ein Schwert, das das Herz der Maria durchdringen sollte?

Man hat das Wort auf den Kreuzestod Jesu gedeutet. Und gewiß, als Maria unter dem Kreuze stand und Jesus sterben sah, da hat ein Schwert ihre Seele durchdrungen in großem, großem Weh.

Aber es bezieht sich doch nicht nur auf den Tod Jesu, sondern das Schwert hat ihr ganzes Leben hindurch seine Arbeit getan. Im zweiten Teil des Lebens der Maria werden wir sehen, wie jedesmal, wo von Maria die Rede ist, auch dies Schwert dabei ist und ihre Seele durchdringt. Das Schwert will ihre menschliche, mütterliche Liebe zu ihrem Sohn Jesus töten. Als Mutter fühlte sie sich ja ihrem Sohne überlegen. Und das ist nicht die rechte Stellung dem Heiland gegenüber. Wenn Er auch ihr Sohn war, so war Er doch auch ihr *Heiland*. Sie mußte es lernen, Ihm gegenüber die Stellung einzunehmen, die dem sündigen Menschen dem Heiland gegenüber gebührt.

Das war eine unsagbar schwere Aufgabe für sie. Sie mußte ihre mütterliche Liebe zu ihrem Sohn in den Tod geben, um in Ihm nur den Heiland zu sehen. Verstehst du, liebes Mutterherz, wie schwer diese Aufgabe war?

Ist es erlaubt, auch hier einige Bemerkungen anzufügen? Wenn wir uns auch in mancher Beziehung mit Maria nicht vergleichen können, so liegt hier doch ein Vergleichspunkt sehr nahe. Maria mußte die rechte Stellung zu Jesus finden. Das war die Aufgabe ihres

Lebens. Und das ist auch die Aufgabe unseres Lebens. Maria mußte alle Muttergefühle in den Tod geben und in Ihm nur ihren Heiland sehen. So ist es aber auch mit uns. Alles andere muß in den Tod gegeben werden, damit wir die rechte Einstellung zu Jesus bekommen, damit wir zu Seinen Füßen sinken: »Mein Herr und mein Gott!« – damit wir sagen können mit den Worten Asaphs im 73. Psalm: »Wenn ich nur *Dich* habe, so frage ich nichts nach Himmel und Erde.«

Hast du schon die rechte Stellung Jesus gegenüber gefunden? Ist Er schon dein Heiland geworden, der dir alle deine Sünden vergab? Ist Er schon dein König geworden, dem du dich mit Seele, Leib und Leben zum Eigentum ergeben hast? Oder ist Er dir nur ein edler Mensch, ein erhabener Sittenlehrer, der Begründer einer neuen Religion? Das alles genügt nicht.

> Er will dein *Heiland* selber sein,
> von allen Sünden machen rein.

Du mußt die rechte Stellung zu Jesus einnehmen. Du mußt dich Ihm übergeben, wie der Kranke sich dem Arzt hingibt, wie die Braut sich dem Bräutigam anvertraut – damit Er dein alles wird.

Das war die Aufgabe der Maria. Das ist auch deine Aufgabe. Damit du sie lernst und immer besser lernst, muß auch bei dir das Schwert seine Arbeit tun und alles ausscheiden und abschneiden, »was Ihn nicht sucht, was Ihn nicht meint«.

7. *Um Jesu willen.* Noch einmal nach Bethlehem zurückgekehrt, empfangen Joseph und Maria einen neuen, wunderbaren Beweis, daß das Kindlein, das Gott ihnen geschenkt hat, der Sohn Gottes ist. Vom fernen Morgenlande her kommen die Weisen, die den Stern am Himmel gesehen haben, der ihnen die Ankunft des auch von ihnen erwarteten Heilands anzeige. Die Priester und Schriftgelehrten in Jerusalem zeigen ihnen den Weg

44

nach Bethlehem, nach der Stadt, die Micha als Geburts-
ort des Herrn bezeichnet hat.

Und da sie das Kindlein finden, beugen sie ihre Knie
und bringen Ihm ihre Verehrung und Huldigung dar.
Und dann tun sie ihre Schätze auf und schenken Ihm
Gold, Weihrauch und Myrrhe.

Wie wunderbar mag es der Maria zumute gewesen
sein, als die Weissagung Simeons so bald in Erfüllung
ging! Kaum hatte er das Wort ausgesprochen: »Welchen
Du bereitet hast vor allen Völkern, ein Licht, zu erleuchten die Heiden«, da kamen die ersten Vertreter des
Heidentums gewallfahrtet, um Ihm als dem König, Priester und Propheten mit ihren bedeutungsvollen Gaben zu
huldigen. Wie wird da ihr Herz in Sprüngen gegangen
sein bei dieser neuen Offenbarung göttlicher Herrlichkeit!

Es geht oft im Leben eines Christen so, daß Gott
besondere Segnungen und Erquickungen schickt, um das
Herz für bevorstehende Proben stark zu machen.

So erging es auch Maria. Kaum sind die Weisen wieder
abgezogen, da empfängt Joseph des Nachts im Traum
den Befehl von Gott, mit dem Kindlein und Seiner
Mutter eilends nach Ägypten zu flüchten, weil Herodes
dem Kinde nach dem Leben trachte. Da mußte denn
eiligst aufgebrochen werden. Noch in derselben Nacht
machte die Heilige Familie sich auf die Reise. Es war ein
weiter und beschwerlicher Weg, den sie zu machen
hatten. Da war es gut, daß Gott ihnen durch den Besuch
der Weisen eine besondere Stärkung und Ermunterung
hatte zuteil werden lassen. So waren sie für die Mühen
der Reise besser gerüstet. Sie wußten, daß ihre eilige
Flucht geschah um Jesu willen, den sie den Nachstellungen des Feindes entziehen mußten.

Wie gut war es auch, daß die Weisen dem Kinde ihre
Schätze dargebracht hatten! So konnte kein Mangel an
die Flüchtlinge herankommen. Gott hatte Sein Kind und

45

Seines Kindes Pfleger versorgt in königlicher, überschwenglicher Weise.

Aber eins konnte Gott Joseph und Maria nicht ersparen: das Leiden um Jesu willen. Sobald Jesus geboren ward, machte der Satan die Hölle mobil. Er wußte, was jetzt für ihn auf dem Spiele stand. Er wußte, daß dies Kindlein, nach dem uralten Worte Gottes im Paradiese, ihm den Kopf zertreten und ihn seiner Macht berauben sollte. Darum hatte er einen grimmigen Zorn. Er ist es, der dem König Herodes den schrecklichen Mordgedanken einbläst. Er läßt nichts unversucht, um dies Kind zu beseitigen, das einst ihn, den Fürsten der Welt, überwinden und besiegen soll.

Was Maria hier erfuhr, das haben Tausende und aber Tausende nach ihr erfahren: Wer mit Jesus in Verbindung tritt, der macht Bekanntschaft mit dem Zorn des Teufels, in dessen Sold die ganze Welt steht, der muß leiden um Jesu willen.

Wie viele Hugenotten haben um Jesu willen ihre schöne französische Heimat verlassen, wo es ihnen nicht erlaubt wurde, ihren Glauben zu leben! Wie viele Salzburger zogen schweren Herzens und doch getrost aus dem Bereich römischer Unduldsamkeit, um in der Fremde eine Heimat zu suchen! Wie viele von den Stundisten in Rußland haben den Weg nach Sibirien antreten müssen und ein Leben der Entbehrungen geführt, weil ihnen zu Hause nicht gestattet wurde, zu gemeinschaftlichem Bibellesen und Beten zusammenzukommen! Und was haben unsere Glaubens- und Stammesgenossen jetzt in Rußland zu leiden!

Groß, sehr groß ist die Schar derer, die schon den Weg der Maria gemacht haben – um Jesu willen.

Und manche haben nicht nur ihre Heimat und ihr Vaterland aufgeben müssen, sondern haben ihr Blut und Leben aufgeopfert für ihren Heiland.

So ging es in Bethlehem, als die Flüchtlinge eben fort

waren. Eine Abteilung Soldaten rückte ein. Was mögen sie wollen? Sie beziehen in den Häusern Quartier – um auf diese Weise um so sicherer auszukundschaften, wo kleine Knaben vorhanden sind. Und dann folgt ein erbarmungsloses Morden. Furchtbares Wehklagen überall! Da sucht eine Mutter ihren Liebling zu retten. Aber der Soldat holt sie ein – und vergräbt sein Schwert in der Brust des geliebten Kindes. Was für entsetzliche Szenen mögen sich da abgespielt haben! Wir wollen sie nicht ausmalen. Es zerreißt uns das Herz.

Und warum geschah dies schreckliche Morden? *Um Jesu willen*. Darum wollen wir nicht klagen über diese kleinen Märtyrer, die so grausam auf der Mutter Arm und an der Mutter Brust ermordet und erschlagen worden sind: Sie sind daheim, als die ersten, die gewürdigt worden sind, um Jesu willen ihr Leben zu lassen.

Sollen wir sie beklagen? Nein, sondern wir preisen sie *selig*, die erduldet haben. Es ist Seligkeit, für Jesus leiden und sterben zu dürfen! Wie viele sind den Kindern von Bethlehem nachgefolgt! Von alten Zeiten an bis auf den heutigen Tag ist die Zahl derer groß, die gelitten haben und gestorben sind *um Jesu willen*. Denn »groß Macht und viel List des Teufels Rüstung ist«. Bald wurden die Bekenner Jesu Christi in Rom den wilden Tieren vorgeworfen, bald mußten sie, mit Wachs umwunden, als Fackeln leuchten in den kaiserlichen Gärten bei nächtlichen Gelagen und Ausschweifungen. Aber das Blut der Märtyrer hat sich immer und überall als Keim neuen Lebens erwiesen. Wer die Christen mit Freudigkeit und Siegeszuversicht in den Tod gehen sah, der konnte sich der Erkenntnis nicht verschließen, daß hier eine göttliche Kraft wirksam war, von der im Heidentum nichts bekannt war. So wurden gerade durch die Hinrichtungen der Christen immer neue Herzen gewonnen, die, wenn ihre Stunde gekommen war, mit derselben Freude in den Tod gingen um Jesu willen. So ist es gewesen und geblieben durch die Jahrhunderte hindurch. Bis in die neueste Zeit hinein hat das Blut der Märtyrer den Boden der Erde gedüngt. Wer dächte nicht mehr an die schrecklichen Metzeleien in Armenien und an die blutigen Verfolgungen in China, wo viele, viele ihr Leben dahingegeben haben für ihren Heiland!

Und so geschieht es nicht nur in heidnischen und mohammedanischen Ländern. So geschieht es auch inmitten der sogenannten Christenheit. Wo ein Mensch Ernst macht mit der Nachfolge Jesu, wo er klar und entschieden auf die Seite des Heilands tritt, da macht er auch Bekanntschaft mit dem Leiden um Jesu willen. Es gibt Behörden und Privatleute, die einem Bewerber eine Stelle nur darum vorenthalten, weil er ein Jünger Jesu ist. Es gibt Leute, die bei den Beförderungen nur darum übersehen werden, weil sie mit ihrem Christentum Ernst machen. Und wie mancher Arbeiter hat Schweres zu erleiden in seiner Fabrik, wenn ungläubige Arbeitsgenossen ihn anfeinden und aus der Stellung zu bringen suchen um seines Glaubens willen. Immer mehr nimmt der Gotteshaß und die Christusfeindschaft zu. Und darum müssen sich die Bekenner Jesu auf das Leiden um Jesu willen einstellen.

Nun frage ich dich: Hast du schon etwas erlitten um Jesu willen? Weißt du etwas von der Schmach, womit der Teufel die Jünger Jesu brandmarkt? So notwendig gehört dieses Leiden zur Nachfolge Jesu mit dazu, daß du dich sehr ernstlich prüfen mußt, ob du überhaupt ein wahrer, wirklicher Christ bist, wenn du noch nichts von dem Leiden weißt um Jesu willen! Der Herr hat es allen Seinen Jüngern in Aussicht gestellt: »Hat die Welt Mich gehaßt, so wird sie euch auch hassen.« Aber Er hat sie zugleich aufgefordert: »Seid fröhlich und getrost; es soll euch im Himmel wohl belohnt werden!«

Darum sei getrost, fürchte dich nicht, wenn du etwas leiden *mußt*, wenn du etwas leiden *darfst* für Jesus. Denn es ist ein Dürfen, kein Müssen; es ist eine Lust, keine Last; es ist eine Würde, keine Bürde.

Und wenn du fliehen mußt wie Maria und wenn du dein Leben lassen mußt wie die Kinder zu Bethlehem – *Er ist es alles wert!*

8. *Das Schwert schneidet,* nämlich das Schwert, von dem Simeon im Tempel geredet hat. Maria muß es lernen, ihre mütterliche Stellung *über* ihrem Sohn aufzugeben, um dafür die Stellung zu Seinen Füßen einzunehmen, wie sie ihr genau wie allen andern Menschen, gebührt.

Jedesmal, wenn wir fortan der Maria begegnen, sehen wir, wie das Schwert schneidet, um ihre rein mütterlichen Gefühle zu töten.

Die erste Geschichte, an der wir das sehen, ist die von dem zwölfjährigen Jesus im Tempel (Lk 2, 41–50).

Es war die Gewohnheit von Joseph und Maria, alle Jahre zum Osterfest hinaufzuziehen nach Jerusalem. Als Jesus zwölf Jahre alt war, nahmen sie Ihn zum erstenmal mit. Das war eine Freude für den Knaben, als Er mit den Schriftgelehrten zusammensitzen und sie fragen konnte nach diesem oder jenem. So treu Maria Ihm auch daheim die Schrift ausgelegt hatte, so freute der Knabe sich doch, sich einmal mit gereiften, kundigen Männern unterhalten zu können.

So war es gekommen, daß die Eltern wieder abreisten von Jerusalem – und der Knabe war nicht dabei. Sie zogen eine Tagesreise weit in dem Gedanken, Er würde sich einer befreundeten Familie angeschlossen haben. Aber als sie den verabredeten Lagerplatz erreicht hatten und bei den Bekannten nach Ihm fragten, da wußte niemand etwas von Ihm. So blieb Maria und Joseph nichts anderes übrig, als wieder umzukehren. Sie kamen wieder nach Jerusalem und suchten Ihn. In ihrer Herberge fragten sie nach dem Knaben – da wußte man nichts von Ihm, ebensowenig in der Herberge der

Freunde und Bekannten. Sie waren ratlos. Endlich, endlich kam ihnen ein Gedanke: Ob Er vielleicht im Tempel ist? Sie gingen hin – und richtig, da »fanden sie Ihn im Tempel sitzen mitten unter den Lehrern, daß Er ihnen zuhörte und sie fragte. Und da sie Ihn sahen, entsetzten sie sich. Und Seine Mutter sprach zu Ihm: Mein Sohn, warum hast Du uns das getan? Siehe, Dein Vater und ich haben Dich mit Schmerzen gesucht.«

Einen Vorwurf macht sie Ihm. Es berührt sie schmerzlich, daß ihr Sohn, der sonst immer so gehorsam und folgsam gewesen, sie durch diesen Mangel an kindlicher Liebe und Anhänglichkeit – wie sie denkt – so betrübt hat.

Wenn Er ein Knabe gewesen wäre wie andere Knaben, dann hätte ihr Vorwurf Berechtigung gehabt. Aber Er wußte sich als der Sohn Gottes, Er wußte sich im Recht, darum sprach Er zu ihnen: »Was ist's, daß ihr Mich gesucht habt? Wisset ihr nicht, daß Ich sein muß in dem, das Meines Vaters ist?«

Maria hat gesagt: »Dein Vater und ich« – und dabei hat sie auf *Joseph* gedeutet. Jesus antwortet: »In dem, das Meines Vaters ist«, und damit meint Er *Gott*. Er läßt es nicht gelten, daß sie Joseph als Seinen Vater bezeichnet; Er setzt ihrem Wort die Wahrheit entgegen. Er weist ihren Vorwurf mit klarer Entschiedenheit zurück. Seine Worte wollen soviel sagen wie: Ihr hättet eigentlich wissen können, daß Ich hier im Tempel war. Der Tempel ist doch Meines himmlischen Vaters Haus! Und die Heilige Schrift, über die wir hier reden, ist doch Meines Vaters Wort!

»Und sie verstanden das Wort nicht, das Er mit ihnen redete.«

Sie hätten es verstehen können, wenn sie einen klaren Begriff von Seiner göttlichen Sendung gehabt hätten. Aber diese Klarheit hatte Maria nicht, trotz der Ankündigung des Engels, trotz des Besuches der Hirten und der

Weisen. Seitdem waren zwölf Jahre vergangen. Und die Eindrücke jener wunderbaren ersten Kindheitstage waren im Laufe der Zeit verwischt worden durch mancherlei Eindrücke, die ihnen nachfolgten. Die Familie war gewachsen; es waren noch mehr Kinder geboren. (Das geht deutlich aus folgenden Stellen hervor: Mt 1, 25; 12, 46. 47; 13, 55; Mk 3, 31; 6, 3; Lk 2, 7; 8, 20; Joh 2, 12; 7, 5; Apg 1, 14.) Und da war es Maria, wie es scheint, gegangen, wie es so mancher Hausmutter heutzutage geht, die sich durch die Kindersorgen und täglichen Arbeiten über Gebühr in Anspruch nehmen läßt.

Wenn Maria immer auf der Höhe jenes Tages geblieben wäre, da der Engel zu ihr trat, so würde sie jetzt nicht so gefragt und sich nicht so gewundert haben. Dann wären ihr das Verweilen Jesu im Tempel und Seine Antwort auf ihre Frage gewiß als selbstverständlich vorgekommen.

Liebe Hausfrau und Mutter, dein Beruf hat seine Gefahren. Es ist ein köstlicher Beruf, gewiß, aber er hat seine Gefahren. Wie leicht beschäftigen die irdischen Dinge, die zu besorgen sind und die ja nicht vernachlässigt werden dürfen, die Seele zu sehr, so daß sie nachher ganz aufgeht in irdischen Dingen. Ich weiß von jungen Mädchen, die waren so voll Eifer für den Herrn, die waren so lebendig und so tätig – und nach einigen Jahren sprachen sie über nichts mehr als über Haushaltsangelegenheiten und Kinderkleidchen und dergleichen. Du mußt dir, auch wenn du eine vielbeschäftigte Hausfrau bist, Zeit nehmen, für deine Seele zu sorgen, daß sie nicht hungert und verkümmert. Gerade weil du so vielbeschäftigt bist, mußt du um so mehr darauf sehen, daß du Stille hast, um mit deinem Gott zu verkehren, um Ihn durch Sein Wort mit dir reden zu lassen.

Versäume es ja nicht! Gewiß ist es gut und nötig, daß dein Haushalt sich in einem tadellosen Zustand befindet; aber es darf nicht auf Kosten deines inneren Lebens geschehen. Denke nur an die beiden Schwestern in Bethanien! Martha ist so ein geschäftiges Hausmütterchen, das nur für irdische Dinge sorgt. Maria benutzt die Zeit, um sich zu Jesu Füßen zu setzen und Seiner Rede zuzuhören. Und wie urteilt Jesus? Er hebt warnend den Finger gegen Martha auf und sagt: »Du hast viel Sorge und Mühe; eins aber ist not. Maria hat das gute Teil erwählt, das soll nicht von ihr genommen werden.« Man hört oft sagen: »Die beste Frauenart ist die: halb Martha sein und halb Maria.« Das ist falsch! Wenn wir die Worte Jesu so nehmen, wie sie dastehen, müssen wir sagen: Martha bekommt einen Tadel, und Maria bekommt ein Lob. Jesus stellt sich ganz entschieden und allein auf die Seite der Maria. »Sie hat *das* gute Teil erwählt.«

Darum, liebes Herz, lerne von der Maria in Bethanien! Wenn es die Maria von Nazareth auch immer so gemacht hätte wie ihre Namensschwester, dann hätte sie die Worte des Knaben gewiß verstanden und sich nicht so über Sein Verweilen im Tempel entsetzt! –

Es hat Ausleger gegeben, die haben sich hier die Bemerkung erlaubt, daß Jesus sich unkindlich und unehrerbietig gegen Seine Mutter benommen habe. Und es wäre in der Tat etwas von Unkindlichkeit in Seinem Verhalten, wenn nicht dies in Betracht gezogen werden müßte, daß hier zum erstenmal das Schwert zu schneiden und zu scheiden anfängt.

Wir dürfen keinen Vorwurf als berechtigt gelten lassen, der gegen Jesus erhoben wird, sonst würde Sein Bild getrübt, und Er würde nicht mehr das Recht haben zu sagen: »Wer unter euch kann Mich einer Sünde zeihen?« Nicht Unkindlichkeit spricht aus den Worten des Knaben, nein, sondern im Bewußtsein Seiner Gottessohnschaft tritt Er hier zum erstenmal der Mutter entgegen, weil sie mehr Anspruch und Anrecht auf Ihn geltend macht, als ihr zukommt.

Jesus war ein gehorsamer Knabe. Es steht geschrieben: »Er war ihnen untertan.« Man konnte Ihn jedem Altersgenossen zum Vorbild und Beispiel hinstellen. Aber je älter Er wird, desto klarer tritt es hervor, daß Er die Ansprüche freundlich, aber entschieden ablehnt, die Seine Mutter auf Ihn macht.

Das sehen wir noch deutlicher in der Geschichte von der Hochzeit zu Kana.

9. *Auf der Hochzeit zu Kana* begegnen wir der Mutter Jesu wieder. Achtzehn Jahre sind vergangen, seitdem wir sie im Tempel zu Jerusalem fanden. Jesus ist erwachsen. Er hat das Alter, in dem es erlaubt war, als Lehrer öffentlich aufzutreten. Wie Er sich in allem dem geltenden Gesetz unterworfen hat, so auch in diesem Punkt.

Vielleicht hatte Er auch noch einen andern Grund, so lange im Hause zu bleiben. Joseph muß inzwischen gestorben sein. Das können wir wohl daraus schließen, daß sein Name nicht mehr genannt wird. Maria war Witwe geworden – und Jesus war der Ernährer und Versorger der Familie. Das geht aus Markus 6, 3 deutlich hervor. Als Er in Nazareth predigte, fragten sich die Leute: »Ist Er nicht der Zimmermann, Marias Sohn, und der Bruder des Jakobus und Joses und Judas und Simon? Sind nicht auch Seine Schwestern allhier bei uns?« Es war also ein kindergesegnetes Haus, in dem tüchtig gearbeitet werden mußte, wenn man ehrlich durchkommen wollte. Außer Jesus waren noch vier Söhne vorhanden und noch wenigstens zwei Schwestern. Da trat Jesus, als der Älteste, an die Stelle des Vaters. Er war nicht nur »eines Zimmermanns Sohn« (Mt 13, 55), sondern Er war »der Zimmermann«. Erst als Jakobus und Joses so weit herangewachsen waren, daß sie das Geschäft übernehmen konnten, dachte Jesus daran, das Haus zu verlassen, um Seinen Weg anzutreten.

Im Herzen der Maria haben gewiß Freude und Leid sich vermischt, als Jesus die Heimat verließ. So sehr sie sich über Ihn freute, über Seine Gaben und Seine Weisheit und daß *ihr* Sohn jetzt als Lehrer hervortreten würde, so sehr schmerzte es sie auch, daß dieser herrliche Sohn nun von ihr ging.

Das Schwert, von dem Simeon einst geredet hatte, war vergessen. Aber doch war es da. Und jetzt sollte es aufs neue ihre Seele durchdringen, um ihre mütterlichen Gefühle zu töten.

Kurze Zeit nachdem Jesus das Haus verlassen hat, trifft die Mutter wieder mit Ihm zusammen. Ihr Herz freut sich an der Schar der Jünger, die sich schon ihrem Sohn angeschlossen haben. Mehr als je zuvor fühlt sie das Glück, die Mutter eines solchen Sohnes zu sein.

Da entsteht eine Verlegenheit. Es gebricht an Wein. Die Mutter merkt oder hört es, wie der Speisemeister den Gastgeber davon in Kenntnis setzt. Da möchte sie gern helfen. Zu Hause war Jesus immer hilfsbereit. Darum wendet sie sich an Ihn und spricht zu Ihm: »Sie haben nicht Wein.«

Und Jesus? Man kann es nicht leugnen, es ist eine ganz und gar ablehnende Antwort, die Er ihr gibt: »Weib, was habe Ich mit dir zu schaffen? Meine Stunde ist noch nicht gekommen.« Er nennt sie nicht »Mutter«, Er nennt sie nicht bei ihrem Namen. Er sagt »Weib«. – Sie wendet sich an Ihn im Vertrauen auf ihre Stellung als *Mutter*; aber Jesus erkennt diese bevorrechtigte Stellung nicht an. Sie ist Ihm nicht »Mutter«, sie ist für Ihn nur ein »Weib« wie andere. Denn Er ist der Sohn Gottes, Er ist der Messias Israels, der Heiland der Welt! Da muß Er sie in ihre Schranken weisen. Da – schneidet das Schwert, von dem Simeon gesprochen hat. Sie muß erkennen, daß sie als Mutter Ihm nichts zu sagen hat.

Nach einer Weile wenden sich die Diener an sie. Aber sie lehnt jede Vermittlung ab. »Was Er euch sagt, das tut.« Das heißt: Wenn ihr etwas wollt, geht zu Ihm selbst. Ich kann euch nicht helfen.

Sie hat seine Absage verstanden. Sie will Ihm nichts mehr vorschreiben. Sie will sich nicht mehr als Vermittlerin vordrängen.

Entzieht diese Geschichte von der Hochzeit zu Kana nicht der römischen Marienverehrung allen Boden? Einmal hat Maria die Vermittlerrolle übernehmen wollen, einmal hat sie Fürsprache getan – und Jesus hat sie abgewiesen, weil das nicht ihre Angelegenheiten seien. Ein zweites Mal versucht sie es nicht. Jetzt weist sie die Leute an Jesus selbst: »Was Er euch sagt, das tut.« Und trotzdem wird sie jeden Tag tausend- und abertausendmal angerufen als Fürsprecherin und Vermittlerin! Es ist so wahr, was jemand gesagt hat: »Wenn im Himmel noch Tränen geweint würden, dann würden drei Menschen dort ihre bittersten Tränen weinen – nämlich Luther, Petrus und Maria.« Welch ein Mißbrauch wird mit ihnen getrieben! Welche Verehrung wird ihnen aufgezwungen gegen ihren Willen! Die Gebete an Maria sind nichtig. Sie steigen nicht in den Himmel, sie fallen auf den Boden wie der Pfeil, den der Bogen eines Knaben in die Luft geschossen hat.

Was hat die römische Kirche aus der Maria gemacht! Was hat sie ihr für eine Stellung angewiesen! Aber Maria selber hat keine Ursache dazu gegeben und die Heilige Schrift ebensowenig. Im Gegenteil, sie stellt die Mutter immer hinter das Kind oder hinter den Sohn. Die römische Kirche redet stets von der »Madonna mit dem Kinde«. Und wie redet die Schrift? In Matthäus 2 heißt es viermal: »das Kindlein und Seine Mutter« (Vers 13, 14, 20, 21). Und hier heißt es (Joh 2, 12): »Danach zog Er hinab gen Kapernaum, Er, Seine Mutter, Seine Brüder und Seine Jünger.« Die Schrift stellt Ihn voraus. Ihm gebührt der erste Platz – und keinem Menschen.

Nun verstehen wir die Ablehnung in den Worten Jesu: »Weib, was habe Ich mit dir zu schaffen?« Es ist das

Schwert, das durch ihre Seele dringt. Maria hat die schwere Aufgabe zu lernen, daß ihr Sohn der Heiland der Welt und darum auch *ihr* Heiland sei.

Hat sie diese Aufgabe in Kana verstanden? So schnell wird eine solche Aufgabe nicht begriffen. Man lernt durch Wiederholung. So hat auch Maria wiederholt an ihrer Aufgabe gelernt, bis sie dieselbe endlich ausgelernt hatte am Fuß des Kreuzes und in der gläubigen Pfingstgemeinde.

10. *Bange Sorge* füllte das Herz der Maria je länger, je mehr, als sie den Weg ihres Sohnes verfolgte. Auch in das stille Nazareth schlugen die Wellen der großen Bewegung, die von Ihm ausging. Immer beunruhigender klangen die Nachrichten, die das Ohr der Mutter erreichten. Man erzählte sich, wie schonungslos Er die Schäden überall aufdecke, wie Er den Pharisäern die Maske ihrer scheinheiligen Frömmigkeit vom Angesicht reiße und sie in ihrer Heuchelei bloßstelle vor allem Volke. Da fing Maria an, um ihren Sohn zu bangen. Wie sollte das enden, wenn Er die Priester und Pharisäer so gegen sich aufbrachte?

Da machte sich das Gefühl der Mutterliebe in ihrem Herzen mit Macht geltend. Sie mußte ihren Sohn warnen. Sie wollte Ihn bitten, doch die gefährliche Öffentlichkeit wieder mit der stillen Zurückgezogenheit Nazareths zu vertauschen (Mk 3, 21).

Wer verstände die herzliche Teilnahme des Mutterherzens nicht? Und doch bringt ihre Mutterliebe Maria auf eine falsche Bahn. Jesus geht den rechten Weg, den Weg, der auf Golgatha endet, den Weg des Gehorsams gegen den Vater. Sein Weg ist göttlich. Aber die Sorge der Mutter ist menschlich. Ja, als Petrus Ihn abhalten wollte vom Kreuzestod und zu Ihm sprach: »Herr, schone Deiner selbst! Das widerfahre Dir nur nicht!«, da erkannte Jesus in dem Wort des Jüngers die Absicht des Satans, der Ihn vom Kreuze fernzuhalten suchte, an dem die Erlösung geschehen sollte durch des Lammes Blut.

So menschlich und so natürlich die Liebe und Sorge der Maria ist, so wenig angebracht ist sie doch dem *Heiland* gegenüber, der sich von keiner andern Rücksicht bestimmen läßt als nur von der einen: Vater, was willst Du, daß Ich tun soll?

Darum erfährt Maria, als sie, von ihrer mütterlichen Sorge getrieben, sich aufmacht, um ihren Sohn zu warnen und womöglich wieder mit nach Hause zu nehmen, wieder eine Absage. Matthäus 12, 46–50 (ebenso Mk 3, 31–35 und Lk 8, 19–21) erzählt uns davon:

»Da Er noch also zu dem Volk redete, siehe, da standen Seine Mutter und Seine Brüder draußen, die wollten mit Ihm reden. Da sprach einer zu Ihm: Siehe, Deine Mutter und Deine Brüder stehen draußen und wollen mit Dir reden. Er antwortete aber und sprach zu dem, der es Ihm ansagte: Wer ist Meine Mutter? Und wer sind Meine Brüder? Und streckte die Hand aus über Seine Jünger und sprach: Siehe da, das ist Meine Mutter und Meine Brüder! Denn wer den Willen tut Meines Vaters im Himmel, derselbige ist Mein Bruder, Schwester und Mutter!«

In diesen Worten tritt Er den Ansprüchen Seiner leiblichen Verwandten mit derselben Entschiedenheit entgegen, wie wir es schon in der Geschichte vom zwölfjährigen Jesus im Tempel und bei der Hochzeit zu Kana gesehen haben. Er räumt der Mutter keinerlei Recht über sich ein. Das Schwert zerschneidet das Band irdischer Verwandschaft, von dem Simeon gesprochen hat; eine neue Verwandtschaft entsteht: Wer den Willen Gottes tut, der wird mit Ihm verwandt, der darf ein inniges Verhältnis mit Ihm eingehen.

Unverrichteterdinge muß Maria wieder umkehren. Wenn sie schon den Zwölfjährigen nicht verstanden hat, wieviel weniger versteht sie Ihn jetzt! Gewiß hat sie auf dem Heimweg ihrem Herzen in manchem Seufzer Luft gemacht und über die entschiedene Weigerung Jesu, sich von ihr raten und warnen zu lassen, getrauert. Und es war doch für sie der rechte Weg. Das Schwert mußte noch tiefer durch ihre Seele dringen. Sie mußte ihre Aufgabe noch besser lernen; es war eine Riesenaufgabe für ein Mutterherz. Auf all ihre mütterlichen Rechte, auf all ihre so menschlichen Gefühle soll sie verzichten – wie namenlos schwer ist das!

Wird sie diese Aufgabe je voll und ganz erfüllen können? –

Noch einmal wird die Mutter Jesu erwähnt, ehe Er am Kreuz hängt. Als er einen Teufel ausgetrieben und mit Seinen Gegnern abgerechnet hat, die Ihm vorwarfen, Er treibe die Teufel durch teuflische Macht aus, da »erhob ein Weib im Volke die Stimme und sprach zu Ihm: Selig ist der Leib, der Dich getragen hat, und die Brüste, die Du gesogen hast! Er aber sprach: Ja, selig sind die, die das Wort Gottes hören und bewahren!« (Lk 11, 27.28.)

Da preist eine Stimme Seine Mutter selig, weil sie einen solchen Sohn geboren hat – und sofort lehnt Er diese Seligpreisung ab und preist *die* selig, die das Wort hören und bewahren.

Nicht die geringste Kreaturverehrung und Vergötterung läßt Jesus zu. Wie nahe es lag, Seiner Mutter besondere Ehre zu zollen, das hat die römische Marienverehrung zur Genüge bewiesen. Darum tritt Jesus immer mit einer gewissen Schärfe gegen Seine Mutter auf, um keinen Mariendienst aufkommen zu lassen. Warum ist er doch aufgekommen? Weil man sich nicht um Jesus und Sein Wort gekümmert hat! Der Mariendienst ist ein direkter Ungehorsam gegen das Wort Jesu, ist ein klares Übertreten des Wortes Gottes.

Aber es haften solche römischen Eierschalen auch noch manchem Glied der evangelischen Kirche an. Wenn man der Maria eine besondere Stellung zuerkennen will, befindet man sich nicht in Übereinstimmung mit dem klaren Wort Jesu, der jeden Seiner Jünger, der jeden aufrichtigen Hörer des Wortes Gottes in die gleiche Linie mit Seiner Mutter stellt! –

Die bange Sorge der Maria war nur zu sehr begründet. Die Priester und Pharisäer ruhen nicht eher, bis sie den unbequemen Propheten von Nazareth beseitigt haben, bis Er, verurteilt und gerichtet von geistlicher und weltlicher Obrigkeit, am Holz des Fluches hängt.

»Es stand aber bei dem Kreuze Jesu Seine Mutter« (Joh 19, 25).

Welch eine Stunde! Die Mutter am Sterbebett ihres Kindes! Und welch ein Sterbebett! Der Pfahl des Kreuzes, umgeben von den Flüchen und Verwünschungen der Menge.

Aber kein Wort des Vorwurfes kommt aus dem Mund der Mutter. Keine Anklage: Ach, hättest Du Dich doch warnen lassen! Sie lernt an ihrer Aufgabe. Bald ist sie damit zu Ende.

Als Jesus Seine letzte Reise antrat nach Jerusalem, da ist Seine Mutter auch dorthin gezogen. Sie will ihrem Sohne nahe sein. Sie fürchtet um Ihn. Simeons Weissagung geht ihr durch den Sinn, daß Jesus ein Zeichen sei, dem widersprochen würde, und daß ein Schwert durch ihre Seele dringen solle.

Da verläßt sie das stille Nazareth, um in den Kreis Seiner Jünger einzutreten. Es ist auch hohe Zeit. Sie kommt gerade noch recht, um Jesus leiden zu sehen am Kreuz.

Jetzt schneidet und scheidet das Schwert Simeons zum letztenmal.

»Da nun Jesus Seine Mutter sah und den Jünger dabeistehen, den Er liebhatte, spricht Er zu Seiner Mutter: Weib, siehe, das ist dein Sohn! Danach spricht Er zu dem Jünger: Siehe, das ist deine Mutter! Und von der Stunde an nahm sie der Jünger zu sich.«

»Weib!« Das ist der letzte Schlag des Schwertes. So

zärtlich Er auch für sie sorgt, Er nennt sie nicht »Mutter«. Die »Mutter« in ihr muß sterben, damit nur die Jüngerin übrigbleibt.

Liegt vielleicht in dem Wort: »Siehe, das ist deine Mutter!« die Andeutung, daß Maria, weil sie sich nun zu dem Gekreuzigten hält, eine Zeitlang mit ihren andern Kindern nicht mehr so ganz eins ist? Es wäre doch, so scheint es, nicht so nötig gewesen, daß Johannes zu ihrem Versorger bestellt wurde, wenn nicht die eigenen Söhne diese Liebespflicht verweigerten. Sieht Jesus das kommen? Ich weiß es nicht. Aber es scheint so. (Vgl. Joh 7, 5.) –

Es waren schwere Tage, die nun für Maria kamen. Und doch waren es selige Tage. Denn in diesen Tagen der Trauer und der Tränen lernt sie Jesus kennen als ihren Heiland, der Sein Blut vergossen, um auch sie zu erlösen, der auferstand, um auch ihr neues Leben zu geben.

Und so finden wir Maria zum letztenmal erwähnt in dem kleinen Jüngerkreise, der nach der Himmelfahrt Jesu mit Beten und Flehen auf die Ausgießung des Geistes wartete. In Apostelgeschichte 1, 14 lesen wir: »Diese alle waren stets beieinander einmütig mit Beten und Flehen samt den Weibern und Maria, der Mutter Jesu, und Seinen Brüdern.«

Mit einem lichten Bild schließt der Bericht über das Leben der Maria. Sie war bei den Jüngern. Sie hat ihren rechten Platz eingenommen in der gläubigen Gemeinde. Und – ihre Söhne sind auch da. Sie haben ihren Bruder auch als ihren Heiland erkannt.

Welche Freude für das Mutterherz! Keine größere Freude für eine gläubige Mutter, als wenn sie sprechen kann: »Ich und die Kinder, die Du mir gegeben hast! Ich habe deren keines verloren, die Du mir gegeben hast!«

Liebe Mutter, nimm auch du den rechten Platz ein: zu den Füßen des Herrn! Und es wird einst die Stunde

kommen, wo auch deine Kinder, durch Wort und Beispiel der Mutter veranlaßt, Ihn annehmen als ihren
Heiland! –

Maria hat ihre Aufgabe ausgelernt. Es ging zwar
durchs Sterben bei ihr; aber es ging zum Leben. Es ging
durchs Sterben des eigenen Ichs. Schonungslos tat das
Schwert seine Arbeit. Aber das Ende war Herrlichkeit.
Wer überwindet, der wird alles ererben. Siehe, wir
preisen selig, die erduldet haben! Sie hat das scharfe
Schwert erduldet, das ihre Seele durchdrang! Sie ist selig
in der Gemeinde der vollendeten Gerechten, selig –
durch des Lammes Blut.

O daß auch wir die Aufgaben, die Gott uns stellt, so
treulich lernen möchten, wie Maria die ihrige gelernt hat!
Daß wir uns so geduldig dem Schwerte darstellten, das
unsere Gefühlswelt, unser seelisches Wesen verwundet
und tötet, daß Gott zum Ziel mit uns kommen kann!

Gib dich mit Geduld dem Herrn hin, daß Er dich
bearbeiten und zubereiten kann für Seine große, unaus-
sprechliche Herrlichkeit. Zerbrochen werden ist schwer,
aber zerbrochen sein ist selig!

Hanna

An der Schwelle des Neuen Testaments begegnen wir zwei hochbetagten Paaren, welche als Vertreter des Alten Bundes sich über den Anbruch des Heilstages freuen. Da ist der Priester Zacharias und sein Weib Elisabeth; da ist der fromme Simeon und die greise Witwe Hanna.

Das Alter ist voll von allerlei Beschwerden. Die Augen wollen nicht mehr recht ihre Schuldigkeit tun; die Ohren hören nicht mehr gut; das Gedächtnis läßt allmählich nach – da kommen alte Leute leicht ins Klagen. Sie vergleichen ihr Alter mit ihrer Jugend, wie sie einst alles viel besser gekonnt haben, und dann werden sie mürrisch und unzufrieden.

Es ist etwas Trauriges um so ein grämliches Alter! Aber es ist etwas Köstliches und Herrliches um das Alter eines Menschen, an dem sich das Wort des Psalmisten (Ps 92, 14.15) erfüllt: »Die gepflanzt sind in dem Hause des Herrn, werden in den Vorhöfen unseres Gottes grünen. Und wenn sie gleich alt werden, werden sie dennoch blühen, fruchtbar und frisch sein.«

Dies Wort der Schrift könnte man als Überschrift setzen über das Leben der Hanna.

1. *Hanna hat viel durchgemacht.* Die Schrift erzählt ihre Lebensgeschichte mit den Worten (Lk 2, 36.37): »Und es war eine Prophetin, Hanna, eine Tochter Phanuels, vom Geschlecht Asser; die war wohlbetagt und hatte gelebt sieben Jahre mit ihrem Manne nach ihrer Jungfrauschaft und war nun eine Witwe bei vierundachtzig Jahren.«

Das Geschlecht der Asser hatte von alters her einen guten Namen. Als der gottesfürchtige König Hiskia

Boten zu allen Stämmen schickte, um die Einwohner des ganzen Landes zu veranlassen, endlich wieder das Passah zu feiern, wie Gott geboten hatte, da wurden die Boten überall ausgelacht und verspottet; nur von *Asser*, Manasse und Sebulon kamen etliche Gläubige nach Jerusalem, um dort das Passah mitzufeiern (2 Chron 30, 11).

Wenn hier ihre Herkunft aus dem Geschlechte Asser besonders betont ist, so dürfen wir wohl annehmen, daß sich dieser Stamm auch späterhin durch Frömmigkeit und Gottesfurcht hervorgetan hat, so daß »vom Geschlechte Asser« soviel heißen würde wie »eine aus der alten Schule« derer, die an Jehova glaubten, als alle andern abgefallen waren und nur Spott und Hohn für heilige Dinge hatten.

Auch der Name ihres Vaters hat etwas zu bedeuten. Phanuel heißt: einer, der Gott schaut. Sicherlich hat er, wenn er das war, was sein Name besagte, auch seine Tochter dazu angeleitet und erzogen, ihre Augen zu Gott, den sie nicht sah, zu erheben, als sähe sie Ihn.

Dann – nach einer glücklichen Jugend in einem frommen Elternhaus – kam ein kurzes Eheglück. Nur sieben Jahre war sie verheiratet, dann wurde sie Witwe. Nun stand sie allein. Da sie, wie es scheint, auch keine Kinder hatte, stand sie ganz allein und vielleicht auch mittellos in der Welt.

So war sie eine alte Frau geworden. Fünfzig oder sechzig Jahre lang war sie schon Witwe. Da konnte sie wohl sagen, daß sie viel durchgemacht hatte.

Das sagen viele Frauen, deren Mann gestorben ist oder die ein Kind verloren haben, oder denen irgendein anderes Leid widerfahren ist: »Ich habe schon viel durchgemacht.« Und darauf gründen sie dann den Anspruch, selig zu werden und in den Himmel zu kommen. Wie oft habe ich schon von alten Frauen, wenn ich mit ihnen über das Heil ihrer Seele sprach, die Antwort bekommen:

»Oh, was ich schon alles durchgemacht habe, das glauben Sie gar nicht!«

Aber ist denn das eine Bedingung, an die das Seligwerden geknüpft ist? Kommen alle die in den Himmel, die viel durchgemacht haben? Nimmermehr! Wenn das Leid, das dich getroffen, dir nicht zum Segen geworden ist, wenn du durch die Trübsal nicht zum Herrn gebracht worden bist, dann hat das Leid bei dir ja seinen Zweck nicht erreicht.

Darum betrüge dich nicht, liebe Seele! Das durchgemachte Leid macht dich nicht selig.

2. *Hanna lebte für den Herrn.* Als Hanna nun einsam geworden war, da machte sie es nicht wie so viele Witwen. Sie hing nicht lebenslang ihren trüben und traurigen Gedanken nach und betrauerte ihr schweres Los, sondern sie gab ihr Leben dem Herrn und stellte es in Seinen Dienst. Manche Witwen kommen ihr ganzes Leben hindurch nicht los von dem Gedanken an die Vergangenheit. Ich weiß von einer Witwe, die trieb geradezu Götzendienst mit dem Staube ihres toten Mannes. Jeden Tag ging sie zum Friedhof, um »ihren Mann zu besuchen«.

Ich will keiner pietätlosen Vergeßlichkeit das Wort reden; aber so ein Gräberkult, wie ihn viele vereinsamte Menschen treiben, ist sündhaft; denn er hält die Lebenden davon ab, Frucht zu bringen für den Herrn. Wie schön könnten die letzten Jahre noch gewinnbringend angelegt werden! Aber das Leben bleibt unter dem Bann der Vergangenheit und verwelkt ohne Frucht.

So hat es Hanna nicht gemacht. Als sie durch den Tod ihres Mannes frei geworden war, da war sie frei *für den Herrn*.

Lukas erzählt uns weiter von ihr: »Sie kam nimmer vom Tempel, diente Gott mit Fasten und Beten Tag und Nacht« (Lk 2, 37).

Der Tempel hatte zur Zeit des Alten Testaments – und

Hanna ist ja eine Gläubige des Alten Testaments – eine andere Bedeutung als die Kirche heutzutage. An den Tempel knüpfte sich die Gegenwart Gottes. Der Tempel war die Stätte Seines Hauses und der Ort, da seine Ehre wohnte (Ps 26, 8). Wer Gott finden wollte, der mußte Ihn im Tempel suchen. Nur zuweilen werden auch andere Gedanken laut. Jesaja, der Evangelist des Alten Bundes, schreibt (57, 15): »Also spricht der Hohe und Erhabene, der ewiglich wohnet, des Name heilig ist: Der Ich in der Höhe und im Heiligtum wohne *und bei denen, so zerschlagenen und demütigen Geistes sind.*« Das ist ein neutestamentlicher Klang im Alten Bund.

Hanna wollte gern mit ihrem Gott in Gemeinschaft sein und bleiben, darum »kam sie nimmer vom Tempel«.

Man kann diesen Satz nicht ohne weiteres auf unsere modernen Verhältnisse übertragen, weil Kirche und Tempel zweierlei sind. Es ist doch nicht so, wie freilich auch heute noch manche Leute glauben, daß die Kirche das »Haus Gottes« sei. Nein, sondern wo ein Herz sich vor Gott beugt und Ihn anbetet, da ist Gottes Haus, da ist die Pforte des Himmels (1 Mose 28, 17). Und wenn es ein armseliges Dachkämmerchen wäre oder eine dumpfe Kellerwohnung oder – eine Gefängniszelle (Apg 16, 22); es ist ein Gotteshaus und ein heiliger Tempel.

»Hanna kam nimmer vom Tempel«, das könnte man dem Sinne nach wiedergeben: Sie lebte in ununterbrochener Gemeinschaft und Verbindung mit Gott; sie führte ein Leben in der Gegenwart des Herrn.

Und das sollte auch unser Leben und Streben sein: ein Wandel vor Gott und mit Gott. Ach, viele »Christen« wissen nichts, gar nichts von einem solchen Bleiben in Gott! Sie kommen dann und wann einmal unter den Schall des Wortes; sie lesen dann und wann auch ein christliches Blatt oder Buch, aber von einer wirklichen Gemeinschaft mit Gott wissen sie nichts. Ja, sogar viele Gotteskinder wissen davon nichts. Sie fallen immer wieder aus der Gemeinschaft mit Gott heraus. Solche Kinder Gottes sollten sich schämen vor Hanna, die »nimmer vom Tempel kam«, die dauernden, ununterbrochenen Kontakt mit Gott hatte.

Wir sollen kein Sonntagschristentum haben, kein Stundenchristentum, sondern ein Christentum für alle Tage und für alle Stunden. Nur das hat Zweck und Wert. Nur das macht glücklich und fröhlich.

Hast du so ein Christentum, das nicht nur ein Sonntagskleid hat, sondern auch eine Arbeitsschürze? Geht dein Christentum mit in deine tägliche Arbeit, mit in deine häuslichen Pflichten, um dein ganzes Alltagsleben zu heiligen und zu weihen durch die Gegenwart des Herrn? Wäre es doch der alles beherrschende Gedanke, der dein Leben regierte bis ins kleinste hinein: Gott ist gegenwärtig! –

Hanna kam nimmer vom *Tempel*. Ihre Gedanken waren auf göttliche und ewige Dinge gerichtet. Und das erhielt sie frisch und lebendig; denn das Wort Gottes ist ein Jungbrunnen, aus dem neue Kraft quillt für alle, die daraus schöpfen.

Ach, wie manche alte Mutter geht völlig auf in lauter irdischen Dingen! Es kommt so leicht, und es liegt so nahe, daß eine Frau, die sich immer mit den kleinen irdischen und häuslichen Dingen abgegeben hat, schließlich den Blick für die großen und ewigen Angelegenheiten Gottes verliert. Aber wenn das auch leicht erklärlich ist, es sollte doch nicht so sein. Du solltest den Blick von deinen kleinen Nöten abwenden, um die großen Angelegenheiten des Reiches Gottes ins Auge zu fassen. Das würde dich vor dem Vertrocknen bewahren! Das würde dich frisch und rege erhalten. Aber die tägliche Beschäftigung mit lauter irdischen Dingen – und mit weiter nichts – stumpft den Geist ab und lähmt die Seele, macht kleinlich und mürrisch, macht unzufrieden und verdrießlich.

Wie anders steht Hanna vor uns in dieser Geschichte! »Fruchtbar und frisch«, wie der Psalmist gesagt hat.

3. *Immer im Dienst* war Hanna. Lukas erzählt von ihr weiter: »Sie diente Gott mit Fasten und Beten Tag und Nacht.«

So wie es Haushaltshilfen gibt, die nur ein paar Stunden kommen, um diese und jene Arbeit zu besorgen, und Mädchen »für ganze Tage«, so gibt es auch Leute, die »dienen Gott mit Fasten und Beten Tag und Nacht«. Es ist ein großer Unterschied zwischen *beten* und *ein Gebetsleben führen.*

Hanna führte ein Gebetsleben. Tag und Nacht beschäftigte sie sich mit den Dingen ihres Gottes. Es war *ein* Gedanke, der sie sehr bewegte: das Kommen des Herrn. Je trüber und trostloser es in der Welt aussah, um so mehr ersehnte sie den Tag des Heils, das Kommen des Messias. »Ach, daß Du den Himmel zerrissest und führest herab!« – »Hüter, ist die Nacht bald hin?« Das war ihr Sehnen und Flehen bei Tag und Nacht.

Ja, auch bei Nacht. Alte Leute haben nicht mehr soviel Schlaf wie junge Leute. Sie liegen oft stundenlang schlaflos. Was sollen sie dann tun? Sich stöhnend von der einen Seite auf die andere werfen? Die Hausgenossen alarmieren, daß sie bald dies, bald das bringen und tun müssen? So machen es manche. Hanna tat etwas Besseres. Wenn sie nicht schlafen konnte, dann betete sie; dann überdachte sie den traurigen Zustand ihres Volkes; dann dachte sie an die Verheißungen und Weissagungen der Propheten, und aus ihrem Denken wurde unmerklich ein Beten und Flehen, ein Loben und Danken.

So konnte die liebe Alte jeden Morgen sagen: »Ich habe eine gute Nacht gehabt.« Sie klagte nicht, sie murrte nicht – sie betete.

Wie steht es bei dir in diesem Punkt? Führst du auch so ein Leben des Gebets? Du, Großmutter, hast du nicht viel Ursache zum Beten? Hast du nicht Kinder und

Kindeskinder, die du im Gebet dem Herrn vortragen kannst, deren zeitliches und ewiges Wohl du vom Herrn erbitten kannst? Und wenn du eine »Mutter in Israel« bist wie Hanna, dann werden deine Gebete nicht nur deine eigenen Lieben umfassen, sondern sie gehen weiter, und du trägst die großen Dinge des Reiches Gottes im Gebet vor den Thron der Gnade.

In der Missionsgeschichte wird von einer alten Negerin in Amerika berichtet, die lange Jahre krank darniederlag. Sie erreichte das hohe Alter von 105 Jahren. Die »alte Betty«, wie man sie nannte, war so eine Beterin, eine rechte Hanna. Einst kam ein gläubiger Kaufmann zu ihr, um sie zu besuchen. Als er in ihre Hütte kam, grüßte er sie mit den Worten: »Betty, noch am Leben? Warum läßt Gott Euch wohl so lange hier, arm, blind und krank, da Ihr doch im Himmel so selig sein könntet?« Da antwortete die Alte: »Herr, zwei Dinge müssen für das Reich Gottes getan werden: Das eine ist: beten, das andere ist: wirken. Mich erhält Gott noch, daß ich bete, Euch, daß Ihr wirket.«

Und noch etwas anderes tat Hanna. Sie *fastete*. Sie brachte dies und jenes irdische Bedürfnis dem Herrn zum Opfer.

Das Fasten ist heutzutage sehr aus der Mode gekommen. Weil es durch den Mißbrauch, den man in der römischen Kirche damit trieb, in einen gewissen Verruf gekommen ist, findet man es so gut wie gar nicht mehr. Das ist sehr zu bedauern. Es wäre sehr gut, wenn die Gläubigen das Fasten wieder lernen würden, wenn sie dies oder jenes Bedürfnis für kürzere oder längere Zeit dem Herrn opfern würden. Aber mit solchen Forderungen kommt man übel an, auch bei vielen Gläubigen.

Ich war einmal auf einer größeren Missionsversammlung. Da trat der Vertreter eines Missionshauses auf und schilderte die Notlage seiner Gesellschaft. Er sagte: »Es ist nicht genug damit, daß die Missionsgemeinde jetzt eine einmalige Anstrengung macht, um das Defizit zu beseitigen. Wenn die Einnahmen nicht dauernd steigen, stehen wir vor dem *Bankrott*!«

Bald danach mußte ich sprechen. Mir klang immer noch das Wort »Bankrott« im Ohr, das der Missionsinspektor gesagt hatte. Da gab mir der Herr, als ich zu Ihm flehte um das rechte Wort für diese Stunde, den Auftrag, mit einer Forderung vor die Versammlung hinzutreten. Ich sagte: »Wenn die gewöhnlichen bisherigen Einnahmen nicht mehr ausreichen, dann müssen wir etwas Besonderes tun, um unsere Mission vor dem Bankrott zu bewahren. Wir müssen etwas opfern, einmal ein wirkliches Opfer bringen! Wie wäre es, ihr Brüder, wenn ihr einmal für einen Monat oder für ein halbes Jahr das Rauchen aufgäbet und das Geld der Mission gäbet? Dann würden sich die Einnahmen bedeutend erhöhen!«

Einige machten ein verlegenes Gesicht; die andern lachten – und die meisten nahmen mir das Wort sehr übel.

Darf man denn wirklich kein Opfer mehr von den Kindern Gottes verlangen um des Herrn willen?

Und du, liebe Mutter, könntest du nicht auch auf die eine oder andere Weise fasten? Sicherlich wird der Herr, wenn es nicht in gesetzlicher, römischer Weise geschieht, Seinen Segen auf dein Fasten legen!

War das aber nicht ein armes Leben, das Hanna führte? Und war es nicht auch langweilig, so eintönig und gleichförmig immer dasselbe zu tun?

Weltgebundene Menschen meinen das; sie denken, ein Leben in der Nachfolge Jesu sei armselig und langweilig. Aber ein Christ ist reich und glücklich in seinem Gott. Er bekennt mit David: »Mir mangelt *nichts*; Er erquicket meine Seele!«

Aber einem weltgebundenen Menschen ist es freilich langweilig, von göttlichen Dingen zu hören. Er kann nicht einmal eine einzige Predigt in acht Tagen anhören. Das ist ihm schon zu viel. Wie würde es solchen Leuten wohl im Himmel gefallen, wenn sie dorthin kämen, wie doch die Todesanzeigen fast immer behaupten? Sie würden es nicht aushalten können! Der Himmel würde ihnen unerträglich sein! Wenn sie hienieden nicht *eine* Stunde in der Woche von Ewigkeitsdingen hören mochten, wie sollten sie dann eine Ewigkeit mit Loben und Danken und Dienen zubringen können? Unmöglich, ganz unmöglich!

Aber ein Christ hält den Dienst des Herrn nicht für eine Last, sondern für eine Ehre und für eine Lust. Er weiß nichts Lieberes und kennt nichts Schöneres, als Ihm dienen zu dürfen; nicht nur zuweilen, sondern immerwährend. Das ist Seligkeit!

4. *Hannas Zeugnis.* Lukas erzählt weiter in unserer Geschichte: »Dieselbe trat auch hinzu zu derselbigen Stunde und pries den Herrn und redete von Ihm zu allen, die da auf die Erlösung zu Jerusalem warteten.«

Gerade zu der Stunde, als Simeon das Jesuskind auf den Arm nahm und seine wunderbare Weissagung aussprach, trat sie herzu. Simeon kam an dem Tage auf besondere Anregung des Geistes in den Tempel. Hanna aber war da wie immer. Wahrscheinlich hatte sie überhaupt ihre Wohnung im Tempel. Als nun Simeon in die Worte ausbrach: »Herr, nun lässest Du Deinen Diener in Frieden fahren, wie Du gesagt hast; denn meine Augen haben Deinen Heiland gesehen« – da trat sie hinzu und stimmte in den Preis des großen Gottes ein, der nun ihr Flehen und Sehnen erhört und den verheißenen Messias der Welt gesandt hatte. Oh, wie wird auch ihr Herz gejubelt haben, daß nun die lange, lange Nacht vergangen war, um dem Tage des Heils Platz zu machen!

Ihre Freude darüber war so groß, daß sie dieselbe nicht in ihrem Herzen verschließen konnte. Sie mußte auch den andern Gläubigen davon Mitteilung machen, die gleich ihr auf den Erlöser zu Jerusalem warteten. Sie kannte sie *alle*. Mit der ganzen kleinen Gemeinde der

Wartenden stand sie in engster Beziehung. Sie waren *ein Herz* und *eine Seele*; denn sie hatten *einen* Wunsch, der sie erfüllte: das Kommen des Herrn. Und nun, wo Hanna erfahren hatte, daß der Messias geboren war, was war da natürlicher, als es den anderen mitzuteilen, damit sich die mit ihr freuen könnten!

Kennst und liebst du auch *alle*, die in deinem Ort auf die Erlösung warten? Bist du in herzlicher Liebe verbunden mit allen Gläubigen? Seit Jahren haben die Kinder Gottes, dem Herrn sei Dank, angefangen, das mehr zu bedenken, was sie einigt, als was sie trennt. Auch solche Brüder, die sich vorher streng abgeschlossen hielten und keine Gemeinschaft mit andern plagten, besinnen sich darauf, daß sie mit andern Gläubigen zusammengehören als Glieder *eines* Leibes, an dem Christus das Haupt ist.

Es ist in unseren Tagen im wesentlichen ein Gedanke, der ein Band der Einigung um die verschiedenen Gläubigen schlingt: der Gedanke an das bevorstehende Kommen des Herrn. Wie die Apostel nicht auf ihren Tod warteten, sondern auf das Kommen Jesu Christi, so geht auch jetzt ein Sehnen durch die Herzen der Gläubigen: Ach, komme bald, Herr Jesus!

Ist das der Gedanke, der auch *dein* Leben beherrscht? Bist du eine Hanna, die auf die Erlösung – des Leibes beim Kommen des Herrn – wartet?

O Herr, mache alle Deine Kinder wach und wacker, sich zu rüsten auf Deinen Tag, damit wir an demselben heilig und unsträflich vor Dir erfunden werden, damit er uns werde ein Tag großer Freude! –

»Hanna trat hinzu zu derselbigen Stunde und pries den Herrn und redete von Ihm zu allen, die da auf die Erlösung zu Jerusalem warteten.« Damit schließt ihre Geschichte.

Bei diesem Wort müssen wir, ehe wir die Betrachtung ihres Bildes beenden, noch ein wenig verweilen. Gibt es doch in unsern Tagen manche, die den Frauen verbieten wollen, in den Versammlungen zu beten. Sie sagen, das sei unschicklich für eine Frau. Aber wenn das wahr wäre, dann stünde hier gewiß ein Wort des Tadels und der Mißbilligung. Im Tempel pries Hanna nicht nur mit lauter Stimme den Herrn, sondern sie »redete auch von Ihm zu allen, die da auf die Erlösung zu Jerusalem warteten«. Und offenbar hat niemand daran Anstoß genommen. Lukas, der uns davon erzählt, hat jedenfalls keinen Anstoß daran genommen, das ist jedem unbefangenen Leser klar. Er hat das Beten und Reden der Hanna nicht für unschicklich und unweiblich gehalten.

Hanna war – wie der alte Simeon – voll des Heiligen Geistes. Wie er, so ließ auch sie sich vom Heiligen Geist leiten. Könnte es nun geschehen, daß sich eine alte, treue Magd des Herrn, die unter der Zucht und Leitung des Geistes steht, in so grober Weise gegen den Geist versündigt, wie es doch der Fall wäre, wenn diejenigen recht hätten, welche der Frau in der Versammlung ganz und gar den Mund verbieten wollen? Und *wenn* eine solche grobe Versündigung vorgekommen wäre, dann sollte der Geschichtsschreiber kein Wort der Mißbilligung haben? Das ist doch undenkbar!

Nein, wenn Hanna hier von dem Herrn redete, so stand sie dabei unter Leitung des Heiligen Geistes. Er war es, der ihr die Worte in den Mund legte und sie innerlich nötigte, frei und öffentlich den Herrn im Gebet zu preisen und von Ihm zu reden.

So tat sie nichts anderes, als was die Mutter Hanna im Alten Bund auch getan hat; sie hat auch im Tempel, sogar in Gegenwart des Hohenpriesters, den Herrn gepriesen und ist in einen begeisterten Lobpreis Gottes ausgebrochen.

Das sollte man verbieten? Nein, da würde man sich ja gegen den Heiligen Geist versündigen!

In 1. Korinther 11, 5 hat Paulus gesagt, die Frauen sollten nicht beten oder weissagen mit unbedecktem

Haupte. Das heißt, daß ihnen das Beten an und für sich nicht verboten war.

Wie kommt man dann aber dazu, das öffentliche Beten der Frauen zu verbieten, obwohl das nirgends in der Bibel verboten ist? Weil es zwei Stellen gibt, die das öffentliche Reden und Beten der Frauen zu beschränken oder zu verbieten *scheinen*. Neben den Stellen, in denen er das Reden und Beten der Frauen gutheißt, hat nämlich Paulus auch zwei Worte geschrieben, die nicht ganz leicht zu verstehen sind und darum auch mißverstanden werden.

Das eine Wort steht 1. Korinther 14, 34 und 35: »Wie in allen Gemeinden der Heiligen lasset eure Weiber schweigen unter der Gemeinde; denn es soll ihnen nicht zugelassen werden, daß sie reden, sondern sollen untertan sein, wie auch das Gesetz sagt. Wollen sie aber etwas lernen, so lasset sie daheim ihre Männer fragen. Es steht den Weibern übel an, unter der Gemeinde zu reden.«

Wenn der Apostel hier ein radikales Verbot des Redens hätte geben wollen, dann wäre es gar nicht zu verstehen, daß er in demselben Brief (11, 4.5), wo er vom Beten und Weissagen spricht, es nicht verbietet, sondern stillschweigend gestattet. Er verlangt dort nur, wie wir eben hörten, daß die Frauen beim Beten und Weissagen das Haupt bedecken sollen. Kann der Apostel sich im selben Brief, drei Kapitel voneinander entfernt, so widersprechen? Das ist doch nicht anzunehmen. Also muß der Sinn von 1. Korinther 14 ein anderer sein. Und er ist auch ein anderer. Das Wort, das Luther hier mit »Gemeinde« – (»in der Gemeinde«) – übersetzt hat, bezeichnet eigentlich die beratende Gemeindeversammlung, in der nicht gepredigt und geweissagt wurde, sondern in der die Angelegenheiten der Gemeinde beraten und besprochen wurden. In diesen Beratungen sollten die Frauen nicht reden, ja am besten gar nicht zugegen sein. Wenn sie wissen wollten, was dort beraten und beschlossen worden ist, so sollten sie zu Hause ihre Männer fragen.

Wenn wir das Wort so verstehen, dann gibt es einen guten Sinn und steht vollkommen im Einklang mit allen andern Stellen der Schrift, die das Beten der Frauen gestatten.

Es ist also nur noch eine einzige Stelle übrig, in der ein Verbot des Redens und Betens enthalten zu sein scheint. Das ist 1. Timotheus 2, 12: »Einem Weibe aber gestatte ich nicht, daß sie lehre.« Sehen wir genauer zu, dann finden wird, daß in demselben Abschnitt, in dem dieses Wort steht, das Beten, auch das öffentliche Beten der Frauen, nicht verboten wird. »So will ich nun, daß die Männer beten an allen Orten und aufheben heilige Hände ohne Zorn und Zweifel. Desselbigengleichen, daß die Weiber in zierlichem Kleide mit Scham und Zucht sich schmücken.«

Der Apostel macht hier aufmerksam auf die Hindernisse des Gebets, die im Temperament der Männer und der Frauen vorliegen. Männer werden gehindert durch Zorn und Zweifel, Frauen durch Eitelkeit und Gefallsucht. Nur darauf will der Apostel hinweisen. Ein Verbot des Betens für die Frauen spricht er auch hier nicht aus.

Wenn er das *Lehren* nicht gestatten will, so heißt das, daß Frauen nicht das *Lehramt* in der Gemeinde bekleiden sollen. Das würde sich nicht mit der Unterordnung und Untertänigkeit des weiblichen Geschlechts vertragen.

Wenn wir so alle Stellen der Heiligen Schrift zusammen erwägen, dann müssen wir sagen: Es ist nirgends verboten, daß Frauen in Versammlungen beten. Viele Frauen der Bibel haben es getan – und kein Wort der Mißbilligung darüber ist geschrieben.

Wie sollte das auch verboten sein können, was Gott besonders verheißt? Er sagt doch, Er wolle Seinen Geist ausgießen auf *alles* Fleisch, daß Söhne *und Töchter* weissagen sollten!

Petrus hat die Erfüllung dieser Verheißung erlebt am Pfingstfest. Da goß Gott »von Seinem Geist« aus. Wenn Gott Seinen Geist ausgießt – daß auch die *Töchter* weissagen –, dann sollten wir uns doch ja hüten, unsern Gott zu kritisieren; wir sollten vielmehr anbeten die freie Gnade, die Söhne *und* Töchter berufen hat zu Seinem Dienst.

Und sehen wir denn nicht, wie Gott diese Schwestern segnet, die Er in Seinen Dienst gerufen und ausgerüstet hat? Könnte das wohl geschehen, wenn diese Schwestern einem Verbot der Schrift zuwiderhandelten? Das ist doch unmöglich! Wenn ein Mensch im Ungehorsam gegen Gott und Sein Wort lebt, dann *kann* Gott ihn nicht segnen, sonst wäre ja Sein Wort nicht wahr.

Nein, wir wollen der Hanna den Mund nicht verschließen, wenn der Geist sie treibt, den Herrn in öffentlichem Gebet zu preisen, und wenn sie redet von Ihm zu allen, die auf die Erlösung in Jerusalem warten!

Die Schwiegermutter des Petrus

Es ist nur wenig, was die Bibel uns von der Schwiegermutter des Petrus sagt; aber was die wenigen Verse enthalten, ist doch ein ganzes Lebensbild, wenn man genauer hinsieht. Der Heilige Geist versteht sich auf die wunderbare Kunst, in wenigen Worten viel zu sagen. Wir finden die Geschichte, fast mit denselben Worten erzählt, in Matthäus 8, Markus 1 und Lukas 4. Markus berichtet sie mit folgenden Worten:

»Und sie gingen alsbald aus der Schule und kamen in das Haus des Simon und Andreas mit Jakobus und Johannes. Und die Schwiegermutter Simons lag und hatte das Fieber, und alsbald sagten sie Ihm von ihr. Und Er trat zu ihr und richtete sie auf und faßte sie bei der Hand. Und das Fieber verließ sie, und sie diente ihnen.«

1. *Eine gute Schwiegermutter.* Es wird in der Welt viel gespottet und gelästert über »böse Schwiegermütter«. Auf allerlei Weise wird in den Zeitungen und Witzblättern das Thema von der bösen Schwiegermutter behandelt. Das ist sehr zu beklagen. Aber noch bedauerlicher ist es, daß wirklich in so vielen Fällen das Verhältnis der Schwiegereltern zu den Schwiegerkindern so schlecht und unerfreulich ist. Woher kommt das? Eins ist gewiß: Wenn Gott eine Ehe stiftet, dann wird auch das Verhältnis zwischen Eltern und Kindern ein gutes sein. Dann werden die Eltern den Schwiegersohn nicht als einen Eindringling ansehen, der ihnen die Tochter raubt und sie den Eltern entfremdet. Sie werden die Tochter nicht nur nicht verlieren, sondern einen Sohn dazugewinnen. Es ist etwas Wunderbares, wenn Eltern ihre Tochter mit vollem Vertrauen dem Manne übergeben, von dem sie wissen, daß Gott ihn zum Gefährten und Gatten ihrer

Tochter bestimmt hat; wenn die Mutter dem Schwiegersohn sagen kann: »Du bist mir so lieb wie meine eigenen Kinder.«

Aber wo ein Sohn, eine Tochter ihren Willen durchsetzen und, dem Abraten der Eltern zum Trotz, sagen: »Den will ich haben oder keinen!«, »die – oder nie!« – da ist es kein Wunder, wenn das Verhältnis der Eltern zu den Schwiegerkindern ein unglückliches ist. Geht es nun den jungen Leuten schlecht – dann haben die Eltern kein Verständnis für sie, sondern eine gewisse schadenfrohe Befriedigung: »Seht ihr wohl – wir haben es ja immer gesagt!«

Ja, wenn alle Ehen »im Himmel geschlossen« würden, dann würde das alte Lied von der bösen Schwiegermutter bald ausgesungen sein!

Die Schwiegermutter des Petrus können wir als das Vorbild einer Schwiegermutter bezeichnen. Sie war *eine gute Schwiegermutter*.

Im ersten Kapitel des Johannes-Evangeliums hören wir, daß Andreas und Simon Petrus aus Bethsaida stammten, wo sie der Fischerei nachgingen. Aber es gibt eine Frage, die wurde ihnen wichtiger als: »Was werden wir essen? Was werden wir trinken?« Das war die Frage nach dem Messias, nach dem Trost Israels; die nahm je länger je mehr Besitz von ihren Herzen. Und als Johannes der Täufer am Jordan auftrat und eine große Erwekkung ausbrach, da hielten es die jungen Männer nicht mehr aus in dem stillen Bethsaida; sie entschlossen sich, dem Zug ihres Herzens zu folgen, um von Johannes dem Täufer Aufschlüsse über das Reich Gottes und das Kommen des Messias zu erhalten.

Petrus war verheiratet. Aber sein Verlangen nach Klarheit und Wahrheit war so groß, daß er das Opfer brachte, sich von seiner Familie zu trennen.

Das wäre ein guter Grund zum Zwist gewesen. Wenn jetzt die Schwiegermutter eine andere Frau gewesen wäre, dann würde es zu einem unheilbaren Bruch gekommen sein. Aber sie sagte nicht, daß er ein pflichtvergessener Mensch sei, der seine Familie verlasse, um im Lande umherzustreifen, sondern sie verstand das Sehnen seines Herzens und nahm darum ihre Tochter wieder zu sich in ihr Haus.

Das ist etwas Großes, das selten genug vorkommen mag, weil Schwiegermütter so oft zum Mißtrauen geneigt sind, ob der Schwiegersohn die Tochter auch gut genug behandle und rücksichtsvoll und fürsorglich genug sei.

Dazu kommt, daß alte Leute, die mit ihren Erinnerungen einer andern Zeit angehören, die in andern Verhältnissen aufgewachsen sind, sich schwer in die neuen Ideen einer neuen Zeit finden können. Ich weiß von einer Schwiegermutter, die kam zu ihren gläubigen Kindern, die ihr so gern den Weg zum Glauben zeigen wollten. Aber wenn sie in aller Liebe mit der alten Mutter darüber sprachen, dann wurde die Mutter böse und sagte: »Mich reformiert ihr nicht mehr! Ich bin zu alt für eure neue Lehre.« Und alle Liebe war umsonst.

Die Schwiegermutter des Petrus sprach nicht so. Sie verstand ihren Schwiegersohn vollkommen, ja, sie riet ihm wohl eher zu als ab, als er sich mit dem Plan trug, ein Jünger des Täufers zu werden.

Der Haushalt in Bethsaida wurde aufgegeben und in Kapernaum im Hause der Schwiegermutter fortgesetzt.

Petrus ging an den Jordan und wurde ein Jünger des Johannes. Es währte aber nicht lange, da kam der Größere, von dem der Täufer geredet hatte, das Gotteslamm, das der Welt Sünden trug. Da folgten erst Andreas und Johannes Jesus nach, und am anderen Tage kam auch Petrus in den sich bildenen Jüngerkreis hinein. –

Eines Tages nähert sich Jesus der Stadt Kapernaum. Wie froh ist Petrus! Jetzt können doch seine Frau und seine Schwiegermutter Jesus kennenlernen!

Er eilt voraus, um die Lieben daheim auf den Besuch

vorzubereiten. Er kommt so voll Freude an – aber da erfährt seine Freude einen Dämpfer: Die Mutter seiner Frau liegt krank; ein hitziges Fieber hat sie niedergeworfen.

Um so mehr, denkt Petrus, tut es not, daß Jesus in unser Haus kommt. Er ist ein Meister zu helfen. Er wird auch sie heilen und gesundmachen.

2. *Eine gesegnete Krankheit.* Ein großer Schrecken befiel die Frau des Petrus, als ihre Mutter, von plötzlichen Schüttelfrösten durchschauert, sich zu Bett legen mußte. Wenn doch ihr Mann jetzt da wäre! So mag sie gewiß oft gedacht haben. – Da kommt ein bekannter Schritt auf das Haus zu! Sollte er es wirklich sein? Richtig, er ist es, der so sehr ersehnte Ehemann! Das war eine Freude mitten im Leid, als sie sich einen Augenblick an die starke, treue Brust lehnen konnte, an der sie sich so geborgen fühlte!

Petrus steht am Bett der Kranken. Er erzählt ihr, daß Jesus in Kapernaum sei. Er sei auf dem Wege zur Synagoge gewesen, als er sich von Ihm getrennt habe.

»O wie schade!« denkt die Kranke. »Wie gern wäre ich hingegangen, um Ihn zu hören, um Ihn zu sehen, aber nun bin ich ans Bett gefesselt!«

Nach kurzem Verweilen geht Petrus wieder fort, um den Meister wieder aufzusuchen. Wenn die Mutter nicht zu Ihm kommen kann, vielleicht kommt Er zur Mutter!

Als Jesus die Synagoge verließ, nachdem Er den Besessenen geheilt und so machtvoll geredet hatte, erzählte Ihm Petrus, wie es bei ihm zu Hause stand, daß seine Schwiegermutter so sehr krank war. Und sofort machte Jesus sich auf, um sie zu besuchen.

Eine gesegnete Krankheit; denn sie verschaffte der Kranken eine Begegnung mit Jesus.

Gewiß hat dich Gott auch schon in die Stille des Krankenzimmers geführt. Was wollte Er damit?

Nicht wahr, solange man in der Geschäftigkeit des

Lebens und in dem Getriebe des Berufes steht, so lange hat man oft »keine Zeit«, um an seine Seele zu denken? Eine Mutter hat so viel zu tun in dem großen Haushalt mit den vielen Kindern, daß sie oft vor lauter Arbeit und Sorgen ganz vergißt, das eine zu tun, was not ist.

Da kommt Gott in Seiner Weisheit und Gnade und legt die geschäftige Mutter aufs Krankenbett. Jetzt hat sie Zeit, die sie vorher nicht hatte. In guten Tagen hat sie sich nie Zeit genommen, Begegnungen mit dem Herrn zu haben, Sein Wort zu hören. Jetzt wird sie in die Stille geführt, weil Jesus in den Tagen der Krankheit eine Begegnung mit ihr haben will. So merkwürdig es auch klingt, es ist doch wahr: Es ist für manchen Menschen gesund, wenn er mal krank wird!

Liebe Hausfrau, ist es bei dir auch nötig, daß Gott dich aufs Krankenlager legt, oder nimmst du dir in den gesunden Tagen Zeit zum Bibellesen, Zeit zum Beten, Zeit für die Gemeinschaft? Ich bitte dich, *nimm* dir Zeit, sonst *gibt* Gott sie dir!

Aber wenn du auf dem Krankenlager liegst, dann sorge dafür, daß du auch eine Begegnung mit Jesus hast! Sage es Ihm, daß Er kommt und dich besucht, daß deine Seele genese. Dann wird auch dein Leiden *eine gesegnete Krankheit*.

Ich denke mir, daß diese Zeilen auch von solchen gelesen werden, die nicht krank sind und auch noch nie krank waren. Mit denen möchte ich noch ein Wort reden. Du weißt gar nicht, was Krankheit ist, wie du sagst. Gut. Aber weißt du auch, daß es eine Krankheit gibt, an der alle Menschen krank sind oder waren, eine Krankheit, die dich auch befallen hat? Ich meine die Sünde.

Die Krankheit der Sünde äußert sich wohl auf verschiedene Weise; aber es gibt keinen, der nicht daran gelitten hätte. Bist du von *dieser* Krankheit schon geheilt? Kannst du schon sagen: Meine Seele ist genesen?

Wenn du noch nicht geheilt bist, dann laß Jesus kommen! Er ist der Arzt, der dir helfen kann. Bitte Ihn, daß Er kommt und dir alle deine Sünden vergibt und alle deine Gebrechen heilt! Aber warte nicht zu lange, damit deine Krankheit dir nicht zum Tode gereiche, sondern zur Ehre Gottes! –

Vielleicht hast du auch einen »Petrus«, der es dem Herrn schon gesagt hat, in was für einer Not du dich befindest. Sei ihm dankbar dafür! Früher hast du vielleicht über die »Frommen«, die »Feinen« gespottet und gescholten. Aber nicht wahr, in den Tagen der Not und der Krankheit bekommt man andere Anschauungen. Da merkt man, daß man die früher so verachteten Frommen doch gut gebrauchen kann. Wenn die weltlichen Freunde und Bekannten nicht helfen und nicht trösten können, dann können die Gläubigen – beten. Die Menschheit wird sich einmal wundern, wieviel sie der gläubigen Fürbitte verdankt!

Es ist schon etwas Großes, wenn auch nur *ein* Mensch in einem Hause, in einer Familie, in einer Fabrik bekehrt ist. Dann ist jemand da, der für die andern eintritt und bei Gott für sie Fürsprache einlegt.

Hast du einen Petrus in der Familie, dann danke Gott dafür. Denn dann ist dein Name schon oft genannt worden am Thron der Gnade, und gewiß wird das Gebet des Gerechten endlich auch deinen Widerstand besiegen! –

Und du, der du so ein gläubiger Petrus bist inmitten einer unbekehrten Umgebung, höre nicht auf, es Jesus zu sagen, wie es in deiner Familie oder Nachbarschaft zugeht.

Zu dem alten Vater Spies in Oberschelden im Siegerland, der nun schon lange beim Herrn ist, kam einst ein junger Mann mit sehr traurigem Gesicht. Als Spies ihn fragte, was ihm fehle, erzählte er: »Ich habe einen unbekehrten Bruder, den ich so sehr gern dem Herrn

Jesus zuführen möchte. Bisher ließ er auch immer mit sich sprechen. Aber nun mit einem Male will er nichts mehr davon wissen. Was soll ich nur tun?« Da antwortete der erfahrene Alte: »Ich will dir was sagen, mein Junge. Du hast deinem Bruder schon viel vom Herrn Jesus erzählt. Aber dein Bruder hat taube Ohren; der hört nichts. Nun erzähle mal ebensoviel dem Herrn Jesus vom deinem Bruder. Du sollst mal sehen, der Herr Jesus hört und hilft.«

Der junge Mann folgte dem Rat. Nach wenigen Wochen ging der Bruder mit in die Versammlung – und wieder einige Wochen später kam er zum Glauben.

Mach es auch so! Es hat vielleicht nicht viel Zweck, deinem unbekehrten Bruder oder Verwandten von Jesus zu sagen; aber es hat Zweck, wenn du Jesus von deinem Bruder sagst.

Petrus sagte es Jesus, und Jesus kam – und half.

3. *Alsbald.* Das Wort kommt immer wieder vor in diesem Kapitel. *Alsbald* stieg Jesus aus dem Wasser . . ., und *alsbald* trieb Ihn der Geist in die Wüste . . . Jesus sprach zu ihnen: Folget mir nach! *Alsobald* verließen sie ihre Netze . . . Und da Er von dannen ein wenig fürbaß ging, sah Er Jakobus und Johannes, daß sie die Netze im Schiff flickten, und *alsbald* rief Er ihnen . . . Und Sein Gerücht erscholl *alsbald* umher in das galiläische Land. – Und sie gingen *alsbald* aus der Schule. Und die Schwiegermutter Simons lag und hatte das Fieber; und *alsbald* sagten sie Ihm von ihr.

Es ist kein Zufall, daß das Wort »*alsbald*« in dem ersten Kapitel des Evangeliums des Markus immer wiederkehrt. Vielmehr will uns Markus – oder der Heilige Geist durch ihn – dadurch von vornherein sagen, was der Inhalt und die Überschrift allen Tuns Jesu war. Es geschah bei Ihm alles alsbald. Er stand in völliger Abhängigkeit von Seinem Vater. Er führte in sofortigem Gehorsam Seine Aufträge und Gebote aus. Er verschob nichts.

Er tat alles »alsbald«.

So ging es auch im Hause des Simon, am Krankenbett der Schwiegermutter. Sobald Jesus von ihrer Krankheit gehört hat, geht Er hin zu ihr. Er tritt an ihr Bett. Er ergreift ihre Hand und hält sie in der Seinigen. Und es geht wie damals, als das blutflüssige Weib Ihn anrührte, es geht eine Kraft von Ihm aus und teilt sich der Kranken mit. Er ist das Leben, und Er hat das Leben – jeder empfängt es; jeden durchdringt es, der Ihn berührt oder von Ihm berührt wird.

> Wen Er ansah und berührte,
> o der ging geheilt nach Haus,
> weil er alsbald es spürte:
> eine Kraft geht von Ihm aus.

Die Kranke fühlt, wie neues Leben ihre Adern durchdringt, wie neue Kraft sie durchströmt. Sie ist gesund geworden.

Wunderbar! Wenn ein Arzt einem armen Kranken hilft, dann sagt er: »So, jetzt müssen Sie sehr vorsichtig sein, sich noch wenigstens acht Tage lang schonen, ehe Sie so langsam wieder mit Ihrer Arbeit anfangen können. Es muß ganz allmählich gehen!«

Allmählich – alsbald! Das sind große Gegensätze. Die Welt sagt: allmählich! Gott sagt: alsbald! Die Welt sagt: Das geht nicht so mit einem Male, daß man ein anderer Mensch wird. Das geht so ganz langsam und allmählich. Ist das biblisch? Nein, die Schrift verkündigt auf jedem Blatt die große Wahrheit: alsbald!

Der Zöllner im Tempel wird gern als Exempel hingestellt, um die Demut eines Menschen zu bezeichnen gegenüber dem Hochmut des Pharisäers, der Gott dankte, daß er nicht so sei wie die andern Leute. Wenn jemand sagt, er sei bekehrt, so sagt die Welt: Das ist pharisäischer Hochmut; die richtige Stellung zu Gott ist die des Zöllners im Tempel, der an seine Brust schlug und betete: Gott sei mir Sünder gnädig!

Wie war es mit diesem Zöllner? Er kam in den Tempel mit einem sehr schweren Herzen. Wie eine schwere Last war die Sünde ihm zu schwer geworden. Er ging in den Tempel und bekannte Gott seine Schuld. Und was geschah? Es erfüllte sich an ihm das Wort: »So wir unsere Sünden bekennen, so ist Er treu und gerecht, daß Er uns unsere Sünden vergibt und reinigt uns von aller Untugend.« Es ging ihm wie dem Psalmisten, der da sprach: »Ich will Dir meine Übertretungen bekennen.« Da *vergab* Gott ihm die Missetat seiner Sünde.

Ich sehe den Zöllner, wie er nach Hause eilt. Ist das derselbe Mann, der so gebeugt in den Tempel mehr schlich als ging? Ich höre ihn, wie er seine Frau ruft. Ist das derselbe Mann, der so wortkarg und verschlossen das Haus verlassen hatte? Was ist mit ihm geschehen?

Jesus sagt es uns: »Er ging hinab gerechtfertigt in sein Haus.« Er war seine Last los. Er war bei Gott in Gnaden. Er war ein anderer geworden.

Ich weiß nicht, wie lange er im Tempel war. Ob eine Stunde oder eine halbe Stunde oder eine Viertelstunde. Aber jedenfalls paßt auf den Zöllner das Wort »*alsbald*«. Und wer der Meinung ist, daß er Tag für Tag immer dasselbe Verschen hergesagt hätte: »Gott, sei mir Sünder gnädig!«, der hat die Geschichte noch nie mit Aufmerksamkeit gelesen.

Er *kam* als Sünder, jawohl, aber er verließ den Tempel *alsbald* – als ein Geretteter, ein Gerechter, eine neue Kreatur.

Soll ich dich an den Wucherer Zachäus in Jericho erinnern? Nicht wahr, als er auf den Maulbeerbaum stieg, da war er noch der verachtete, gehaßte Zöllner, dem niemand Platz machen wollte. Aber als er sich von Jesus verabschiedete mit dem Gelöbnis: »Die Hälfte meiner Güter gebe ich den Armen, und so ich jemand betrogen habe, so gebe ich's ihm vierfältig wieder« – da war er ein anderer geworden, da war die große Veränderung geschehen,

> die aus einem Sündenknechte
> einen neuen Menschen schafft.

Wieviel Stunden lagen dazwischen? Zwischen dem Maulbeerbaum und dem Abschied? Sicherlich keine Tage; denn Jesus hatte nicht lange Zeit. Er war auf der Reise nach Jerusalem. Es waren nur Stunden, aber diese Stunden genügten, um aus dem Wucherer Zachäus einen Wohltäter der Armen, einen Freund der Witwen und Waisen zu machen.

Siehe, das vollbrachte Jesus *alsbald*!

Soll ich an noch mehr Beispiele erinnern? Ich will es nicht tun. Lies nur selbst deine Bibel mit Aufmerksamkeit, dann begegnet dir dieses große göttliche »Alsbald« auf jedem Blatt.

Ich wünschte, du würdest es auch erleben und erfahren in deinem Leben! An Vorarbeit hat es der Heilige Geist doch nicht fehlen lassen! Längst hat Er sich um dich bemüht. Wie oft, wenn du im Gottesdienst warst, oder wenn du ein christliches Buch lasest, hat Gott mit dir geredet! Wenn du noch kein Kind Gottes geworden bist, es liegt nicht an Ihm, es liegt an dir! Geh jetzt zu deinem Heiland hin, bekenne Ihm deine Untreue und Gleichgültigkeit, deine bisherige Schuld und Sünde – und du wirst *alsbald* geheilt; du bist *alsbald* gerettet!

Glaub dem Teufel nicht, wenn er dich belügt und betrügt mit seinem »Allmählich«! Glaub deiner Bibel; sie sagt dir mit großem Ernst: *»alsbald«*!

4. *Geheilt – zum Dienst.* »Und sie diente ihnen.« Damit schließt die Geschichte. Als die Mutter glaubt, daß sie gesund geworden ist; da steht sie eilends auf. Was soll sie nun im Bett liegen? Jetzt ist es ihre erste Pflicht, ihre Gäste zu bewirten.

Recht so! Es gibt Leute, die spähen immer nach Gelegenheiten, große Taten für den Herrn zu tun, und darüber tun sie *nichts*; denn an den vielen kleinen Gelegenheiten gehen sie achtlos vorbei. Es gibt Leute, die wollen sofort »in die Mission gehen«, sobald sie eine Erfahrung von der Gnade und Hilfe des Herrn gemacht haben. Aber daß sie die »Mission« haben, in ihrem Beruf Jesus zu verherrlichen und Seine Zeugen zu sein, das bedenken sie nicht!

Es ist eine bekannte Geschichte, daß der berühmte Prediger Spurgeon eine Magd fragte, ob sie bekehrt sei. Sie bejahte es. Da sagte er: »Kind, womit willst du mir das beweisen?« Sie antwortete: »Seitdem ich bekehrt bin, fege ich auch unter den Matten.« Da glaubte Spurgeon es ihr.

Wer wirklich bekehrt ist, der tut seine nächsten und kleinen Pflichten mit großer Treue. Ich würde sehr an der Bekehrung einer Hausfrau zweifeln, die in alle Predigten und Bibelstunden liefe und – ihren Haushalt vernachlässigte. Ihre Bekehrung muß sich zunächst darin zeigen, daß sie die Strümpfe ihrer Kinder stopft und den Ellbogen in der Jacke ihres Jungen flickt und ihrer Familie pünktlich das Essen auf den Tisch bringt. Wenn es daran hapert, wenn der Mann am Abend in die unordentliche Stube kommt, das Essen auf dem kalten Ofen steht, weil die Frau in der Versammlung ist, dann ist mit ihrer Bekehrung irgend etwas nicht in Ordnung. Liebe Mutter, wie sieht es bei dir aus? Ist dein Hauswesen in Ordnung? Findet dein Mann ein behagliches und glückliches Heim, wenn er nach Hause kommt? Nein? Dann hast du noch nicht begriffen, daß du bekehrt bist – *zum Dienst*. Und diesen Dienst kannst du am ersten und nötigsten tun in deinen vier Wänden, im Kreise deiner Familie.

Sicherlich war die Schwiegermutter des Petrus keine geschäftige Martha, die sich abplagte, um ihrem Gast das

Beste vorzusetzen, was Küche und Keller bieten konnten. Sie war gewiß mehr eine Maria, die, wenn die nötigste Arbeit getan war, sich still zu Seinen Füßen setzte, um zu hören und zu lernen. Sonst würde Jesus gewiß das Haus nicht so liebgewonnen haben. Hätte Sein Kommen immer nur Unruhe und Arbeit gemacht, gewiß wäre Er nicht so oft in dem gastlichen Hause eingekehrt. Es war ein so stilles Dienen, ein so ruhiges Sorgen für alles, eine so wohltuende Behaglichkeit in diesem Hause, daß es geradezu Seine zweite Heimat wurde. Mit besonderer Vorliebe weilte Er in Kapernaum, so daß der Evangelist die Geschichte von der Heilung des Gichtbrüchigen, die in Kapernaum geschah, mit den Worten beginnen kann: »Da trat Er in das Schiff und fuhr wieder herüber und kam in *Seine Stadt*.«

Und warum wurde Kapernaum *Seine* Stadt? Weil das Haus des Simon sich Ihm so gastlich erschloß, weil die Schwiegermutter des Petrus Ihm so still und treu darin diente.

Wir wissen ihren Namen nicht, aber wir wollen sie in Ehren halten, die schlichte Frau aus dem Volke, die Jesus ihr Haus auftat, die Ihm eine Heimat bereitete in der fremden, kalten Welt.

Noch einmal, so kann man sagen, ist die Rede von der Schwiegermutter des Petrus, wenn auch nur zwischen den Zeilen. 1. Korinther 9, 5 schreibt Paulus: »Haben wir nicht auch Macht, eine Schwester zum Weibe mit umherzuführen wie die andern Apostel und des Herrn Brüder und Kephas?« Daraus geht hervor, daß bei den Missionsreisen, die Petrus machte und die ihn weithin bis nach Babylon führten, seine Frau ihn begleitete.

War seine Schwiegermutter damals schon tot? Wir wissen es nicht. Aber wenn sie noch lebte, was war es dann für ein Opfer, das sie brachte, ihre Tochter so weit von sich fortziehen zu lassen, während sich bei ihr die Beschwerden des Alters einstellten!

Es war ein Opfer, und es war auch wieder *kein* Opfer; denn sie hatte Jesus lieb. Und wo Liebe zu Ihm das Herz erfüllt, da sieht man nichts als ein Opfer an, das man Ihm bringt, da ist alles nur Freude und Ehre. Da *muß* man nicht, man *darf*.

Wie steht es bei dir? Legt dir deine Religion, deine Frömmigkeit noch Opfer auf? Dann ist es noch nicht recht bestellt! Gib Ihm dein ganzes Herz und deine ganze Liebe, dann wird dir alles lieb und alles leicht, was du für Ihn tun und leiden darfst.

Wenn auch inzwischen der Name dieser Frau verklungen ist, so ist er doch geschrieben im Buch des Lebens im Himmel, und wenn wir droben sind, dann werden wir uns auch freuen, wenn wir die gütige Gastgeberin unseres Meisters kennenlernen, die treue Schwiegermutter des Petrus.

Die Samariterin

Wenn wir die Geschichte der Samariterin, die uns im 4. Kapitel des Johannes-Evangeliums erzählt wird, recht verstehen wollen, so müssen wir uns erst vergegenwärtigen, wer die Samariter waren und wie dieses Volk entstanden ist.

Zur Zeit der assyrischen Gefangenschaft des Volkes Israel schickte der König von Assyrien aus seinem Lande Ansiedler, die das brachliegende Land bebauen sollten. In dem menschenleeren Lande hatten sich aber die Raubtiere ungemein vermehrt. Die Löwen waren zu einer rechten Landplage geworden. Das hielten die heidnischen Ansiedler für die Strafe des »Gottes im Lande«, weil sie Ihm nicht gedient und geopfert hatten. Sie hatten aus ihrer Heimat alle ihre heidnischen Götter und Götzen mitgebracht, denen sie dienten. Die Leute, die aus Babel gekommen waren, opferten ihrem Götzen, den sie Sukkoth-Benoth nannten. Die Bewohner von Kuth dienten dem Nergal, die von Hamath dem Asima. Die Einwanderer aus Awwa verehrten Nibhas und Tharthak. Am schlimmsten aber trieben es die von Sepharwiter. Sie verbrannten ihre Kinder dem Adrammelech und Anammelech. Aber dem Gott Israels dienten sie nicht.

Der König von Assyrien gewährte ihre Bitte und schickte ihnen einen Priester, der sie »die Weise des Gottes im Lande« lehren sollte. Viel konnten sie freilich von ihm nicht lernen; denn er war ein Bethelit und verehrte Jehova unter der Gestalt eines Stieres. Darum konnte er diesen götzendienerischen Heiden nicht viel sagen. Wenn er das erste Gebot hielt, so übertrat er gleich das zweite: »Du sollst dir kein Bildnis noch irgendein Gleichnis machen.« Seine eigene Halbheit schloß ihm den Mund, so daß er ihr götzendienerisches Wesen nicht tadeln und strafen konnte. So blieben sie Heiden und bekamen nur einen religiösen Anstrich. Die Schrift sagt von ihnen: »Also fürchteten diese *Heiden* den Herrn und dienten auch ihren Götzen« (2 Röm 17, 41).

Es war klar, daß die Juden, die sich als das auserwählte Volk fühlten, die Abkömmlinge dieser assyrischen Heiden nicht für voll ansahen. Sie verachteten sie als halbe Heiden, die sie ja auch waren. Ein Jude hatte keine Gemeinschaft mit einem Samariter. Ja, so groß war der Haß der Juden, daß sie es vermieden, Samaria auch nur mit einem Fuß zu betreten. Wollte man von Judäa im Süden nach Galiläa im Norden reisen, so machte man lieber den Umweg über Peräa, um nur nicht durch das Land der verhaßten Samariter ziehen zu müssen.

Jesus machte eine Ausnahme von der allgemeinen Regel. Von Ihm lesen wir: »Er mußte aber durch Samaria reisen« (Joh 4, 4).

Warum *mußte* Er denn? Die Juden mußten doch nicht! Er mußte, weil Er die Liebe war. Er hatte auch die armen, verachteten Samariter lieb. Am Jakobsbrunnen würde Er, wie Er wußte, mit einer verkommenen Tochter des samaritischen Volkes zusammentreffen, die Er erretten und als Werkzeug zur Erweckung der ganzen Stadt benutzen wollte. Darum *mußte* Er.

Es war mittags um 12 Uhr, da kam Er mit Seinen Jüngern in die Nähe der Stadt Sychar in Samaria. Von der Wanderung in der Hitze ermüdet, setzte Er sich auf den Rand des Brunnens. Die Jünger gingen in die Stadt, um Speise zu kaufen. Wie Er so dasaß, da kam ein samaritisches Weib aus der Stadt, um Wasser zu schöpfen. Was war das für ein Weib?

1. *Ein Weib mit einer sündigen Vergangenheit.* Das ging schon daraus hervor, daß sie in der Mittagshitze kam. Sonst kam man in der Morgenfrühe oder in der Abend-

kühle zum Brunnen. Warum tat sie das nicht auch? Weil sie nicht mit den andern Frauen und Mädchen zusammentreffen wollte. Die hatten schon so oft böse über sie geredet, die hatten so häßliche Worte über sie gesprochen. Sie wollte es aber nicht gern hören, wenn man sie auf diese Weise an die Schuld ihres Lebens erinnerte. Darum ging sie ihnen aus dem Weg. Darum kam sie zu einer Zeit, in der sonst niemand an den Brunnen kam.

Als kundiger Seelsorger knüpft Jesus mit ihr an, indem Er sie um einen Trunk Wasser bittet. Er macht es nicht wie manche Gläubige, die immer gleich mit der Tür ins Haus fallen. Wohl gibt es auch solche, die das können, weil sie die besondere Gabe haben, jeden Menschen alsbald vor die Entscheidung zu stellen; aber man soll sich hüten, nach der Schablone zu arbeiten. Wirklicher seelsorgerlicher Takt ist leider sehr selten. Und doch könnte und sollte er Allgemeingut sein; denn es steht geschrieben: »Wem Weisheit mangelt, der bitte von Gott.«

Die Frau verwunderte sich über die Bitte: »Gib mir zu trinken!« Es war ja etwas ganz Unerhörtes, daß ein Jude einen Samariter um etwas bat. Und daß Jesus zum Volke der Juden gehörte, das konnte man an Seiner Kleidung erkennen.

Von dem Wasser des Brunnens lenkte Jesus das Gespräch auf das Wasser des Lebens. Aber dafür dat die Frau kein Verständnis. Sie denkt nur an irdische Dinge. Wie sollte sie auch anders? Ein natürlicher Mensch vernimmt ja nichts vom Geiste Gottes. Es ist ihm zu wunderlich; er kann es nicht begreifen. Das Verständnis für göttliche und ewige Dinge muß erst geweckt und gewirkt werden. Das will Jesus bei dieser Frau erreichen; das will Er bei jedem Menschen erreichen.

Ist es Ihm bei dir schon gelungen, dein Herz für göttliche und ewige Dinge aufzuschließen? Oder hängst du, wie die Samariterin, nur am Irdischen und Vergänglichen?

Jesus lenkt mit sicherer Hand das Schifflein des Gesprächs dem Ziel zu. Er will die Frau zur Erkenntnis ihres verlorenen Zustandes bringen. Darum erinnert Er zunächst daran, daß das irdische Wasser keine wahre und dauernde Befriedigung gewährt. »Wer dieses Wasser trinkt, den wird wieder dürsten.«

Ein wahres Wort! Ja, wer dieses Wasser trinkt, den wird wieder dürsten! Alles Wasser dieser Welt vermag den Durst einer Seele nicht zu stillen und zu befriedigen. Wie viele versuchen es, sich satt zu trinken an den löchrigen Brunnen der Welt, die nur trübe, schlammige Pfützen sind, die kein klares, reines Wasser geben! Ach, und das Wasser, das die Welt ihren Kindern bietet, ist wie das Wasser des Meeres! Wer davon trinkt, um seinen Durst zu löschen, der wird nur noch mehr von den Qualen des Durstes gefoltert. Denn das Meerwasser ist salzig und vermehrt und vergrößert nur den Durst. Ja, man hat schon gelesen, daß Schiffbrüchige wahnsinnig geworden sind, weil sie in ihrer Verzweiflung Meerwasser getrunken hatten. Wie furchtbar – rings vom Wasser umgeben zu sein und doch verschmachten zu müssen vor Durst! Das ist ein Bild der Welt, die ihre Kinder trotz aller Genüsse, die sie ihnen bereitet, doch umkommen läßt und in Verzweiflung stürzt!

Jedes Menschenherz hat einen Durst, ein Verlangen nach Befriedigung. Aber nur der wird wirklich und wahrhaft erquickt, der an die rechte Quelle kommt. Jesus sagt (Joh 7, 37): »Wen da dürstet, der komme zu *Mir* und trinke!« Und in der Bergpredigt spricht Er: »Selig sind, die da hungert und dürstet nach der *Gerechtigkeit*; denn sie sollen satt werden.« Aber die Frau versteht den Herrn noch nicht. Und vollends, als Er sagt: »Wer aber das Wasser trinken wird, das Ich ihm gebe, den wird ewiglich nicht dürsten«, da denkt sie, Er habe vielleicht ein Zaubermittel, wodurch der Durst ein für allemal gestillt werde. Das wäre bequem, meint sie, wenn man so ein Mittel hätte! Dann brauchte man nicht alle Tage wieder den heißen Weg hierher an den Brunnen zu gehen. Und man müßte sich nicht die Mühe machen, aus diesem tiefen, tiefen Brunnen das Wasser emporzuziehen. So ein Zaubertrank wäre ihr gerade recht.

Es geht ihr wie den Juden, die Jesus zum König machen wollten, als Er die Tausende mit den wenigen Broten gespeist hatte. Sie meinten auch: Das ist ein bequemes Leben unter so einem König! Dann braucht man nichts mehr zu tun; man braucht sein täglich Brot nicht mehr im Schweiße des Angesichts zu verdienen – jeden Tag speist der König Sein Volk!

Aber die Nachfolge Jesu ist kein Schlaraffenleben. Und es ist gut, daß das so ist, sonst würden alle Tagediebe und arbeitsscheuen Leute sich um Ihn drängen. Davor braucht man nun nicht bange zu sein, obwohl es doch immer einige gibt, die aus ihrer Frömmigkeit ein Gewerbe machen.

Jetzt legt Jesus einen Pfeil auf die Sehne, der trifft ins Zentrum: »Gehe hin, rufe deinen Mann und komme her!«

Der Pfeil sitzt. Aber sie will es nicht eingestehen. Scheinbar ganz gelassen sagt sie: »Ich habe keinen Mann.« Damit ist das gefährliche Gespräch, wie sie meint, gleich abgeschnitten. Aber dem Herzenskündiger kann man so nicht entgehen. Er antwortet – und jedes Wort fällt wie ein Hammer auf ihr Herz: »Du hast recht gesagt: Ich habe keinen Mann. Fünf Männer hast du gehabt, und den du nun hast, der ist nicht dein Mann.«

Was für ein Abgrund sittlicher Verkommenheit und Verwahrlosung tut sich bei diesen Worten vor uns auf! Wohl war es damals ziemlich leicht, eine Ehe scheiden zu lassen; aber gewiß war sie nicht von allen fünf Männern dem Gesetz gemäß geschieden. Sicher hatte sie sich da allerlei Schuld aufgeladen.

Ich stelle mir vor, daß der erste Mann etwa nach kurzer Ehe starb. Sie heiratete wieder. Aber beim zweiten gefiel es ihr nicht. Da fing sie ein Verhältnis mit einem andern an. Der Mann kam dahinter und ließ sich von ihr scheiden. Nun konnte sie ihren Liebhaber heiraten. Auf einem solchen Bunde kann kein Segen ruhen, das ist klar. So sehr sie sich vorher nacheinander gesehnt hatten, so zuwider war ihnen jetzt das Beisammensein. Eines Tages war der Mann tot. Man redete und mutmaßte allerlei. Sie sollte nicht ohne Schuld an seinem Tode sein; aber es war ihr nichts zu beweisen. Ja, es fand sich sogar bald darauf ein Mann, der sie zum Weibe nahm. Aber auch diese Ehe dauerte nicht lange. Ob sie auf natürliche oder auf unnatürliche Weise geschieden wurde – wer kann das sagen? Jedenfalls hielt man sie jetzt zu allem für fähig. Sie galt allgemein als eine liederliche, verkommene Person. Und doch heiratete sie noch einmal. Was mag das für ein Mensch gewesen sein, der sich so über ihren schlechten Ruf hinwegsetzte! Gewiß hatte er auch keinen guten Namen mehr zu verlieren. Vielleicht hatte sie durch ihre vier Männer etwas Geld bekommen. Und Geld deckt in den Augen mancher Leute ja alle Mängel und Schäden zu. Es dauerte aber auch mit dem fünften Mann nicht lange. Hatte sie sich mit den vier Männern nicht vertragen können – mit dem fünften ging es auch nicht. Er hatte bei ihr die Hölle auf Erden. Das Leben mit ihr war ihm bald verleidet. Eines Tages ging er fort und kam nicht wieder. Weil die Ehe nicht richtig geschieden war, konnte sie auch nicht wieder heiraten. Es war nur eine sogenannte »wilde« Ehe, die sie mit ihrem sechsten Mann einging. Freilich, viel schlimmer als die vorigen Ehebündnisse war dieses Beisammensein auch nicht.

Was für ein Abgrund von Verworfenheit! Ich weiß ja nicht, ob es so gewesen ist. Es kann auch anders gewesen sein. Aber ich habe versucht, mir ihre Vergangenheit klarzumachen, um die Größe der Liebe und Erbarmung Jesu verstehen zu lernen, der sich mit so einer Frau einließ. Eine solch verkommene Frau ist Ihm nicht zu schlecht. Auch dieses elende Geschöpf, dem das Lasterleben seinen Stempel auf die Stirn geprägt hat, will Er erretten. Welch eine Herablassung! Was für ein Heiland!

Du und ich, wir wären gewiß weit von ihr abgerückt, wenn wir mit ihr zusammengekommen wären. Wir hätten es für sehr unpassend gehalten, mit ihr ein Gespräch anzufangen. Aber Ihm, dem treuen, guten Hirten, ist niemand zu schlecht.

Wie wunderbar ist das! Nun dürfen wir die frohe Botschaft von Seiner Erlösung *aller* Kreatur verkündigen. Nun wissen wir, die Gnade Gottes in Christus Jesus ist heilsam *allen* Menschen. Niemand ist ausgeschlossen. Keiner ist zu schlecht. Auch für die Verkommensten und Versunkensten schlägt Sein Herz voll erbarmender und rettender Liebe. – Jetzt brauchen wir niemand für »unverbesserlich« zu erklären und keinen als hoffnungslos aufzugeben. Jetzt können wir mit guter Zuversicht Blaukreuzarbeit und Mitternachtsmission treiben; wir wissen: Dem Heiland ist niemand zu schlecht.

Vielleicht kommt dieses Buch auch einem Menschen in die Hand, der meint, für andere mag es wohl Gnade geben; aber für mich ist keine Hoffnung mehr. Doch! Schlimmer als das samaritische Weib hast du es doch auch nicht getrieben. Gewiß war es lange nicht so schlimm, was du getan hast. Darum gib den Mut nicht auf, komm nur zu Jesus, so wie du bist. Er hat gesagt: »Wer zu Mir kommt, den werde Ich nicht hinausstoßen.« Er macht keine Unterschiede. Komm nur, komm!

Wie du bist, so darfst du kommen
und wirst gnädig aufgenommen.

2. *Eine fromme Schwätzerin.* Als Jesus der Samariterin

ihre sündige Vergangenheit aufdeckte, da erschrak sie; aber sie suchte so bald wie möglich das Gespräch auf etwas anderes zu bringen. Sie will an ihre Schande nicht erinnert sein. Darum sagt sie: »Herr, ich sehe, daß Du ein Prophet bist. Unsere Väter haben auf diesem Berg angebetet, und ihr sagt, zu Jerusalem sei die Stätte, da man anbeten solle.«

Man kann diese Worte verschieden auffassen. In seinem bekannten Buch: »Die Frauen des Neuen Testaments« schreibt Pastor *Wenger* zu dieser Stelle: »Ihre Worte dürfen nicht so aufgefaßt werden, als ob sie dem peinlichen Gespräch eine andere Wendung hätte geben wollen durch die Hinlenkung auf die alte Streitfrage, ob Jerusalem oder Garizim. Der Herr hätte sie in dem Falle nicht so eingehend beantwortet. Kaum ist ihr das bisherige Leben durch dieses Propheten Wort als ein sündiges vorgestellt worden, so erkennt sie, daß auch ihr Glaube ein Irrtum sei. Ihrer Sünden überführt, muß sie sicher wissen, wo sie das Herz ausschütten kann, um von Gott Vergebung zu erbitten. Es ringt sich die richtige Glaubenserkenntnis aus dem Banne des Irr- und Unglaubens heraus; darum die große Frage, ob Garizim oder Jerusalem. Jesu Antwort richtet ihren Sinn bestimmter auf den verheißenen Messias, der alles noch Ungewisse verkündigen werde. Sie ahnt, wer der Prophet sei, aber doch hat Er sich wie mit einem Schleier verhüllt. Nun ist der Augenblick da; der Schleier wird abgeworfen. Jesus spricht: Ich bin es, der mit dir redet! Sie erkennt Ihn, empfängt Sündenvergebung und ein neues Herz.«

So schön diese Darstellung auch ist, ich kann ihr doch nicht zustimmen. Mir scheint doch, daß Wenger die Frau für besser gehalten hat, als sie wirklich war. Davon, daß sie jetzt schon Sündenvergebung und ein neues Herz empfangen habe, steht doch nichts da!

Ich erinnere mich an verschiedene Gespräche, in denen es nach mehreren vergeblichen Bemühungen endlich gelang, die Zuhörer so einzuengen, daß ein ehrliches Bekenntnis als der einzige Ausweg erschien. Aber was geschah? Dann kam eine Redensart, eine Schmeichelei – oder eine Grobheit, je nachdem, um das mißliche Gespräch abzulenken. Ich denke z. B. an einen Fabrikanten, mit dem ich vor vielen Jahren über das eine, was not tut, sprach. Endlich dachte ich, ihn so gepackt zu haben, daß er mir nicht mehr entrinnen könne. Da sagte er: »Herr Kandidat, Sie sind ein wirklicher Gottesmann! Bleiben Sie nur so dabei, dann werden Sie viel Gutes wirken können!« Damit wollte mir der Fisch entschlüpfen. Wenn ich die Worte lese: »Herr, ich sehe, daß Du ein Prophet bist«, dann kommt mir oft die Äußerung jenes Fabrikanten in den Sinn.

Ein anderes Mal redete ich mit einer Dame. Um ganz behutsam zu Werke zu gehen, sagte ich: »Ich darf Ihnen wohl aus meinem Leben einmal erzählen, wie *ich* gewesen bin und was *ich* für Sünden getan habe.« Das war aber schon zu viel. Zornig rief sie: »Ich habe keine Sünden getan«, sprang auf und warf die Tür hinter sich zu.

O ja, es gehört etwas dazu, bis ein Mensch dahin kommt, dem Herrn stillzuhalten! Wir sind so geneigt, unsere Sünden zu entschuldigen und zu beschönigen. Der Feind flüstert uns immer neue Ausflüchte und Ausreden zu. Und wenn man endlich keine Ausrede mehr weiß, wenn man sich geschlagen geben und seine Sünde bekennen müßte, dann bricht man das Gespräch ab, dann hat man »leider keine Zeit mehr«, noch länger zu bleiben, dann wird man irgendwo »dringend erwartet«, und wie die Lügen alle heißen.

Und wenn das nicht geht, wenn man nicht entwischen kann, dann versucht man, die Rede auf etwas anderes zu bringen. Ich denke, so haben wir auch die Worte der Samariterin zu verstehen, wenn sie von der alten Streitfrage zwischen Juden und Samaritern anfängt. Ob wirklich ihr Herz nach Aufschluß über diese Frage verlangte, weil sie sich nach der Vergebung ihrer Sünden zu sehnen angefangen hatte? Ich glaube, so weit war sie noch nicht. Es war wohl nur ein frommes Geschwätz, das sie begann, um den unbequemen Mahner auf andere Gedanken zu bringen.

Es gibt kaum etwas, was so widerlich ist wie frommes Geschwätz. Und doch gibt es zahllose fromme Schwätzer und Schwätzerinnen. Das ist ein großer Schaden für wirkliches, wahres Christentum, daß so viele Leute es nur im Munde führen. Das Reich Gottes besteht aber nicht in *Worten*, sondern im Tun!

Die Japaner haben eine alte Sage, die sehr viel Wahrheit enthält. Eine Seele wurde durch die Räume des Himmels geführt. In einem großen Saal befanden sich lange Tafeln, die lagen ganz voll von Ohren. Die Seele fragte ihren Führer: »Was ist das, und was bedeutet das?« Der Führer antwortete: »Das sind die Ohren der Menschen, die gern die Lehren Gottes gehört haben. Nun sind die *Ohren* in den Himmel gekommen; aber die *Herzen* sind verlorengegangen!« – Nun kam die Seele in einen anderen Saal. Da standen auch solch lange Tische, darauf lagen lauter Zungen. Der Führer erklärte dazu, dies seien die Zungen, die so fromm geredet hätten; aber das Herz habe von der Frömmigkeit nichts gewußt. Darum seien die *Zungen* in den Himmel gekommen, aber die *Herzen* in die Hölle.

Wie viele Menschen gibt es, die nur fromm mit den Ohren sind und mit der Zunge! Wieviel oberflächliches, frommes Geschwätz! Es gibt Frauen, die beten öffentlich um die Bekehrung ihrer Männer – und die Männer werden immer kälter und härter gegen das Evangelium. Sie werden sich schwerlich bekehren. Ihre Frauen sind fromme Schwätzerinnen!

Nichts hält so viele Leute von der Bekehrung zurück, fürchte ich, als das fromme Geschwätz. Darum sollten sich doch wahre Christen ernstlich vor dem frommen

Geschwätz und vor der inhaltslosen geistlichen Redensart (oder Phrase) hüten. Man läßt sich da oft viel zu sehr gehen. Wie oft habe ich schon in Gebetsstunden gehört, daß jemand dafür dankte, daß der Herr ihn »aus der grausamen Grube und aus dem Schlamm« herausgezogen habe! Gewiß wird das in manchem Fall ein ehrliches Bekenntnis sein, das der Wahrheit entspricht, wie es bei dem König David der Wahrheit entsprach; aber manchmal ist die Sündenerkenntnis gar nicht so tief, und das Wort ist nur frommes Geschwätz.

Dies fromme Geschwätz vereinigt sich sehr oft mit einem gottlosen Wandel. Vor einiger Zeit ging die Nachricht durch die Zeitungen, daß an dem Schreibtisch eines Großkaufmanns die Inschrift stand: »Christlich im Wandel, ehrlich im Handel.« Und dieser Mann entpuppte sich nachher als ein Betrüger und Millionendieb.

Brüder und Schwestern, laßt uns das fromme Geschwätz bekämpfen, bei uns und bei andern! Unser Herr und Meister ist die Wahrheit. Wir können Ihm nicht recht nachfolgen, Er kann uns nicht als Seine Jünger anerkennen, wenn wir unwahr sind in unserm Reden!

Es ist ein Beweis von der Langmut und Geduld des Herrn, daß Er sich noch weiter mit dieser Frau einläßt, obwohl sie sich als eine fromme Schwätzerin herausstellt. Wenn *wir* schon einen so großen Widerwillen gegen solche Schwätzerinnen haben, wieviel schwerer mag es Ihm, dem Reinen, Heiligen, Wahrhaftigen, gewesen sein, mit dieser Frau zu reden! Aber Er tut es in großer Geduld und Freundlichkeit; Er gibt sie nicht auf. Er geht auf ihre Frage ein. In kurzen Worten sagt Er ihr, daß es nicht darauf ankomme, *wo* man anbete, sondern *wie* man anbete. Die rechte Anbetung geschähe im *Geist* und in der *Wahrheit*.

Das ist eine Lektion, die auch heute viele noch nicht begriffen haben. Wie viele meinen, es käme beim Gebet darauf an, daß man von Kirchenmauern umgeben sei.

Aber man kann auch in der U-Bahn und im Zug mit dem Herrn verkehren; es ist nicht nötig, erst einen »geweihten Ort« aufzusuchen. Ebensowenig wie es darauf ankommt, *wo* man betet, kommt es darauf an, *wer* betet. Das Gebet eines Pastors ist durchaus nicht besser, weil es das Gebet eines Pastors ist. Das Gebet eines gläubigen Arbeiters vermag vielleicht viel mehr vor Gott! –

Auch jetzt kommt Jesus noch nicht zum Ziel bei der Frau. Sie überhört es wieder, was Er mit diesen Worten sagen will. Im leichten Unterhaltungston spricht sie zu Ihm: »Ich weiß, daß der Messias kommt, der da Christus heißt. Wenn derselbige kommen wird, so wird Er's uns alles verkünden.«

Wieder ein neues Thema! Wieder nimmt das Gespräch eine Wende, die ihr unangenehm ist; weil der Fremdling so persönlich wird, sucht sie nach einem neuen Gesprächsstoff. Der Messias! Wieviel läßt sich darüber sagen!

Aber Jesus zerreißt den Faden des Gesprächs, indem Er sich dem Weibe plötzlich zu erkennen gibt: »Ich bin's, der mit dir redet.«

Wie wirkt diese Mitteilung auf das Weib? Wir können es nur aus der Eile schließen, mit der sie zur Stadt eilt, um ihren Mitbürgern die Botschaft zu bringen, daß der Messias draußen am Jakobsbrunnen sei. Sie war so überrascht, so überwältigt von dieser Mitteilung, daß sie ihren Krug stehen ließ, den zu füllen sie doch gekommen war.

Zum Antworten auf die Offenbarung Jesu kam sie nicht, weil gerade in diesem Augenblick die Jünger zurückkehrten, die in der Stadt Speise gekauft hatten. Da wurde die Unterhaltung abgebrochen. Aber sie hatte doch gerade lange genug gedauert. Aus dem Folgenden können wir zur Genüge erkennen, wie tief der Eindruck war, den die Worte Jesu auf die Sünderin gemacht hatten.

Sie gab dem Herrn recht. Sie entschuldigte und

beschönigte nicht mehr die Schuld ihrer Vergangenheit. Sie beugte sich und bekannte öffentlich ihre Sünden.

So beginnt eine Erweckung in Sychar. So beginnt eine Erweckung auch heute noch. Wenn ein Mensch sich demütigt und seine Sünden bekennt, und zwar nicht nur in der Stille vor Gott, sondern auch vor den Menschen, dann wachen alsbald auch andere aus ihrem Schlaf auf. Nichts macht solchen Eindruck auf lau gewordene Christen und auch auf Ungläubige, als wenn ein Mensch, zusammengebrochen unter der Last der Sünde, sein vergangenes Leben öffentlich preisgibt. Wie oft haben wir das in Zeiten der Erweckung erfahren! Da bekannten Pastoren öffentlich ihren Pastorenstolz; Prediger demütigten sich und gestanden, daß ihre Arbeit vielfach aus dem Streben nach eigener Ehre geschehen sei; andere bekannten ihren Hochmut, ihren Richtgeist, ihre Unreinheit. Und diese Bekenntnisse gebrauchte Gott, um ganze Gemeinden und Gemeinschaften zu erwecken.

Hast du schon deinem Gott recht gegeben, wenn Er dir die Schuld deines Lebens zeigte? Vielleicht klagst du darüber, daß es in deinem Ort so tot sei, daß all dein Leben und Arbeiten umsonst sei. Merkst du auch, daß du daran schuld bist? Hast du nicht selbst den Menschen im Weg gestanden? Du mit deinen lieblosen Urteilen, mit deinen scharfen Worten über den unbekehrten Pastor, über deine unbekehrten Nachbarn usw. Beuge dich vor Gott, demütige dich vor den Menschen – und das Feuer der Erweckung wird bald entbrennen!

Darum: Beuge dich! Sonst wird Gott dich beugen – und das tut weh. Gib deine Wort- und Gedankensünden heraus durch ein aufrichtiges Bekenntnis, sonst stehst du deinem eigenen Heil, sonst stehst du deinem Ort, deiner Gemeinschaft, deinem Gott im Wege!

Komm mit deiner ganzen Vergangenheit ins Licht! Halte nichts zurück! Unser Gott nimmt es genau. Ihm ist nichts unbedeutend und gering.

Ich weiß von einem Dienstmädchen, das vermißte eines Tages sein Reichsliederbuch. Da sah sie eins im Zimmer der Hausfrau liegen. Ohne zu fragen, nahm sie das Buch an sich, in der Meinung, es sei das ihre. – Etliche Tage später kam sie nach Hause zu ihrer Mutter. Da sah sie zwei Reichsliederbücher liegen. »Habt ihr euch noch ein Reichsliederbuch gekauft? Ihr hattet doch sonst bloß eins!« sagte sie. »Ja, ich weiß auch nicht, woher das kommt«, antwortete die Mutter. »Jemand muß es hiergelassen haben.« Da merkte das Mädchen, daß das Liederbuch ihr gehörte, und daß sie ihrer Chefin das Buch zu Unrecht fortgenommen hatte. Was wäre nun einfacher gewesen, als daß sie bei ihrer Rückkehr zu ihr gegangen wäre und gesagt hätte: »Entschuldigen Sie, ich habe neulich Ihr Liederbuch an mich genommen; ich dachte, es wäre das meine.« Aber der Teufel hinderte sie, dies erlösende Wort zu sprechen. – Jahre vergingen. Aber jedesmal, wenn dieses Mädchen sich in heiliger Stunde Gott nahte, stand zwischen ihnen – das Reichsliederbuch! Es entstand eine Erweckung in der Stadt. Gott redete gewaltig durch Seinen Geist mit Seinen Kindern. Er legte Seinen Finger auch auf – das Reichsliederbuch! Das Mädchen erschrak. Aber zu dem Gang zu ihrer ehemaligen Chefin hatte sie keinen Mut. Fünfmal tat sie den Betrag des Buches in die Kollekte; aber dadurch wurde sie von dem Druck nicht frei. Endlich, endlich entschloß sie sich – als wieder ein Jahr verstrichen war, den Gang zu tun und das Liederbuch zurückzugeben. Endlich, nach sieben Jahren!

Willst du auch so lange schleppen, ehe du deine Schuld bekennst und dein Gewissen erleichterst? Es gibt nicht eher Ruhe und Frieden, es gibt nicht eher Segen und Sieg, als bis du dich gebeugt und deine Schuld bekannt hast! Nur so wird man brauchbar zum Dienst für den Herrn. Nur gereinigte und geheiligte Werkzeuge kann Er gebrauchen. Das sehen wir auch bei der Samariterin.

3. Eine gesegnete Missionarin. Wie? Das Weib mit der sündhaften Vergangenheit, die fromme Schwätzerin – eine gesegnete Missionarin? Sind denn das nicht unvereinbare Gegensätze?

Die Welt ist schnell fertig mit ihrem Urteil: »Das paßt nicht zusammen! *Die* soll doch nur stillschweigen! Man weiß doch, wie *die* es getrieben hat!«

Aber der Herr kann auch solche Menschen gebrauchen; ja, Er will sogar gerade solche gebrauchen. Es macht immer den tiefsten Eindruck, wenn ein Mensch als Zeuge Jesu auftritt, der vorher bekannt war durch sein Leben in der Sünde und Schande. Das können wir so recht aus dieser Geschichte lernen. Als die Frau zur Stadt zurückkam, rief sie, fast atemlos vom schnellen Laufen, ihren Mitbürgern zu: »Kommt, seht einen Menschen, der mir gesagt hat alles, was ich getan habe, ob Er nicht Christus sei!«

Wie ein Lauffeuer ging diese Kunde von Haus zu Haus. »Habt ihr's schon gehört? Der Messias ist draußen am Jakobsbrunnen!« – »Wer hat das gesagt?« Nun wurde ihr Name genannt. »Was? *Die?* Dann ist es nicht wahr!« – »Doch! Doch! Sie ist ganz verändert. Sie beklagt und beweint ihre Vergangenheit, und daß sie ein so schändliches Leben geführt habe, bisher. Das habe ihr der Messias alles gezeigt. Er habe ihr die ganze Schuld ihres Lebens aufgedeckt, sagte sie.« – »So? Ja, dann muß etwas daran sein! Wenn diese verkommene, verlogene Person ehrlich und aufrichtig wird, dann muß wirklich ein Wunder geschehen sein!«

Man wußte nicht, worüber man sich mehr wundern sollte: über die Nachricht, daß der Messias draußen sei, oder über die auffällige Veränderung, die mit dem stadtbekannten Weibe geschehen war. Man wollte den Mann doch kennenlernen, der das fertiggebracht hatte, was bisher noch keinem gelungen war: diese verlorene Person auf den Weg der Ehrlichkeit zurückzubringen.

»Da gingen sie aus der Stadt und kamen zu Ihm.« Und als sie Ihn sahen und Ihn hörten, da ging es ihnen, wie es so vielen Hunderten und Tausenden vorher und nachher gegangen ist, bis auf den heutigen Tag – sie waren sofort für Ihn gewonnen.

Es ist die allerbeste Predigt, die man einem Ungläubigen halten kann: Komm und sieh! Das war die Predigt, welche Philippus dem Nathanael hielt. Er konnte seine Einwände nicht widerlegen. Soviel Licht und Klarheit hatte er noch nicht. Aber er traute es dem Herrn zu, daß Er mit der Macht Seiner Persönlichkeit die Zweifel und Bedenken seines Freundes verscheuchen und beseitigen würde. Und wie ging es weiter? Kaum kam Nathanael, kaum sah und hörte er Jesus, da lag er schon zu Seinen Füßen: »Rabbi, Du bist Gottes Sohn, Du bist der König von Israel.«

So hat es auch die Samariterin gemacht. Was ihr auch entgegengehalten wurde, sie bat nur immer wieder: »Kommt und seht!«

Mach du es auch so! Wenn du dich nicht auf die Kunst des Diskutierens verstehst, das tut nichts, wenn du nur die Leute auf Jesus hinweisen kannst. Und wenn du auch dazu nicht die Gabe hast, ihnen ein Wort von Jesus zu sagen, dann kannst du sie doch einladen, einmal mitzukommen, um das Wort Gottes zu hören. Der Unglaube vieler Leute ist ja im Grunde nur Unwissenheit. Sie haben vielleicht nie ein klares, entschiedenes Zeugnis von Jesus gehört; sie sind nie aufgefordert worden, sich zu bekehren – von alledem, wer Jesus ist und was Er will, wissen sie nichts. Wie oft geht es so, daß solche Menschen sofort gewonnen werden, wenn sie nur einmal kommen und hören! Sie kommen oft viel schneller zum Glauben als solche, die alles wissen von Kindheit an, die immer in die Versammlungen und Stunden gekommen sind. Was hat man mit diesen oft für Schwierigkeiten, während die unwissenden Leute gleich zugreifen und die Gnade annehmen.

Um eine gesegnete Missionarin zu werden, ist also nicht viel erforderlich. Du siehst, du kannst auch eine werden. Dazu gehört nur, daß man Jesus selber kennengelernt hat, wie die samaritische Frau. Wer Ihn kennt, der kann gar nicht anders, als Ihm auch andere zuzuführen. Der kann gar nicht anders, als zu den andern zu sagen: Kommt und seht! Das ist weder unbiblisch noch unweiblich. Das ist Pflicht eines jeden. Denn wir sollen alle Seine Zeugen sein. Und die besten Missionarinnen für ungläubige Frauen sind gläubige Frauen, so wie die besten Missionare für Trinker gerettete Trinker sind.

Wie vielen Menschen hat der bekannte »Ohm Michel« in Weidenau zum Glauben geholfen durch die einfache, aber schlagende Logik: »Du weißt ja, was ich für einer gewesen bin; du weißt, daß ich im Zuchthause gesessen habe. Nun, wenn der Herr Jesus *mich* annehmen konnte, dann kann Er *dich* doch auch annehmen. So schlecht, wie ich war, bist du doch nicht gewesen!«

Menschen zu empfehlen, ist oft eine mißliche Sache. Da kann man sehr übel ankommen. Aber Jesus wird uns nie enttäuschen! Und wenn man Ihn noch so sehr anpreist – wenn jemand zum Glauben an Ihn gekommen ist, lautet sein Bekenntnis doch: »Nicht die Hälfte hat man mir gesagt!«

So ging es auch dort den Samaritern. Als sie Jesus sahen und hörten, baten sie Ihn alsbald, daß Er ein paar Tage bei ihnen bleiben möchte. Eine solche Bitte kann Jesus nicht abschlagen. Er blieb zwei Tage da – und viele Leute in der Stadt und Gegend kamen zum Glauben. Sie sprachen zu der Frau, die ihnen die Botschaft gebracht hatte: »Wir glauben nun hinfort nicht um deiner Rede willen; wir haben selber gehört und erkannt, daß dieser ist wahrlich Christus, der Welt Heiland.« Aber die Samariterin hatte doch mit ihrer Botschaft den Anfang dieser gesegneten Erweckung gemacht!

Zwei Lehren wollen wir noch aus dieser Geschichte

ziehen, ehe wir schließen. Die erste ist: *Verachte keines Menschen Zeugnis von Jesus!* Wenn die Samariter sich an der Botin gestoßen hätten, würden sie nicht zu Jesus gekommen sein und in Ihm Frieden gefunden haben. Aber dann: *Gib dich nicht mit eines Menschen Zeugnis zufrieden!* Bleib nicht bei dem Boten stehen, sondern geh zu Jesus selbst! Lerne Ihn selber kennen!

Wie kam es, daß diese verlorene Frau, ein Weib mit einer so sündenvollen Vergangenheit, eine so gesegnete Missionarin wurde? Weil *Jesus* ihr begegnete, »der aus einem Sündenknechte einen neuen Menschen schafft«. Wenn Jesus doch auch so in dein Leben eintreten und eingreifen könnte, damit auch du eine gesegnete Missionarin würdest! Denke daran: Er hat uns gesetzt, daß wir hingehen und Frucht bringen, eine Frucht, die da bleibet!

Das blutflüssige Weib

Es ist wieder eine Frau, deren Namen wir nicht kennen, von der uns im fünften Kapitel des Markus-Evangeliums erzählt wird. Überhaupt wissen wir von den meisten Frauen des Neuen Testaments nicht, wie sie geheißen haben, während wir die Frauen des Alten Testaments fast alle mit Namen kennen. Wir können aus dieser Tatsache eine Lehre ziehen. Wir können daraus lernen, daß es nicht darauf ankommt, daß wir von den Menschen genannt und erkannt werden, wenn wir nur von dem Herrn gekannt werden. Die Menschen mögen unsern Namen vergessen, wenn nur der Herr ihn kennt!

Die Frau, von der wir jetzt reden wollen, hat eine Begegnung mit Jesus gehabt. Und darauf kommt es in einem jeden Menschenleben an. Dann empfängt unser Leben Inhalt und Wert.

1. *Zwölf Jahre krank*. Markus erzählt von ihr: »Da war ein Weib, das hatte den Blutgang zwölf Jahre gehabt und viel erlitten von vielen Ärzten und hatte all ihr Gut darob verzehrt, und es half ihr nichts, sondern vielmehr ward es ärger mit ihr.«

Zwölf Jahre krank! Wenn eine Krankheit Tage oder Wochen dauert, dann meinen wir schon, sie dauere aber doch sehr lange. Einen Tag nach dem andern stilliegen zu müssen, das ist eine rechte Geduldsprobe für uns. Wie leicht wird man verdrießlich und ungeduldig! Es ist so viel Arbeit zu tun, und wir müssen zusehen, wie andere unsere Arbeit tun. Das will uns oft gar nicht in den Sinn. Ja, wie manche Kranke quälen ihre Umgebung durch ihr unzufriedenes Wesen und durch ihre Ungeduld!

Wenn es uns oft schon schwer genug ist, ein paar Tage krank zu sein, wie wird es dann der Frau zumute gewesen sein, die zwölf Jahre krank war! Sie war wohl nicht immer bettlägerig, aber doch war es eine schwere Krankheit, weil sie dadurch von dem Umgang mit Menschen ausgeschlossen wurde. Nach den Bestimmungen des Gesetzes war eine solche Kranke unrein; ihr Lager war unrein; ihr Haus war unrein; jeder, der mit ihr in Berührung kam, wurde unrein und mußte erst ein Opfer zu seiner Reinigung darbringen. So war sie zur Einsamkeit verurteilt; sie durfte nicht unter Menschen gehen. Dabei verfiel sie immer mehr; denn im Blut ist Kraft, und Blut verlieren heißt Kraft verlieren.

Natürlich ließ sie nichts unversucht, um von ihrem Übel befreit zu werden. Sie zog einen Arzt nach dem andern zu Rate. Der eine verordnete dies, der andere das. Der eine wollte mit Flaschen voll Medizin helfen, der andere durch Bäder; der eine riet zu kalten Umschlägen, der andere zu heißen; der rühmte seine ausgezeichnete Salbe; *jener* sagte, das einzige Heil sei eine Operation; ohne Schneiden gehe es nicht. Sie wußten alle sehr gut und wissenschaftlich über die Krankheit zu reden; auch im Rechnungsschreiben waren sie alle groß, nur – helfen konnte keiner. Sie war und blieb krank. Das eine Ergebnis nur hatte die Behandlung der Ärzte: sie machten nach und nach aus der erst ganz wohlhabenden Frau eine arme Frau.

Welch eine Kette von Enttäuschungen und fehlgeschlagenen Hoffnungen ist die Geschichte dieser zwölf Jahre! Anstatt daß es besser mit ihr geworden wäre, wurde es nur schlimmer. Endlich sah sie ein, daß bei den Ärzten keine Hilfe und keine Heilung für sie zu erhoffen war. Wer hätte es der armen Frau verdenken können, wenn sie in Schwermut und Verzweiflung geraten wäre! Aber nein, sie hoffte und harrte, ob nicht doch noch irgendeine Hilfe für sie möglich war. Und sie hoffte nicht umsonst.

Vielleicht geht es dir ähnlich wie diesem armen Weibe. Du hast vielleicht auch schon allerlei probiert und angewendet, ohne bisher Erfolg davon gesehen zu haben. Nachdem du zuerst allerlei Mittel genommen hattest, die nichts halfen, gingst zum Homöopathen, der dir so sehr empfohlen war. Aber der half dir auch nicht. Dann gingst du zum kalten Wasser über und zum nassen Lehm. Jetzt bist du bei Licht- und Sonnenbädern angekommen. Du hast nun alles durchprobiert. Aber hast du auch schon den einen Arzt versucht, der doch der beste von allen ist, ohne den alle andern nichts können und wissen? Bisher hast du dein Vertrauen immer oder doch zum größten Teil auf die Menschen gesetzt; nun setze es endlich auf den Herrn Jesus! Das ist der Arzt, den ich meine. Vielleicht solltest du das gerade lernen, auf Ihn dein Vertrauen zu setzen. Darum hat Er die Bemühungen der Ärzte nicht gelingen lassen, weil Er dich dahin bringen wollte, dein Vertrauen von allen Menschen abzuziehen und es allein auf Ihn zu setzen.

Krankheitszeiten benutzt der Herr oft dazu, um zu sehen, auf wen man traut und baut. Und was kommt da ans Licht? Daß die meisten Menschen in Krankheitsnöten sich mehr auf den Arzt als auf den Herrn verlassen. Das ist nicht nur bei Nichtchristen so. Bei denen ist es ganz natürlich. Sie kennen ja Jesus nicht. Sie wissen ja nicht aus ihrer Erfahrung heraus, daß man sich auf den Herrn verlassen kann und daß Er sich ganz persönlich um die Seinen kümmert. Und sie fürchten sich ja auch ganz mit Recht vor dem Tode, weil sie wissen, daß sie dann dem lebendigen Gott begegnen müssen. Und davor haben sie eine unheimliche Angst. – Aber wir finden es auch bei Kindern Gottes, daß sie sich mit einer wahren Angst an ihren Arzt klammern, daß er ihnen helfe. Da wird offenbar, ob das Vertrauen auf Gott echt war oder nicht, ob es eine Probe besteht oder nicht. Und wie viele bestehen die Probe nicht!

Es ist aber ein sehr ernstes Wort: »Verflucht ist der Mann, der sich auf Menschen verläßt und hält Fleisch für seinen Arm und weicht mit seinem Herzen vom Herrn!« Trifft das vielleicht auch auf dich und dein Verhalten in Zeiten der Krankheit zu?

Soviel ist gewiß, daß der Herr Jesus imstande ist, uns auch ohne Vermittlung und Hilfe eines Arztes zu heilen. Wie viele gläubige Christen haben es erfahren und bezeugen es zur Ehre des Herrn: Er kann helfen! Wenn es auch falsch ist, zu verlangen, daß Kinder Gottes keinen Arzt gebrauchen sollen, so ist es doch gewiß ebenso falsch, in jeder Notlage gleich den Arzt zu rufen. Christen fragen: »Herr, was willst Du, daß ich tun soll?« Und Er regelt dann ihr Verhalten und gibt ihnen Anweisungen in allen Lagen und Fragen.

Dabei möchte ich aber bemerken, daß eine vernünftige und naturgemäße Lebensweise uns viele Krankheiten erspart. Wer ein Feind von frischer Luft und kaltem Wasser ist, der wird viel leichter zu Erkältungen und Krankheiten neigen als einer, der sich durch Gebrauch von Wasser und Luft abhärtet. Man sage doch ja nicht, es sei ungeistlich, seinem Körper eine vernünftige Pflege angedeihen zu lassen. Im Gegenteil, eine vernünftige Leibespflege trägt wesentlich mit dazu bei, ungehindert durch Störungen im Leibesleben unsere Arbeit für Gott zu tun. Darum ist es in unserer Zeit, die alle Körperkräfte bis zum äußersten anspannt und ausnutzt, eine gute Losung – wie der Titel eines Buches über vernünftige Lebensweise lautet: Fünfzehn Minuten täglicher Arbeit für die Gesundheit!

2. *Eine frohe Botschaft.* Zwölf Jahre war die arme Frau schon krank; da hörte sie eines Tages eine frohe Botschaft. Man erzählte ihr von Jesus. Es war noch nicht sehr lange her, daß Jesus aufgetreten war. Aber doch ging es schon wie ein Lauffeuer von Ort zu Ort, von Haus zu Haus, daß ein großer Prophet in Israel aufgestanden sei, daß Gott Sein Volk heimgesucht habe. Man erzählte sich staunend von den Taten, die Er getan hatte. »In Kaper-

naum«, so hieß es, »hat man einen Gichtbrüchigen zu Ihm gebracht. Fast konnten die Freunde, die ihn trugen, nicht zu Jesus gelangen, so dicht standen die Leute, bis vor die Tür, um vielleicht noch ein Wort aus dem Munde des Propheten zu erlauschen. Was taten da die Freunde? Sie stiegen aufs Dach, deckten es ab und ließen den Kranken an Stricken herunter, gerade Jesus vor die Füße. Und was tat Er? Er sagte zu dem Kranken erst ein merkwürdiges Wort, nämlich: seine Sünden seien ihm vergeben. Und als die Pharisäer darüber murrten, sagte Er: ›Glaubt ihr, daß Ich das nicht kann? Was meint ihr – wenn Ich diesen Kranken gesund machen kann, glaubt ihr dann, daß Ich auch Sünden vergeben kann?‹ Da wußten sie nichts zu antworten; sie schwiegen ganz stille und dachten, den Kranken heilen, das könne Er ja doch nicht. Aber was geschah? Jesus wandte sich zu dem Gichtbrüchigen und sprach zu ihm: ›Ich sage dir, steh auf! Nimm dein Bett und geh heim!‹ Und wirklich, der Kranke stand auf und war gesund!«

Solche und noch andere Geschichten erzählte man sich von dem Wundertäter, der in Israel aufgetreten war. Der eine wußte davon zu reden, daß Jesus eine verdorrte Hand geheilt habe; der andere wußte von Besessenen, die durch Jesus gesund geworden waren. Der wußte dies, und der wußte das.

Die arme blutflüssige Frau horchte auf, als sie das hörte. Wenn Er solche Krankheiten heilen konnte, dann war Er gewiß auch imstande, ihr zu helfen. Da war ihr Entschluß rasch gefaßt. Sie wollte hin zu Ihm, um Ihn zu bitten, Er möge sie auch gesund machen, wie Er den Gichtbrüchigen gesund gemacht hatte. Aber da kam ihr der Gedanke: »Ich darf ja nicht! Ich darf mich ja nicht unter den Menschen sehen lassen! Ich bin ja unrein!«

Das Verlangen nach Hilfe aber war so groß, daß sie sich nicht durch die Rücksicht auf die Menschen zurückhalten ließ, zu dem Heiland hinzugehen. Sie dachte bei sich, es brauche ja auch niemand davon zu wissen; wenn sie nur von hinten den Saum Seines Gewandes anrühren dürfe, dann würde sie gewiß gesund. So entschloß sie sich und ging hin. –

Sie hörte etwas von Jesus. Und sofort machte sie sich auf, um zu Ihm zu gehen. Wieviel hast du schon von Jesus gehört! Bist du auch schon zu Ihm gegangen? Du weißt, daß in keinem andern Heil ist; du weißt, daß nur Jesus selig machen kann, daß nur Sein Blut rettet. Aber bist du schon zu Ihm gegangen, um die Kraft Seines Blutes zu erfahren?

Wie wenig wußte diese Frau doch von Jesus! Sie hörte von ein paar Wundern erzählen, die Er da und dort getan habe. Und du? Du weißt, wie dieser Jesus für dich in den Tod gegangen ist, um deine Seele zu retten. Du kennst das ganze Leben des Herrn, von der Krippe bis zum Kreuz und bis zum Ölberg. Du weißt das alles, und doch – und doch hast du dir noch nicht von Ihm helfen lassen! Oder hast du etwa Seine Hilfe nicht nötig? Oder bist du etwa nicht auch krank, jahrelang krank an der Sünde? Was du auch versuchst, um von deinem Sündenelend befreit zu werden, es ist alles umsonst, wenn du nicht zu Jesus kommst. Du magst dich zerstreuen, dich in den Strudel des Vergnügens hineinstürzen, dich berauschen und betäuben, es hilft alles nichts. Oder du magst zur Kirche, zur Versammlung, zum Abendmahl gehen, das ist alles gut und schön – aber von deiner Sündenkrankheit wirst du nur dann frei, wenn du zu *Jesus* kommst.

Was für eine Verantwortung hast du doch! Du hast von Kindheit an von Jesus gehört. In der Schule, im Unterricht, in der Kirche, immer wieder hast du von Jesus gehört, und daß Er der Heiland und Erretter sei. Du hast eine Bibel. Ob du darin liest, das ist freilich noch die Frage. Vielleicht hast du sogar eine christliche Zeitschrift abonniert. Du hast keine Entschuldigung. Du kannst nicht sagen, daß du es nicht gewußt hättest. Das kannst

112

du nicht. Du weißt Bescheid. Du weißt, was der Herr von dir verlangt. Du weißt, daß du einen Heiland brauchst, der dir alle deine Sünden vergibt und heilt alle deine Gebrechen – und doch kommst du nicht! Wie willst du entfliehen, wenn du eine solche Seligkeit nicht achtest? Es wird für dich kein Entrinnen geben! Denn es steht geschrieben: »Will man sich nicht bekehren, so hat Gott Sein Schwert gewetzt und Seinen Bogen gespannt und zielt.« O laß dich bitten, es zu machen wie das arme, kranke Weib! Komm mit deiner Schuld und Sünde zum Herrn! Er kann helfen.

Was haben die Menschen schon für Anstrengungen gemacht, um von der Sünde loszukommen! Sie haben ihr Leben auf hohen Säulen zugebracht, oder sie haben sich in die Einsamkeit der Wüste zurückgezogen; sie haben sich kasteit und blutig geschlagen; und alles ist ganz umsonst. Oder hat es Luther etwa geholfen, daß er seinen Leib kasteite? Nein, alle eigenen Bemühungen sind ganz umsonst, sind auch ganz unnötig: Jesus hat alles für alle getan! Du brauchst nichts mehr hinzuzutun; es ist alles vollbracht! Komm nur und nimm!

3. *Wunderbare Hilfe*. Die arme Frau kommt und mischt sich unter die Volksmenge, die den Herrn umdrängt. So gelingt es ihr, sich bis zu Jesus vorzudrängen, so daß sie den Saum Seines Gewandes anrühren kann. Sie streckt zagend und zitternd die Hand aus, immer von der Furcht erfüllt, irgendeiner möchte es merken, was sie vorhabe. Jetzt ist sie dicht bei Ihm. Wie zufällig macht sie eine Bewegung. Sie rührt Ihn an. Und sie glaubt: Er wird mir helfen!

Und was geschieht? Im selben Augenblick fühlt sie, daß sie von ihrer Plage gesund geworden ist. Welch ein seliger Augenblick! Zwölf Jahre krank, und nun endlich gesund! Sie hätte laut aufjauchzen mögen. Aber dann hätten die Leute sie gefragt, warum sie so jubelte, und dann wäre ihre Heimlichkeit ans Licht gekommen!

Darum muß sie schweigen, so schwer es sie auch ankommt.

Wohl war der Glaube der Frau nicht ganz frei von einem gewissen Aberglauben; aber wie zuversichtlich war er doch! Ich glaube, der Gedanke, der Herr würde ihr nicht helfen, ist ihr gar nicht gekommen. Sie war zuversichtlich davon überzeugt, daß sie bei Ihm Hilfe finden würde.

Und heutzutage? Wie wenig Vertrauen wird heute dem Herrn entgegengebracht, auch von gläubigen Christen! Ach, Er hat Sein Leben für uns dahingegeben, und man glaubt Ihm nicht. Wie traurig ist das! Soll dich denn diese Frau beschämen?

Vielleicht hast du noch nie Vertrauen zu dem Herrn gefaßt, dich Ihm noch nie recht anvertraut. Denke doch, Er hat am Kreuz gesagt: »*Es ist vollbracht!*« Was war denn da vollbracht? Das Werk der Erlösung, nicht wahr? Für wen hat Er das vollbracht? Für dich und für mich. Es ist ganz gewiß wahr, daß Er auch an dich dachte, als Er rief: »Es ist vollbracht!« Willst du nun nicht glauben, daß du erlöst bist? Er hat das Werk deiner Erlösung vollbracht! Ist das wahr oder nicht? Vertraue Ihm doch endlich, daß Er die Wahrheit gesagt hat, daß du *erlöst bist*!

Und du, die du schon ein Eigentum des Herrn gewesen und geworden bist, willst du es nicht lernen, dem Herrn in *allen* Stücken zu vertrauen? Er ist es wahrlich wert, daß man Ihm vertraut. Er hat noch nie jemand enttäuscht. Er hat dich doch auch noch nie enttäuscht. Warum vertraust du Ihm denn nicht *mehr?* Warum setzest du dein Vertrauen denn noch auf Menschen und wer weiß worauf sonst noch alles? Wenn du krank warst und sagtest deinem Arzt, du wollest gern noch einen andern Arzt hinzuziehen, dann war das dem Arzt nicht ganz recht. Er sah daraus, daß du kein rechtes Vertrauen hattest zu ihm und seiner Kunst. Aber was muß sich Jesus gefallen lassen! Wie kränkt man Ihn durch Mißtrauen!

Meinst du vielleicht, das sei nicht schlimm, das könne man dem Heiland ungestraft bieten? Nein, denn wer sein Vertrauen wegwirft, an dem wird Gott keinen Gefallen haben (Hebr 10, 35 und 38); und wer auf etwas anderes traut und baut, der wird verdammt! Wohin kommen die, welche kein Vertrauen zu dem Herrn haben? Offenbarung 21, 8 steht die Antwort: »Der Verzagten aber und Ungläubigen . . ., deren Teil wird sein in dem Pfuhl, der mit Feuer und Schwefel brennt, das ist der andere Tod.« Die Ungläubigen, was sind das für Leute? Sind das die Heiden? Gewiß auch die Heiden; aber in erster Linie sind es die, die den Heiland gekannt und Ihm nicht vertraut haben. Glauben und Vertrauen ist ja ein und dasselbe. Die Ungläubigen, das sind die, die den Herrn durch ihr Mißtrauen kränken. Nimm dich in acht, daß du nicht zu den »Ungläubigen« gehörst!

Wer seinem Herrn aber vertraut, der kann wunderbare Erfahrungen mit Seiner Hilfe machen. Es gibt keine Lage, in der man den Herrn nicht erproben könnte. Es gibt keine Gelegenheit, wo Er uns enttäuscht. Das kann Er gar nicht. Wenn Ihm jemand vertraut, dann kann der Herr gar nicht anders als helfen. Es ist unmöglich, daß Er irgendeinen Menschen, der Ihm vertraut, enttäuschen könnte. Das kann Er nicht. Darum trau Ihm nur getrost! Das Sprichwort sagt mir Recht: »Wer sich auf Menschen verläßt, der ist verlassen; aber wer sich auf den Herrn verläßt, den verläßt Er nimmermehr.« –

Aber verlaß dich auf den *Herrn* und auf nichts anderes! Das Weib traute vielleicht auch ein wenig auf die Berührung Seines Gewandes. Es hat immer Leute gegeben, denen es zu schwer vorkam, sich auf etwas Unsichtbares zu verlassen; sie wollten etwas sehen, etwas fühlen. So wird aus dem Glauben Aberglaube. Aberglaube ist immer nur da zu finden, wo es am wahren Glauben fehlt. Man traut nicht auf den Unsichtbaren, als sähe man Ihn, sondern man traut auf sichtbare Dinge, auf Reliquien, auf wundertätige Heiligenbilder, auf geweihte Münzen und Amulette und auf tausend andere Dinge. Das ist kein wahrer, echter Glaube, das ist Aberglaube.

Davon muß Jesus diese Frau noch befreien. Er kann sie so nicht dahingehen lassen mit ihrer heimlich entwendeten Hilfe.

4. *Eine peinliche Frage.* Der Evangelist erzählt weiter: »Und Jesus fühlte alsbald an Ihm selbst die Kraft, die von Ihm ausgegangen war, und wandte sich um zu dem Volk und sprach: Wer hat meine Kleider angerührt?«

Tödlich erschrocken hört die Geheilte diese Frage. Sie möchte in die Erde versinken. Jetzt kommt ihre Heimlichkeit ans Licht. Und wer weiß, ob Jesus nicht unzufrieden ist über ihre Dreistigkeit! Vielleicht nimmt Er gar die Heilung zurück, weil sie dieselbe ohne Seine Einwilligung sich angeeignet hat! Was soll sie tun? Wie im Wirbel jagen die widersprüchlichsten Gedanken durch ihren Sinn. – Und Jesus erwartet umsonst eine Antwort auf Seine Frage.

Da treten die Jünger vor. Sie wundern sich über die Frage, die ihr Meister gestellt hat. Sie denken: Wer kann das bei dem Gedränge, das Ihn umgibt, wissen, daß er Seine Kleider angerührt hat? Darum wenden sie sich an Jesus und sagen Ihm: »Du siehest, daß Dich das Volk drängt, und Du sprichst: Wer hat Mich angerührt?« Aber Jesus bleibt dabei: »Es hat Mich jemand angerührt; denn Ich fühle, daß eine Kraft von Mir gegangen ist.« Und dabei sah Er sich um nach der, die das getan hatte. Da merkte die Frau: Er weiß es; nun muß ich alles sagen und bekennen. Jetzt hilft nur ein offenes, ehrliches Geständnis. Und mit Zittern und Zagen warf sie sich vor Ihm nieder und sagte Ihm die ganze Wahrheit.

Warum stellte Jesus eine so peinliche Frage? Warum nötigte Er die Frau, vor allem Volk das Elend der langen zwölf Jahre und die jetzt erfahrene Hilfe auszusprechen? Hätte Er sie denn nicht so gehen lassen können?

Nein, das konnte Er nicht. Denn dann wäre sie ihrer Heilung nie so recht froh geworden; sie hätte kaum gewagt, davon zu reden, weil sie sich die Heilung ja so heimlich angeeignet hatte. Sie würde sich immer gefragt haben: Würde mich Jesus auch geheilt haben, wenn ich Ihn darum gebeten hätte? Und was würde Er sagen, wenn Er wüßte, daß ich Ihn so heimlich angerührt habe? Dazukam, daß Jesus die Leute, die zu Ihm kamen, nicht nur leiblich heilen, sondern auch in ihrer Seele den rechten Glauben wecken wollte. Darum kann Er ihr diese kurze Verlegenheit nicht ersparen.

Es gibt bei dem Herrn keine Heimlichkeiten; alles geht ehrlich und ordentlich zu. Der Teufel liebt die Finsternis und das Dunkel. Aber der Herr Jesus ist das Licht. Zu Jesus kommen, das heißt ins Licht kommen.

Nun frage ich dich: Bist du schon ins Licht gekommen? Hast du dem Herrn schon deine Heimlichkeiten gesagt? Oder liegt auf deiner Seele noch der Druck deiner Vergangenheit? Gewiß, es ist peinlich, wenn man mit solchen Dingen ans Licht kommen soll; aber es gibt nicht eher Frieden und Ruhe. Ich weiß es von mir, daß man sich lange mit einer solchen Heimlichkeit schleppen kann, ehe man damit ans Licht kommt. Daher weiß ich, daß man in der ganzen Zeit, solange man nicht bekannt hat, nicht glücklich ist und keinen vollen Frieden hat. Es ist wohl peinlich und demütigend, vor den Menschen, noch dazu vor unbekehrten, seine Schuld bekennen und gestehen zu müssen; aber wie herrlich ist der Frieden, wenn man sich gedemütigt und offen bekannt hat! Dann gibt der Herr einen so tiefen Frieden, daß ich alle, die sich mit solchen Lasten schleppen, bitten möchte: Wartet doch nicht länger, sondern bringt die Sache *sofort* ins reine, auch vor den Menschen! Es gibt Fälle, wo der Herr es verlangt, daß man sich auch vor Menschen demütigt und offenbart. Darum – hast du irgend etwas, was dir auf dem Herzen liegt, heraus damit! Weshalb willst du dich mit deiner Last schleppen, wo du doch frei und ledig sein könntest?

Die Frau sagte ihm die ganze Wahrheit. Sie hielt nichts zurück. Warum kommen manche Menschen nie recht zum Glauben? Sie sagen ihrem Gott nicht die ganze Wahrheit. Da ist irgendein Gebiet, das liefern sie nicht aus, irgendeine Lieblingssünde, die halten sie fest. O wie töricht ist das, wenn man nicht die ganze Wahrheit sagt!

Denke dir einen Sohn, der hat Schulden gemacht durch sein leichtsinniges Leben. Endlich geht es nicht mehr länger. Die Gläubiger drängen ihn zu sehr. Er muß sich seinem Vater offenbaren. Es gibt eine sehr peinliche Szene. Aber dann sagt der Vater, als der Sohn sich vor ihm gedemütigt hat: »Nun soll alles vergeben und vergessen sein. Sage mir alles, was du schuldig bist; ich will deine Schulden für dich bezahlen. Gib mir alle deine Rechnungen!« Aber der Sohn schämt sich. Er möchte doch nicht, daß der Vater *alles* erfährt. Unter den Rechnungen sind etliche, deren er sich besonders schämt. Die gibt er seinem Vater nicht. Der Vater fragt ihn: »Ist das nun alles?« Und der Sohn sagt: »Ja, das ist alles.« Der Vater bezahlt die Rechnungen, die der Sohn ihm gegeben hat; aber die andern bezahlt er nicht. Von denen weiß er ja nichts. Aber diese Gläubiger wollen auch ihr Geld haben, um so mehr, als sie hören, daß die andern es bekommen haben. Sie drängen und drohen. Sie sagen, sie wollten es seinem Vater mitteilen. – »O das darf der Vater um keinen Preis erfahren! Dann merkt er ja, daß ich ihn belogen habe! Dann wird er mir nie wieder sein Vertrauen schenken!« Der Ärmste weiß endlich nicht mehr aus noch ein: Die Gläubiger haben ihm einen Termin gesetzt, bis zu dem sie Geduld haben wollen. Aber der Termin kommt, und der Unglückliche weiß nicht, wie er sie befriedigen soll. Da greift er zum Revolver und macht seinem Leben ein Ende. – Erschüttert steht der Vater an der Leiche: »Wenn du doch

Vertrauen gehabt hättest! Wenn du mir doch *alles* gesagt hättest, als ich dich darum bat!«

Wie oft mag es so zugehen im Umgang der Menschen mit Jesus! Sie kommen nicht aus der Gewalt des Teufels heraus, und endlich nimmt dieser sich, was ihm gehört. Du kannst nur von dem Fürsten der Finsternis loskommen, wenn du dem Herrn die *ganze* Wahrheit sagst. Ach, behalte doch nichts zurück, sage Ihm *alles*! –

Als die Frau dem Herrn die ganze Wahrheit gesagt hat, da spricht Er zu ihr: »Meine Tochter, dein Glaube hat dich gesund gemacht; gehe hin in Frieden und sei gesund von deiner Plage!« –

»Dein *Glaube* hat dich gesund gemacht.« Nicht die *Berührung* Seines Gewandes, sondern das Vertrauen, daß Er heilen und helfen könne, das Vertrauen, das sie aus ihrer Einsamkeit unter die Menschen getrieben hatte, das Vertrauen, womit sie sich Ihm nahte, um nur den Saum Seines Gewandes zu berühren.

Es ist gut, daß wir wissen, daß es der *Glaube* war, den der Heiland an ihr lobte, sonst würde man denken können, es wäre die *Berührung* gewesen, die solche Heilkraft gehabt hätte. Dann hätten die recht, die von der Anbetung oder von der Berührung heiliger Röcke Segnungen versprechen, die durch irgendwelche Reliquien aus vergangenen Tagen glauben, sich schützen zu können vor Gefahren und Nöten. Nein, die Berührung war es nicht, die die Frau heilte, sondern das *Vertrauen*, das sie auf den Herrn und auf Seine Wunderkraft setzte.

Das ist es, worauf es ankommt, daß du dein Vertrauen *auf nichts anderes* als auf den Herrn setzest. Vertrau nicht auf das Abendmahl, nicht auf deine Kirchlichkeit, sondern auf den *Herrn, auf Ihn allein*! Alles andere Vertrauen wird dir nicht helfen!

Aber ich muß noch ein Wort über den Glauben sagen, damit niemand meint, es sei doch etwas anderes bei dieser

119

Frau gewesen, was die Heilung bewirkt habe. Was ist der Glaube? Ich möchte einmal so sagen: *Er ist ein Blick auf Jesus*. Was rettete die Israeliten, die in der Wüste von den feurigen Schlangen gebissen wurden? Sie *schauten* die eherne Schlange an. Was gab dem Petrus die Kraft, über das Meer zu gehen? Er *schaute* auf Jesus. Ist so ein Blick etwas Verdienstvolles, worauf man sich etwas einbilden könnte? Nein, wiederum ist es nicht der Blick, der rettet, sondern der Blick auf *Jesus*. Es handelt sich darum, daß du auf *Jesus* traust. Die Heilkraft liegt nicht in deinem Blick, sondern in dem *Herrn*, den du anschaust. Er ist der Retter; Er ist der Helfer – nicht du und dein Glaube!

Einst kam ein Prediger in eine Gegend, um dort Versammlungen zu halten. Da hörte er von einer alten Frau, die man allgemein nur die »Kathrin mit dem großen Glauben« nannte. Er ging hin, um sie zu besuchen. Als er zu ihr kam, fragte er sie: »Sind Sie die ›Kathrin mit dem großen Glauben‹?« Da antwortete die Alte: »Ob ich einen großen Glauben habe, das weiß ich nicht; aber ich habe einen großen Heiland!«

So ist es recht! Nicht der Glaube »an und für sich« kann uns helfen und retten, sondern der Herr, auf den man traut und baut und schaut.

Da hört aller eigene Ruhm auf; da schwindet der Gedanke, wir seien und könnten etwas. *Wir sind nichts, aber Jesus ist alles!* –

Wie selig mag die Heimkehr der geheilten Frau gewesen sein! Nach zwölf Jahren endlich gesund! Zwar ist zu Hause noch alles so, wie es war. Und doch kommt ihr alles so verändert vor. Sie selber ist eine andere geworden. Sie ist geheilt und gesund; darum sieht ihr Hüttchen ihr so lieb und traulich aus. Darum erscheint ihr alles so viel, viel schöner als vordem.

Ja, eine neue Welt umfängt uns, wenn wir zu Jesus gekommen sind und bei Ihm Frieden gefunden haben. »Siehe, es ist alles neu geworden!«

120

Die alte Legende weiß uns noch eine Geschichte von dieser Frau zu erzählen. Es ist nur eine Sage, aber sie hat doch einen schönen und tiefen Sinn. Die Legende berichtet, daß am Karfreitagmorgen, als Jesus hinausging und das schwere Kreuz schleppte, das Ihn zu Boden drückte, eine Frau gekommen sei – Veronika sei ihr Name – und habe mit ihrem Tuch Sein Antlitz getrocknet. Daraufhin habe sich das Angesicht des leidenden Heilands ihrem Tuche aufgeprägt.

Wenn es auch nur eine Legende ist, so wollen wir doch daraus lernen. So wie sich das Bild des Herrn dem Tuch der Veronika aufprägte, so muß es sich in unserer Seele abbilden, daß »in Wort und Werk und allem Wesen sei Jesus und sonst nichts zu lesen«.

Ja, möchten wir das alle werden, Bilder Jesu Christi! Das gebe Gott in Gnaden!

Das Töchterlein des Jairus

Es ist eine herzbewegende Geschichte, die uns von dem Töchterlein des Jairus erzählt wird. Doppelt ergreifend und erschütternd, wenn sie an ein Kranken- und Sterbebett erinnert, an dem wir einst gestanden haben. Man kann die Erzählung, die in Markus 5, in Matthäus 9 und in Lukas 8 uns berichtet wird, nicht ohne innere Anteilnahme lesen. Aber es ist auch eine Geschichte voll Trost und Frieden.

1. *Aufgewachsen unter der Obhut treuer Eltern* war das Töchterlein des Jairus. Das ist etwas Großes. Wie vielen Kindern fehlt es daran! Wieviel armen, verwahrlosten Kindern in unserm Vaterlande, in unserer Nachbarschaft! Ach, sie haben wohl Vater und Mutter; aber was sehen sie, was hören sie im Hause der Eltern? Da wird getrunken, gespielt, geflucht, gelästert, und die armen Kinder müssen das alles mitansehen! Kein Wunder, daß so viele Kinder verkommen und verwahrlosen, weil es ihnen an dem Besten fehlt, an dem christlichen Beispiel und Vorbild der Eltern! Wenn der Vater etwa ein Trinker ist, der die Mutter schlägt, wenn er betrunken nach Hause kommt, oder wenn die Mutter eine böse Frau ist, die ihre Lust hat am Klatschen und Verleumden, wie soll dann ein Kind in einem solchen Hause gut geraten können?

Das Töchterlein des Jairus hatte es gut. Es hatte einen Vater, der ein frommer Mann war, sonst wäre er nicht Synagogenvorsteher geworden. Und er war auch kein verknöcherter Schriftgelehrter, sondern ein Mann, der Jesus schätzte und liebte. Und das war eine Seltenheit unter seinesgleichen. Zwölf Jahre lang hatte das Mädchen in seinem Elternhaus treue Erziehung und Unterweisung gehabt. Es war aufgewachsen in der Zucht und Vermahnung zum Herrn. –

Wie steht es in *deinem* Haus? Bist du deinem Kind ein christliches Beispiel? Bist du ein Vorbild für deine Kinder? Ich weiß wohl, es steht nicht in unserer Macht, unsere Kinder zu bekehren. Aber wir können doch viel dazu beitragen, daß sie bekehrt werden, wenn wir ihnen ein rechtes Vorbild sind, wenn wir ihnen durch unser Beispiel zeigen, was ein Leben in der Nachfolge Jesu ist. Es ist eine ernste und heilige Sache, wenn Gott uns Kinder anvertraut, Menschen mit unsterblichen Seelen, die wir für den Himmel erziehen sollen! Wir können nur dann rechte Väter und Mütter sein, wenn wir selbst rechte Kinder geworden sind, nämlich Kinder unseres Gottes. Erst wenn wir durch den Heiligen Geist Gotteskinder geworden sind, können wir andere Menschen christlich erziehen und unterweisen. Denn ohne Heiligen Geist ist es unmöglich, den Kindern so vorzuleben, wie wir es sollen und müssen. Darum lautet meine Frage an dich: Bist du ein Kind Gottes? Wenn du noch keins bist, dann denke an deine armen Kinder, die das Beste entbehren sollen, was es gibt: das Vorbild eines gläubigen Vaters und das Beispiel einer gläubigen Mutter. Bekehre dich! Ja, wenn du es nicht für nötig gehalten hast um *deinetwillen,* dann tue es doch um deiner *Kinder* willen!

2. *Ein einziges Kind* war das Töchterlein des Jairus, wie Lukas uns erzählt. Darum war es die besondere Freude und Wonne seiner Eltern. Auf dies eine Kind wurden nun die ganze Vatertreue und Mutterliebe vereinigt.

Einzelkinder werden leicht verwöhnt. Sie bekommen oft ihren Willen. »Wir haben ja nur das eine«, ist dann die Entschuldigung törichter Eltern, wenn sie ihr Kind verziehen. Gerade darum sollten sie es um so besser erziehen, weil es das einzige ist. Wenn das einzige Kind nicht gerät, dann ist die ganze Hoffnung und Freude der Eltern zunichte geworden. Einzelkinder sollte man auch aus dem Grunde besonders streng erziehen, weil viel weniger als bei anderen Kindern die Unarten ans Licht kommen. Wenn keine Geschwister da sind, die dem Kinde mal sein Bilderbuch wegnehmen, die ihm mal seine Puppe entzweimachen, dann merkt man es gar nicht, was für ein eigensinniges Köpfchen das Kind hat. Man meint, es wäre die Sanftmut selber, nur weil es keine Gelegenheit hat, sich unartig zu betragen. Aber die Sünden stecken in dem Kinde, wenn man sie auch nicht so bemerkt.

Es ist schwer, ein Einzelkind zu erziehen, aber es ist auch schwer, mehrere Kinder zu erziehen. Wie viele Eltern gibt es, die sich ganz und gar nicht darauf verstehen!

Vor einiger Zeit machte ich eine Reise mit der Bahn. Auf irgendeiner Station stieg eine Mutter mit drei Kindern ein. Das älteste Kind war ein Mädchen, das hieß Franziska. Dann kamen Werner und Martina. Kaum waren sie alle im Abteil, da fing Franziska an zu betteln: »Mama, laß mich ans Fenster!« – »Sei still«, sagte die Mutter, »der Zug fährt ja noch gar nicht!« Franziska wiederholte ihre Bitte, jetzt aber mit größerem Ungestüm: »Mama, ich will aber ans Fenster!« – »Na, dann geh!« Da hatte Franziska ihren Willen durchgesetzt, gewiß nicht zum erstenmal. Am Fenster hatte sich aber Werner schon breitgemacht. Als Franziska ihn nun verdrängen wollte, fing ein Zetergeschrei an. »Sei ruhig, Werner!« kommandierte die Mutter. Aber Werner schrie nur noch lauter. »Sie hat mich gestoßen!« schrie er, um sein fürchterliches Brüllen zu erklären. »Komm da weg, Franziska!« sagte nun die Mutter; aber Franziska kam nicht. Statt dessen fing Werner aufs neue zu schreien an: »Sie hat mich auf die Füße getreten!« – »Ist nicht wahr, Bengel!« wehrte sich Franziska. Jetzt begann ein Handgemenge zwischen Bruder und Schwester. Die Mutter riß die Kampfhähne auseinander. Dabei kam sie aber der Martina zu nahe – oder was es sonst für einen Grund hatte, ich weiß es nicht. Kurz, die Kleine fing auch an zu heulen. Nun brüllten sie alle um die Wette. Jetzt hielt es die Mutter für nötig, ernsthaft einzugreifen. Sie riß Franziska am Ohr, so daß die sich fast überschrie. Dann bekam Werner seinen Teil ab. Martina wurde durch ein Plätzchen beruhigt.

Wir atmeten auf, als diese unruhige Gesellschaft wieder ausstieg. Wir hörten noch, wie die »süßen Kinder« begrüßt wurden. Dann fuhr der Zug weiter.

O du arme Mutter! Was bindest du dir für eine Rute mit deinen Kindern! Wenn du jetzt schon deinen Willen nicht durchsetzen kannst, wie soll es dann erst werden, wenn sie größer geworden sind!

In einem Erholungsheim saß eine Mutter mit ihrem Sohn – es war auch wohl der einzige – an der Mittagstafel. Der Junge wollte nichts essen. Alles Zureden war umsonst; der Junge wollte nicht. Da sagte die Mutter, um es den übrigen Gästen zu erklären, warum der Junge nicht aß: »Er hat vorhin zu viele Bonbons gegessen.« Als ob das eine Entschuldigung gewesen wäre! Dann sagte sie weiter: »Es ist nur noch ein einziges Bonbon da. Wenn du das auch noch nimmst, dann sage ich es dem Papa, wenn wir nach Hause kommen; dann setzt's was!« Kaum hat sie das gesagt, da steht der Junge auf, geht an den Tisch, nimmt das letzte Bonbon, steckt es in den Mund und geht zur Tür hinaus. Die Mutter sieht ihm nach und sagt: »Ja, er ist ein Durchgänger!«

Ein altes Wort sagt: »Entweder bekommen die Kinder die Rute von den Eltern, oder die Eltern bekommen die Rute von den Kindern.« Wenn dieser Junge so weiter erzogen oder vielmehr verzogen wird, dann wird er noch einmal eine Rute werden für seine Eltern. O du arme, schwache Mutter, wie sehr versündigst du dich an deinem Sohn, wenn du ihm all seinen Willen läßt! Wie schwer wird er es einmal im Leben haben, wenn er es nie gelernt hat, sich zu beugen und zu gehorchen! Und wie schwer wirst du es einmal haben, du Mutter, wenn dein Sohn ein Durchgänger wird, der seinen Lüsten und Begierden lebt, unbekümmert darum, daß er seinen Eltern das Herz zerreißt!

Leider gibt es auch in gläubigen Häusern oft solche Schwachheit in der Kindererziehung! Und es steht doch geschrieben: »Wem Weisheit mangelt, der bitte von Gott!« Wie abscheulich ist es z. B., wenn ein Mensch sagt: »*Das* mag ich nicht, und *das* mag ich nicht!« Wer ist daran schuld? Doch nur die Eltern, die da einen Fehler in der Erziehung gemacht haben. Wieviel leichter kommt man durch die Welt, wenn man es früh gelernt hat, sich in alle Verhältnisse zu schicken! Aber wer immer sagen muß: »Das mag ich nicht!«, der ist wirklich zu bedauern. Wer von seinen Eltern streng erzogen wird, wem der Eigenwille nicht erlaubt wird, der wird es seinen Eltern einmal danken. Aber wer fast (?) immer seinen Willen bekommt, der wird gewiß seinen Eltern einmal Vorwürfe machen, weil er sich durch sein ungebrochenes Wesen das Leben erschwert und verbittert. Darum, liebe Mutter, sei barmherzig mit dir und deinem Kind und gewöhne es an pünktlichen und sofortigen Gehorsam. Es wird dir einmal dankbar sein!

Das Töchterlein des Jairus war ein liebes, frommes Kind, der Liebling aller im Hause; das zeigte sich so recht, als das Kind krank wurde.

3. *Eine plötzliche Krankheit* legte das Mädchen aufs Schmerzenslager. Fieberschauer schüttelten es. Bald klapperten ihm die Zähne vor Frost; bald lag es da wie in Schweiß gebadet. Alle Mittel, die man anwandte, halfen nichts. Die Krankheit steigerte sich von Stunde zu Stunde. Das war eine bange Nacht, welche die Eltern am Bette ihres einzigen Kindes durchwachten, als sie angstvoll seinen Atemzügen lauschten! Es war ja ihr einziges! Man sagt wohl: »Ein Einzelkind ist ein Angstkind.« So

war es auch im Hause des Jairus. Das Herz der Eltern zog sich zusammen in namenlosem Weh, wenn sie daran dachten, daß sie ihren Liebling, ihren Sonnenschein, ihre Freude und ihre Wonne, verlieren sollten.

Aber von Stunde zu Stunde stieg das Fieber, und es wurde ihnen immer gewisser, daß sie das Opfer bringen und ihr Kind hergeben mußten.

Endlich dämmert der Morgen, aber er bringt keine Hoffnung. Es sieht vielmehr so aus, als ob es zum Sterben ginge.

Da kommt dem Jairus ein Gedanke. Er hat gehört, daß Jesus in der Stadt ist; der hat schon so vielen geholfen; der hat Blinde sehend gemacht und Lahme gehend; der könnte gewiß auch hier helfen.

Er schickt seine Knechte hin, um Ihn zu bitten, Er möge kommen. Aber dann kann er es doch nicht aushalten im Hause. Er macht sich selber für den Gang fertig.

»Wo willst du hin?« fragt ihn seine Frau.

»Ich will zu Jesus gehen«, antwortet er. »Vielleicht kommt Er. Dann wäre uns geholfen.«

Das kranke Kind schlägt die Augen auf. Das Wort »Jesus« hat es gehört. »Ja, sag dem Herrn Jesus, Er möchte kommen!« Und dabei huscht ein leises Lächeln über sein Gesichtchen. –

Siehe, das ist es, was du auch lernen und tun sollst, wenn du an ein Krankenbett gestellt wirst. Du sollst zu Jesus gehen. Sehr oft ist das die Absicht, die Gott hat, wenn Er jemand aufs Krankenlager legt: Er will, daß man zu Jesus gehen soll. In guten Tagen leben viele Leute dahin, ohne sich um Gott und Ewigkeit zu kümmern. Die Arbeit nimmt sie so in Anspruch, daß sie keine Zeit haben, für ihre Seele zu sorgen. Oder sie *sagen* wenigstens, sie hätten keine Zeit.

Vor einiger Zeit wurde eine Frau gebeten, doch auch einmal in die Bibelstunde zu kommen, die der Pastor einmal in der Woche hielt. »Nein«, sagte sie, »dazu habe ich keine Zeit. Ich habe einen so großen Haushalt; da kann ich nicht weg.« Gleich darauf kam Besuch. »Ich wollte Sie gern für nächste Woche, Montag, zum Kaffee einladen.« – »Für nächsten Montag? Ja, da paßt es mir eigentlich schlecht; da haben wir Wäsche. – Aber warten Sie mal! Vielleicht kann ich es doch einrichten – ja, so wird's gehen. Nun gut, ich werde kommen.«

Für die Bibelstunde war keine Zeit, obwohl die nur eine einzige Stunde dauerte. Aber für die Kaffeegesellschaft war Zeit, obwohl die doch den ganzen Nachmittag kostete! Aber das ist auch etwas anderes!

Solchen Leuten, die immer »keine Zeit« haben, gibt Gott Zeit, indem Er sie auf das Krankenbett legt. Die Not soll sie lehren, wieder ihre Hände zu falten und den vergessenen Gott anzurufen. Die Not soll ein Wegweiser sein zu Jesus hin.

Ist sie das bei dir auch gewesen?

Ich fuhr einmal mit der Bahn. Da stieg einer der Schaffner des Zuges zu mir ins Abteil; der erzählte mir aus seinem Leben: daß er einst innerhalb vierzehn Tagen vier Kinder an Diphterie verloren habe. »Das war aber ein schwerer Weg«, sagte ich. »Ja«, sagte er, »das war der Weg zum Herrn!«

War es bei dir auch so? Oder hast du es gemacht wie Israel in der Wüste, hast du gehadert und gemurrt, wenn Gott dich in Proben und Schwierigkeiten kommen ließ?

Mach es doch wie Jairus! Geh zu Jesus! Sage es Ihm, was dich bedrückt, was dich beschwert. Er kann helfen!

4. *Jesus ist bereit*. Er wandte sich und ging mit ihm. Neue Hoffnung zog in das besorgte Vaterherz ein. Wenn Jesus mitgeht, dann wird alles gut!

Aber da gab es einen Aufenthalt unterwegs. Da war die Frau gekommen, die schon zwölf Jahre krank gewesen war. Sie hatte den Saum des Gewandes Jesu berührt, um dadurch geheilt zu werden von der langen Plage. Jesus blieb stehen und fragte: »Wer hat Mich angerührt?« Die Frau meldete sich nicht. Da traten die Jünger vor und sagten: »Du siehest, daß Dich das Volk drängt, und Du fragst: Wer hat Mich angerührt?« Aber Jesus blieb dabei: Es hat Mich jemand angerührt. Und dabei sah Er die Frau an. Mit Zittern und Zagen kam sie nun hervor und warf sich Ihm zu Füßen und erzählte die ganze Geschichte. Freundlich wandte sich Jesus zu der Knienden und sprach: »Meine Tochter, dein Glaube hat dich gesund gemacht; gehe hin in Frieden und sei gesund von deiner Plage!«

Während all der Zeit stand Jairus und wartete. Oh, wie schwer wurde ihm dieses Warten! Das Leben seines Kindes stand auf dem Spiel. Alles hing davon ab, daß Jesus schnell kam, und nun hielt diese Frau Ihn so lange auf!

Ja, das ist mit das Schwerste, was es gibt, zu warten in einem solchen Falle, wo jede Minute kostbar ist, wo von einer einzigen Minute Leben und Sterben abhängen kann. Aber es ist mit das erste, was alle Kinder Gottes in der Nachfolge des Herrn zu lernen haben: das Warten. Wie lange hat Abraham warten müssen, bis sich die Verheißung erfüllte! Er konnte es erst nicht; darum glaubte er, er müsse Gott helfen. Darum nahm er die Hagar zum Weibe, weil er nicht warten konnte, bis daß Gott Seine Zusage erfüllte. Wir sind genauso ungeduldig, das Warten fällt uns so schwer! Aber die Uhr Gottes geht immer richtig; nur unsere Uhr geht oftmals vor. Danach können wir uns nicht richten.

Wie manchen Stoßseufzer mag Jairus getan haben, als Jesus so lange aufgehalten wurde! Wie endlos kam ihm die Erzählung dieser Frau vor! Aber Jesus hörte sie so geduldig an; da wagte er nicht, den Meister an Sein Versprechen zu erinnern, daß Er mit ihm gehen wollte. Er wartete, bis Jesus sich ihm wieder zuwenden und mit ihm weitergehen würde.

Aber was ist das? Da kommen einige seiner Leute. Was werden sie bringen? Man kann ihre Botschaft von ihrem Angesicht ablesen. Das Herz des Vaters steht beinahe still. »Deine Tochter ist gestorben. Was bemühst du weiter den Meister?«

Zu spät! Zu spät!

So nahe der Hilfe – und nun doch zu spät! Nur durch diese Verzögerung! Schon glaubte er am Ziele zu sein, als Jesus sich bereit erklärte, mitzugehen, und nun war alles aus! Alles aus! Nun war das Kind gestorben, und er hatte ihm nicht einmal die Augen zudrücken können. Er muß sich stark machen, um nicht zusammenzubrechen in seinem großen, großen Schmerz. Aber er bringt es fertig, er schweigt. Keine Klage, kein Vorwurf kommt über seine Lippen, kein unfreundliches Wort gegen die Frau, die an der Verzögerung schuld ist. Er hat schon daheim das Kind in Gottes Hand gelegt und gesprochen: »Der Herr hat's gegeben, der Herr hat's genommen. Der Name des Herrn sei gelobt!«

Das ist wahre Größe. Von Jairus können wir etwas lernen. Stets klagen die Menschen, wenn sie an ein Krankenbett, an ein Grab gestellt werden! Fassungslos geben sie sich ihrem Schmerze hin! Wie anders dieser Jairus!

Jesus sieht, was für ein Kampf sein Herz durchtobt, wie das Weh ihn fast zerreißt. Er wendet sich zu ihm und spricht: »Fürchte dich nicht, glaube nur!« Was soll das heißen? Jairus wird die Worte nicht verstanden haben. Und doch legen sie sich wie Balsam auf sein wundes Herz. Er sieht, daß Jesus ihn nicht vergessen hat; nun ist er getrost; er wird ganz still.

Jesu Worte sind Taten. Wenn Er sagt: »Sei rein!«, dann ist der Aussatz gewichen. Wenn Er sagt: »Fahre aus!«, dann flieht sogar der Teufel vor dem Wort Seiner Macht. So geht es auch hier. Er spricht: »Fürchte dich nicht!« – und Jairus ist ganz getrost. Das Wort hat all seine Furcht, all seinen Kummer verscheucht. Er weiß: Meine Sache ist in guten Händen. Ja, das gibt Ruhe, das macht gelassen und geduldig, wenn man sich mit all seinen Kümmernissen bei Ihm geborgen weiß. Da ist man »sicher in Jesu Armen, sicher an Seiner Brust«.

5. *Im Trauerhause* ist großes Getümmel. Das war so Sitte damals. Es gab Leute, die machten es zu ihrem Beruf, zu heulen und zu klagen, wo der Tod eine Beute gemacht hatte. Die Klageweiber wurden dafür bezahlt, daß sie die Totenklage hielten. Und schrecklich, sie warteten schon vorher, wo jemand krank lag, um sofort, wenn der Tod eingetreten war, mit ihrem Klagegeschrei beginnen zu können. So waren gewiß auch um das Haus des Jairus schon seit dem frühen Morgen diese Klageweiber herumgeschlichen, um sogleich ihre Dienste anbieten zu können. Nun war das Kind kaum tot, da war die Totenklage schon im Gange. Wie es dem Vater das Herz zerriß, als er das hörte! Wie still war das Haus gewesen, als er es verließ; da wagte keiner, ein lautes Wort zu sprechen, und nun dieser Lärm, dieses laute Klagegeschrei!

Wie unchristlich ist so ein heidnisches Heulen und Klagen! Wohl dürfen wir weinen, wenn wir an Särgen und Gräbern stehen; hat doch Jesus selbst geweint, als Er am Grabe des Lazarus stand. Aber wir sollen uns nicht so verzweifelt und fassungslos dem Schmerz überlassen. Wir sollen nicht an Gräbern stehen wie solche, die keine Hoffnung kennen. Die Heiden haben keine Hoffnung, die haben Grund, zu klagen. Aber wir haben eine lebendige Hoffnung, wir Kinder Gottes. Wir wissen, wenn unsere Toten im Herrn gestorben sind, daß sie teilhaben an der Auferstehung zum ewigen Leben, und daß wir sie wiedersehen dürfen in der Herrlichkeit.

Wo auf heidnische Weise geklagt wird, da ist für gewöhnlich der Schmerz gar nicht besonders tief. Darum gerade klagen manche so laut und lärmend, weil sie den Schein erwecken wollen, als seien sie so furchtbar betrübt. Ich hörte von einem Pastor in Westfalen, der hatte einmal einen Mann zu begraben, der ein Geizhals gewesen war. Seine Angehörigen hatten es sehr schlecht bei ihm. Wenn nicht die Aussicht auf das Erbe gewesen wäre, so würde es keiner bei ihm ausgehalten haben. Als nun der Pastor auf den Bauernhof kam, um mit zum Friedhof zu gehen, da konnten die Frauen gar nicht genug klagen und weinen. Es war nicht zum Anhören. Das ergrimmte den Pastor. Er gebot Schweigen, um seine Rede beginnen zu können, und dann sagte er: »Wenn man euch so schreien hört, dann meint man, ihr wolltet den Verstorbenen wieder aufwecken! Aber wenn Gott euer Schreien erhörte und gäbe euch den Toten wieder, dann würdet ihr wie aus einem Munde sagen: ›Ach nein, lieber Gott, behalt ihn nur; wir kommen ja sonst nicht zum Erbe!‹«

Und dann hielt er ihnen eine ganz gehörige Rede. Und nachher sagten die Leute: »Es war wohl ein bißchen grob; aber es war die Wahrheit!«

Hol dir Kraft bei Gott, wenn du an einen Sarg, an ein Grab gestellt wirst! Es heißt von Ihm: »Er gibt den Müden Kraft und Stärke genug den Unvermögenden.« Und das ist wahr. Komm in deinem Schmerz zu dem Gott allen Trostes, zu dem Herrn allen Friedens. Er hat verheißen: »Ich will euch trösten, wie einen seine Mutter tröstet.« – »Ich will euch nicht Waisen lassen; ich komme zu euch.« – »Ich will euch nicht verlassen noch versäumen.« –

Aber noch etwas anderes sollst du dir klarmachen, wenn du an einen Sarg oder an ein Grab gestellt wirst. Du mußt dich fragen: Bin ich bereit! Die Schrift sagt: Das Leben des Menschen währet siebzig Jahre, und wenn es hoch kommt, so sind es achtzig Jahre. Aber nicht alle sind es, die in unserer schnellebigen Zeit ein solches Alter erreichen! Wenn dein Stündlein früher kommt – bist du bereit? Steht nichts zwischen dir und deinem Gott – keine unvergebene Sünde, die auf deinem Gewissen lastet? Und ist nichts zwischen dir und deinem Nächsten – kein alter Zwist, kein Zank, der die Herzen entfremdet hat? Wenn irgend etwas nicht in Ordnung ist, bring es ins reine! Du weißt nicht, wie lange du noch Zeit hast. Sei bereit!

Wir sind so vergeßliche Leute. Das haben auch die Gottesmänner des Alten Bundes gewußt. Darum betet Moses: »Herr, lehre uns bedenken, daß wir sterben müssen, auf daß wir klug werden!« Und David spricht: »Aber Herr, lehre mich doch, daß es ein Ende mit mir haben muß und mein Leben ein Ziel hat und ich davon muß!« Daß wir sterben müssen, das wissen wir alle wohl; und doch bedenken wir es oft so wenig. Wie oft läuten die Totenglocken, wie oft sehen wir Anzeigen mit einem schwarzen Rand in der Zeitung! Das alles sollte uns ans Sterben erinnern und uns fragen lassen: Bist du bereit?

Es gibt Leute, die sagen, ein plötzlicher Tod sei ein schöner Tod. Aber jedenfalls ist es nur dann ein schöner Tod, wenn man bereit ist. Ein plötzlicher Tod, wenn man nicht bereit ist, das ist das Schrecklichste, was es geben kann! In einem solchen Fall ist es doch viel besser, wenn man erst noch eine Krankheit bekommt, die uns als ein Bote Gottes mahnt: Bestelle dein Haus; denn du mußt sterben! Da hat man doch noch Zeit, seine Sache mit Gott in Ordnung zu bringen, wenn es noch nicht geschehen ist. Aber keiner weiß vorher, ob unser Stündlein plötzlich und unerwartet kommt. Darum ist es klug, sich vorzubereiten.

Der Tod rafft nicht nur alte und betagte Menschen hin; auch junge Leute fallen ihm zum Opfer. Wer hätte gedacht, daß das Töchterlein des Jairus, das so treu gehütet und gehegt wurde, so bald sterben würde! Wie oft wird es wahr: Heute rot und morgen tot! Wenn man annimmt, daß 2000 Millionen Menschen die Erde bewohnen, und daß 33 Jahre eine Generation ausmachen, so sterben also in 33 Jahren 2000 Millionen Menschen, also in jedem Jahr 60 Millionen, an jedem Tage 86 400, in jeder Stunde 3600, in jeder Minute 60, in jeder Sekunde 1 Mensch!

In jeder Sekunde ein Mensch! Was ist doch die Erde für ein Jammertal geworden um der Sünde willen! Und wie fahren diese Scharen von Menschen dahin?! Wie viele von ihnen ohne Gott und ohne Trost! Wie manchem mag der Tod so nahen wie dem reichen Bauern im Evangelium, der plötzlich die Botschaft hörte: »Du Narr, diese Nacht wird man deine Seele von dir fordern – und wes wird es sein, das du bereitet hast?«

Ja, wo ein Mensch so dahingeht, da ist Grund zum Klagen und Trauern vorhanden; denn da gilt es oftmals nicht bloß einen zeitlichen Tod, sondern einen ewigen Tod zu beklagen. Aber an Sterbebetten von Kindern Gottes, die bereit waren und sich aufs Heimgehen freuten, ist wahrlich zum Klagen kein Grund.

Darum ergrimmt Jesus auch über den Lärm, der das Haus des Todes erfüllt. Er spricht unwillig: »Was klaget und weinet ihr? Das Kind ist nicht gestorben, sondern es schläft.« Das erschien ihnen als eine törichte Rede. So wenig Respekt hatten sie vor der Majestät des Todes, daß sie in Gelächter ausbrachen bei diesen Worten des Herrn. Da konnte man genau sehen, daß die Klage nur ein Geschäft für sie war, daß sie gar keine tieferen Gefühle hatten. Es ist ja eine Eigentümlichkeit des Menschen, daß er sich an alles gewöhnen kann, sogar an den Tod.

Da schickt Jesus sie hinaus. Vor solchen Leuten kann Er nichts tun. Vor Leuten, die nur ein rohes Lachen haben, wenn Er Worte des Lebens spricht, kann Er Seine Herrlichkeit nicht offenbaren.

Er bleibt allein mit den Eltern des Kindes und Seinen vertrautesten Jüngern. In das Heiligtum dieser Stunde kann Er nicht einmal alle Seine Jünger mitnehmen. Es gibt Offenbarungen von Herrlichkeit, es gibt Segnungen, da kann Er nicht alle Seine Jünger teilnehmen lassen. Sie sind nicht reif dafür. Wenn Er einem Bruder besondere Segnungen zuteil werden lassen kann, so ist damit noch nicht gesagt, daß Er sie jedem geben kann. Es gibt unter den Jüngern des Herrn heute wie damals Stufen. Auf Tabor und in Gethsemane kann Er nicht alle Jünger um sich gebrauchen; sie würden Ihm die Stunde stören. So kann Er auch ins Haus des Jairus nur Petrus und Jakobus und Johannes mitnehmen.

Kann Er *dich* mitnehmen, wenn Er seine besondere Herrlichkeit offenbaren will? Bist du wie Johannes ein Jünger, eine Jüngerin, deren Lieblingsplatz ganz in seiner Nähe ist?

Er geht in das Sterbezimmer. Da liegt das Kind auf dem Bett. So friedlich, als ob es schliefe! Wenn es vorher Schmerzen gehabt hat – jetzt merkt man nichts mehr davon. Der Tod hat die Falten geglättet, und ein schönes Lächeln liegt wie ein Gruß aus dem Himmel auf dem Antlitz der Toten. So hat es oft gelegen, das liebe Kind, wenn die Mutter des Morgens ins Zimmer trat und sagte: »Kind, steh auf!« Und nun – nun wird sie nie mehr ihr Töchterlein wecken; nun schläft es und wacht nie mehr auf.

Wirklich? Wacht es nie mehr auf?

Jesus tritt an das Sterbelager. Er ergreift das Mädchen bei der Hand und sagt mit dem Ton zärtlicher Liebe und mit dem Nachdruck göttlicher Macht und Gewalt: »Talitha kumi: Mägdlein, Ich sage dir, stehe auf!«

Und das Wunderbare geschieht. Das Kind richtet sich auf; es reibt sich die Stirn, um sich zu besinnen, wo es sich befindet. Verwundert schaut es um sich und sieht Jesus und die fremden Männer an seinem Bett und – da stehen auch die Eltern. Mit einem lieblichen Lächeln grüßt es die teure Mutter. Warum mag sie wohl geweint haben?

Welch ein Jubel, welche Freude! Wie schließt die Mutter ihr Kind ans Herz, das ihr zum zweitenmal geschenkt und gegeben ist! Wie laufen die Tränen seliger Freude über ihre Wangen! Und Jairus – so wie er draußen auf der Straße zu den Füßen Jesu gelegen hat in seinem tiefsten Schmerz, in seiner größten Not, so liegt er jetzt wieder zu den Füßen des Herrn und umklammert Seine Knie, um dem Retter seines Kindes zu danken.

Eine Weile sieht Jesus mit mildem Lächeln der Freude den Eltern zu. Dann erinnert Er sie an etwas, was sie in ihrer Wonne ganz vergessen haben. Er sagte, sie sollten ihr zu essen geben. Ja, daran hat die Mutter gar nicht gedacht, daß ihr Kind hungrig sein wird. All die Tage hat es keinen Appetit gehabt, als das Fieber es so schüttelte; nun ist es ja wieder gesund; nun wird es Hunger haben.

So kümmert sich der Herr auch um die geringsten Kleinigkeiten. Nichts ist Ihm zu geringfügig. Wie herrlich ist es, zu wissen, daß wir in allen unsern Nöten, großen und kleinen, zu Ihm gehen dürfen! Er sorgt so treu, wie es nicht einmal eine Mutter tut. Wie gut haben wir es doch bei einem solchen Heiland!

6. *Als ein Gleichnis* dürfen wir die Geschichte noch ansehen, ehe wir schließen. Der leibliche Tod ist ein Bild, ein Gleichnis von einem andern Tode, vom Tod der Sünde, der Gottlosigkeit. Der Apostel Paulus sagt, daß wir von Natur aus tot seien in Sünden und Übertretungen. Ein Leben in der Sünde, ein Leben ohne Gott, das ist kein Leben, das verdient den Namen »Leben« nicht. Spitta hat recht, wenn er in seinem Lied sagt:

»Ohne Dich, was ist die Erde?
Ein beschränktes, finstres Tal.
Ohne Dich, was ist der Himmel?
Ein verschloßner Freudensaal.
Ohne Dich, was ist das Leben?
Ein erneuter, finstrer Tod.
Ohne Dich, was ist das Sterben?
Nachtgraun ohne Morgenrot.«

Aber Jesus hat Macht über diesen Tod. Er tritt an die Todgeweihten heran und spricht auch zu ihnen: »Ich sage dir, stehe auf!« Wie viele können es bezeugen:

> »Ich lag im Tode, des Teufels Schrecken;
> ich lag im Tode, der Sünden Sold.
> Er sandte Jesus, den treuen Heiland;
> Er sandte Jesus und macht' mich los.«

Bist du auch schon vom Tode ins Leben gekommen? Weißt du, daß du tot warst und bist nun lebendig? Ich wünschte, daß auch du die Kraft und Macht Jesu erfahren möchtest! Er kann jeden erwecken und ins Leben rufen! Er gibt niemand auf als unverbesserlich und unheilbar. Der das Töchterlein des Jairus erweckte, der den Lazarus aus dem Grabe gerufen, der kann auch den versunkensten und verkommensten Sünder erwecken und beleben. Glaub es Ihm!

Vielleicht bist du zum Leben gekommen. Aber in deiner Familie, in deiner Verwandtschaft gibt es noch »Tote«. Es kann das Herz schwer bedrücken, wenn man mit Menschen zusammenlebt, die Jesus nicht kennen, die dem ewigen Tode entgegengehen. Was hat manche arme Frau zu leiden unter ihrem gottlosen Mann! Was hat manche Mutter für einen Kummer mit ihrem »toten« Sohn oder mit ihrer »toten« Tochter! Mach es doch wie Jairus: Geh zu Jesus und sag es Ihm. Verlaß dich darauf: Er kann helfen!

Ich hörte neulich von einer Mutter, die hatte so einen verlorenen Sohn, der ihr viel Kummer und Herzeleid machte. Er war in die Fremde gezogen und ließ kaum jemals etwas von sich hören. Aber die Mutter hatte von Gott im Gebet die Gewißheit bekommen: Er wird kommen! Sie war dem Sterben nahe; aber der Sohn kam nicht. Sie starb. Und sie starb in der festen Zuversicht: Er wird kommen! Als sie begraben wurde – da kam er. Aber als ob es ihn gar nichts anginge, so kalt und unbeweglich folgte er dem Sarg. Man kam auf den Friedhof. Man ließ den Sarg hinab in die Gruft. Aber da, als der Sarg an den Stricken sich in die Tiefe senkte, da kam es über ihn mit einem Male, und er fiel auf die Knie und schrie: »Mutter, ich habe dich umgebracht!« Siehe, da war er gekommen!

Wenn du um die Ungläubigen in deiner Familie klagst, wenn es dir das Herz bedrückt, daß deine Söhne Spötter und Flucher und Lästerer sind, sage es Jesus, und trau es Ihm zu, daß Er das Wort wahr macht: »Glaube an den Herrn Jesus, so wirst du und dein Haus selig!« Bete du nur, lebe du es nur deinen Angehörigen vor, daß die Gerechten es gut haben, und sei getrost und gewiß: sie werden kommen!

Möge die Stunde bald kommen, wie im Hause des Jairus, wo deine Tochter, wo dein Sohn zum wahren Leben kommt! Das gebe der Herr!

Die Witwe von Nain

Wer hätte nicht ein Herz voll Teilnahme und Mitgefühl für diese Frau, die so viel Schweres durchgemacht hat in ihrem Leben! Man kann die Geschichte, die uns Lukas (7, 11–17) beschreibt, nicht ohne innere Bewegung lesen. Wie freuen wir uns, wenn wir sehen, daß Jesus an ihrem Kummer teilnimmt, daß Er gerade zur rechten Zeit kommt, um ihr zu helfen und ihre Tränen zu trocknen!

1. *Eine vielgeprüfte Dulderin*. Ja, sie hat viel durchzumachen gehabt, die Arme! Zuerst verlor sie den Gatten und blieb allein zurück. Und Witwenleid ist schweres Leid. Das ist heute so – wieviel mehr damals, als sich der Gesetzgeber nicht wie heute um die Witwen kümmerte, als es keine Rente und keine Pension gab. Mit einer Witwe glaubte jeder machen zu können, was er wollte. Und wenn eine solche bedrückte und bedrängte Frau dann zum Richter ging, um ihn um Hilfe zu bitten, dann war er für sie nicht zu sprechen. Es kostete manchen sauren Gang; manches scharfe und bittere Wort mußte eingesteckt werden, bis der Richter die Witwe endlich anhörte, nur um sie loszuwerden!

Die Heilige Schrift erzählt auf mancher Seite von der Witwennot. Auch solche, die den Schein der Frömmigkeit und Gottseligkeit hatten, schämten sich nicht, »der Witwen Häuser zu fressen«, wie Jesus von den Pharisäern sagt. Eine Witwe war rechtlos, schutzlos, jeder Willkür preisgegeben.

Aber als diese Frau in Nain Witwe wurde, da hatte sie doch noch einen Trost: Sie hatte einen Sohn; der war ihre Stütze und ihr Stab. Auf den setzte sie ihre Hoffnung für die Tage des Alters. Es war ein trautes Zusammenleben, das die beiden miteinander führten. Der Sohn handelte nicht so wie so viele junge Burschen heutzutage, die sich um die alten Eltern nicht kümmern, sondern nur dem eigenen Vergnügen nachgehen; er wußte, daß er der Ernährer und Versorger seiner alten Mutter sein mußte. Es war ihm eine Freude, ihr etwas von der Liebe zu vergelten, die er in seinem ganzen Leben so reichlich von ihr erfahren hatte.

Die ganze Stadt freute sich über das traute Zusammenleben im Witwenhäuschen. Und manche Mutter, deren Sohn eigene Wege ging, seufzte gewiß: »Ach, wenn doch mein Sohn so wäre wie der Sohn der Witwe!«

Da, mit einem Male, wird der Sohn krank. Hat er sich überanstrengt und überarbeitet in seiner Sorge um die Mutter? – Er wird krank. Er wird sehr krank. Er schwebt zwischen Leben und Tod. Oh, wie die Mutter im Gebet mit dem Herrn ringt um das Leben des Sohnes! Wie sie dem Herrn das Wort vorhält: »Rufe Mich an in der Not, so will Ich dich erretten, so sollst du Mich preisen!« Aber es scheint, als ob Gott vergäße, gnädig zu sein. Die Krankheit nimmt zu, und schließlich – stirbt der Sohn, der einzige Sohn!

Was soll nun werden? Nicht nur der Schmerz zerreißt ihr Herz; auch die Sorge legt sich wie eine Last auf ihre Seele. Wer wird nun für sie sorgen? Ja, wer wird nur die Kosten des Begräbnisses bezahlen? Die Krankheit hat so viel Geld gekostet. Wie nun die Kosten decken, die so ein Sterbefall verursacht?

Wenn der Schmerz auch berechtigt ist, die Sorge ist unnötig. Die ganze Stadt nimmt Anteil an ihrem Leide. Jedem geht ihr trauriges Geschick zu Herzen. Jeder beeilt sich, ihr einen Beweis seiner Anteilnahme und seines Mitgefühls zu senden oder zu bringen. Damals herrschte die zur Unsitte gewordene Sitte noch nicht, daß ganze Wagen voll Kränze in ein Trauerhaus gebracht wurden, deren Pracht morgen schon verwelkt und vergangen ist. Man gab einer armen Witwe wohl einen praktischeren Beweis der Teilnahme. Da sagte etwa ein Schreinermeister: »Ich schenke den Sarg.« Und da sagten die Nachbarn: »Du brauchst keinen Wagen zu nehmen; wir wollen ihn tragen.« Und da sagte ein Kaufmann: »Mach dir für den Winter keine Sorge; ich bringe dir alles Gemüse, das du brauchst.« Und so ging es fort.

Woher ich das weiß? Ich meine, es gehört nicht viel Phantasie dazu, um das aus den Worten herauszulesen: »Und viel Volks aus der Stadt ging mit ihr.« Würden sich wohl so viele um sie gekümmert haben, wenn die Witwe und ihr Sohn sich nicht der Beliebtheit aller erfreut hätten? Ganz gewiß nicht! Und wenn sie so beliebt war, wird die Liebe dann nur darin ihren Ausdruck gefunden haben, daß man der Leiche folgte? Doch sicher nicht!

Wie werden diese Liebesbeweise dem Herzen der vereinsamten Witwe wohlgetan haben! Aber freilich, der Schmerz um den geliebten Sohn war darum nicht minder tief und groß. Aber sie trug ihr Leid still und geduldig, weil sie es aus Gottes Hand nahm. Sie sprach mit Hiob: »Der Herr hat's gegeben; der Herr hat's genommen. Der Name des Herrn sei gelobt!«

Sie weinte; aber sie klagte und lärmte nicht in ihrem Schmerz.

Wie ganz anders ist heutzutage oft der Schmerz, wie anders äußert er sich! Wie fassungslos sind die vielen Menschen, wenn der Tod in ihrem Hause Einkehr hält! Das ist ein Sich-gehen-Lassen, das ist ein Wühlen im Schmerz wie bei den Heiden, die keine Hoffnung haben.

Unser Umgang mit Sterben und Tod zeigt uns so recht, wieviel Heidentum doch noch in der Christenheit steckt! Von den Todesanzeigen bis zu der Ausschmückung der Leichenwagen und dem Schmuck der Gräber auf dem Friedhof – wieviel Heidentum! Ausgelöschte Fackeln, abgebrochene Säulen, was ist das? Das sind Symbole heidnischer Hoffnungslosigkeit! Obelisken und trauernde Genien sollte man nicht auf das Grab eines Menschen stellen, der der Auferstehung entgegenschläft! Aber leider, es gibt auch im *Leben* der Christen viel Heidentum! Und manche, die sich Christen nennen, müßten viel richtiger Heiden heißen! Denn sie glauben nicht an das Walten eines lebendigen, persönlichen Gottes. Sie wissen nichts von einem lebendigen Verhältnis zum Heiland; sie haben nie die Gabe des Heiligen Geistes empfangen. Und doch steht geschrieben: »Wer Christi Geist nicht hat, der ist nicht Sein!« Und niemand kann in Wahrheit Christus seinen Herrn heißen ohne durch den Heiligen Geist.

Bist du Christ? Nicht nur dem Namen nach, sondern in Wirklichkeit? Und beweist du es auch in Krankheit und Todesnot? Oder ist da alle Ruhe und Freude geschwunden, so daß du in Verzagtheit und Verzweiflung gerätst wie die Heiden?

2. *Getrocknete Tränen.* – Die Stunde des Begräbnisses ist gekommen. Ein langer Zug, der sich am Witwenhäuschen sammelt. Das ist mit die schwerste Stunde! Solange der Sarg noch im Hause ist, solange man noch immer in das liebe Gesicht sehen kann, solange hat man noch nicht das Gefühl der endgültigen Trennung. Aber wenn dann der Sarg zugeschraubt wird, wenn man das liebe Angesicht nicht mehr sieht, wenn dann die Träger den Sarg aufheben, dann meint das Herz, jetzt müsse es brechen. Aber »der Herr gibt den Müden Kraft und Stärke genug den Unvermögenden«. Stärke genug! Gerade so viel, wie man braucht!

Auch die Witwe hat Kraft genug für diesen schweren Gang. Still weinend geht sie hinter der Leiche her. Der Herr ist ihre Stärke.

Besonders in der Trübsal erfahren wir, was Er für ein Heiland ist. Er ist ein Gott des Trostes, ein Herr des Friedens. Er ruft alle Mühseligen und Beladenen zu sich, um sie zu erquicken. Suche doch in der Trübsal nicht Trost bei Menschen, sie sind nur leidige Tröster, sondern bei dem Herrn, der Balsam hat für jede Wunde und für jedes Weh. Er kann helfen!

Das sollte auch die weinende Witwe erfahren. Gerade, als der Leichenzug aus dem Stadttor hinausgeht, da begegnet ihm ein anderer Zug, der von draußen herein will. Es ist Jesus und sein Gefolge. Der Zug des Todes und der Zug des Lebens stoßen zusammen.

Mit einem Blick umfaßt Jesus den ganzen Jammer, der sich hier offenbart. Er sieht die weinende Mutter. Er sieht ihren Schmerz – und da geht ein tiefes Mitleiden durch Sein Herz. Da sie der Herr sah, jammerte Ihn derselbigen und sprach zu ihr: »Weine nicht!«

Wenn ein *Mensch* das sagt, so ist es ein törichtes Wort. Die Tränen haben ihr gutes Recht. Wie oft kann man in Trauerhäusern solche Tröstungen hören: »Ja, das ist nun mal der Lauf der Welt! Es kommt einmal an uns alle; nun mußt du nicht so tun, als ob es niemand so schwer hätte wie du!«

Der Schmerz hat seine Zeit, und die Tränen haben ihre Zeit. Es wäre unnatürlich, wollte man den Tränen des Schmerzes und des Kummers wehren. Jesus selber hat am Grabe des Lazarus geweint, als Er den Jammer sah, den der Tod angerichtet hatte.

»Weine nicht!« Damit will der Herr sagen: Nun hast du genug geweint! Er weiß, daß die Tränen jetzt keinen Zweck mehr haben, weil die Hilfe vor der Tür steht.

»Weine nicht!« Ein seltsames Wort für die liebe Mutter. Wer ist der Mann, der so zu ihr spricht? Warum soll sie nicht weinen? Hat sie nicht Grund und Ursache genug, zu weinen um ihr einziges Kind? Aber es ist etwas Merkwürdiges um die Worte Jesu. Es liegt eine Kraft in ihnen. Sie sind nicht wie Worte von Menschen. Die sind oft so leer und hohl. Aber die Worte des Herrn sind Taten. »So Er spricht, so geschieht's.«

Und wunderbar, kaum hat Er gesprochen, da hört der Strom ihrer Tränen auf zu fließen. Und voller Vertrauen hängt ihr Auge an dem wunderbaren Mann. Jetzt rührt Er den Sarg an. Wie auf Kommando machen die Träger halt. Eine höhere Macht hält sie. Und dann spricht Jesus ein Wort voll Liebe, ein Wort voll Macht: »Jüngling, Ich sage dir, stehe auf!«

Und – im selben Augenblick geschieht das große Wunder: Der Tote richtet sich auf; das Leben kehrt in den Leichnam zurück. Er fängt an zu reden. Und wem mag das erste Wort gegolten haben? Gewiß der Mutter. Welche Freude, als sie ihn wieder reden hört, als sie sieht, wie er ihr die Hand hinstreckt! Ja, eben hat Jesus ihre Tränen getrocknet, jetzt fangen sie aufs neue an zu fließen; aber es sind keine Kummertränen mehr, sondern Tränen überströmenden Glückes, Tränen seliger Freude.

Und in höchster Wonne sinkt sie zu Seinen Füßen und umklammert Seine Knie.

»Und Er gab ihn seiner Mutter.«

Der Trauerzug ist ein Freudenzug geworden. Laute Rufe ertönen. Jubel und Jauchzen erschallen: »Es ist ein großer Prophet unter uns aufgestanden, und Gott hat Sein Volk heimgesucht.«

Das wiederholt sich zwar nicht genauso, wenn du in deinem Schmerz um dein verstorbenes Kind in Tränen zu Ihm kommst. Er erweckt dein Kind nicht aus dem Tode. Aber Er trocknet deine Tränen. Er gibt dir an deines Kindes Sarg und Grab die tröstende Gewißheit, daß dein Kind nun bei Ihm ist. Da hören die Tränen auf zu fließen. Wen Er tröstet, der *ist* getröstet. Er versteht sich darauf. »Ich will euch trösten, wie euch eure Mutter tröstet«, so heißt es schon im Alten Testament. Und, liebe Mutter, wenn dein Kind Jesus liebhatte, dann wird auch einmal die Stunde kommen, wo die Stimme des Herrn auch dein Kind auferweckt und ins Leben ruft: »Ich sage dir, stehe auf!«

Es wird nicht mehr lange währen! Wenn der Herr, auf den wir warten, wiederkommt, dann werden die, die in

Ihm entschlafen sind, zuerst auferstehen; danach werden wir, die wir leben und überbleiben auf die Zukunft des Herrn, verwandelt und Ihm entgegengerückt werden in der Luft.

Da kommen unsere lieben Toten nicht zu kurz. Darum trockne die Tränen und sei getrost, wenn du weißt, daß dein Kind einer seligen und fröhlichen Auferstehung entgegenschlummert. Sei getrost! Dein Kind wird leben!

3. *Der schlimmste Schmerz* einer Mutter aber ist wohl der, wenn ein Sohn, eine Tochter im Glauben tot ist. Einen Sohn haben, der alle Bitten und Ermahnungen in den Wind schlägt, der allen Warnungen zum Trotz den breiten Weg geht – das ist ein Jammer! Hast du so einen Sohn? Hast du so eine Tochter? Mutter, das ist ein schweres Leid! Aber Jesus kann auch da helfen, Er allein. Sage es Jesus, was du zu leiden hast durch deinen Sohn, durch deine Tochter. Weine vor Ihm, und Er wird auch deine Tränen einmal trocknen, wenn du Ihm vertraust. Wirf du nur dein Vertrauen nicht fort, welches eine große Belohnung hat. »Glaube an den Herrn Jesus Christus, so wirst du *und dein Haus selig!*«

Wie schwer hat einst die fromme Monika um ihren Sohn Augustinus gelitten, der ein ausschweifendes Leben führte. Aber das Wort ist doch wahr geworden, das ihr zum Troste gesagt wurde: »Ein Sohn so vieler Tränen und Gebete kann nicht verlorengehen.« Und er ist nicht verlorengegangen, sondern ein gesegnetes Werkzeug in der Hand Gottes geworden. Und ich kenne einen Zeugen des Herrn in unsern Tagen, zu dem sein Vater einst gesagt hat: »Junge, du wirst noch einmal ein Nagel zu meinem Sarg!« Gerade dies Wort hat sich tief, tief in seine Seele gebohrt und ihm den Abgrund gezeigt, an dem er wandelte.

Liebe Mutter, weine du nur, bete du nur! Und – »wenn die Stunden sich gefunden, bricht die Hilf mit Macht herein«.

Vielleicht ist die Hilfe schon nahe! Siehe, als die Witwe von Nain in Tränen ihr Haus verließ, da war – *Jesus schon auf dem Wege.* Er war schon unterwegs! Und nur noch ein paar Augenblicke, da traf Er mit dem Zug des Todes zusammen. Vielleicht ist Er auch schon unterwegs zu *deinem* Haus, um *deinen* Sohn, um *deine* Tochter zu retten. Glaube nur!

> »Seid unverzagt, ihr habet
> die Hilfe vor der Tür!
> Der eure Herzen labet
> und tröstet, steht allhier!«

4. *Die nächsten Pflichten.* »Und Er gab ihn seiner Mutter wieder.« Bei diesem Wort müssen wir noch einen Augenblick haltmachen.

Wie viele junge Leute gibt es, die alsbald nach ihrer Bekehrung meinen, jetzt müßten sie in den Dienst des Herrn treten. Die jungen Mädchen reden sofort vom Diakonissenhaus und die jungen Männer von einer Missionsanstalt oder einer Evangelistenschule. Das ist nicht normal. Wer bekehrt ist, wer aus dem Tode ins Leben gekommen ist, der soll wissen, daß seine nächsten Pflichten im Haus, in der Familie, in seinem Beruf liegen. Da gilt es, das neue Licht leuchten zu lassen, daß es »denen leuchtet, die im Hause sind«. Aber das ist nicht immer leicht. Vielleicht verstehen die Eltern den Umschwung des Kindes nicht; vielleicht machen die Kameraden in der Werkstatt spöttische Bemerkungen – da ist es leichter, sich den nächsten Pflichten zu entziehen und in den Dienst der Mission zu treten.

So wollte es auch der Mann machen im Lande der Gadarener, den Jesus von bösen Geistern befreit hatte. Er wollte als Sein Jünger mit dem Heiland gehen und bei Ihm bleiben; aber Jesus ließ es nicht zu. Er schickte ihn nach Hause, daß er dort ein Zeugnis der erfahrenen Gnade sei.

Wer sollte nur in den Dienst des Herrn eintreten? Wer nicht nur *bekehrt,* sondern auch *bewährt* ist. Das heißt: Die Bekehrung muß sich in einem treuen Wandel, in einem gesegneten Zeugnis in der alten Umgebung als echt herausgestellt haben. Ich weiß von einem jungen Mann, der sich um Aufnahme in eine Evangelistenschule beworben hatte. Es war aber gerade kein Platz für ihn. Man sagte ihm, er solle übers Jahr seine Meldung erneuern. Dann kam die Kirmes ins Land – und unser Missionsaspirant machte wacker die Kirmesfreuden mit. Er war wohl bekehrt; aber er war noch nicht bewährt. Er konnte den einfachsten Lockungen nicht widerstehen.

Wer im Haus und in seinem irdischen Beruf noch keine Proben davon gegeben hat, daß er ein zuverlässiger Jünger Jesu ist, der ist für den Dienst Gottes gewiß nicht brauchbar. Wer sich vor den Aufgaben des Hauses fürchtet, wie sollte der den Anforderungen der Öffentlichkeit gewachsen sein! Warum gibt es so viele Evangelisten und Stadtmissionare, die ungesegnet sind? Weil sie in den Dienst Gottes getreten sind, ohne bewährt zu sein. Warum gibt es so viele Diakonissen, auf deren Arbeiten und Dienen kein Segen ruht? Weil sie nicht vom Herrn berufen sind.

Die nächsten Pflichten, wenn du bekehrt bist, liegen in deiner Umgebung. »Er gab ihn *seiner Mutter* wieder.« Der aus dem Tode erweckte Jüngling wäre vielleicht auch gern mit dem Heiland gezogen; aber das ist nicht seine Aufgabe. Seine nächste Pflicht ist, der Mutter zur Seite zu stehen.

Wenn du eine alternde Mutter oder einen betagten Vater hast, liebes junges Mädchen, dann prüfe deinen Wunsch, Diakonisse zu werden, doch aufs sorgfältigste vor Gott. Werde dir darüber klar, ganz klar, was deine nächste Pflicht ist. Vielleicht will Gott dich vorläufig im Haus brauchen. Geh keinen falschen, keinen eigenen Weg ins Diakonissenhaus; denn dann ist dein Dienst ungesegnet. Nur wenn du im Geringsten treu bist, wird Gott dir das Größere anvertrauen. Nur wenn du deinen irdischen Beruf treu ausfüllst, wird Gott dich rufen in Seinen herrlichen Dienst. Dränge dich nicht dem Lamme vor – folge *dem Lamme nach!*

Die große Sünderin

In das Haus eines Pharisäers war Jesus geladen, und – Er sagte zu und kam. Es war sonst Seine Gewohnheit, sich lieber mit Sündern und Zöllnern zu Tische zu setzen. Denn Er war »gekommen, zu suchen und selig zu machen, was verloren ist«. Er rief nicht die Gerechten zur Buße, die doch kein Ohr für die Stimme des Evangeliums haben, sondern die Sünder, denen ihre Sünde aufs Gewissen gefallen war. Wie kam Er dann aber in das Haus des Pharisäers? Glaubte Er, dieser Einladung folgen zu sollen, weil er hoffte, etwas bei ihm auszurichten? Ich glaube nicht, sondern ich denke, daß Er die Begegnung voraussah, die Er im Hause des Pharisäers haben würde. Im 4. Kapitel des Evangeliums des Johannes lesen wir, daß Er durch Samaria reisen *mußte*. Warum *mußte* Er? Weil Er dort das Zusammentreffen voraussah mit der Samariterin, deren Seele Er gern retten wollte. So wird es wohl auch hier gewesen sein. Er mußte die Einladung des Pharisäers annehmen, weil Er der armen Sünderin, die sich Ihm dort nahen würde, helfen wollte. Es kam Ihm nicht auf den Pharisäer an, sondern auf die Frau. Von dem Pharisäer lesen wir ja auch nur, daß er sich bei diesem Besuch Jesu aufs neue versündigte, nicht nur durch seine hochmütige Selbstgerechtigkeit, sondern auch durch seine Kritik an der Handlungsweise des Herrn selbst. Er hatte keinen Gewinn von dieser Begegnung. Wenn es kein vergeblicher Besuch war, so war es eben um der Frau willen.

Von ihr wollen wir nun miteinander reden. Die Geschichte steht in Lukas 7, 36–50.

1. *Eine Sünderin.* Unter dieser Bezeichnung wird von

ihr gesprochen. »Und siehe, ein Weib war in der Stadt, die war eine Sünderin.« Wenn das von einer Frau gesagt wird, dann dürfen wir annehmen, daß es besonders das Gebot: »Du sollst nicht ehebrechen« war, das übertreten wurde, daß wir es also mit einer Person zu tun haben, welche die Sünde zu ihrem Gewerbe gemacht hatte. Wie furchtbar ist das doch, daß es Menschen gibt, nach Gottes Bild geschaffene, für den Himmel bestimmte Menschen, welche die Sünde gegen Gottes Gebot zu ihrem Gewerbe machen und damit ihr Brot verdienen! Es ist schon schlimm genug, wenn ein Mensch mutwillig die eine oder andere Sünde begeht, unbekümmert darum, was Gott verboten hat. Aber geradezu entsetzlich ist es, wenn ein Mensch von dem frechen Übertreten der Gebote Gottes *lebt*! Leider ist die Zahl dieser unglücklichen, elenden Geschöpfe, die sich an die Sünde verkaufen, ungeheuer groß in unsern Tagen! Allein in der Stadt Berlin gibt es über 50 000 solcher Mädchen, die sich mit ihrem schändlichen Gewerbe in die Listen haben eintragen lassen. Und wieviel mag es geben, die in keiner Liste stehen! Da wird etwas von den furchtbaren Abgründen aufgedeckt, die in unserm Volke klaffen! Aber – Gott sei ewig dafür gepriesen! – es gibt auch für diese Ärmsten der Armen Gnade. Das sehen wir aus dieser Geschichte. Niemand braucht sich vom Teufel einreden zu lassen: »Deine Sünden sind größer, denn daß sie dir vergeben werden können«, sondern es gibt eine Gnade für jede Sünde, ja für *jede* Sünde. Niemand braucht ins Wasser zu gehen, um seinem elenden und verpfuschten Leben ein Ende zu machen; denn für jeden stehen die Arme des Heilands offen. *Das ist die frohe Botschaft!*

Auch für dich und mich. Denn wenn uns Gott ansieht, dann steht auch über deinem und meinem Leben, wie es von Natur aus ist, die Überschrift: Eine Sünderin, ein Sünder!

Wenn du auch vielleicht nicht in demselben Maße gesündigt hast wie jenes Weib, wenn du auch eine anständige, ehrbare Frau bist, so bist du dennoch vor Gott eine Sünderin, und zwar eine große Sünderin. Weißt du das? Es ist so traurig, daß so viele das gar nicht wissen! Wenn sie wüßten, wie groß ihr Sündenverderben ist, dann könnte ihnen geholfen werden; aber sie wissen es nicht und wollen es auch nicht wissen.

Darf ich es dir beweisen, daß du eine Sünderin bist? Darf ich dir einmal zeigen, was Gott von dir denkt?

Du kennst die heiligen Zehn Gebote. Hast du sie gehalten? Vielleicht sagst du: Die kann kein Mensch halten! Aber es handelt sich jetzt nur um dich allein. Hast *du* sie gehalten?

Da ist das erste Gebot: »Du sollst keine andern Götter neben Mir haben!« Hast du immer Gott über alle Dinge und über alle Menschen geliebt? Das kannst du doch nicht in Wahrheit sagen! Gott hat doch nicht immer den ersten Platz in deinem Herzen und Leben eingenommen. Das mußt du doch zugeben. – Und dann das andere Gebot: »Du sollst den Namen des Herrn, deines Gottes, nicht mißbrauchen; denn der Herr wird den nicht ungestraft lassen, der Seinen Namen mißbraucht!« Wie oft hast du das Gebot übertreten! Wie oft hast du den Namen Gottes leichtfertig und gedankenlos in den Mund genommen! Wie manches »Ach, du lieber Gott!« und »Mein Gott!« hast du in deinen Gesprächen gebraucht! Das war ein Mißbrauch, den Gott nicht ungestraft lassen wird! Nimm dich in acht! – Und wie bist du mit dem Tage des Herrn umgegangen? Wie oft hast du ihn entweiht durch die Arbeit und bist, statt in die Kirche zu gehen, deinem Vergnügen nachgegangen!

Soll ich dir noch weiter die Gebote vorhalten? Soll ich dich nach dem Gebot fragen: »Du sollst deinen Vater und deine Mutter ehren!«, und wie du das gehalten hast? Oder wie steht es mit dem Gebot: »Du sollst nicht töten!«? Ja, nach dem Buchstaben hast du das gehalten. Aber wenn du siehst, wie Jesus es in der Bergpredigt auslegt, wie Er dort sagt: »Ihr habt gehört, daß zu den Alten gesagt ist: Du sollst nicht töten; wer aber tötet, der soll des Gerichts schuldig sein! Ich aber sage euch: Wer mit seinem Bruder zürnet, der ist des Gerichts schuldig« – wer kann dann noch sagen: Das Gebot habe ich immer gehalten? Wer hat noch niemals gegen einen andern zornige, feindselige Gefühle und Empfindungen gehabt?

Und so geht es weiter: »Du sollst nicht ehebrechen!« – »Du sollst nicht stehlen!« Auch da sind nicht nur die Tatsünden verboten, womit man die Gebote in schwerer Weise übertritt, sondern auch die Gedankensünden. Gedanken sind vor Gott nicht zollfrei!

Und das Gebot: »Du sollst kein falsch Zeugnis reden wider deinen Nächsten!« Wie geht man damit um! Wie wird der gute Name des Nächsten in den Schmutz gezogen! Wie wird der Nächste verleumdet und verlästert!

Wenn du die Gebote einmal durchdenkst, und wenn du damit dein Leben vergleichst, kannst du dann sagen wie der reiche Jüngling: »Das habe ich alles gehalten von meiner Jugend auf«? Nicht wahr, das kannst du nicht? Nun, was sagt Gottes Wort dazu? Es sagt: »Verflucht ist jedermann, der nicht bleibet in alledem, das geschrieben steht im Buche des Gesetzes, daß er es tue« (Gal 3, 10). Du bist nicht geblieben; du hast nicht alle Gebote gehalten – *also bist du verflucht!* Mach dir das klar, daß du unter dem Fluche Gottes stehst, daß du von Gott verflucht bist!

Und selbst wenn du meintest, du hättest die Gebote alle gehalten, nur eins einmal nicht, dann steht wiederum geschrieben: »Wer das ganze Gesetz hält und sündigt an einem, der ist es ganz schuldig« (Jak 2, 10). Wenn du auch nur ein einziges Gebot übertreten hast, dann bist du ein Übertreter des Gesetzes. Denke dir – das ist ein

Gleichnis –, ein Dachdecker hängt sein Gerüst an einer Kette auf, die zehn Ringe hat. Nun bricht von den zehn Ringen ein einziger. Was geschieht? Der Mann stürzt in die Tiefe. Was hilft es, daß neun Ringe heil und ganz geblieben sind? Die *Kette* ist entzwei! Und genauso ist es auch mit den Geboten. Was hilft es, wenn du zwar neun Gebote nicht übertreten hast, aber ein einziges – du bist dann nicht geblieben in alledem, das geschrieben steht in dem Buche des Gesetzes. Das *Gesetz* ist übertreten!

Und dann kommen zu den Begehungssünden die Unterlassungssünden! »Wer da weiß, Gutes zu tun, und tut es nicht, dem ist es Sünde« (Jak 4, 17). Wie viele Gelegenheiten, bei denen du hättest helfen können, hast du ungenutzt vorübergehen lassen!

Wieviel Böses hast du getan, wieviel Gutes hast du unterlassen! Was bist du? Eine große Sünderin! Glaubst du es nun? Willst du es nun zugeben?

Ja, aber tu das nicht nur mit dem Munde! Das machen viele. Sie sagen: Wir sind ja alle arme Sünder. Sie denken dabei: Wenn wir es alle sind, dann kann man es mir doch nicht so besonders übelnehmen!

Laß dir einmal dein Herz so zeigen, wie Gott es sieht. Dann wirst du einen Schrecken bekommen vor dir selber. Es gibt ein Büchlein, darin sind die verschiedenen Herzen der Menschen abgebildet. Man nennt es das »Herzbüchlein«. Da ist das Herz eines Geizigen dargestellt, ganz voll von Geldrollen und Geldkästchen – das Herz eines Trinkers, eines Wollüstigen usw. Man erschrickt, wenn man das Büchlein betrachtet. Aber so und noch viel schlimmer, so kennt, so sieht uns Gott! Wir können uns vor Menschen verstellen, aber nicht vor Gott. Wir können vor Menschen einen frommen Schein erwecken, aber nicht vor Gott.

Du *hast* gesündigt. Das ist keine Frage. Aber *weißt* du es auch? – und daß du verloren bist, wenn dir keine Hilfe zuteil wird?

Die große Sünderin in unserer Geschichte *wußte,* daß sie eine Sünderin war. Darum kam sie zu Jesus. Wer sich selbst erkannt hat in seiner ganzen Verlorenheit, der macht es auch so, der kommt zum Herrn.

Wenn du nur eine geringfügige Erkältung hast, ein wenig Husten oder Schnupfen, dann brauchst du keinen Arzt. Dann hilfst du dir selber mit einem nassen Umschlag oder mit einem Senfpapier oder was es sonst sein mag. Aber wenn die Sache ernster wird, dann läßt du den Arzt kommen.

So denken viele Leute auch von der Sünde: So schlimm ist es nun auch wieder nicht! Wenn ich nur fleißig in die Kirche gehe und bete und fromm bin, dann werde ich schon durchkommen. Daß ihre Sünde eine Krankheit ist, die zum Tod führt, das wissen sie nicht. Geh zu Jesus, sonst wirst du in deiner Sünde sterben und verderben! Du bist ein Sünder, du bist eine Sünderin! Und nur Er kann dir helfen: Jesus allein!

2. *Der Sünderheiland.* Der Sünder und der Sünderheiland – diese beiden gehören zusammen. Die arme Sünderin hört davon, daß Jesus in der Stadt ist; da ist ihr Entschluß schnell gefaßt, zu Ihm zu gehen und Ihm ihr Herz auszuschütten.

Zwar steht ein großes Hindernis im Wege. Jesus ist im Haus des Pharisäers Simon zu Gast. Und der ist dafür bekannt, daß er ein rechtlebender Mann ist, der untadlig nach dem Gesetz lebt. Was würde der dazu sagen, wenn sie, die Gefallene, die Verlorene, zu ihm ins Haus käme? Vielleicht würde er sie von seiner Schwelle jagen. Nun, dann wollte sie draußen vor der Tür warten, bis Jesus herauskäme; aber sie wollte *um jeden Preis* zu dem Heiland hin! Sie hatte so viel davon reden hören, daß Er ein Herz habe für jeden Jammer und für jede Not; sie hatte gehört, daß Er sich auch mit Zöllnern und Ehebrechern zu Tische gesetzt habe, und daraus hatte sie die Hoffnung geschöpft, daß Er auch für sie ein Wort des Trostes haben werde.

So groß das Hindernis auch war, *sie durchbrach* es, weil es ihr Ernst war. Es war ihr Ernst.

Hindernisse stellen sich auch heute dem in den Weg, der zu Jesus kommen will. Vielleicht ist da auch so ein Simon, vor dem du dich fürchtest, irgendso ein selbstgerechter Mann, der kein Verständnis hat für das, was dein Herz bewegt. Aber wenn es dir wirklich um den Frieden deines Herzens zu tun ist, wenn du wirklich Vergebung deiner Sünden haben willst, dann darfst du dich durch nichts zurückhalten lassen.

> »Brich durch, es koste, was es will,
> sonst wird dein armes Herz nicht still.«

Die große Sünderin kam. Scheu schlich sie in den Saal, in dem die Gesellschaft versammelt war. Leise näherte sie sich dem geliebten Herrn. Sie hatte Ihm ihr Herz ausschütten und Ihm ihren Jammer sagen wollen; aber als sie bei Ihm war, da brachte sie kein Wort heraus. Nur Ströme von Tränen flossen. In diesem Kreis von ehrbaren Leuten, da fühlte sie ihre Schuld und Sünde um so tiefer und schmerzlicher. Und namentlich in der Nähe des Heilands, da legte sich ihr die Last ihrer Vergangenheit schwer auf die Seele. Sie weinte, über Jesu Füße gebeugt.

Hat es dich auch schon einmal Tränen gekostet, daß du dem Herrn so viel Kummer gemacht hast? Ist dir in Seiner Nähe auch schon einmal das ganze Sündenelend deines Herzens und Lebens zum Bewußtsein gekommen?

Ja, wer sich so erkennt, wie er vor Gott ist, so elend, so arm, so verloren, der kann nicht anders, als zu den Füßen des Heilands sinken und Tränen des Kummers, der Reue, der Buße weinen. Das sind Tränen der Freude für Jesus. Wenn ein Sünder an seine Brust schlägt und Buße tut, das ist das schönste Bild für unsern Herrn. Ja, es ist Freude bei den Engeln Gottes im Himmel über einen Sünder, der Buße tut.

Die Frau erschrickt, als sie merkt, was sie getan hat. Sie nimmt die Haare ihres Hauptes, um die Füße des Meisters zu trocknen. Und dann kann sie es nicht unterlassen, diese Füße zu küssen und sie mit dem Salböl, das sie mitgebracht, zu salben. Sie kann nicht anders; ihr Herz drängt sie zu solcher Huldigung. Sie muß sich Ihm ganz hingeben. Sie spricht kein Wort. Und doch redet ihre stille Huldigung lauter, als Worte es vermögen.

Still sieht der Herr ihr zu. Er wehrt ihr nicht. Wann hätte Er jemals einem armen Sünder gewehrt, der zu Ihm kam! Er hat ja gesagt: »Wer zu Mir kommt, den werde Ich nicht hinausstoßen.« Er hat ja alle die zu sich gerufen, die mühselig und beladen sind, um sie zu erquicken. Er freut sich über jedes Herz, das sich Ihm ergibt.

Anders der Pharisäer. Er sieht das Weib mit Verachtung an. Er findet es dreist und zudringlich, daß »diese Person« es wagt, in sein Haus zu kommen. Er denkt, Jesus wird ihr wohl schon die Tür weisen. Aber nein, Er weist ihr nicht die Tür. Im Gegenteil, Er läßt sich ihre Huldigung und Salbung gefallen. Da denkt der stolze Pharisäer in seinem Herzen: »Wenn dieser ein Prophet wäre, so wüßte Er, wer und welch ein Weib das ist, die Ihn anrührt; denn sie ist eine Sünderin!«

Ach ja, die Welt, die ehrbare Welt sieht voll Verachtung auf einen armen gefallenen Menschen herab. Sie ist so unbarmherzig. Sie ist so gefühllos. Sie kennt kein Mitleid mit dem Sünder. Sie wendet sich kalt und hart von dem Elend des Sünders ab.

Aber Jesus hat ein Herz für den Sünder. Er, der gekommen ist, zu suchen und selig zu machen, was verloren ist. Wenn Simon sich auch abwendet – Jesus neigt sich doch dem verlorenen und gefallenen Menschen zu. Er hat ein Herz voll Liebe und voll Barmherzigkeit zu den Verlorenen. Ihm ist keiner zu schlecht. Wenn einer aus dem Wirtshaus geworfen wird, wie man das wohl zuweilen sieht, weil er der Gesellschaft da drin zu schlecht ist – der ist noch nicht zu schlecht für Jesus! Und wenn eine im Schlamm der Sünde und im Laster gelebt hat, wenn die Welt sich mit Unwillen von der geputzten und geschminkten Ruine abwendet – Jesus hat auch für sie ein Herz.

Darum, was auch auf deinem Herzen liegt, was auch dein Gewissen beschwert, komm zu Jesus! Komm und wirf dich zu Seinen durchbohrten Füßen, »sie in Lieb und Dankbarkeit zu küssen«! Er hat dich lieb. Er wartet auf dich. Du Sünder, komm, Er ist der Sünderheiland!

3. *Ein Gespräch.* Der Herr schaut dem Pharisäer ins Herz. Er liest seinen Unwillen auf seinem Angesicht. Er wendet sich ihm zu: »Simon, Ich habe dir etwas zu sagen!« Simon wundert sich. Was mag der Herr ihm wohl zu sagen haben? Er denkt, Er würde jetzt endlich dem *Weibe* etwas sagen. Aber nein, nicht der Frau, dem Gastgeber gilt jetzt des Meisters Wort. Simon ist bereit zum Hören. »Meister, sage an!«

Jesus stellt die Sachlage, das sündige Weib und den selbstgerechten Pharisäer, in einem Gleichnis dar, wie das Seine Gewohnheit ist. »Es hatte ein Wucherer zwei Schuldner. Einer war schuldig fünfhundert Groschen, der andere fünfzig. Da sie aber nicht hatten zu bezahlen, schenkte er's beiden. Sage an, welcher unter denen wird ihn am meisten lieben?«

Es ist wohl ein Unterschied zwischen fünfhundert Groschen und fünfzig Groschen. Das ist gewiß. Aber wenn ich zahlungsunfähig bin, dann macht es nichts aus, ob ich eine große oder eine kleine Summe schuldig bin. Ich bin in jedem Fall bankrott. Und nur eins kann mich retten: daß mir meine Schuld erlassen wird. So oder so – ich bin auf die Gnade meines Gläubigers angewiesen.

Es mag sein, daß die Frau im Verhältnis zu dem Pharisäer fünfhundert Groschen schuldig ist; es mag sein, daß der Pharisäer gewissermaßen nur fünfzig Groschen schuldet; aber was macht das aus, wenn beide ihre

Schuld aus eigenen Mitteln nicht bezahlen können? Der Fünfziggroschen-Schuldner wird ebenso gepfändet wie der Fünfhundertgroschen-Schuldner, wenn er nicht bezahlen kann. Den einen wie den andern kann nur eines retten – vergebende Gnade.

Weißt du das, die du dich soviel mehr dünkst als diese und jene Nachbarin? Der Pharisäer hat es nicht gewußt, und es gibt auch heute noch viele, die ihm gleichen und das nicht wissen. –

Auf die Frage des Herrn besinnt sich Simon nicht lange. Er gibt die Antwort: »Ich denke, der, dem er am meisten geschenkt hat.« Und Jesus stimmt ihm zu: »Du hast recht gerichtet.«

Wem so große Schuld erlassen ist, der hat auch große Dankbarkeit. Und dabei ist gar nicht gesagt, daß man sich wirklich in allen Sünden und Schanden gewälzt hat; o nein, es kommt nicht auf die Größe der Schuld, sondern auf das Schuldgefühl an! Wer ein feines Gefühl hat, der empfindet auch eine, wenn ich einmal so sagen darf, kleine Sünde als eine große Schuld. Und der ist tief dankbar, wenn der Herr ihn aus der grausamen Grube herauszieht. Und wem Jesus die Schuld erlassen und die Sünde vergeben hat, der sagt nachher nicht: »Es war nur eine Kleinigkeit, die ich schuldig war!«, sondern der sagt: »Ich war eine große Summe schuldig!« Ja gewiß, so groß, daß man unrettbar verloren war ohne die Hilfe und Erbarmung des Heilands!

Jetzt wendet sich Jesus wieder der Frau zu: »Siehst du dieses Weib?« Und er vergleicht sie mit dem Pharisäer. »Unerhört!« denkt Simon, »mich in einem Atem mit diesem Weibe zu nennen!« Das erscheint ihm als eine schwere Beleidigung. Und noch schlimmer wird die Sache, als er merkt, daß Jesus ihr den Vorzug gibt vor ihm. Und das schlimmste ist, daß er dem Herrn recht geben muß, daß er nichts dagegen zu sagen weiß!

»Ich bin gekommen in dein Haus, du hast Mir nicht

Wasser gegeben zu Meinen Füßen; diese aber hat Meine Füße mit Tränen genetzt und mit den Haaren ihres Hauptes getrocknet. Du hast Mir keinen Kuß gegeben; diese aber, nachdem sie hereingekommen ist, hat sie nicht abgelassen, Meine Füße zu küssen. Du hast Mein Haupt nicht mit Öl gesalbt; sie aber hat Meine Füße mit Salbe gesalbt.«

Simon versummt. Das ist wahr, er ist kein sehr freundlicher Gastgeber gewesen. Er hat es an diesen Beweisen der Liebe und Freundlichkeit, die man einem angesehenen Gast erweist, fehlen lassen. Und auch das ist wahr, diese Frau hat dem Herrn einen ganz andern Beweis ihrer Liebe und Ehrerbietung gegeben. Er kann dagegen nichts einwenden.

Jesus beendet seine Rede: »Derhalben sage Ich dir: Ihr sind viele Sünden vergeben; denn sie hat viel geliebt; welchem aber wenig vergeben wird, der liebt wenig.«

Was heißt das? Bedeutet das: Wenn jemand eine große Liebe in seinem Herzen hat, dann bekommt er Vergebung seiner Sünden? Man sollte nicht glauben, daß es möglich ist, das Wort so aufzufassen. Und doch ist es oft so aufgefaßt worden. Aber das bedeutet es nicht, sondern es heißt: Aus dem großen Liebesbeweis, den sie Mir gibt, kannst du schließen, daß ihr viel vergeben ist. Zuerst Vergebung, dann Liebe.

Hatte die Frau denn schon Vergebung der Sünden? War sie denn nicht als eine arme Sünderin hereingekommen? Gewiß, sie war als eine solche hereingekommen; aber dann hatte sie dem Herrn ihre Sünden bekannt. Wenn sie auch kein Wort gesprochen hatte, so waren ihre Tränen doch ein lautes Bekenntnis. Und wenn sie auch nicht gelobt hatte: »Ich will Dir nachfolgen« – so waren ihre demütigen Küsse doch Gelübde genug. Sie hatte ihre Sünde bekannt. Und es steht geschrieben: »So wir unsere Sünden bekennen, so ist Er treu und gerecht, daß Er uns die Sünden vergibt und reinigt uns von aller Untugend.«

Wenn sie es auch selber noch nicht wußte, um ihres ehrlichen Bekenntnisses willen hatte sie Vergebung all ihrer Schuld. Und der Pharisäer, der sich für so gut und gerecht hielt, war seine fünfzig Groschen noch schuldig! Und wenn er nicht noch zur Erkenntnis gekommen ist, dann sitzt er auf ewig im Schuldturm der Verdammnis!

4. *Der Schluß.* Die Frau hat wohl Vergebung ihrer Sünden, aber sie weiß es noch nicht. Sie wagt es nicht zu glauben. Da sagt es ihr Jesus ausdrücklich: »Dir sind deine Sünden vergeben!« Welch eine Veränderung geht da mit ihr vor! Eben noch in der Hölle, und jetzt öffnet sich der Himmel vor ihr. Eben noch zu Boden gedrückt von der furchtbaren Last ihrer großen Schuld, nun so frei und so leicht! Sie kann wieder aufatmen. »Meine Sünden sind mir vergeben.« Ich denke, wenn sie vorher die Füße des Herrn mit Tränen des Kummers und Schmerzes über ihr verlorenes Leben benetzt hat, dann hat sie jetzt Tränen der Freude und Wonne geweint. »Meine Sünden sind mir vergeben!« Wenn auch die Gäste an der Tafel zu murren anfingen über dies Wort, sie blieb dabei: »Mir sind meine Sünden vergeben!«

Weißt du das auch, daß dir deine Sünden vergeben sind? Oder schleppst du dich noch mit ihrer Last?

Ach, sage doch nicht, daß das kein Mensch wissen könne! Diese Frau, sie hat es doch gewußt. Der Gichtbrüchige, den sie durch das Dach zu Jesu Füßen herabließen, der hat es doch auch gewußt. Der Kranke am Teich Bethesda, dem der Herr nachher sagte: »Sündige hinfort nicht mehr!«, der hat es auch gewußt. Der Apostel Paulus, der ein Verfolger und Mörder war, der seine Hände mit dem Blut der Jünger Jesu besudelt hatte, der hat es auch gewußt; der hat es auch bezeugt: »Mir ist Barmherzigkeit widerfahren.« Und so wissen es alle Kinder Gottes von alten Zeiten bis auf diesen Tag: »Mir sind meine Sünden vergeben!« Sie wissen es so bestimmt, daß sie sagen: »Ich könnte schwören, so sicher weiß ich, daß mein Schuldbrief zerrissen ist.«

Wer bekommt denn Vergebung seiner Sünden? *Wer sie haben will!* Und wer will sie haben? Wer zu der Erkenntnis gekommen ist, daß er ohne Jesus und Seine Gnade verloren ist. Natürlich, solange du noch denkst, es sei nicht so schlimm, solange du noch immer meinst, du seist doch eigentlich eine ganz brave und gute Frau, solange bekommst du auch keine Vergebung. Aber wenn du sie haben *willst* und haben *mußt* um jeden Preis, dann bekommst du sie. Jeder bekommt sie, der sie haben will und haben muß. Und darum, wenn du noch nicht weißt, wie nötig du sie hast, dann bitte den Herrn, Er möge dir dein Herz einmal so zeigen, wie Er es sieht. Dann werden dir die pharisäischen Gedanken an deine Gerechtigkeit und Tüchtigkeit schon vergehen; dann wirst du einsehen, daß du eine große Sünderin bist!

Und wenn du eingesehen hast, daß du verloren bist ohne Jesus, dann geh zu Ihm mit deiner Sünde und bekenne sie Ihm. Was heißt das? Das heißt, sie Ihm *mit Namen nennen.* Sünde bekennen ist noch etwas anderes, als um Verzeihung bitten. Es wird einem Kinde viel leichter, zu sagen: »Ich bitte um Verzeihung; ich will es nicht wieder tun« – als zu bekennen: »Ich habe gelogen; ich habe genascht.« Denn wer seine Sünde *bekennt,* der bricht damit den Stab über sich; der geht mit sich ins Gericht; der beschönigt und entschuldigt nichts. Und es steht geschrieben: »Wer sich selber richtet, der wird nicht gerichtet.«

Es gibt zahllose Sündenbekenntnisse, die gar keine sind, die nur leere Redensarten sind. Man sagt wohl mit dem Munde: »Wir sind alle arme Sünder«; aber das Herz weiß nichts davon. Vor kurzem sagte mir auch jemand, er sei ein großer Sünder. Da fragte ich ihn: »So? Wollen Sie mir nicht mal eine Sünde nennen, die Sie getan haben?« Da kam er in größte Verlegenheit; denn er wußte offenbar keine Sünde zu nennen. Es war nur so ein Gerede gewesen. Nach einer Weile wußte er sich aber herauszuhelfen. Er sagte nämlich: »In unserer Kirche haben wir doch keine Ohrenbeichte!« Damit half er sich aus seiner Verlegenheit. Ich sagte ihm dann, es liege mir nichts daran, von ihm ein Sündenbekenntnis erzwingen zu wollen, ich hätte ihm nur zeigen wollen, daß er sich keiner einzigen Sünde bewußt sei, obwohl er mehrfach gesagt habe, daß er ein armer Sünder sei. Ein Sündenbekenntnis aber, von dem das Herz nichts wisse, sei eine Lüge. Da konnte er nichts mehr sagen.

Bekenne ehrlich und aufrichtig deine Sünden! Nenne sie Ihm mit Namen! Und wenn du vor Menschen gesündigt hast, dann nenne sie auch vor Menschen. Und dann sei getrost: »So wir Ihm unsere Sünden bekennen, so ist Er treu und gerecht, daß Er uns die Sünden vergibt.«

Erst dann wird das Leben lebenswert! Dann wird man erst glücklich und fröhlich, wenn man weiß: Meine Sünden sind mir vergeben. Solange diese Frage nicht ins reine gekommen ist, hat man Angst vor dem Tode, solange steht man immer noch unter dem Druck des bösen Gewissens. Aber wenn man weiß: Meine Sünden sind mir vergeben, dann hat alle Not ein Ende, alle Sorge, alle Furcht.

Jesus hört nicht auf das Murren am Tisch. Das ist Er schon gewohnt, daß man Seine Liebe kritisiert und bezweifelt, ob er Macht habe, Sünden zu vergeben. Er spricht zu der Frau: »Dein Glaube hat dir geholfen; gehe hin mit Frieden!«

Ganz anders verläßt die Frau das Haus des Pharisäers, als sie hereingekommen ist! Ganz anders! Ja, man sieht es ihr an: Sie geht hin mit Frieden. Der Ausdruck ihres Gesichts, ihr Gang, alles ist anders geworden. Ein tiefer Friede liegt über ihrem ganzen Wesen. Die Vergangenheit ist versunken ins Meer der Barmherzigkeit. Jetzt ist selige Gegenwart und vor ihr eine herrliche Zukunft. Sie geht hin mit Frieden.

Mit Frieden. Gehst du auch durchs Leben *mit Frieden* – oder bist du noch *ohne Frieden*? Das sind gewaltige Gegensätze: mit Frieden – ohne Frieden. Die Gottlosen, sagt die Schrift, haben keinen Frieden, sie sind ohne Frieden. Aber ein Kind Gottes rühmt: »Nun wir denn sind gerecht geworden durch den Glauben, so haben wir Frieden mit Gott.«

Mit Frieden. Ich wünschte, daß auch du deine Straße fröhlich dahinzögest, mit Frieden! Komm zu Jesus! »Er ist unser Friede.«

Mit Frieden. Damit stirbt es sich leicht. Wenn man sagen kann wie der alte Simeon: »Herr, nun lässest Du Deinen Diener in *Frieden* fahren« – das ist kein Sterben, das ist ein seliges Erben. Da hat der Tod seine Schrecken verloren, da hat er keinen Stachel mehr; denn der Stachel des Todes ist die Sünde. Und wo die Sünde vergeben ist, da ist der Stachel hinweggetan. Da ist Friede, voller, tiefer Friede.

Ja, es hängt etwas davon ab, ob du Frieden hast oder nicht. Es hängt davon ab ein glückliches Leben in der Zeit und ein seliges Daheimsein beim Herrn ewiglich. Darum darf ich dich wohl mit Ernst zum Schluß fragen und dich bitten, dir meine Frage vor Gott zu beantworten:

> Hast du Jesus, hast du Frieden?
> Seele, sage, hast du Ihn?
> Hast du Jesus, der hienieden
> als ein Retter dir erschien?
> Hast du Jesus? Sünder, sprich!
> Sieh, der Heiland liebt auch dich!

Maria von Magdala

Maria von Magdala, oder wie sie sonst genannt wird: Maria Magdalena, ist eine der bekanntesten Gestalten des Neuen Testaments. Wie oft ist ihr Bild gemalt, wie oft ist ihr Leben von Dichtern dargestellt worden. Ich fürchte nur, daß man damit der Maria gewöhnlich unrecht getan hat. Man nimmt nämlich oft an, sie wäre dieselbe Person wie die große Sünderin, die in das Haus des Pharisäers Simon kam, um Jesu Füße zu salben. Aber für eine solche Annahme ist gar kein triftiger Grund vorhanden. Lukas erzählt die beiden Geschichten unmittelbar nacheinander. Im siebten Kapitel spricht er von der großen Sünderin, ohne sie mit Namen zu nennen; dann redet er im achten Kapitel von Maria Magdalena, aber so, als ob er eine ganz neue Person zum erstenmal erwähnte. Dann paßt auch die Beschreibung ihres vormaligen Zustandes gar nicht auf die große Sünderin.

Von Maria wird gesagt, daß sie *besessen* gewesen sei. Das ist aber etwas ganz anderes, als ein Leben in Sünden und Schanden zu führen. Das muß man wohl auseinanderhalten. Wenn man gefallene Mädchen heutzutage »Magdalenen« nennt, so ist diese Bezeichnung falsch. Und wenn man solche Anstalten »Magdalenenheime« nennt, so ist das eigentlich ein Unrecht, das der Maria von Magdala angetan wird. Überhaupt ist der Name Magdalena, streng genommen, gar kein Name, sondern nur eine Bezeichnung des Ortes, aus dem sie stammte. Sie war gebürtig aus Magdala, einem kleinen Städtchen am Ostufer des Galiläischen Meeres. So wie einer, der aus Nazareth war, Nazarenus hieß, so hieß ein Mann aus Magdala Magdalenus und eine Frau aus Magdala Magdalena. – An drei Stellen begegnen wir der Gestalt der

Maria von Magdala. Zuerst in Lukas 8, 2. Dort wird uns gesagt, daß etliche Frauen Jesus nachfolgten, die Er gesund gemacht hatte von den bösen Geistern und Krankheiten. Unter ihnen war auch Maria, »die da Magdalena heißt, von welcher waren sieben Teufel ausgefahren«.

1. *Besessen.* Das ist die furchtbare Überschrift über der Vergangenheit der Maria. Von sieben Teufeln besessen! Was für ein schreckliches Los! Aus Markus 5 können wir ersehen, wie entsetzlich das Leiden eines Besessenen war. Da lesen wir von solch einem Unglücklichen, der es nicht aushalten konnte, mit andern Menschen zusammen zu sein. Darum hatte er seine Wohnung in den Gräbern. Alle Versuche, ihn zu zähmen, ihn zu binden, waren umsonst. Immer wieder zerriß er seine Fesseln und entrann wieder in seine Grabhöhlen. Dort blieb er Tag und Nacht. Von weitem konnte man schon sein Geschrei hören, so furchtbare Laute stieß er aus. Dazu schlug er sich selbst mit Steinen und brachte sich damit gewiß schreckliche Wunden bei. Ein Bild des Entsetzens und des Jammers, das so ein armer Besessener bot.

Ähnlich wird es auch mit Maria von Magdala gewesen sein. Wenn sie auch nicht wie dieser Unglückliche im Lande der Gadarener von einer *Legion* von Teufeln besessen war, so war das Elend, *sieben* böse Geister in sich zu beherbergen, doch schon schlimm genug.

Aber was war es denn, Besessenheit? Wir hören in den Tagen Jesu so viel davon – was war das denn nur? Böse Geister hatten buchstäblich Besitz von diesen armen Menschen genommen, so daß sie eigentlich nicht selbst sprachen und handelten, sondern der böse Geist, der sie beseelte, sprach und handelte durch sie. Die Besessenen waren völlig in Knechtschaft und Sklaverei und Abhängigkeit von der finsteren Macht, die in ihnen wohnte.

Die Zeit Jesu war eine wunderbare Zeit. Es war eine Zeit, in der himmlische Mächte auf Erden wirksam und lebendig waren wie nie zuvor. Denn der Sohn Gottes selber wandelte über die Erde. Der Himmel war offen über der Erde. Wie oft lesen wir von Engelserscheinungen in den Tagen des Erdendaseins Jesu und auch später noch! – Wo aber viel Licht ist, da ist auch Schatten. Es ist kein Wunder, daß sich auch der Teufel aufmachte, nachdem sich Gott also aufgemacht und der Welt Seinen eingeborenen Sohn gegeben hatte. Waren die Kräfte und Mächte des Himmels wirksam, so traten die Mächte der Finsternis auch auf den Plan. Der Teufel wußte, was für ihn jetzt auf dem Spiele stand. Darum entfaltete er seine ganze Macht. Wir sehen es ja im Leben Jesu von den ersten Tagen an, was der Teufel für einen grimmigen Zorn hatte, wie er alles tat, um den Heiland aus dem Wege zu räumen. Er war es, der den König Herodes dazu antrieb, die armen kleinen Kinder in Bethlehem umzubringen. Er war es, der dem Herrn Jesus nicht nur persönlich in der Wüste entgegentrat, sondern der auch aus den Anfeindungen der Pharisäer und Schriftgelehrten heraus gegen Jesus auftrat. Je mehr Menschen von Jesus angezogen und ergriffen wurden, um so mehr Seelen suchte auch der Feind in Besitz zu nehmen. So können wir uns vielleicht das häufige Auftreten von Besessenen in den Tagen Jesu erklären.

Aber gibt es denn auch heute noch solche Besessenheit? Man sagt oft, die alte Besessenheit entspräche dem Wahnsinn unserer Zeit. Gewiß wird der Wahnsinn mancher Menschen seinen tiefsten und letzten Grund in solcher Besessenheit haben; aber darum ist doch Wahnsinn und Besessenheit noch nicht ein und dasselbe. Manchmal ist Wahnsinn nur eine Krankheit des Gehirns, des Gemüts, die mit dem Teufel nichts zu tun hat.

Es gibt auch heute noch Besessenheit, aber ich bin überzeugt, niemals ohne eigene Schuld. Ich hatte einmal mit so einem Menschen zu tun. Er hatte sich mit der Sünde der Zauberei abgegeben; dadurch war er in die Macht böser Geister gekommen. Oft, wenn die Leute an seinem Haus vorbeikamen, hörten sie ihn schreien und stöhnen; aber er kam nicht los von den teuflischen Mächten. Er hatte sich die Knie blutig gekniet; aber es war alles umsonst. Der Feind hielt ihn fest. Dieser Mann kam zu mir, um mit mir zu sprechen. Es war eine ganz schreckliche Stunde. Ich sprach manches mit ihm, auch daß er seine Zauberbücher ins Feuer werfen müsse. Aber davon wollte er nichts hören; das habe mit seinem Zustand gar nichts zu tun, meinte er. Es war das erstemal, daß ich mit so einem Menschen zu tun hatte. Ich weiß nicht mehr, was ich alles mit ihm gesprochen habe; ich weiß nur noch, daß er mir sagte, daß er seit sehr langer Zeit nicht mehr gebetet habe. Da knieten wir nieder, um zu beten. Aber jedesmal, wenn ich den Namen Jesus nannte, da kam aus ihm ein unheimlicher Ton heraus, etwa wie ein unterdrücktes, dumpfes Aufstoßen. Er konnte den Namen Jesus nicht hören! Dann forderte ich ihn auf, selbst zu beten. Er schwieg. Ich sprach ihm einige Worte vor, die er nachsprechen sollte. Aber er schwieg, als ob ihm der Mund mit Gewalt zugehalten würde.

Etliche Jahre später hatte ich es noch einmal mit solchen Armen zu tun. Es waren Leute, die einen direkten Bund mit dem Teufel geschlossen hatten, wie das in Berlin und in andern großen Städten wohl öfter geschieht, als man denkt und ahnt. Ich sollte in dem Kreis dieser Menschen eine Bibelstunde halten. Schon am frühen Morgen, so erzählte man mir nachher, hatte es Unruhe und Aufregung gegeben. Die Besessenen hatten getobt und gewütet, so daß es fraglich war, ob die Stunde überhaupt gehalten werden könne. Aber der Herr blieb Sieger. Der Herr redete, und die Teufel mußten schweigen.

Später habe ich noch öfter mit solchen Leuten zu tun gehabt. Daher weiß ich, daß es auch heute noch Besessene gibt, genau wie in den Tagen Jesu. Aber es waren alles Leute, die durch eigene Schuld, durch vermessene Torheit sich dem Teufel ergeben hatten, so daß er ihr Herr und Besitzer geworden war.

Ich habe dann ein Buch darüber geschrieben, das über dieses dunkle Gebiet Aufklärung geben will. Es heißt: »Im Banne des Teufels.« Die Tatsache, daß es schon in mehrere fremde Sprachen übersetzt ist, beweist, wie verbreitet die Macht Satans in der Welt ist.

Aber es gibt auch noch eine andere Form der Besessenheit, eine Besessenheit im weiteren Sinne. Kürzlich stand in der Zeitung ein Bericht von einem Mann, der in einem Wirtshaus leidenschaftlich Karten spielte. Sein kleines zweijähriges Kind hatte er bei sich. Er war nur »auf einen Augenblick« ins Wirtshaus gekommen, um »einen zu heben«. Da hatten ihn seine Kameraden dazu überredet, eine »Partie« mit ihnen zu machen. Nun konnte er nicht wieder los. Wenn das Kind unruhig wurde, dann bekam es einen Schluck Branntwein zu trinken, damit es still wäre. Schließlich wurde dem Kinde übel. Da trug es der Vater hinaus. Man dachte, er brächte es nach Hause. Aber nein, er legte es nur im Garten auf die Erde, dann kam er wieder herein und spielte weiter. Endlich fanden andere das Kind da liegen; sie kamen und sagten ihm, es liege da wie leblos. Jetzt bequemte sich der Mann dazu, das Kind nach Hause zu bringen. Aber es dauerte nicht lange, da war er wieder da, um die angefangene Partie fortzusetzen. Das Kind war vergessen. Nach einer Weile kam die Mutter und bat ihn, er möge doch nach Hause kommen; alle Belebungsversuche seien vergeblich; das Kind sei tot.

Darf man von einem solchen Menschen nicht sagen, daß er *besessen* sei, vom *Spielteufel* besessen? Und gibt es nicht ebenso auch Männer und Frauen, die vom *Saufteufel* besessen sind? Was für wüste Reden führen die Betrunkenen oft, was für Taten geschehen im Rauschzustand! Weil der Teufel regiert! Und es gibt

Weiber, die sind vom *Zankteufel* besessen. Sie können kein freundliches Wort sprechen. Sie müssen mit jeder Nachbarin Zank und Streit haben. Da hat der Feind seine Hand im Spiel.

Es ist ein dunkles Kapitel. Für solche Besessenen gibt es nur *eine* Hilfe und nur *einen* Helfer. »Wen der Sohn frei macht, der ist recht frei.« Nur Er kann die Ketten und Bande satanischer Macht zerbrechen. Er kann Besessene befreien, heute noch genausogut wie damals, als Er auf Erden wandelte. Wenn ein Mensch auch von sieben Teufeln beseelt und besessen wäre wie Maria von Magdala, so könnte Jesus doch helfen und retten. Das gilt in jedem Fall.

2. *In Jesu Nachfolge.* Als die bösen Geister, durch ein Machtwort Jesu ausgetrieben, die arme Maria von Magdala verlassen hatten, bekam ihr Leben eine ganz andere Richtung. Sie war durch ihre Dankbarkeit so sehr ihrem Retter und Befreier verbunden, daß sie sich von Ihm nicht trennen konnte. Vielleicht fürchtete sie auch, daß sie fern von Ihm wieder in die Macht und Gewalt der Geister geraten könnte, denen sie eben erst entronnen war. Sie war durch Ketten der Liebe so fest mit Jesus verbunden, daß sie in Seine Nachfolge trat, genau wie die zwölf Jünger und so manche andere, die Jesus geheilt hatte. Das Wort, das Ruth einst zu Naemi gesprochen hatte, fand ein Echo in ihrem Herzen: »Wo du hingehst, da will ich auch hingehen; wo du bleibst, da bleibe ich auch.«

Als der Besessene im Lande der Gadarener, von dem Markus 5 erzählt, den Herrn um die gleiche Erlaubnis bat, Ihm folgen zu dürfen, da gab der Heiland ihm diese Erlaubnis nicht. Er schickte den Geheilten nach Hause zurück, damit er dort verkündigte, was für eine Wohltat an ihm geschehen sei. Gewiß hatte er Angehörige, vielleicht Weib und Kind, denen sollte er ein rechter Ehemann und Vater sein. Und wenn er keine Familie hatte, so hatte er doch Nachbarn, denen die frohe Botschaft von Jesus noch gesagt werden mußte. Die Gadarener hatten ja den Herrn gebeten, Er möge ihr Land verlassen, weil ihre Schweine ihnen lieber waren als der Heiland. Denen wollte Jesus in der Person dieses geheilten Besessenen einen Missionar zusenden, der ihnen durch Wort und Beispiel das Reich Gottes verkündigte.

Solche Bedenken standen der Bitte der Maria von Magdala nicht im Wege. Sie hatte jedenfalls keine Familie, die nähere Ansprüche und Anrechte an sie gehabt hätte. Sie war frei zum Dienst für ihren geliebten Meister. So wurde sie Seine Jüngerin, die Ihm folgte, wohin Er ging. Sie war nicht die einzige Frau, die Ihm folgte; es waren ihrer mehrere, die Ihn begleiteten. Auch andere, die Er von Krankheiten geheilt hatte, schlossen sich Ihm an. So Johanna, die Gattin eines Beamten des Herodes, dann eine gewisse Susanna, von der wir nichts Näheres wissen, und etliche andere. Der Herr, der auf Seinen Wanderungen oft nicht hatte, da Er Sein Haupt niederlegen konnte, bedurfte oft der dienenden Fürsorge dieser Frauen. Und da Er keine Einnahmen besaß und doch eine immer wachsende Gemeinschaft zu versorgen hatte, so war es auch nötig, daß sich Hände auftaten, die Ihn versorgten mit dem, was Er und die Seinen brauchten. So lesen wir denn von diesen Jüngerinnen, daß sie mit Ihm teilten, was sie besaßen.

Was wäre auch selbstverständlicher, als daß ein Herz, das Hilfe und Gnade vom Herrn erfahren hat, Ihm einen kleinen Beweis seiner Dankbarkeit und Liebe geben möchte? Das ist heute noch ebenso wie damals. Wer die Gnade Jesu erfahren hat, die aus armen Sündern selige, fröhliche Kinder Gottes macht, der kann gar nicht anders, als Ihm, so gut er kann, mit irdischem Gut zu dienen. So sind es für gewöhnlich die Pietisten, die Mucker, wie die Welt sagt, die für die Bedürftigen eine offene Hand haben. Es sind nicht die Reichen, die am meisten geben, o nein, sondern es sind die armen, geringen Leute, die das Volk Gottes bilden – denn von den Weisen und Reichen und Klugen sind heute leider noch ebensowenig im Volke Gottes wie in den Tagen, als Paulus an die Korinther schrieb (1. Kor 1, 26–28) – und die mit ihren Gaben das Werk des Herrn unter den Heiden wie in der Christenheit tragen. Davon wissen die Sammler ein Liedlein zu singen, die an die Türen klopfen und um eine Gabe für die Mission bitten. Was für unglaubliche Antworten bekommen sie da, und mit was für Gründen werden die Absagen verteidigt! »Laßt doch den armen Heiden ihren Glauben! Die sind ja in ihrem Naturzustand und mit ihrem Glauben viel glücklicher! Mit dem Christentum kommt bloß Streit und Krieg in die Welt. Ist es nicht das Christentum gewesen, das die Scheiterhaufen und Galgen errichtet hat für die Bekenner eines andern Glaubens? Und außerdem, es wäre doch schade, wenn unser Geld außer Landes ginge! Da können wir es hierzulande doch nutzbringender anlegen!«

Kein Wunder, daß Leute, die Jesus nicht kennen, die Seine befreiende Gnade nicht erfahren haben, die selbst nicht gerettet sind, auch kein Verständnis haben für die Rettung anderer aus der Finsternis für Jesus. Wo sollte das Verständnis auch herkommen? Solche Leute geben vielleicht für diese und jene humane Sache; sie veranstalten wohl gar einen Basar, um armen Kindern Ferienaufenthalte an der See zu ermöglichen – aber für die Bedürfnisse des Reiches Gottes haben sie kein Verständnis. Da bleiben Herz und Hand verschlossen. Ist deine Hand geöffnet für die Bedürfnisse des Herrn? Ach, es gibt Kinder Gottes, deren Herz so am Geld hängt, daß es ein Jammer ist! Ganz gewiß würden, wenn alle Kinder Gottes frei wären von der Liebe zum Geld, die Missionshäuser nicht so oft über Fehlbeträge zu klagen haben! Jeder Mangel in den Kassen der Kirchen macht auf einen andern Mangel aufmerksam, der sich im Herzen der Nachfolger Jesu befindet. Wieviel Geld geben manche Brüder für unnötige Dinge aus, etwa für Tabak und Zigarren, und wieviel Geld kosten Kleider und Schmuck mancher gläubigen Frau und manches gläubigen Mädchens! Ich weiß von einer Hausgehilfin – es ist schon etliche Jahre her –, die es für ganz selbstverständlich hielt, daß sie in die Opferbüchse nur zwei Pfennige legte – »das sei für ihre Verhältnisse genug« –; aber der neue Sommerhut dieses »armen Hausmädchens« war einer von den teuersten! Steht das denn in einem Verhältnis? Darf das denn so sein? Willst du dir nicht einmal überlegen, wieviel du ausgibst für überflüssige und unnötige Dinge, und wieviel der Herr bekommt für die großen Angelegenheiten Seines Reiches? –

Jesus trug einen gewirkten Rock. Das war ein kostbares Kleidungsstück. Genähte Kleider waren viel billiger. Aber die Frauen, die Ihm nachfolgten, begnügten sich nicht damit, ihrem geliebten Meister das Schlechteste und Geringste zu schenken, sondern das Beste war ihnen für Jesus eben gut genug. Es wäre gut, wenn dieser Sinn mehr in der Gemeinde des Herrn zu finden wäre; dann würden sich nicht mehr so viele kleine Münzen auf den Sammeltellern finden, und man würde merken, daß das Wort auch in dieser Beziehung seine Berechtigung hat: »Mein ist beides, *Silber* und *Gold*!«

Gibst du Jesus, was ihm gebührt, wie Maria von Magdala? Stehst du Ihm zur Verfügung mit dem, was du hast? Es ist ganz wunderbar, aber es ist wahr: »Einer teilt aus und hat immer mehr; ein anderer kargt, da er nicht soll, und wird doch ärmer« (Spr 11, 24). Man sollte meinen, es müßte umgekehrt sein! Aber es ist in der Tat so; man kann es probieren: Wer austeilt, wer dem Herrn mitgibt, der wird immer reicher; wer aber dem Herrn vorenthält, was Ihm zukommt, der wird immer ärmer. Denn dem fehlt es an etwas, was man in Zahlen nicht ausdrücken kann – am Segen Gottes.

Darum habe ich die frohe Aufgabe, dich zu bitten: Öffne Herz und Hand für die Bedürfnisse des Herrn und Seines Reiches! Nicht nur, weil der Herr deine Gaben haben und brauchen will, sondern weil du selbst den meisten Segen davon hast, wenn du deine Kisten und Kasten ausräumst. Nur dann empfängst du den Segen Gottes. Es muß doch Platz für ihn da sein! Wenn du gesegnet werden willst vom Herrn, hier ist ein Weg. Er heißt: *Gib!*

Mehrmals habe ich schon Leuten, die mit ihrem Geld nicht auskamen, den seltsam klingenden Rat gegeben: »Du mußt mehr für den Herrn geben!« Und es ging dann wirklich besser. Denn damit kam der Segen ins Haus, an dem es bisher gefehlt hatte. –

Aber wer in die Nachfolge Jesu getreten ist wie Maria von Magdala, der hat nicht nur das Recht und die Pflicht, dem Heiland zu dienen mit seinen *Gaben,* sondern mit seinem ganzen *Wesen.* Wir haben die Aufgabe, den Heiland *darzustellen.* Es soll so sein, daß »in Wort und Werk und allem Wesen sei Jesus und sonst nichts zu lesen.« Nachfolger Jesu, die Ihn nicht »darstellen«, machen Ihm nur Schande. Es bringt viel Unheil, daß es so viele Namenchristen gibt, die der Welt keine Achtung vor Jesus beibringen, weil sie sich nicht vor der Sünde hüten. Dann kann die Welt spotten über den Herrn und sagen: »Wer solche Jünger hat, der ist ein armer Meister.« So wie ein Gesandter, ein Botschafter an dem Hofe eines fremden Fürsten sich bewußt sein muß, daß er sein Land vertritt und darstellt, so muß auch ein wahrer Christ allezeit und überall daran denken, daß er einen Herrn vertritt, und daß man den Herrn beurteilt nach dem Verhalten Seiner Nachfolger.

Wenn wir uns doch dieser großen Aufgabe immer

bewußt blieben! Dann würde die Sache Jesu ganz andere Fortschritte machen in der Welt, als sie es jetzt tut.

Wir sollten noch einen dritten Punkt hervorheben aus der Nachfolge der Maria von Magdala. Es heißt in Lukas 8, 1: »Es begab sich danach, daß Er reiste durch Städte und Märkte und predigte und verkündigte das Evangelium vom Reiche Gottes, und die Zwölfe mit Ihm.« Danach sieht es aus, als ob auch die Zwölfe gepredigt und verkündet hätten vom Reiche Gottes. Daß das eine Aufgabe der Jünger war, geht ja aus Matthäus 10 klar hervor. Aber nun heißt es im zweiten Vers weiter: »Dazu etliche Weiber, die Er gesund gemacht hatte von den bösen Geistern und Krankheiten, nämlich Maria, die da Magdalena heißt, von welcher waren sieben Teufel ausgetrieben, und Johanna und Susanna und viele andere.« Wie es scheint, haben auch die Jüngerinnen vom Reich Gottes geredet. Das sind dann keine langen Lehrvorträge gewesen, die haben auch die Jünger noch nicht halten können – aber sie haben erzählt von dem, was Jesus an ihnen getan hatte. Sie haben den Frauen, die sich neugierig einfanden, geschildert, wie Er heilen und helfen kann in jeder Not.

Wir werden bei dem Bild der Maria von Magdala noch einmal auf diesen Punkt zurückkommen müssen – war sie doch die erste Zeugin und Botin Seiner Auferstehung –; darum will ich hier nur die Frage an dich richten: Bist du auch eine Maria von Magdala, die von dem erzählt, was Jesus vermag? Hast du schon Jesus als deinen Helfer und Erretter erfahren? Und redest du von Ihm in deiner Umgebung? Bezeugst du ihnen, daß in diesem Jesus ein vollkommener, ewiger Friede ist?

Viele sagen, darüber dürfe eine Frau nicht reden, das sei unweiblich. Aber über alles andere darf eine Frau reden, das wird ihr nicht verübelt! Nein, wer Jesus kennengelernt und erfahren hat, der kann gar nicht anders, der muß wie Maria von Magdala Jesus bezeugen und Ihn preisen. Tust du das? Dienst du Ihm auch so?

3. *Unterm Kreuz*. Nachdem uns die Geschichte von der Heilung der Maria von Magdala und ihrem Eintritt in die Jüngerschaft und Nachfolge Jesu kurz erzählt worden ist, hören wir nichts mehr von ihr bis zum Karfreitag. Gewiß ist sie still und treu dem Herrn nachgefolgt, ohne besonders hervorgetreten zu sein.

Frauen, von denen so viel geredet wird, von denen die Nachbarschaft so viel spricht, sind sicherlich nicht immer die besten. Wer in dem kleinen Kreis des Hauses und der Familie seine Pflicht tut und Jesus nachfolgt, der wird zwar keinen Ruhm vor der Welt haben; aber der Herr, der das Verborgene sieht, wird den verborgenen und stillen Dienst schon beachten und belohnen. Das ist ganz gewiß.

Daß Maria von Magdala dem Heiland getreulich nachgefolgt ist, das geht besonders daraus hervor, daß wir sie unterm Kreuz Jesu wiederfinden. In Johannes 19, 25 wird uns davon erzählt: »Es stand aber bei dem Kreuze Jesu Seine Mutter und Seiner Mutter Schwester, Maria, Kleophas' Weib, *und Maria Magdalena*.«

Die Jünger Jesu waren alle geflohen und hatten Ihn verlassen. Petrus hatte einen Versuch gemacht, sich seinem Herrn zu nähern; aber dieser Versuch war kläglich genug abgelaufen. Er hatte seinen Meister verleugnet aus feiger Menschenfurcht. Nur Johannes war dem Herrn nahe geblieben. Nur er stand als der einzige von den zwölf Jüngern und von all den vielen, die sonst dem Herrn gefolgt waren, unter dem Kreuz. Sonst waren es nur ein paar Frauen, die dem Heiland gefolgt waren, die bei Ihm aushielten bis zu seinem Tod. Darunter war Maria von Magdala.

Es gehörte Mut dazu, an diesem Tag bei Jesus auszuharren. Wie leicht konnten die Feinde auch die Anhänger des Gerichteten gefangennehmen, um ihnen dasselbe

Los zu bereiten! Dann war die ganze »Sekte« mit einem Male beseitigt und ausgetilgt! Offenbar haben die Jünger das auch befürchtet, als sie Ihn verließen und sich versteckten. Aber Maria hatte keine Furcht. Sie war mit Ketten dankbarer Liebe so fest an ihren geliebten Meister gebunden, daß sie Ihn nicht verlassen konnte. Und wenn es das Leben koste, sie hielt bei Ihm aus.

Wie sehr wird sie erschrocken gewesen sein, als es hieß: Jesus ist gefangengenommen; Er befindet sich in der Gewalt der Hohenpriester! Sie kam vielleicht gerade recht, als Pilatus Ihn dem Mörder Barabbas gegenüberstellte. Wie konnte man ihren Meister nur in so eine Wahl bringen! Aber noch schlimmer war es, als der feige Richter gegen seine bessere Überzeugung, aus Furcht vor den Juden, das Urteil, das die Hohenpriester schon gefällt hatten, bestätigte, als er den bleichen Dulder zum Tode am Kreuze verurteilte! Es war, als ob ihr das Herz brechen wollte. Aber sie machte sich stark, um Ihm nahe zu bleiben bis ans Ende. Kein Blick, kein Wort sollte ihr entgehen. Tief, tief wollte sie Sein Bild in ihre Seele prägen, um es nie, nie wieder zu vergessen. So geht sie mit hinaus nach Golgatha. Sie hört die Hammerschläge, welche die Nägel durch seine Hände treiben, welche die Füße durchbohren, die damals bei ihr stillstanden, als sie noch die arme, elende Besessene war. Und sie hält aus. Oh, was für eine Seelenstärke, was für einen Heldenmut beweisen diese schwachen Frauen! Da stehen sie, ob ihnen auch das Herz bricht vor namenlosem Weh, und sie weichen und wanken nicht!

Davon kann das Geschlecht unserer Tage etwas lernen! Wie sind doch viele heutzutage so leidensscheu! Wie fürchten sie sich davor, etwas erleiden zu müssen um Seines Namens willen! Wie viele machen es heute wie Petrus am Kohlenfeuer im Palasthof – und verleugnen den Herrn, der sie mit Seinem Blut erkauft hat! Es ist vielleicht nur ein wenig Spott auszuhalten. Aber davor fürchten sich manche schon. Sie sind so bange, daß die Leute sie auslachen könnten, daß sie lieber den Herrn verleugnen und Sein Wort meiden.

Manche können schon nicht einmal *hören,* wenn von den Verfolgungen berichtet wird, die unsere Glaubensgenossen in Rußland durchzumachen haben. Wieviel weniger würden sie das ertragen können, was jene zu leiden haben!

Jesus nachfolgen bedeutet leiden. Das ist heute noch genauso wie damals. Es ist noch immer wahr, was Jesus gesagt hat: »Hat die Welt Mich gehaßt, so wird sie euch auch hassen. Der Jünger ist nicht über seinem Meister.« Mancher Arbeiter hat viel zu erdulden von seinen Mitarbeitern in der Fabrik; mancher Beamte muß sich viel gefallen lassen von seinen Kollegen oder von seinen Vorgesetzten; mancher Lehrer wird belächelt von seinem Rektor oder Schulrat um seines Glaubens willen; aber am schwersten hat es gewiß manche Frau bei einem unbekehrten, ungläubigen Mann! Wieviel Martyrium gibt es in der Stille, ohne daß jemand etwas davon erfährt und weiß! Nicht zu den Versammlungen gehen dürfen, nie zum Gottesdienst kommen dürfen, woraus doch eine gläubige Seele Nahrung und Leben nimmt, das ist schwer! Tag für Tag wüste und rohe Worte anhören zu müssen über das, was einem heilig und teuer ist, das ist noch schwerer! Aber wenn du solches zu leiden hast, liebe Schwester, werde nicht mutlos, ergreife nicht die Flucht, halte aus, harre aus!

Die Zeit wird ernst und immer ernster. Wir wissen nicht, wie lange wir uns noch des Friedens und der Freiheit des Glaubens erfreuen werden. Es ist gewiß, daß der Tag immer näher kommt, da der Antichrist, das Kind der Sünde, sein Haupt erhebt, wo es wieder ans Leben geht, wenn man sich zu dem Gekreuzigten hält. Wer dann das Zeichen des Tieres, das Zeichen des Antichristen, nicht annimmt, wer sein Abzeichen nicht trägt, der ist ein Kind des Todes. Wenn wir das erleben – und es kann leicht sein, daß wir das noch erleben –, wirst du dann beim Gekreuzigten ausharren? Wenn du jetzt schon ein wenig Spott nicht aushalten kannst, wenn du jetzt schon bange bist vor dem, was es *heute* zu leiden gibt, wie willst du *dann* bestehen?

Wie mutig und entschlossen haben einst in den Tagen der römischen Christenverfolgungen auch zarte Frauen und schwache Mädchen ihr Leben für ihren Heiland hingegeben! Würdest du das auch können? Ach, das Geschlecht unserer Tage ist so schwach, so furchtsam! Es gilt, sich zu rüsten auf den kommenden Sturm, damit er uns nicht unvermutet und unvorbereitet trifft. Laßt uns von der treuen Maria von Magdala lernen, bei Ihm auszuhalten, auch wenn es in den Tod geht! Um das in bösen Tagen zu können, müssen wir es in guten Tagen lernen! Durchbrich deine Menschenfurcht und deine Leidensscheu! Stell dich auf die Seite deines Heilands, unter allen Umständen! Denk an das Wort des Herrn: »*Sei getreu bis an den Tod,* so will Ich dir die Krone des Lebens geben!«

Auch unter diesen schrecklichen Umständen verliert Maria nicht den Kopf; sie sieht, was jetzt zu tun ist, und was jetzt geschehen muß. Es bleibt nicht mehr viel Zeit bis zum Anbruch des Sabbats. Aber diese kurze Stunde benutzte sie, um Spezereien zu kaufen und Salben zu bereiten für den Leichnam ihres Herrn und Meisters. Sie verliert keine Zeit mit müßigen, unfruchtbaren Klagen, wie das gewiß manche Frau heutzutage getan haben würde, sondern sie sieht auch jetzt mit klarem und scharfem Blick, was zu tun ist. Welch ein Heldentum auch im Kleinsten und Geringsten!

Dann bricht der Sabbat an. Da mußten die Frauen still sein nach dem Gesetz. Wie dringend auch die Arbeit gewesen wäre, den teuren Leib zu salben – sie tun sie nicht. Sie beachten treu das Gesetz.

Ein trauriger Sabbat! Wie langsam, wie bleiern vergingen die Stunden! Und doch ist Maria nicht zusammengebrochen, auch wenn ihr mit Jesus alles genommen war. Sie wartete; sie sehnte sich, ihrem Meister den letzten Dienst der Liebe zu tun.

Ihre Liebe, ihre Treue fanden ihren Lohn. War sie doch die erste, der sich der Heiland nach Seiner Auferstehung offenbarte; war sie doch die erste, die Er zur Botin erkor, das große Ereignis Seiner Auferstehung den andern mitzuteilen und kundzutun! Ein herrlicher Lohn für treue Liebe, für ihr Aushalten unterm Kreuz!

4. *Die Zeugin des Auferstandenen.* Den stillen, traurigen Sabbat hindurch hatte Maria nur an Jesus gedacht. Darum stand sie am Sonntag früh auf, ehe der Tag dämmerte, um zum Grabe des Herrn zu eilen. Finsternis lag noch über der Welt. Genauso finster war es wohl auch jetzt in ihrem Herzen, da sie den geliebten Meister verloren hatte! Sie wollte ihm den letzten Dienst der Liebe erweisen. Und dann? Ja, darüber hinaus hatte sie noch gar nicht gedacht. Was kam dann? Ein trübes, trauriges Leben, ein Leben ohne Hoffnung, ohne Ausblick in eine bessere Zukunft, nur der Blick zurück in eine schöne Vergangenheit. –

Es dämmert, als sie in Josephs Garten tritt. Auf den ersten Blick sieht sie, daß der Stein von dem Grabe gewälzt ist. Das Grab ist leer. Ein tiefer Schrecken erfaßt sie. Nicht einmal den Leichnam haben die Feinde ihr gelassen! Sogar den haben sie geraubt!

Das ist zu viel für sie. Das muß sie den andern sagen, damit sie das Leid mit ihr tragen. So läuft sie in die Stadt zurück, kommt zu Simon Petrus und Johannes und ruft ihnen ihre Trauerkunde zu: »Sie haben den Herrn weggenommen aus dem Grabe, und wir wissen nicht, wo sie Ihn hingelegt haben!«

Diese Botschaft schreckt die beiden Jünger auf. Eilends gehen sie mit Maria hinaus, um zu sehen, was da geschehen ist. Immer rascher, immer schneller wird ihr Gang, endlich ist es ein Laufen, ein atemloses Laufen, um so schnell wie möglich Gewißheit zu haben über das Geschick ihres Meisters. Petrus, älter an Jahren und gebunden durch die Last der Schuld, die auf seinem Herzen liegt, bleibt zurück. Johannes ist der erste, der ans Grab tritt. Er sieht hinein – es ist leer! Er schaut und steht in tiefen Gedanken. Jetzt kommt auch Petrus herzu. Er bleibt nicht wie Johannes vor dem Grabe stehen; er geht hinein. Er untersucht alles genau. Da liegen die Leinen, die Grabtücher, da liegt das Schweißtuch, an einer andern Stelle. Es sieht aus, als ob liebende Hände hier gewaltet und alles besorgt hätten. Es sieht nicht aus wie nach Diebstahl und Raub. Dann würde es anders aussehen.

Er teilt die Beobachtung dem Johannes mit; der kommt nun auch ins Grab hinein und sieht alles an. Da steigt siegreich und majestätisch in seiner Seele der Gedanke auf: Er ist doch auferstanden! Damit wenden sich die Jünger um und kehren zur Stadt zurück.

Maria bleibt noch zurück. Sie steht am Grab, und – wieder beginnen ihre Tränen zu fließen. Ein herrlicher Frühlingstag beginnt. Golden blickt die Sonne in den stillen Garten. Die Tautropfen blinken und blitzen in ihrem leuchtenden Strahl. Die Vögel erwachen und grüßen den jungen Tag. Aber Maria sieht und hört nichts von all der Herrlichkeit um sie her. Sie hat kein Auge, kein Ohr für irgend etwas anderes. Sie fühlt nur ihren Schmerz, ihre Verlassenheit und Einsamkeit.

Er ist fort! Das Grab ist leer! Das ist der einzige Gedanke, den sie fassen kann. Das Grab ist leer! Der Herr ist fort! Da schaut sie sich um. Sie wirft einen Blick voll Tränen in das Grab – aber da sieht sie – es ist nicht leer: Zwei Engel sitzen darin, der eine zu den Häupten, der andere zu den Füßen, dort, wo der Leichnam gelegen hatte. »Weib, was weinst du?« So klingt ihre Frage. Sie erschrickt nicht, wie sonst Menschen erschrecken, wenn himmlische Erscheinungen sichtbar werden für irdische Augen. Sie ist so sehr von ihren Gedanken an den verschwundenen Heiland erfüllt, daß sie gar keine Empfindung von dem Wunderbaren dieser Erscheinung hat. Ohne sich zu besinnen, antwortet sie auf die Frage der Engel: »Sie haben meinen Herrn weggenommen, und ich weiß nicht, wo sie Ihn hingelegt haben!«

Meinen Herrn! Sie sagt gar nicht, wen sie sucht; sie nimmt es als selbstverständlich an, daß jeder weiß, wer ihr Herr ist. Es gibt auch gar keinen andern Herrn, der so wäre wie ihr Herr!

Wenn man es doch auch dir so anmerken könnte, wer dein Herr ist, du liebes Kind Gottes! Aber es gibt Gläubige, denen merkt man es gar nicht an. Wenn sie es nicht *sagten,* daß sie gläubig seien, dann wüßte man es nicht und glaubte man es nicht! Sie reden wie die Welt: genauso gehässig, so lieblos, so verleumderisch; sie handeln wie die Welt: genauso habgierig, so gewinnsüchtig! Man merkt es nicht, daß Jesus ihr Herr ist. Merkt man es dir an, daß Jesus dein Herr ist, daß Sein Wille dein Herz und dein Leben regiert? Merkt man es dir an, daß du alles mit Ihm berätst und besprichst? –

Als Maria diese Worte gesprochen, ist es ihr, als ob sie durch eine geheimnisvolle Gewalt gezogen und dazu bewegt würde, sich umzusehen. Sie schaut sich um. Da steht ein Mann. Der Glanz der aufgehenden Sonne liegt schimmernd über der hohen Gestalt. Noch einmal hört sie dieselbe Frage, wie die Engel sie gestellt haben. Sie soll merken, wie wenig Grund jetzt noch für Tränen vorhanden ist.

»Weib, was weinst du? Wen suchst du?«

Maria meint, es sei der Gärtner, der den Garten pflege und baue. Sie wendet ihm ihr tränenüberströmtes Antlitz zu und bittet ihn: »Herr, hast du Ihn weggetragen, so sage mir, wo hast du Ihn hingelegt, so will ich Ihn holen.«

Ein Gärtner, meint sie, sei der Mann. Ja, es war ein Gärtner, der wunderbare Gärtner, der guten Samen in den Boden der Menschenherzen legt, der treulich pflegt und hegt, was Er gepflanzt hat. Ja, sie hat recht gesehen; es war *der* Gärtner der Welt, Jesus, der Herr!

Da klingt ein Wort zu ihr herüber: »Maria!« – So hat nur *einer* ihren Namen gesprochen. So klingt nur *eine* Stimme!

Und jauchzend liegt sie zu Seinen Füßen: »Mein Meister!«

Aber Er wehrt sie ab. Sie will Seine Knie umklammern; sie will Seine Füße küssen. Er wehrt sie ab. »Rühre Mich nicht an! Denn Ich bin noch nicht aufgefahren zu Meinem Vater und zu eurem Vater.« Noch ist Sein Lauf nicht ganz vollendet. Noch fehlt der Abschluß, die Heimkehr in den Himmel, von dem er kam. Noch kann sie Ihm nicht folgen, nicht bei Ihm sein und bleiben. Es gibt für sie jetzt etwas anderes zu tun, als in seligen Gefühlen zu schwelgen. Er hat einen Auftrag für sie. Und was für einen herrlichen Auftrag! »Gehe aber hin zu Meinen Brüdern und sage Ihnen: Ich fahre auf zu Meinem Vater und zu eurem Vater, zu Meinem Gott und zu eurem Gott!« –

Wie anders war dieser Gang zur Stadt zurück als der, den sie vor etwa einer Stunde gemacht hatte! Da hatte die Angst um den Verschwundenen ihre Füße gejagt; jetzt verlieh die Freude ihr Flügel. Da war es dunkel um sie her gewesen und dunkel auch in ihr; jetzt lag heller Sonnenschein über der Landschaft, und heller Tag war auch in ihrer Seele.

Sie hätte kein Wort zu sagen brauchen, als sie bei den Jüngern ankam: Ihre Stirn predigte; ihre leuchtenden Augen zeigten es an, daß sie eine Begegnung mit dem Lebendigen gehabt hatte. Erst so voll Trauer und Tränen, jetzt strahlend vor Wonne und Glück; welchen anderen Grund konnte das haben als den, als daß es Wahrheit war, was schon Johannes ihnen gesagt hatte, was aber zu herrlich gewesen war, als daß sie es zu glauben gewagt hätten? Nun verkündet sie ihnen: »Ich habe den Herrn gesehen, und solches hat Er zu mir gesagt!«

Und dann erzählte sie ihr wunderbares Erlebnis. –

Eine Frau war die erste Botin und Zeugin des Auferstandenen. Eine Frau hat Ihn zuerst gesehen, den Osterfürsten, den Todesüberwinder.

Der Heiland hat es nicht für unpassend gehalten, eine Frau mit diesem Auftrag zu senden. Und die Jünger haben es auch nicht für unweiblich gehalten, daß Maria ihnen die Auferstehung bezeugte. Und da wollen wir christlicher sein als Christus selbst? Wenn Er in Seiner freien Gnade auch Frauen beruft, um Zeuginnen des Auferstandenen zu sein, dann wollen wir Sein Tun nicht kritisieren; wir wollen nicht sagen, das sei »unschicklich« und »unweiblich« – wir wollen an Maria von Magdala denken und uns freuen, daß es Boten und Botinnen gibt, die den Lebendigen preisen; daß Er Seinen Geist ausgießt auf *alles* Fleisch. Wir wollen es nie vergessen, daß eine Frau den Auferstandenen zuerst gesehen, daß eine Frau den Auferstandenen zuerst bezeugt hat! –

Soll ich noch etwas hinzufügen? Ich möchte fragen: Hast du Jesus schon kennengelernt als den Lebendigen? Hat Er schon deine Tränen getrocknet und deinen Kummer gestillt! Oh, es ist eine dunkle Welt, wenn Jesus fehlt! Da fehlt die Sonne, da fehlt das Licht. Du kannst Ihn finden, den Lebendigen, wenn du Ihn nur suchst! Er lebt, Er lebt! Hat Er nicht auch zu dir schon eine Maria geschickt, die dir die Botschaft brachte, daß es einen lebendigen Heiland gibt? –

»Gehe hin und sage *Meinen Brüdern*«, spricht der Auferstandene zu Maria. Wie lieblich ist das Wort! So hat Er Seine Jünger noch nie genannt. Seine Brüder! Merkwürdig: Je höher Er steigt, um so tiefer läßt sich Seine Gnade herab. »Er schämt sich nicht, uns *Brüder* zu heißen.« Darum gib deinem Bruder dein Herz und deine Liebe! Er liebt dich – komm!

Von Maria von Magdala hören wir nichts mehr. Gewiß ist sie in der kleinen Gemeinschaft gewesen, die sich nach der Himmelfahrt versammelte und auf die Verheißung der Kraft aus der Höhe wartete. Gewiß ist sie mit in der Pfingstgemeinde gewesen, als der Heilige Geist herabkam und die Getreuen erfüllte; aber ihr Name wird nicht mehr genannt. Von ihrem Ende, von ihrem Sterben wissen wir nichts. Die Bibel redet überhaupt nicht sehr viel vom Sterben der Gläubigen. Das ist ihr nicht wichtig. Durch den Tod gelangen sie aus der unvollkommenen Seligkeit auf Erden in die Seligkeit droben, das ist alles. Davon wird nicht viel Aufhebens gemacht.

Wo auch Maria von Magdala starb – gewiß geschah es so wie an diesem herrlichen Ostermorgen. Eine Stimme rief sie an mit vertrautem Ton: »Maria!« Und sie wandte sich Ihm zu und folgte Ihm: »Mein Meister!«

Herodias

Es ist ein dunkles Blatt, das wir heute aufschlagen. Von Sünde und Schande ist in diesem Kapitel die Rede. Aber was in der Bibel steht, das ist auch wert, betrachtet zu werden. Auch von den dunklen Kapiteln können wir etwas lernen. Sie stehen als Warntafeln da, damit wir die Gefahren erkennen und meiden, an denen andere gestrandet sind. So werden wir auch manches von dem Bild der ehebrecherischen und mörderischen Herodias lernen können. Und vielleicht erkennen wir bei näherer Betrachtung, daß etwas von der Herodias auch in unserm Herzen steckt. Hat doch der Herr, der wußte, was im Menschen steckt, gesagt: »Aus dem Herzen kommen arge Gedanken: Mord, Ehebruch, Hurerei, Dieberei, falsches Zeugnis, Lästerung.«

1. *Eine Ehebrecherin* war Herodias. Das wird von Markus (6, 17–29) und von Matthäus (14, 3–12) übereinstimmend erzählt. Sie war nicht die rechtmäßige Frau des Herodes, sondern sie war die Frau seines Bruders Philippus. Als Herodes in Rom der Gast seines Bruders Philippus war, wurde er von der zuchtlosen Herodias, die in ihrer Ehe mit Philippus keine Befriedigung fand, so umstrickt, daß er sich ihr nicht mehr entwinden konnte. Er verstieß seine Gemahlin und kehrte mit der Herodias als seiner Geliebten nach Hause zurück. Abgesehen von der offenbaren Schande dieses Verhältnisses, weil sie beide verheiratet waren, waren sie auch noch zu nahe verwandt, um überhaupt heiraten zu können. Also Sünde über Sünde.

Aber danach fragte sie nicht. Sie stand, wie ein moderner Ausdruck lautet, »jenseits von Gut und Böse«. Von alten Zeiten an haben viele Große und Reiche für sich

Befreiung von der sonst üblichen Moral gefordert. Sie dachten, sie ständen über den Gesetzen, denen das gemeine Volk unterworfen war. In unserer Zeit hat es einen Philosophen gegeben, der das geradezu zum Gesetz erhoben hat. Der Philosoph Nietzsche, für viele Menschen heutzutage eine Art Abgott und Heiland, der verlorene Sohn eines Pfarrhauses, der nachher in geistiger Umnachtung gestorben ist, hat den Satz aufgestellt, daß es »Herrenmenschen« und »Herdenmenschen« gebe. Die meisten Menschen sind »Herdenmenschen«, die gegängelt und geleitet werden müssen. Aber über diesen stehen die »Herrenmenschen«, und für diese gelten die gewöhnlichen Sittengesetze nicht; sie haben eine besondere Moral für sich, die »Herrenmoral«.

Eine traurige Verirrung des Menschengeistes! Es gibt keine besonderen Gesetze für das gewöhnliche Volk und eine andere Moral für die Reichen und Hohen, sondern über Reichen und Armen, über Vornehmen und Geringen steht dasselbe Gesetz Gottes; über allem gilt der Wille Gottes als oberstes und höchstes Gesetz.

Aber es ist freilich für viele eine willkommene Lehre, die Nietzsche verkündigt hat. Er sprach das aus, was Hunderte und Tausende wünschten. Sie wollten frei sein von göttlicher Bevormundung; sie wollten ihre eigenen Herren sein. Sie wollten nicht mehr fragen: »Was darf ich, und was darf ich nicht?«, sondern sie wollten nach dem Grundsatz handeln: »Recht ist, was ich tue.« Und so sehen wir denn viele unserer Gebildeten, unserer Besitzenden sich frei und frech über die Schranken göttlicher Gebote hinwegsetzen, und die Armen, die Untergebenen, beeilen sich, es den »Herrenmenschen« gleichzutun.

Man braucht nur dann und wann einmal die Zeitung zu lesen, dann findet man Beweise genug, daß diese »Herrenmoral« von vielen befolgt und beobachtet wird. Wenn da eine Frau, auf die eine Krone wartete, ihren Gatten

und ihre Kinder verläßt, um einem Abenteurer zu folgen
– oder wenn eine andere Fürstin ein Verhältnis anknüpft
mit einem Offizier, obwohl sie verheiratet ist, wenn sie
nur auf eine Gelegenheit wartet, um mit ihm der Haft zu
entfliehen, in die man sie gebracht hat, was ist das anders
als die Ausübung dieser »Herrenmoral«, die nicht
danach fragt, was Gott sagt, der es auch einerlei ist,
wieviel Schaden durch so einen Schritt angerichtet wird?
Und wie diese lockere Auffassung schon ins Volk eingedrungen ist, das beweisen die Zeitungen, die sich zum
größten Teil auf die Seite dieser ehebrecherischen
Frauen stellen.

So steckt etwas von der Art der Herodias auch in dem
Geschlecht unserer Tage; vielleicht steckt etwas davon
auch in dir. Wenn du nach deinem eigenen Gutdünken
lebst, ohne nach dem Willen Gottes zu fragen, dann hast
du auch Verwandtschaft mit der Herodias.

Nicht frei von den Gesetzen der Zucht und Sitte sollten
die Führenden sich machen; sie sollten sich ihnen vielmehr erst recht unterwerfen. Wenn ein Mensch aus dem
Volk sündigt, so sündigt er, wenn ich so sagen darf, für
sich allein. Aber wenn ein Mensch, auf den die Augen
der Öffentlichkeit gerichtet sind, sich versündigt, so tut
er ein viel größeres Unrecht, weil er vielen andern ein
falsches Beispiel gibt.

Wem andere Menschen anvertraut sind, sei er nun
Politiker oder Lehrer oder Mutter, der soll ganz besonders vorsichtig sein, weil die Augen der Anvertrauten auf
sein Leben gerichtet sind. Wenn einer sündigt, der
andern ein Vorbild und Beispiel sein sollte, der sündigt
doppelt. »Wehe dem Menschen, durch den Ärgernis
kommt! Es wäre ihm besser, daß ihm ein Mühlstein an
den Hals gehängt und er ersäuft würde im Meer, da es am
tiefsten ist!«

2. *Eine Mörderin* war Herodias. Von all den Höflingen
sagte ihr natürlich keiner die Wahrheit; die hießen alles

recht und gut. Vielleicht fanden sie auch wirklich nichts Schlimmes bei diesem ehebrecherischen Verhältnis, weil sie selber nicht anders lebten. Aber ein Mann war im Volke, der hatte den Mut, die Wahrheit auch den gekrönten Sündern zu sagen: Johannes der Täufer. Er hat dem *Volk* Buße gepredigt, und er schreckt auch vor dem Gang zu seinem Fürsten nicht zurück. Er wartet nicht, daß Herodes zu ihm kommt; er geht zum König.

So wie einst Elias in den Palast zu Jesreel ging und dem König Ahab seine Botschaft ausrichtete, so erscheint eines Tages der Bußprediger vom Jordan in den Sälen des herodianischen Palastes. Er läßt sich nicht anmelden, wie das die höfische Sitte vorschreibt. Niemand wagt ihn zurückzuhalten oder gar Hand an ihn zu legen. Ungehindert gelangt er in das Gemach, wo er Herodes und Herodias beisammen findet. Erstaunt blicken die Herrschaften auf den ungebetenen Gast. Einen Augenblick herrscht tiefes Schweigen; dann tönen die Worte des Täufers, scharf wie ein Messer: »Es ist nicht recht, daß du deines Bruders Weib hast!«

Herodes ist blaß geworden. Er kennt den Mann. Er weiß, daß er ein Prophet Gottes ist. Er hört aus seinem Munde das Urteil Gottes über seine Sünde. Er muß sich sagen: Der Mann redet die Wahrheit! – Wird er sich jetzt beugen vor dem heiligen Gott? Wird er jetzt sagen, wie einst David, als Nathan bei ihm war: »Ich habe gesündigt!« Ja, wenn Herodias nicht gewesen wäre! Wütend springt sie auf. Daß ihr so etwas gesagt wird! In ihrem eigenen Palast! Ein Wink von ihr – und der unerschrockene Hofprediger ist gebunden und gefangengenommen.

»Herodias aber stellte ihm nach und wollte ihn töten« (Mk 6, 19).

Und wieder sage ich: Es steckt etwas von Herodias auch in unserm Herzen. Oder hast du noch nie über den Boten gescholten, den Gott dir geschickt hatte, um dir

188

die Wahrheit zu sagen? Wie oft schon hast du dich über den Prediger ereifert, der dir das Wort Gottes so auslegte, daß du es fühltest: das trifft mich, das gilt mir! Hast du dir die Wahrheit sagen lassen? Oder hast du gesagt: Das geht zu weit, das ist zu stark, das lasse ich mir nicht gefallen!? Und hast du fortan den Prediger gemieden, weil du die Wahrheit nicht hören wolltest?

Warum wird Herodias so wütend? Weil es die *Wahrheit* ist, die Johannes sagt. Kein Wort zu viel und keins zuwenig. Sie kann nichts dagegen sagen. Er hat recht. Aber das eingestehen – niemals!

War das nicht auch bei dir der Grund, daß du so aufgeregt und zornig wurdest? Nicht wahr, es war die Wahrheit? Aber die wolltest du nicht hören! Darin glichst du der Herodias, wenn du um dich schlugst, anstatt in dich zu schlagen! Herodias hat es nicht mit Johannes, sie hat es mit *Gott* zu tun. Und so hast auch du es nicht mit dem Prediger zu tun, sondern mit dem allmächtigen Gott, der dir diesen Boten geschickt hat, um dich zu mahnen, um dich zu warnen, weil du auf dem falschen Wege bist, der zum ewigen Verderben hinabführt.

Wenn Gott dir deine Sünde aufdeckt, wenn dir der Heilige Geist etwas zeigt, wovon Er sagt: »Es ist nicht recht!« – dann sei nicht trotzig wie Herodias, sondern laß es dir sagen! Sei gehorsam und gib die erkannte Sünde auf! Sonst ist das Ende Schrecken!

3. *Am Ziel.* Lange Zeit mußte Herodias auf die Erfüllung ihres Wunsches, dem Täufer das Leben zu nehmen, warten. Herodes selber schützte ihn. Markus erzählt (6, 20): »Herodes aber fürchtete Johannes; denn er wußte, daß er ein frommer und heiliger Mann war, und verwahrte ihn und gehorchte ihm in vielen Sachen und hörte ihn gern.« In scheinbarem Widerspruch dazu schreibt Matthäus (14, 5): »Er hätte ihn gern getötet, fürchtete sich aber vor dem Volke; denn sie hielten ihn

für einen Propheten.« Es geht mit diesem »Widerspruch« aber wie mit so vielem andern in der Bibel. Wenn man ihn einmal näher untersucht, dann löst sich die scheinbare Disharmonie in Harmonie auf.

Schon ehe Johannes diese Botschaft dem Herodes ausrichtete, die ihn und sein Weib so empörte, weil sie die Wahrheit enthielt, hatte er ihn für einen Propheten gehalten. Anders konnten die große Unerschrockenheit des Täufers und die große Bewegung, die von ihm ausging, gar nicht erklärt werden. Und auch als der kühne Mann dem König die Wahrheit sagte, da hatte er es im Auftrag Gottes getan. Davon war Herodes überzeugt. In seinem Gewissen wachte eine Stimme auf, die dem Täufer recht gab. Daß es ein Unrecht sei an seinem *Bruder,* daß er ihm seine Frau weggenommen habe, das mußte er doch eingestehen, wenn er vielleicht auch nicht erkannte, daß er damit ein Unrecht gegen *Gott* getan hatte. Der ungebetene Bote hatte sein Gewissen aufgeweckt. In stillen Stunden sagte er sich wohl: Ja, es muß anders werden; es darf so nicht fortgehen. Dann ging er hinunter ins Verlies, in das Johannes geworfen war, oder er ließ ihn zu sich heraufkommen, um sich mit ihm zu besprechen.

Es gibt solche Naturen, für die es eine gewisse Beruhigung ist, wenn sie sich einmal aussprechen und sich dann die Wahrheit sagen lassen können. Es gibt keine Erneuerung ihres Herzens und Lebens; aber sie sagen: »Ich fühle mich nun viel leichter.«

So lesen wir von Herodes das scheinbar so widersinnige Wort: »Er hörte ihn gern.« Ja, er ließ sich gern von ihm die Wahrheit sagen. Und Johannes wird ihn nicht geschont haben bei diesen seelsorgerlichen Unterhaltungen im Gefängnis zu Machärus. Wie oft wird Herodes ihn entlassen haben mit den Worten: »Ja, du hast recht; es muß auch anders werden. Es soll auch anders werden. Es kann so nicht fortgehen.« In manchen Sachen gehorchte er seinem Ratgeber auch. Wenn irgendwo ein offenbares Unrecht geschehen war, so machte er es wieder gut. Aber so weit ging sein Gehorsam nicht, daß er selbst ein anderer geworden wäre. Er hätte es wohl gewollt, vielleicht auch getan – wenn Herodias nicht gewesen wäre! Wenn er sich in so einer Stimmung befand: »Es muß anders werden«, dann sagte Herodias zu ihm: »Was ist denn heute wieder mit dir? Du bist ja wieder so in Gedanken!« Und dann sagte er ihr, daß das Gewissen mit ihm geredet habe. »Du bist wieder bei Johannes gewesen? Das kann man gleich spüren. Der Mensch übt doch einen gefährlichen Einfluß auf dich aus! Du möchtest ihn wohl am liebsten freilassen?« – »Ja, das möchte ich!« – »So, das möchtest du! Hast du denn gar kein Gefühl dafür, was du dir damit selber antun würdest! Du verlierst doch alles Ansehen im Volke, wenn du dir eine solche Verwegenheit gefallen läßt. Du bist es dir und deiner Stellung schuldig, daß du ihn exemplarisch bestrafst. Wohin soll es denn führen, wenn jeder hergelaufene Mensch dir in deinem eigenen Hause sagen darf, was ihm beliebt?« – »Da hast du recht«, gab der schwache Mann nach. »Das kann ich mir auch nicht bieten lassen. Es wird auch am besten sein, wenn er aus dem Wege kommt. Ich fürchte nur, es gibt Unruhen, weil die Juden ihn für einen Propheten halten.«

So schwankte Herodes hin und her. Wer mit ihm redete, der bekam recht. Genau wie König Ahab, der auch öfter geneigt war, sich vor Jehova zu beugen und Buße zu tun. Aber dann nahm sich die Königin Isebel seiner an und verscheuchte die besseren Regungen wieder und stachelte ihn an, fortzufahren auf dem Wege, den er einmal betreten hatte.

Herodias mußte sich gedulden. Aber ihr Ziel verlor sie darum nicht aus den Augen. Und ihr Ziel hieß: der Tod des Täufers.

Endlich kam eine gute Gelegenheit. Es war ein »gelegener Tag«, wie Markus berichtet. Herodes feierte seinen Geburtstag. Dazu hatte er alle seine Großen eingeladen. Es gab ein großes, schwelgerisches Gelage. Der Wein floß in Strömen. Dann, als die Männer schon erhitzt waren von dem starken Getränk, da trat die Tochter der Herodias in den Festsaal. Sie war nicht der Ehe des Herodes entsprossen, sondern dem Bunde mit Philippus. Sie trat in den Saal. Sie fing an zu tanzen. Das war sonst nur die Sache bezahlter Dirnen, die sich dazu hergaben. Für einen freien und anständigen Menschen wurde der Tanz im Altertum für unpassend gehalten. Die Prinzessin tanzte. Die vom Wein erhitzten Männer klatschten Beifall. Und immer wilder tanzte sie, und immer schamloser wurden ihre Bewegungen, und immer lauter tobte der Beifall. Der betrunkene Herodes war ganz außer sich. Er hatte im Rausch keine Empfindung für die Schande, die das schamlose Mädchen ihm und seinem Hause und seiner Stellung antat. Er war ganz hingerissen vom Wein-und Sinnenrausch.

Noch einmal sollte sie ihre Künste zeigen. »Da sprach der König: Bitte von mir, was du willst, ich will dir's geben! Und schwur ihr einen Eid: Was du wirst von mir bitten, will ich dir geben, bis an die Hälfte meines Königreiches!«

Das ließ sich Salome nicht zweimal sagen. Eilends ging sie zur Mutter, um sie zu fragen: »Was soll ich bitten?« Da zögerte die Mutter keinen Augenblick: »Das Haupt Johannes' des Täufers auf einer Schüssel!«

Was für ein furchtbarer Wunsch für ein junges Mädchen! Aber Salome ist die wahre Tochter ihrer Mutter. Sie geht in den Festsaal zurück und verkündet dem König: »Ich will, daß du mir gebest jetzt zur Stunde auf einer Schüssel das Haupt Johannes des Täufers!«

»Der König ward betrübt; doch um des Eides willen und derer, die am Tische saßen, wollte er sie nicht lassen eine Fehlbitte tun. Und alsbald schickte der König zum

Henker und hieß ihn sein Haupt herbringen. Der ging hin und enthauptete ihn im Gefängnis und trug sein Haupt auf einer Schüssel und gab's dem Mägdlein, und das Mägdlein gab's seiner Mutter.« Nun war Herodias am Ziel. Nun war der Mund stumm, der ihr so ernst und scharf die Wahrheit gesagt hatte. Nun war der unbequeme Mahner beseitigt. Nun hatte sie Ruhe.

Hatte sie wirklich Ruhe? Ob nicht in mancher schlaflosen Nacht das blutige Haupt sie angeschaut hat? Ob nicht manchmal der stumme Mund zu ihr gesagt hat: »Es ist nicht recht«?

Vor geraumer Zeit ging eine Nachricht durch die Zeitungen von einer Giftmischerin. Sie war vor Jahren in Amerika überführt worden, in 31 Fällen in Ausübung ihres Berufes als Krankenpflegerin die ihr anvertrauten Kranken vergiftet zu haben. Bei der Gerichtsverhandlung erzählte sie mit kalter Gleichgültigkeit die schrecklichen Mordtaten, die sie begangen hatte. Aber dann war ihr Gewissen aufgewacht. Ihre Zelle hallte wider von ihrem wahnsinnigen Geschrei, weil sie aus allen Ecken die Schatten der Ermordeten aufsteigen sah. Sie schlug die Hände vors Gesicht, um ihre unglücklichen Opfer nicht zu sehen, und sie sah sie doch. Bei Tag und Nacht ließ ihr die Schatten der Vergangenheit keine Ruhe. – Das sind die Qualen eines aufgewachten Gewissens. So ähnlich, denke ich mir, wird es auch der Herodias ergangen sein. Gewiß kam auch für sie eine Zeit, wo ihr Gewissen aufwachte und wo sie das blutige Haupt des Täufers im Wachen und im Träumen vor sich sah. Und selbst wenn ihr Gewissen zu ihren Lebzeiten stets geschwiegen hätte, dann ist es doch in der Ewigkeit aufgewacht. Es kommt eine Zeit, wo der Wurm nicht stirbt und das Feuer nicht erlischt. Die Räume der Hölle hallen wider von den Wehklagen und den Vorwürfen der Verdammten. Da hat auch Herodias Zeit, über ihr Sünden- und Schandenleben nachzudenken. Ewiglich! –

Sie hatte sehr klug den Augenblick genutzt. Der König war in seiner besten Laune. Er hatte geschworen; alle seine Beamten hatten den Schwur gehört. Nun mußte ihr Vorhaben gelingen. Und es gelang. Der König dachte, er könne doch sein Wort nicht brechen, er müsse es halten, auch wenn es ihm noch so schwerfiel. So wird ein Mensch, der nicht den festen Boden des Wortes Gottes unter den Füßen hat, hin- und hergerissen von der Rücksicht: Was werden wohl die Leute sagen? Aber ein gläubiger Christ, der sich in seines Vaters Hand weiß, fragt nicht danach; er kümmert sich nicht um die Folgen; er fragt allein: »Herr, was willst Du, daß ich tun soll!« Nur der tut feste und gewisse Schritte, der den Herrn und Sein Wort zum Berater hat. Wer auf die Meinung der Menschen hört und nach ihren Ansichten fragt, der ist immer in Gefahr, aus Furcht vor den Leuten etwas Falsches zu tun.

Aber wir wollen weniger unser Augenmerk auf den armen König richten als vielmehr auf diese Königin. So schändlich es ist, was wir hier von ihr hören, so habe ich doch den Mut, zu sagen: Ein Stück von Herodias steckt in mancher Mutter, vielleicht sogar in den meisten. Herodias wünschte, daß ihre Tochter die Aufmerksamkeit der Männer erregte; auf welche Weise, das war ganz gleich. Ob das erlaubte oder unerlaubte Mittel waren, danach fragte sie nicht. Daß der König gerade dieses Versprechen geben würde, das sie mit einem Male an das Ziel ihrer Wünsche brachte, das konnte sie ja nicht voraussehen. Ganz abgesehen davon schickte sie ihre Tochter in den Saal der trunkenen Männer, jedenfalls mit der Absicht und in der Hoffnung, daß einer der Großen sich in die berauschende Schönheit der wollüstigen Tänzerin verlieben möchte. Was sollte sonst der Grund ihrer schamlosen Erniedrigung gewesen sein?

Gleicht darin nicht manche Mutter der Herodias? Der sehnlichste Wunsch so mancher Mutter ist doch der, daß

194

die Tochter eine gute Partie machen möge. Und was versteht man darunter? Einen Mann voll Glaubens und Heiligen Geistes? O nein, danach wird nicht gefragt, auch unter manchen Gläubigen nicht, sondern ob er eine einträgliche, gutbezahlte Stelle hat, das ist die Hauptsache. Und darum ist die Hauptsorge mancher Mutter, daß die Tochter die Aufmerksamkeit der Männer erregt. Anstatt daß manche Mütter ihre Töchter dazu anhielten, sich sittsam und anständig zu benehmen, fördern sie vielmehr ihre Schamlosigkeit. Oft sind es ja nicht die Töchter, welche so kurze Röcke wünschen, sondern die Mütter! Gerade wie Herodias!

Ist es da ein Wunder, wenn manche Töchter der Salome gleichen? Wie auffallend betragen sich manche junge Mädchen! Die Lippen angemalt, die Wangen geschminkt, so sieht man sie überall. Und kommt man gar einmal an einem Freibad vorüber oder besucht man ein Seebad, dann sieht man Bilder, die man nicht für möglich gehalten hätte. Vor einiger Zeit mußte sich sogar das Ministerium mit den immer unsittlicher werdenden Badekostümen der Damen beschäftigen.

Wohin ist deutsche Sittsamkeit geflohen? Wir haben unsere Lehrmeister, die Franzosen, nicht nur eingeholt, wir haben sie überflügelt, was Schamlosigkeit und Sittenlosigkeit angeht.

O ihr Mütter, ich beschwöre euch, macht es doch nicht wie Herodias! Erzieht doch eure Töchter nicht zur Schamlosigkeit! Denkt daran, daß eure Töchter unsterbliche Seelen haben. »Was hülfe es dem Menschen«, hat Jesus gesagt, »wenn er die ganze Welt gewönne und nähme doch Schaden an seiner Seele?« Was hat deine Tochter davon, wenn sie durch ihre aufreizende Kleidung und ihr auffallendes Wesen die Aufmerksamkeit der Männer auf sich zieht und dabei den Schmelz ihrer Mädchenhaftigkeit und Weiblichkeit verliert?

Ich bitte dich, liebe Mutter, erzieh deine Tochter nicht

für den Schein, sondern für das wahre Sein, nicht für den ersten besten Mann, der ihr in den Weg kommt, sondern für den *einen* Mann, der die Menschheit dadurch geadelt hat, daß Er uns gleich wurde: für den Herrn und Heiland Jesus Christus!

Wir sollten uns bemühen, die Angelegenheiten Gottes und Seine Absicht auszuführen, damit Sein Heil zu den Menschen komme und sie die Seligkeit in Jesus kennenlernen! Nützen wir wie Herodias die Gelegenheiten? Sie verfolgte mit Klugheit ihr Ziel. Von ihrem Eifer können wir etwas lernen. Wie saumselig sind wir oft gewesen; wie manche gute Gelegenheit haben wir verpaßt! Wir wollen den Herrn um offene Augen bitten, daß wir die Gelegenheiten sehen, und um Gehorsam, daß wir sie auch nutzen. –

Vom Ende der Herodias wissen wir nichts. Herodes wurde vom Kaiser Caligula nach Lyon in Gallien verbannt. Herodias zog mit ihm. Aber dann verliert sich ihre Spur. »Der Gottlosen Weg aber vergeht.« Sie sind »wie Spreu, die der Wind verweht«.

Von ihrer Tochter Salome erzählt eine alte Sage, sie sei im Eis eingebrochen, und da hätten sich die Eisschollen so zusammengeschoben, daß ihr der Kopf vom Rumpfe getrennt worden sei. Und da habe ihr Kopf auf dem Eise gelegen wie auf einer Schüssel – wie das Haupt des Johannes.

Es ist nur eine Sage. Aber es ist die *Wahrheit,* daß die Gottlosen dahinfahren ohne Frieden und ein Ende nehmen mit Schrecken. Arme Herodias! Arme Salome!

Das kananäische Weib

Die Geschichte des kananäischen Weibes beginnt in den beiden Berichten, die wir über sie haben, in Matthäus 15 und in Markus 7, damit, daß es heißt: »Und Jesus ging aus von dannen und entwich in die Gegend von Tyrus und Sidon.« Was waren es für Gründe, die Ihn dazu bewogen?

Die Nachricht von dem schrecklichen Ende des Täufers Johannes hatte jedenfalls eine große Beunruhigung hervorgerufen, so daß Jesus es für besser hielt, eine Weile den Boden des jüdischen Landes zu verlassen. Vielleicht war es auch die falsche Hoffnung von Tausenden, die Er gespeist hatte, die Ihn von dannen trieb. Sie wollten Ihn zum König machen, weil sie dachten, unter dem Zepter eines solchen Herrschers gute Tage zu haben. Aber es war Ihm ebensowenig um eine vorzeitige Krone wie um ein vorzeitiges Martyrium zu tun. Er wußte, daß Seine Stunde noch nicht gekommen war. – Die Pharisäer und Priester wurden immer begieriger, Ihn mit ihren Fragen zu fangen. Wo Er ging und stand, verfolgten Ihn ihre spitzfindigen Fragen. Da entzog Er sich für eine kleine Zeit allen Nachstellungen Seiner Freunde und Seiner Feinde und entwich ins Ausland, in das benachbarte Phönizien.

Damit wird schon die Tatsache angedeutet, daß das Evangelium, wenn die Juden es verworfen haben, seinen Weg zu den Heiden nehmen werde.

Dort angelangt, ging Er in ein Haus und wollte es niemand wissen lassen, daß Er da war. Aber Er konnte nicht verborgen bleiben. Wie wäre das auch möglich gewesen? Wenn schon einer seiner Nachfolger ein Licht ist, das seinen Schein verbreitet und denen leuchtet, die im Hause sind, wieviel mehr war das dann bei Jesus der Fall! Auch wenn ein Christ gar nicht mit dem Munde bekennt, so predigt doch sein ganzer Wandel und sein ganzes Verhalten. Die stille Treue, mit der er seine Arbeit tut, das ruhige Fernbleiben von den fragwürdigen Freuden und Vergnügungen der Welt, das alles predigt und zeigt der Umgebung, daß man es hier mit einem Menschen zu tun hat, der anders ist als die meisten. Das Licht leuchtet. Es kann gar nicht anders.

Noch viel weniger konnte es verborgen bleiben, als Jesus, die Gnadensonne, in die Finsternis des Heidentums eintrat. Einer sagte dem andern, daß da in dem Hause ein Gast eingekehrt sei, der so ganz anders sei als die andern Menschen. Eine solche Freundlichkeit strahle aus Seinem Wesen, ein solcher Friede liege auf Seiner Stirn, eine solche Ruhe spreche aus jedem Seiner Worte, eine solche Liebe offenbare sich in jedem Seiner Blicke, daß es könne niemand anders sein als der große Prophet, der in Israel aufgetreten sei, den die Leute den Messias nannten. Einer sagte es dem andern, und so wußte es bald die ganze Gegend. Bei dieser Kunde machte sich das kananäische Weib alsbald zu Ihm auf den Weg.

1. *Eine bedrängte Mutter.* »Und siehe, ein kananäisches Weib ging aus derselbigen Grenze und schrie Ihm nach und sprach: ›Ach, Herr, Du Sohn Davids, erbarme Dich meiner! Meine Tochter wird vom Teufel übel geplagt.«

Gewiß war schon vorher das Gerücht von dem großen Wundertäter im israelitischen Volke zu ihr gedrungen, aber sie konnte nicht zu Ihm eilen, weil sie ihr Kind nicht so lange allein lassen konnte. Aber nun hört sie: Er ist ganz in der Nähe! Da macht sie sich eilends auf, um Ihm ihre Bitte vorzutragen.

Was trieb sie zum Herrn? Die Not. Wenn man heute die Gläubigen fragt, was sie einst zum Herrn getrieben hat – war es in den meisten Fällen die Not. Die guten

Tage nimmt man so hin, als müsse das so sein. Aber wenn die Nöte und Trübsale kommen, dann ruft man zum Herrn. Das ist eigentlich doch eine traurige Sache! Sollte uns denn nicht Gottes Güte zur Buße leiten? Sollten uns nicht die Segnungen des Herrn dazu bewegen, daß wir uns Ihm in dankbarer Liebe ergeben? Aber ach, für gewöhnlich muß Er uns erst eine Last aufbürden, ehe wir zu Ihm kommen!

Ich denke mir, daß auch das kananäische Weib erst alles andere versucht hat. Gewiß ist sie erst zu ihren Götzen gegangen und hat geopfert und Gelübde getan; aber es war alles umsonst. Bis sie endlich von Jesus hörte und zu Ihm kam. Nun, der Heidin kann man das nicht verdenken. Aber wir sollten es doch besser wissen. Und wie machen wir es? Erst geht man zum Allopathen und dann zum Homöopathen, dann geht man zum Magnetopathen und wer weiß, wohin sonst noch, bis es einem endlich, endlich einmal in den Sinn kommt, zu Jesus zu gehen. Ist das recht? Sollten wir nicht *zuerst* zu Ihm gehen? Aber erst müssen alle andern Mittel und Wege probiert werden, ehe man endlich den rechten Weg einschlägt! Wie unrecht ist das doch! Hat der Heiland das von uns verdient?

Nun, wie dem auch gewesen sein mag, die Kananäerin kommt, durch die Not getrieben, zu Jesus. Ihre Tochter wird vom Teufel übel geplagt. Wie mag das ihr Mutterherz zerrissen haben, als sie dies schreckliche Leiden des Kindes mit ansah! Es war ja keine gewöhnliche Krankheit, sondern es waren böse, dämonische Mächte, die das arme Kind quälten. Eine finstere Macht hatte Gewalt über ihre Tochter bekommen, und nun wurde sie schrecklich davon gequält und geplagt. Dies Elend ging der Mutter so nahe, daß sie es fühlte, als wäre es ihr eigener Schmerz. Darum ruft sie auch dem Herrn zu: »Erbarme Dich *meiner!*« Sie sagt nicht: »Erbarme Dich *meiner Tochter!*«, sondern sie sagt: »Erbarme Dich *meiner!*«

Darin sehen wir, was uns zu herzlicher, dringlicher Fürbitte treibt: die *Liebe,* die uns fremdes Leid so aufs Herz legt, als wäre es eigenes Leid. Dann wird unsere Fürbitte gewiß erhört werden, wenn uns die Not des andern so am Herzen liegt, daß wir sie als eigene Not, die wir selbst fühlen und empfinden, dem Herrn vortragen. Hast du bisher so gebetet? Vielleicht hast du Fürbitte getan für den und jenen in deiner Verwandtschaft oder Bekanntschaft. Vielleicht hast du Fürbitte getan für deinen Mann oder für deinen Sohn oder für deine Tochter. Aber hast du das Elend ihrer Heilandslosigkeit auch recht mitempfunden? Hast du dich recht in die Lage deines unbekehrten Mannes versetzt und dir klargemacht, daß er, wenn es so weitergeht, in ewiger Verdammnis enden wird? Es gibt so manche Frau, die läuft mit ihren Klagen über den Mann zu allen Nachbarinnen, zum Pastor, ja sogar zum Anwalt und bis vors Gericht. Es wäre besser, sie trüge ihre Klagen allein dem Herrn vor und sagte Ihm wie jene heidnische Frau: »Ach, Herr, Du Sohn Davids, erbarme Dich meiner!«

Er ist der Sohn Davids, das heißt: der Verheißene von alten Zeiten her, in dem alle Gottesverheißungen wahr geworden sind. Er ist der lang vorher geweissagte und ersehnte Messias der Juden, der Heiland der Welt. Und zu Ihm kann man mit allen Anliegen und Bedürfnissen kommen; Er weiß in allen Dingen Rat und Hilfe. Darum gehe nicht zu Menschen mit deiner Not! Wie leicht wird damit nur Verbitterung angerichtet! Sage es *Jesus*! Er hat ein Ohr und ein Herz für dich!

Gerade den Mühseligen und Beladenen hat Er besondere Verheißungen gegeben; gerade nach ihnen streckt Er ja Seine Hände aus, um sie einzuladen, um sie zu sich zu ziehen, um sie zu erquicken. Komm doch auch du, daß dich die Heidin nicht beschäme! Was wußte *sie* von Ihm, und was weißt *du!* Du kennst das ganze Leben und Leiden und Sterben und Auferstehen des Herrn und weißt, daß das alles für dich geschehen und gelitten ist. Und doch kommst du nicht? Und doch hast du kein Vertrauen zu Ihm? Jene heidnische Frau vertraute Ihm – und du nicht?

Aber vielleicht hast du es erlebt, daß bei deinem Beten für deinen Mann alles nur schlimmer geworden ist. Je mehr du für ihn betest, um so wütender und wilder wird er. Wie kommt das denn? Das ist ein Erfolg deiner Fürbitte. Verzage nur nicht, sondern bete weiter! Jetzt erst recht! Die finsteren Mächte, die ihn gefangenhalten, merken, daß Kräfte des Lichts anfangen, ihn zu beeinflussen! Da bietet der Teufel noch einmal alles auf, um ihn festzuhalten. Er weiß, daß seine Macht bald ein Ende hat. Da will er sie noch einmal recht gebrauchen. Laß dich nicht beirren, sondern bete nur um so inniger. Wenn auch rechte Fürbitte ein schwerer Kampf ist, sie führt zum Sieg! Wie hat Abraham im Gebet gerungen um die Gerechten in Sodom! Je länger er dauert, desto schwerer wird der Gebetskampf für solche Menschen, die einem am Herzen liegen. Beten ist kein leichtes Spiel, sondern Beten ist eine ernste Arbeit; aber es ist eine Arbeit, die ihren Lohn hat. Aber wie wird das sein, wenn endlich die finsteren Mächte weichen müssen, wenn endlich in das Herz deines Mannes, deines Sohnes, deiner Tochter ein Strahl von oben fällt! Wie wird das sein, wenn endlich der Herr heilt und hilft und die Seele, für die du geweint und gebetet hast, ein Eigentum des Herrn geworden ist! Dieser Lohn ist so herrlich, da lohnt es sich schon, darum zu ringen und zu kämpfen! Sage es Jesus im getrosten Vertrauen, daß Er dich hört und dir hilft. Und du wirst Ihn erfahren als einen Meister im Helfen!

2. *Eine Beterin, die sich nicht abweisen ließ,* ist das kananäische Weib. Und das war gut; denn sonst wäre sie vielleicht von Jesus fortgegangen, ohne Seine Hilfe erfahren zu haben. Denn auf die erste Bitte, die sie an Ihn richtete, »antwortete Er ihr kein Wort«.

Wie kam das? Hat Jesus denn nicht gesagt: »Wer zu Mir kommt, den werde Ich nicht hinausstoßen?« Und doch beachtet Er diese bittende Frau nicht?

Unser Herr und Meister stand immer in völliger Abhängigkeit von Seinem Vater. Er tat nichts, ohne Auftrag und Weisung von Seinem Vater empfangen zu haben. Und daran hat es Ihm offenbar in diesem Falle zunächst gefehlt. Gott hatte Ihm noch keinen Auftrag gegeben, der Frau zu helfen. Darum ging Er ruhig weiter, ohne sich um ihr Rufen zu kümmern.

Die Jünger mischten sich ein. Es ist ihnen unangenehm, daß Jesus sich nicht um die Frau kümmert, weil sie ihnen so nachschreit auf der Straße.

Aber das ist kein Grund für den Herrn, ihr zu helfen. Nur um sie loszuwerden, tut Er keine Wunder. Er tut nichts ohne Geheiß seines Vaters. Wieviel können wir da lernen! Wie oft haben wir ein deutliches Gefühl, wir sollten dies und das nicht tun! Aber wir denken dann, was die Leute dazu sagen würden, wie man auslegen würde usw. Und diese irdischen Rücksichten bestimmen dann unser Verhalten. Wir tun es nicht um Gottes, sondern um der Menschen willen. Das sollten wir nicht tun. Wir sollten uns stets klar darüber sein, daß Gott auf unserer Seite ist und uns in allen Dingen von Ihm leiten lassen. –

Auf die Fürsprache der Jünger gibt der Herr eine Antwort; aber es ist eine bestimmte Absage. »Ich bin nicht gesandt, denn nur zu den verlorenen Schafen von dem Hause Israel.« Damit war der Anspruch der Heidin abgewiesen.

Viele wissen nicht recht, was sie mit diesem Wort anfangen sollen. Sie finden, daß es im Gegensatz steht zu dem Auftrag des Herrn, auch der Heiden Heiland zu sein. Darum sagen sie, Er habe den Auftrag gehabt, *zuerst* zu den Juden zu gehen. Aber hier sagt Er nicht, Er müsse *zuerst* zu den Juden gehen, sondern Er sagt ganz deutlich und bestimmt, Er solle *nur* zu den Juden gehen.

Wie sollen wir denn dies merkwürdige Wort verstehen? Tatsächlich ist Jesus doch auch der Heiden Heiland geworden. Und diese Kananiterin hat doch die Hilfe des Herrn erfahren, wenn Er auch erst so ablehnend gesprochen hatte.

Wir werden dies Wort dann verstehen, wenn wir bedenken, daß *Jesus vor* Golgatha in der Tat nur der *Juden* Messias war. Erst der *Christus nach* Golgatha gehört uns, den *Heiden*. Sagt Er doch selbst: »Wenn Ich erhöhet werde von der Erde, will Ich ich sie alle zu Mir ziehen.« Das sagte Er aber im Blick auf Seinen Kreuzestod. Der Gekreuzigte und Auferstandene, den die Juden verworfen haben, der ist für uns da. Der ist unser Heiland. Aber vor Golgatha gehörte Er nur den Juden. Und Er läßt nichts unversucht, um das alttestamentliche Volk Gottes zur Einkehr und Umkehr zu bewegen. Erst als die Verwerfung des Messias eine Tatsache ist, wendet sich Christus der Völkerwelt zu. Den zwölf *Jüngern* hatte Er den Auftrag gegeben: »Gehet nicht auf der Heiden Straße, ziehet nicht in der Samariter Städte, sondern gehet hin zu den verlorenen Schafen von dem Hause Israel!« Aber den *Aposteln* gibt der Auferstandene den Auftrag: »Gehet hin und predigt das Evangelium aller Kreatur!« Das ist ein großer Unterschied, und wir tun gut daran, darauf zu achten.

So kann Jesus gar nicht anders, als die Frau abweisen. Es mag nicht leicht für ihn gewesen sein, dies Wort zu sprechen; aber Er konnte und durfte nicht anders.

Wir wollen nicht an diesem Wort vorübergehen, ohne auch für uns daraus eine Lehre entnommen zu haben. Gewiß hätte Jesus viel Gutes stiften können, wenn Er sich schon jetzt den Heiden gewidmet hätte; aber Er weiß: Das ist nicht Meine Aufgabe. Geht es uns nicht oft so, daß wir Pflichten, die uns am nächsten liegen, versäumen, um uns entfernteren zuzuwenden? Wieviel Zersplitterung der Kräfte herrscht doch auch im Reiche Gottes! Wieviel

Gesuche treten an einen Arbeiter im Weinberg des Herrn heran, hier zu helfen und da zu dienen! Aber solcher Dienst wäre mit einer Vernachlässigung der nächsten Pflichten verbunden und darum unrecht.

Und es geht nicht nur den Mitarbeitern Gottes so, daß der Feind sie aus der rechten Bahn bringen will, um ihre Kraft zu zersplittern und sie dadurch zu lähmen, sondern das geht auch vielen Christen so, die nicht gerade Arbeiter im Weinberg des Herrn sind. Es ist gewiß schön, in die Bibelstunde zu gehen und sich zu erquicken; aber wenn daheim die Kinder nicht versorgt sind, wenn sie sich derweil herumtreiben und verwahrlosen, dann ist es geradezu eine Sünde, wenn die Mutter weggeht. Es ist gewiß schön, wenn ein Mädchen Diakonisse wird. Aber wenn sie die alten Eltern daheim verläßt, wenn sie sich um die gebrechliche Mutter nicht kümmert, dann ist ihr Dienst dem Herrn sicherlich keine Freude.

Es gilt, einen klaren Blick zu gewinnen für das, was Gott uns zu tun befiehlt. Zu den Aufträgen, die Er uns gibt, rüstet Er uns auch mit der nötigen Kraft aus; dazu gibt Er uns auch die nötige Zeit. Aber wenn wir uns selbst Aufgaben stellen, wenn wir Werke anpacken, die wir gar nicht tun sollen, dann klagen wir, daß wir gar nicht mehr durch die Arbeit durchkämen, daß wir gar keine Zeit mehr hätten für uns selbst. Ich weiß von Brüdern, die haben eine solche Fülle von Ämtern und von Arbeit, daß es verwunderlich ist, wie sie das alles leisten können. Sie sind in allerlei Vereinen an der Spitze, sie sind im Gemeinde- oder im Stadtrat, sie sind auch Agitatoren in der Politik, sie haben so viel zu tun, daß sie oft gar nicht durchkommen können. Wenn man aber einen so vielbeschäftigten Bruder fragt, wie es mit dem Beten und dem Bibellesen stehe, dann erhält man eine traurige Antwort. »Zum Bibellesen komme ich nur in der Bibelbesprechstunde in der Versammlung!« antwortete mir einmal so ein vielgeplagter Bruder.

Es mag ganz gut sein, für die Gemeinde, für die Stadt, für den Staat zu arbeiten; aber wichtiger ist es, für das Reich Gottes zu sorgen. Es wird sich am Tage der Ewigkeit nicht darum handeln, was wir für die Stadt und den Staat getan haben, sondern was wir für Frucht gebracht haben für die Ewigkeit!

Darum bitte ich jeden Bruder und jede Schwester, sorgfältig zu prüfen, was der Herr aufträgt und welches *selbsterwählte* Aufgaben sind. Nur die Aufträge des *Herrn* sind es wert, ausgeführt zu werden. Vielleicht will Er die andern Dinge auch getan haben, aber *nicht durch dich!* Es hat mir einmal sehr geholfen, daß Inspektor Henrichs in einer Versammlung sagte: »Es gibt Segnungen, die sind nicht für dich!« So möchte ich auch sagen: Es gibt Arbeiten, die sind nicht für dich! Ein Kind Gottes hat klare und bestimmte Aufgaben. Wir sollen das Evangelium durch Wort und Leben verkünden. Wir sollen Zeugen Seiner Gnade sein. Wenn wir das recht sind, ist das Aufgabe genug. Und wenn wir diese Aufgabe gut ausführen, so dienen wir auch unserer Gemeinde, unserer Stadt, unserm Staat. Da brauchen wir unsere Kraft nicht zu zersplittern und nicht überall dabeizusein.

Merke dir doch: Es gibt Arbeiten, die sind nicht für dich!

Aber nun zurück zu unserer Geschichte!

Ich weiß nicht, ob die Frau die abweisenden Worte gehört hat oder nicht. Aber eines ist gewiß: Sie läßt sich nicht abweisen. Statt ihre Hoffnung aufzugeben, legt sie sich vielmehr vor Ihm in den Staub der Straße, um Ihn am Weitergehen zu hindern, so daß Er bei ihr stehen bleiben und sich um sie kümmern muß.

Wie anders machen es viele! Wenn sie nicht gleich ihren Wunsch erfüllt bekommen, dann gehen sie enttäuscht weg. Wie viele Menschen sagen deshalb, das Beten habe keinen Zweck, weil sie nicht beim ersten

Rufen erhört worden sind. Das Notgebet der Ungläubigen und Namenchristen ist oft eine furchtbare Anmaßung. Gott kann es oft gar nicht erhören. Stell dir vor, ein Sohn hat Schimpf und Schande über seinen Vater gebracht; endlich hat er seinen Schandtaten die Krone aufgesetzt und ist aus dem Vaterhaus gewichen, nicht ohne zuvor des Vaters Kasse erbrochen zu haben. Es geht ihm schlecht in der Fremde. Wie sollte das auch anders sein! Da schreibt er einen Brief an den Vater und teilt ihm mit, daß er sofort eine größere Summe Geld brauche. Er müsse sie ihm aber sofort zukommen lassen. Wird der Vater wohl den Wunsch erfüllen? Gewiß nicht, sondern er wird ihm antworten: »Davon kann gar keine Rede sein, daß ich dir Geld schicke. Zuerst komm nach Hause und bitte um Verzeihung. Dann können wir über die Sache weiterreden. Aber so ohne weiteres bekommst du von mir keinen Pfennig!«

Nicht wahr, der Vater hätte ganz recht, wenn er es so machte? Nun, genauso macht es auch Gott. Kann Er es denn anders machen? Zuerst kümmert man sich nicht um Ihn; man übertritt Seine Gebote; man fragt nicht nach Seinem Willen; aber wenn man dann in Not kommt, dann glaubt man, nur verlangen zu brauchen, um sofortige Hilfe zu erlangen! Und wenn Er dazu nicht sofort bereit ist, dann beschwert man sich über Ihn und sagt: Das Beten ist zwecklos! – Wie töricht ist das! Bring du nur erst deine Sache mit Gott ins reine, kehre erst, wie der verlorene Sohn, ins Vaterhaus zurück – und dann erbitte, was du willst, es wird dir gegeben werden! Aber vorher nicht!

Eine kurze Bitte ist es, die die Kananiterin dem Heiland zuruft: »Herr, hilf mir!« Aber in diesen drei Worten ist alles enthalten. Sie wendet sich darin an die rechte Adresse. Sie nennt Jesus einen Herrn. Sie spricht Ihm gegenüber ihre Hilflosigkeit und Not aus und bittet

Ihn um Seine Hilfe. Die drei Worte besagen alles, was in diesem Falle nötig ist.

Nur drei Worte! Und wieviel Leute gibt es heute, die der Meinung zu sein scheinen, sie würden erhört, wenn sie viele Worte machen! Wie schrecklich lang sind zuweilen die Gebete in Gebetsversammlungen! Bei öffentlichem Beten sollte man sehr kurz, verständlich und bestimmt beten, damit die übrigen Anwesenden auch innerlich mit dabeisein können. Wenn man daheim im Kämmerlein mit dem Herrn redet, dann kann man sich mehr Zeit nehmen, dann kann man alles ausschütten, was das Herz erfüllt. Aber in der Gebetsversammlung sollte man kurz sein.

Weil die Meinung so verbreitet ist, man müsse beim Beten doch schöne Worte machen, darum nehmen viele ihre Zuflucht zu einem Gebetbuch. Und daraus lesen sie dann dem Herrn ein Stück vor. Das ist kein Beten. Besser drei Worte aus dem *Herzen,* wie diese Frau es machte, als dreihundert Worte aus dem *Buch!* Es kommt nicht auf die Länge des Gebets an, sondern daß es wirklich ein Gespräch des Herzens mit Gott ist.

Das war bei diesem Gebet der kananäischen Frau der Fall. Es war ihr innerstes, herzliches Anliegen, das in diesen drei Worten zum Ausdruck kam.

Es gibt eine bekannte Geschichte, in der diese drei Worte eine Rolle spielen. Ich kann nicht umhin, diese Geschichte hier zu erzählen. Ein gläubiger Prediger kam in einen Gasthof in der Schweiz. Er ließ sich mit einem Stubenmädchen in ein Gespräch ein. Er fragte sie auch, ob sie bete. »Dazu ist hier im Hause keine Zeit«, antwortete sie. »Nun, ich kann Ihnen ein Gebet sagen, das ist ganz kurz; es besteht nur aus drei Worten, und es ist doch erhört worden. Es ist ein Gebet aus der Bibel. Es heißt: ›Herr, hilf mir!‹ Dies Gebet zu sprechen, das nimmt gar keine Zeit weg. Wollen Sie mir nicht versprechen, dies Gebetchen beim Aufstehen und beim Schla-

fengehen zu beten?« Der Mann hatte eine so liebevolle
Art, daß sie es ihm endlich versprach, tagtäglich dies
Gebet zu sprechen.

Ein Jahr war vergangen, da kam der Prediger wieder
an denselben Ort. Er kehrte auch wieder im selben
Gasthof ein. Eine seiner ersten Fragen galt dem Stubenmädchen. »Ach, die ist nicht mehr hier, die ist drüben im
Pfarrhaus im Dienst, die ist zu fromm für uns geworden!«
Da machte sich der Prediger auf, um das Mädchen zu
besuchen. Wie sie sich freute, als sie den alten Herrn
wiedersah! »Ihnen danke ich es, daß ich ein Kind Gottes
geworden bin!« rief sie aus. »So, mein Kind? Wie ist das
denn zugegangen?« Und nun erzählte das Mädchen, daß
es seinem Versprechen gemäß jeden Tag ganz getreulich
gebetet habe: »Herr, hilf mir!« Wochenlang hatte sie die
Worte so ganz mechanisch dahingesagt, da fiel ihr endlich ein: Warum sage ich denn eigentlich immer: »Herr,
hilf mir!«? Bin ich denn nicht gut, oder bin ich denn nicht
glücklich? Warum bitte ich denn immer um Hilfe? Und
da gab ihr der Geist Gottes die Antwort auf ihre Fragen,
und sie sah ein, daß sie nicht gut und nicht glücklich war,
daß sie einen Heiland nötig hatte. Und da betete sie
wieder, aber jetzt mit ganz anderer Inbrunst: »Herr, hilf
mir!« Sie kam zum Frieden. Und weil es in dem Gasthof
nicht möglich war, ihren Glauben zu leben, da nahm sie
die Stelle im Pfarrhaus an, die gerade frei wurde. So war
ihr in jeder Beziehung geholfen.

Wenn du nichts anderes zu beten weißt, dann bete
doch wie diese Frauen: »Herr, hilf mir!« Wenn es dir aus
dem Herzen kommt, wenn du wirklich Seine Hilfe
begehrst, dann sei gewiß, Er wird dir helfen! –

In unserer Geschichte freilich sieht es nach dieser Bitte
noch nicht danach aus, als ob der Herr helfen würde. Sagt
Er doch kurz und scharf: »Es ist nicht fein, daß man den
Kindern ihr Brot nehme und werfe es vor die Hunde.«
Wenn das Wort auch nicht so scharf gemeint ist, wie es in

unsern Ohren klingt – es bleibt doch eine Absage. Es gab damals zweierlei Arten von Hunden, solche, die sich wild auf den Straßen umhertrieben, und solche, die in den Häusern gehalten wurden, als Spielkameraden der Kinder. Diese letztere Art von Hunden meint der Herr. Das beweist das Wort, das er gebraucht. Er will sagen: Ehe die Hündlein drankommen, kommen erst die Kinder dran. So hat das Wort Jesu nicht die Schärfe, die wir heraushören könnten. Aber freilich, eine Absage ist und bleibt es.

Was tut aber die Frau? Sie sagt nicht etwa: »Ich habe mich in Dir getäuscht, Du kannst nicht der Messias sein, sonst könntest Du nicht so sprechen« – o nein, sie nimmt Sein Wort auf und sagt: »Ja, Herr, aber doch essen die Hunde von den Brosamen, die von ihrer Herren Tische fallen.«

»Ja, Herr, aber doch!« Was für ein wunderbares Wort! Darin liegt das Bekenntnis, daß sie keine Hilfe und Gnade verdient; darin liegt aber auch, daß sie mit Bestimmtheit mit Seiner Hilfe rechnet.

Ja, Herr, Du hast ganz recht. Wir sind nicht mehr als Hunde; wir sind eigentlich noch weniger als Hunde, weil wir unserm Gott nicht gehorcht haben. Jeder Hund gehorcht seinem Herrn; aber wir sind von Gott abgewichen; wir sind in Finsternis und Heidentum geraten. Ja, Herr, wir haben Deine Hilfe nicht verdient; wir haben kein Anrecht darauf, daß Du Dich über uns erbarmst; und doch kannst Du nicht an uns vorübergehen, ohne uns zu helfen. Das kannst Du nicht. Die Hunde gehören doch auch in gewissem Sinne mit zum Haushalt. Sie dürfen doch mit im Zimmer sein; sie bekommen doch auch ihren Teil von den Speisen, wenn es auch nur Abfälle sind!

Da kann Jesus nicht länger widerstehen. »Da antwortete Jesus und sprach zu ihr: O Weib, dein Glaube ist groß! Dir geschehe, wie du willst!«

Ein wunderbarer Gebetskampf! Einst hat Jakob am Jabbok mit dem Herrn gerungen, und endlich hat er den Herrn besiegt. So hat auch dies heidnische Weib mit Ihm gerungen und – Ihn bezwungen. Und – so bezwingt Ihn jeder, dem es Ernst ist um die Erhörung seines Gebets. Wer wie die Frau anhält am Gebet, der wird es auch erfahren, wie gern sich Jesus bezwingen läßt! Er hat sich ja gebunden durch Sein Wort! Und wenn er dich auf die Probe stellt, wenn Er dich warten läßt, dann sage Ihm nur: »Ich lasse Dich nicht, Du segnest mich denn!«

Anhalten am Gebet, das ist die große Lehre, die uns das Bild des kananäischen Weibes gibt. Wie leicht werden wir müde, wie schnell ermatten und erlahmen wir im Gebet! Vielleicht dauert es ein paar Tage, daß wir mit Inbrunst um eine Sache beten, oder ein paar Wochen oder ein paar Monate; aber dann lassen wir nach, dann verzagen wir und meinen, unser Beten sei doch umsonst. O werde nicht müde!

> Und ob es währt bis in die Nacht
> und wieder an den Morgen,
> doch soll mein Herz an Gottes Macht
> verzweifeln nicht noch sorgen.

3. *Eine glückliche Mutter.* Endlich, endlich war der Sieg errungen! Jesus war verwundert über den Glauben, den Er bei dieser heidnischen Frau fand. Wo Er einem solchen Vertrauen begegnet, da kann Er nicht anders, Er muß helfen. Sie war eigentlich keine Heidin mehr, darum *durfte* Er ihr auch helfen. Ihr festes Vertrauen auf Jesus und Seine Macht und Seine Liebe hatte sie aus dem Heidentum herausgerückt und sie zu einem Glied des Volkes Gottes gemacht. Jesus sieht, daß Er helfen darf und soll; Er empfängt Auftrag von Seinem Vater und spricht zu ihr: »O Weib, dein Glaube ist groß! Dir geschehe, wie du willst!«

»Dein Glaube ist groß!« Kann Er so auch zu dir sagen?

Bist du nicht oft so matt und so lahm in deinem Glauben? Traust du nicht oft deinem Heiland so wenig zu? Ich bin gewiß, wir würden größere Dinge erleben, als wir es jetzt tun, wenn wir unserm Herrn mehr zutrauten! Wir empfangen oft so wenig, weil wir so wenig erwarten. Jesus ist heute noch derselbe, der Er damals war. Aber wir sind nicht dieselben wie das kananäische Weib. Sollte sie ein festeres Vertrauen gehabt haben als wir? Das wäre doch beschämend!

Wir wollen dem Herrn jetzt etwas zutrauen! Hast du noch einen unbekehrten Mann, hast du eine ungläubige Tochter, einen Sohn, alte Eltern, die Jesus noch nicht kennen – trau es deinem Herrn zu, daß Er imstande ist, zu helfen, auch wo es ganz aussichtslos erscheint!

> O daß du könntest glauben,
> du würdest Wunder sehn!
> Es würde dir dein Jesus
> allzeit zur Seite stehn!

So hat die kananäische Frau Wunder gesehen, weil sie Glauben hatte. »Ihre Tochter ward gesund zu derselbigen Stunde.«

Die Mutter begehrte kein Zeichen; sie glaubte Seinem Wort. Eilends ging sie nach Hause, mit einem Herzen voll Lob und Dank, voll Jubel und Glück. Und sie fand es so, wie Jesus gesagt hatte: der Teufel war ausgefahren, und die Tochter lag auf dem Bett.

O diese glückliche Mutter! Ihre Hütte hallte wider von Preis und Dank! –

Wie wird es sein, wenn einst dein Mann sich mit dir vor dem lebendigen Heiland beugt! Wie wird es sein, wenn dein verlorener Sohn nach Hause zurückkehrt als einer, mit dem Gott geredet hat! Erbitte es, und erwarte es von Gott!

Laß dich nicht von deinem Hoffen und Harren abbringen, wenn du auch warten mußt. Glaube nur, daß Er auch für dich ein Herz voll Erbarmen hat. Wie wird es sein, wenn du im Gebet gerungen und Ihn bezwungen hast, daß Er auch zu dir sagt:

»O Weib, dein Glaube ist groß! Dir geschehe, wie du willst!«

Martha

Es ist ein liebes Haus, in das wir heute eintreten. Es ist das traute Heim in Bethanien, wo der Herr so gerne einkehrte auf Seinen Wanderungen, wo er immer ein Stück Heimat fand. So oft kam Er vor verschlossene Türen, wie dort in Samaria, wo man Ihn nicht aufnehmen und beherbergen wollte (Lk 9, 53). Oder wie im Lande der Gadarener, die Ihn baten, ihre Gegend zu verlassen (Mk 5, 17). Aber wenn Er an die Tür der drei Geschwister in Bethanien klopfte, da hieß man Ihn allezeit mit Freuden willkommen.

Von mehreren Besuchen Jesu in Bethanien erzählt uns die Schrift. Der erste Besuch wird uns von Lukas am Schluß des zehnten Kapitels seines Evangeliums berichtet. Davon soll zunächst die Rede sein.

1. *Der erste Besuch.* »Es begab sich aber, da sie wandelten, ging Er in einen Markt. Da war ein Weib, mit Namen Martha, die nahm Ihn auf in ihr Haus.«

Manche Ausleger sind der Ansicht, daß es nicht der erste Besuch gewesen sei, den Jesus in Bethanien gemacht habe. Aber ich kann dieser Meinung nicht zustimmen. Ich glaube, daß es das erstemal war, daß Jesus bei Martha einkehrte. Denn wenn Er schon öfter bei ihr gewesen wäre, dann würde sie gewußt haben, daß es Ihm nicht auf Essen und Trinken ankam, das Ihm vorgesetzt wurde, daß Er viel lieber *gab als nahm*. Wenn sie *gewußt* hätte, wie wenig Ihm daran gelegen war, daß sie sich »Umstände« machte, dann würde sie es doch gewiß nicht getan haben. Es ist doch nicht anzunehmen, daß sie so große Vorkehrungen für die Bewirtung ihres Gastes traf, wenn sie wußte, wie unangenehm Ihm das war.

Darum glaube ich, daß der Besuch, von dem Lukas

hier erzählt, der erste war, den Jesus in dem trauten Heim der Geschwister in Bethanien machte. Darum war es ein ganz besonderer Festtag für Martha, als der Prophet, der so viele Wunder getan, einmal unter ihrem Dach einkehrte. Es war ihr eine Ehre und Freude, genau wie dem Zöllner Zachäus, als Jesus ihm sagte: »Ich muß heute in deinem Hause einkehren!« Darum eilte sie, das Beste zu bereiten, um es dem geliebten Meister und Lehrer aufzutischen und vorzusetzen.

»Sie nahm Ihn auf in ihr Haus«, heißt es hier. Daraus geht wohl hervor, daß sie die älteste von den Geschwistern war. Wie es scheint, war sie Witwe, die vielleicht nach dem Tod ihres Mannes die Geschwister zu sich genommen hatte. Wenn Martha Jungfrau gewesen wäre, wie man öfter sagen hört, dann würde nicht der Ausdruck »Weib« für sie gebraucht sein. Die Heilige Schrift unterscheidet immer sehr genau zwischen Jungfrau und Weib.

Nun, auf jeden Fall ist schon eine Lehre für uns in den Worten enthalten: »Sie nahm Ihn auf in ihr Haus.« Hast du Ihn denn auch schon aufgenommen in dein Haus? Angeklopft und um Einlaß gebeten hat Er gewiß schon oft. Durch ein Wort der Predigt, die du hörtest, durch den Segen, den Er dir zuteil werden ließ, durch Heimsuchungen und Trübsale klopft Er bei dir an. Hast du es nicht gehört? Manchmal hast du es vielleicht überhört. Aber Er klopfte lauter und immer lauter. Er klopfte so laut mit dem Hammer der Trübsal an, daß du es endlich nicht mehr überhören konntest. Du merktest wohl, daß es Jesus war, der Einlaß begehrte. Hast du Ihm die Tür aufgetan?

Wie viele halten Ihm die Tür verschlossen. Jahr um Jahr! Sie wollen nicht, daß Jesus bei ihnen einkehrt. Warum nicht? »Ja, was würden dann wohl die Leute sagen, wenn wir Jesus aufnähmen in unserm Haus? Das würden unsere Bekannten uns doch übelnehmen, darüber würde man reden! Es schickt sich nun einmal nicht, so auffällig fromm zu werden!«

Ach ja, die Menschenfurcht ist ein Riegel, der dem Heiland viele, viele Herzen und Häuser verschließt. Wie mancher würde gern dem Heiland Herz und Haus auftun, wenn er nicht so bange wäre vor dem Gerede der Leute!

Und wieder andere nehmen den Herrn darum nicht auf, weil sie wissen, daß Seine Einkehr große Veränderungen und Umwälzungen im Haus mit sich bringt. Wenn man Jesus die Tür auftut, dann ist Er nicht mit einem Platz im Winkel zufrieden, sondern: Wo Er soll wohnen, da will Er auch thronen! Da will Er auch das ganze Herz und Leben beherrschen. Gewiß, wo Jesus einkehrt, da gibt es große Veränderungen. Was hat der Besuch des Herrn im Hause des Zachäus für wunderbare Veränderungen bewirkt! Wie ein Lauffeuer ging es durch Jericho, daß Zachäus zu dem armen Handwerker gekommen sei, den er kürzlich von Haus und Hof hatte treiben lassen, weil er wegen seiner langen Krankheit nicht pünktlich die Zinsen der Hypothek hatte zahlen können. Und jetzt war Zachäus zu ihm gekommen und hatte ihm gesagt, er möchte nur wieder einziehen, er wolle ihm die Zinsen, die er ihm schulde, erlassen. Er sehe ein, daß er zu hohe Zinsen von ihm genommen habe. Und so wußte man nicht *eine* Geschichte, sondern eine ganze Reihe. Verwundert fragte man sich: Was ist denn in Zachäus vorgegangen? Der ist ja gar nicht mehr wiederzuerkennen! Und die Antwort lautete: Jesus ist bei ihm gewesen! Jesus ist bei ihm eingekehrt! Man weiß nicht, was die beiden miteinander gesprochen haben, aber das weiß man, daß der Herr beim Abschied gesagt hat, heute sei diesem Hause Heil widerfahren.

So widerfährt jedem Hause Heil, wenn Jesus einkehrt. Wie töricht sind darum die Leute, die Ihm ihre Tür verschlossen halten! Wo Er einkehrt, da kehrt der Segen ein, da ist Friede und Freude, da ist Leben und Seligkeit. Wo Er einkehrt, da wird die ärmste Hütte ein »selig Haus«, weil man Ihn aufgenommen.

Darum, wenn du Ihn noch nicht aufgenommen hast, zögere doch nicht länger! Du läßt dein Glück und dein Heil draußen stehen! Draußen vor der Tür ist nicht der rechte Platz für den Heiland, der Sein Leben für dich gegeben und Sein Blut für dich vergossen hat! Schieb die Riegel deiner Vorurteile und deiner Menschenfurcht und deiner Sündenliebe zurück, damit die Bahn frei wird für Jesus! Mache es wie Martha und nimm Ihn auf in dein Haus!

Ach, sagst du, wie gerne würde ich das tun; aber mein Mann »ist nicht dafür«. Der will nichts davon wissen! – Das ist freilich schwer. Aber dann nimm Jesus wenigstens auf in dein *Herz*. Und wenn Er darin recht wohnt und thront, dann wird dein Mann es bald merken, daß du glücklicher bist als er, daß du etwas hast, was ihm fehlt. Und es wird nicht lange währen, bis daß auch er nach dem Frieden verlangt, der sich über dein Wesen ausbreitet. Nimm Jesus auf in dein Herz! Und dann traue es dem Herrn zu, daß Er auch deinen Mann davon überzeugen wird, daß er einen Heiland braucht. Wie schön wird das sein, wenn du mit deinem Mann zusammen deine Knie beugen kannst, wenn du mit ihm eins bist in der Erziehung der Kinder, wenn der eine nicht mehr *so* will und der andere anders, sondern wenn ihr beide eins seid im Glauben und im Leben! Ja, dann wird es wahr, was Spitta singt:

> O selig Haus, wo Mann und Weib in einer,
> in Deiner Liebe eines Geistes sind!

Wann wird es dahin kommen? Wenn du Jesus aufnimmst in dein Herz und dein ganzes Leben von Ihm regieren und führen läßt!

2. *Marthasorgen.* »Martha aber machte sich viel zu

schaffen, Ihm zu dienen.« Sie fühlte als Hausfrau die Verpflichtung, ihrem Gast das Beste vorzusetzen, das sie bieten konnte. Darum ging sie aus und ein, um Vorbereitungen für ein festliches Mahl zu treffen.

War Er deswegen gekommen? Gewiß nicht. Das Reich Gottes ist ja nicht Essen und Trinken. An einem solchen Festmahl war dem nicht viel gelegen, der da sagen konnte: »Das ist Meine Speise, daß Ich tue den Willen des, der Mich gesandt hat.« Er wollte viel lieber das Brot des Lebens darreichen; aber nun konnte Er nicht, weil Martha keine Zeit für Ihn hatte. Eine traurige Sache: Sie liebte Ihn und wollte Ihm ihre Liebe an den Tag legen. Und doch hat sie keine Zeit für Ihn selbst. Über der Arbeit für Ihn tritt Er selber ganz zurück.

Davon werden wir nachher noch mehr zu reden haben. Jetzt wollen wir nur dabei stehenbleiben, wie wenig es sich für Gotteskinder ziemt, solchen Wert auf Essen und Trinken zu legen. Für gewöhnlich tut man das vielleicht auch nicht. Aber wenn Gäste kommen, dann meint man, nun müßten Umstände gemacht werden. Manchmal gibt es so viel zu essen und zu trinken, daß es mir wie eine Beleidigung der Gäste vorkommt. Es sieht doch oft so aus, als ob die Gäste zu Hause für gewöhnlich nicht satt würden, als ob man ihnen einmal etwas Ordentliches vorsetzen müsse. Menschen, die Bildung und Geist besitzen, sollten keine Gesellschaften geben, die den Charakter von »Abfütterungen« tragen, namentlich nicht in der gegenwärtigen Zeit. Und gläubige Christen sollten es erst recht nicht tun. Die sollten ihren Gästen etwas Besseres vorzusetzen wissen als nur Essen und Trinken. Die sollten die Bibel auf den Tisch legen, das Brot des Lebens, und davon ihren Gästen reichen. Das hat Wert. Aber die Esserei, die bei Gesellschaften, bei Kindtaufen und Hochzeiten üblich ist, ist eines Kindes Gottes nicht würdig. Beherbergen ist gut; aber Umstände machen ist nicht gut. Das solltest du nicht tun.

Es ist nichts dagegen zu sagen, daß du den Gast ehrst durch irgend etwas, wovon du denkst, daß es ihm Freude macht. Aber damit solltest du sehr vorsichtig sein und es nicht übertreiben. Wenn der Gast das Gefühl hat, daß sein Besuch dich soundsoviel gekostet hat, wird das seine Freude nicht vermehren, sondern vermindern. Es gilt auch auf dem Gebiet des geselligen Verkehrs, daß Christen sich nicht dieser Welt gleichstellen sollen.

Aber, so sagst du, Martha machte die Umstände doch für Jesus! Ganz recht, »sie machte sich viel zu schaffen, um Ihm zu dienen«. Aber ich sagte schon: damit brachte sie sich um allen Segen des Besuches. Während ihre Schwester Maria die kostbaren Stunden benutzte und sich zu den Füßen des Herrn niederließ, um ja kein Wort aus Seinem Munde zu verlieren, plagte sie sich in der Küche und in der Speisekammer, um Ihn zu bewirten.

Sie arbeitete für Jesus; aber dabei verlor sie Jesus selbst. Sie wird immer unruhiger und aufgeregter. Jedesmal, wenn sie ins Zimmer tritt, sieht sie Maria still dasitzen und zuhören, und da denkt sie: Ich würde auch viel lieber hier sitzen und dem Heiland zuhören; aber ich habe dazu keine Zeit! Wer soll denn fürs Essen sorgen? Sonst hilft ihr Maria bei den Arbeiten im Hause. Aber heute hat die nur Augen und Ohren für den Herrn. Wie sie sich beeilt und plagt, das bemerkt und beachtet sie gar nicht.

Endlich kann sie den Groll ihres Herzens nicht mehr zurückhalten. Er macht sich in vorwurfsvollen Worten Luft: »Herr, fragst Du nicht danach, daß mich meine Schwester läßt allein dienen? Sage ihr doch, daß sie es auch angreife!« Macht sie denn nicht eigentlich dem Herrn selbst einen Vorwurf mit diesen Worten? Sie klingen doch ganz so, als ob sie es unrecht fände, daß Er Maria nicht antreibt, ihr zu helfen.

Ach ja, so weit kann es kommen bei der Arbeit für den Herrn, daß man sich so müht und plagt, daß es einem endlich zu viel wird und daß man dem Heiland deswegen Vorwürfe macht! Ob dem Herrn an solcher Arbeit wohl etwas gelegen ist? Ganz gewiß nicht!

Und doch, wie viele gleichen der Martha! Wie viele verzehren sich in ihrer Vielgeschäftigkeit, sind von früh bis spät auf den Beinen, um für Jesus zu arbeiten. Es ist eine Hast und eine Unruhe, daß es traurig ist. Namentlich in den Festzeiten, besonders in der Weihnachtszeit, herrscht eine Geschäftigkeit und Betriebsamkeit, die ganz außerordentlich ist. So viele Vorbereitungen, so viele Zurüstungen, so viele Bescherungen – daß man kaum durch alle Arbeit durchkommt. Und wenn dann endlich Weihnachten vorüber ist, dann sagt man: »Ha, das war eine anstrengende Zeit! Gut, daß sie vorbei ist!« Man hat von dem Segen der Tage nichts gespürt. Über aller Arbeit für den Herrn hat man keine Zeit für Ihn selber gehabt. Nun ist die Festzeit vorbei – und man ist ungesegnet geblieben.

In wie vielen Häusern geht es so! Da meint man, zumindest vor den Festtagen müsse ein großer Hausputz vorgenommen werden. Das ganze Haus wird unter Wasser gesetzt, alle Möbel von ihrem Platze gerückt. Es ist eine tüchtige Arbeit. Aber man will doch gern zum Feste alles rein haben! *Alles* rein haben? Das Herz auch? Ach, dafür war über all der Putzerei keine Zeit. Seine Seele zu sammeln und zu rüsten, daß sie einen Segen empfangen könne, daran hat man nicht gedacht.

Merkt's euch doch, ihr Hausfrauen, daß man damit der armen Seele einen schweren Schaden zufügt, wenn die Vorbereitungen auf die Feiertage die innere Ruhe und Sammlung nicht nur beeinträchtigen, sondern geradezu völlig rauben. Und laßt auch ihr es euch gesagt sein, die ihr im Reiche Gottes eine Arbeit tut, ihr Pastoren und Stadtmissionare und Kinderkirchhelfer und Diakonissen, daß man so viel für Jesus tun kann, daß man endlich unwillig über alle Arbeit wird und dem Heiland Vorwürfe macht über die Plage, die man um Seinetwillen hat.

Bist du vielleicht auch in der Gefahr, dich in solche Marthasorgen zu verlieren? Der Feind tut alles mögliche, um uns um den Segen zu bringen, den der Herr uns geben möchte.

Wie oft ist es mir schon so gegangen, wenn ich in ein Haus kam! Dann wollte man der Freude über den Besuch dadurch Ausdruck geben, daß man trotz aller Bitten den Tisch deckte und Kaffee kochte und Kuchen holte und dergleichen. Und wenn ich dann ging, dann habe ich wohl sagen müssen: »Schade, ich hätte so gern mit Ihnen gesprochen; aber Sie waren ja immer in der Küche!«

Darum hüte dich vor den Marthasorgen!

3. *Ein ernster Tadel* wird Martha zuteil für ihre Geschäftigkeit am falschen Platz. Mahnend hebt der Meister den Finger auf und sagt: »Martha, Martha, du hast viel Sorge und Mühe; eins aber ist not. Maria hat das gute Teil erwählt, das soll nicht von ihr genommen werden.«

Martha hatte gedacht, der Herr würde sie loben, ihren Fleiß anerkennen und ihrer Schwester einen Verweis geben – nun ist sie es, die einen Tadel bekommt. Zweimal nennt Er ihren Namen, um sie recht zum Zuhören und Aufmerken zu veranlassen. So redet Er auch mit Petrus auf dem Wege nach Gethsemane: »Simon, Simon, siehe, der Satan hat euer begehrt, daß er euch möchte sichten wie den Weizen; Ich aber habe für dich gebeten, daß dein Glaube nicht aufhöre.« So redet der Herr vor den Toren von Damaskus mit dem Verfolger Seiner Gemeinde: »Saul, Saul, was verfolgst du Mich?«

Der Tadel des Herrn ist nie ungerecht. Er ist auch immer zart und mit einer Anerkennung verbunden. Wenn Er der Gemeinde zu Ephesus sagen will, daß Er etwas wider sie habe, so fängt Er damit an, daß Er alles aufzählt, was Er Gutes an der Gemeinde gefunden hat. »Ich weiß deine Werke und deine Arbeit und deine Geduld und daß du die Bösen nicht ertragen kannst; und hast versucht die, so da sagen, sie seien Apostel, und sind es nicht, und hast sie als Lügner erfunden; und verträgst und hast Geduld, und um Meines Namens willen arbeitest du und bist nicht müde geworden.« Was anerkannt werden kann, das hebt Er hervor. Er vergißt nichts, Er übersieht nichts. Aber dann fährt Er fort: »Aber Ich habe wider dich, daß du die erste Liebe verlässest.«

So übersieht Er auch die Arbeit nicht, die Martha tut. Er weiß, daß sie sich für Ihn so plagt und bemüht. Er hat es wohl gemerkt, wie sie für alles gesorgt hat, wie sie sich bemüht hat, es Ihm angenehm zu machen, Ihm das Beste vorzusetzen, was sie nur hatte. Aber Er will ihr auch zum Bewußtsein bringen, daß ihre Arbeit sie um den ganzen Segen dieses Besuches bringt, daß sie die kurzen Stunden des Beisammenseins nutzbringender verwenden könnte.

»Eins aber ist not. Maria hat das gute Teil erwählt, das soll nicht von ihr genommen werden.«

Das sind sehr klare Worte, und doch versteht man sie oft nicht, oder man will sie nicht verstehen. Martha bekommt einen Tadel, und Maria bekommt ein Lob. Aber das will man nicht gelten lassen. Man hält Martha für das Ideal weiblicher Geschäftigkeit und Pflichttreue, während Maria als das Bild andächtiger Vertiefung in das Wort Gottes aufgefaßt wird. Und dann heißt es, am besten sei eine Vereinigung und Verbindung von beiden. In einer »Pastoraltheologie in Versen«, die manches gute Wort enthält, findet sich auch dies Gedichtchen:

Ein Pfarrer in einem Dörfchen klein
tief im Gebirg, im Heideland,
wird balde doch vereinsamt sein,
wenn er als Weib eine Martha fand,

die nie ihm auf sein Geistesleben
verständnisvoll kann Antwort geben.
Dagegen die Marienseelen
lassen es oft im Hause fehlen;
und daß sein Haus in Verfall geraten,
bracht manchen Pfarrer in Not und Schaden.
Die rechte Pfarrersfrau ist die:
Martha und doch zugleich Marie.

Das ist ganz und gar gegen den Sinn dieser Geschichte. Und doch, wie oft hört man sagen: Nicht bloß Martha sein, aber auch nicht bloß Maria sein, sondern dem Wort zuhören wie Maria, und dem Hause vorstehen wie Martha, das ist das Rechte. Beides zusammen, das sei rechtes, wahres Christentum! Aber was sagt Jesus? »Maria hat *das* gute Teil erwählt.« Sie hat nicht *ein* gutes Teil erwählt, und Martha hat das andere gute Teil erwählt, oder Maria hat die eine Hälfte und Martha hat die andere Hälfte des guten Teiles erwählt, nein, Er sagt deutlich und bestimmt: »Maria hat *das* gute Teil erwählt.« Es gibt nur *ein* gutes Teil, und das hat Maria. Und Martha hat das gute Teil nicht.

Wenn man unbefangen diese Stelle liest, dann muß man zugeben, daß es so dasteht. Trotzdem stellt man sich gerne auf Marthas Seite, man baut »Marthaheime«, man gründet »Marthablätter« usw. Wie kommt das? Dieser Marthasinn steckt so tief in unserm Wesen, daß wir uns der Martha so nahe verwandt fühlen. Wie groß ist doch die Geschäftigkeit im Reiche Gottes, wie müht man sich, dem Heiland zu dienen! Auf alle mögliche Weise sucht man etwas für Ihn zu tun. Man baut schöne Kirchen und würdige Dome, man stattet die Gottesdienste mit allem möglichen Schönen aus, man macht in Gemeinschaften und Vereinen die größten Anstrengungen, um dem Herrn zu dienen – genau wie Martha. Darum kann man und will man nicht zugeben, daß Jesus sich auf die Seite der Maria stellt und der Martha einen ernsten Tadel zukommen läßt.

Wenn Jesus hier den Finger gegen Martha erhebt, so erhebt Er ihn zugleich auch gegen das vielgeschäftige christliche Wesen unserer Tage. Mit dem einfachen *Wort* glaubt man nicht mehr auskommen zu können. Man muß noch dies und das haben, um den Menschen das Christentum schmackhaft zu machen. Aber darüber kommt der Herr selber zu kurz. Ich vergesse nie, was ich einmal von dem seligen Missionsinspektor Fabri in Barmen hörte. Als er die jungen Missionare aussandte, sagte er ihnen zum Abschied: »Brüder, es kommt nicht darauf an, was der Herr *durch* euch tut, sondern was Er *in* euch tut.« Ein sehr wahres und weises Wort. Denn wer den Herrn wirklich in sich wirken läßt, durch den wird der Herr auch wirken können, denn der wird ein brauchbares Werkzeug in des Herrn Hand.

Erwähle das gute Teil wie Maria. Sonst sagt der Herr wie zu Ephesus: »Ich weiß deine Arbeit und deine Werke – aber Ich habe wider dich, daß du die erste Liebe verlässest.« Man kann für Jesus arbeiten und wirken und dabei die erste Liebe verlassen – und das ist Jesus selbst, der uns zuerst geliebt hat.

Die Sorge, daß Marienseelen unbrauchbar für die Arbeit seien und den Haushalt vernachlässigen, ist ziemlich unbegründet, wenn es eben wirkliche *Marien*seelen sind. Wenn Martha so aufgeregt war, daß Maria nicht mit zugriff, so kam der Ärger gewiß mit daher, daß sie es anders gewohnt war. Wäre Maria eine träge Person gewesen, die sich am liebsten der Arbeit entzog, dann hätte Martha das nicht besonders auffallend gefunden. Aber daß sie heute so untätig dasaß, das war ihr so merkwürdig, so ungewohnt, daß sie sich so erregte.

So sagt auch Pastor Stockmayer in dem kleinen, lesenswerten Heftchen »Martha und Maria«: »Marthadienst kann ein Herz nimmermehr stillen. Maria wird schon noch arbeiten – sei ganz unbesorgt, Martha! –, aber erst muß sie zu den Füßen Jesu die Kapitallektion lernen, daß sie eine unbrauchbare Magd ist, eine Magd, die ihrem Herrn nichts weniger als unentbehrlich ist. Sie wird auch arbeiten, aber sie ist zu demütig, um sich vorzudrängen. Wenn dann einmal ihr Meister sie einer Aufgabe würdigt, so wird sie dieselbe um so freudiger und bereitwilliger vollbringen, Ihn preisen für die Gnade, daß sie etwas für Ihn tun darf. Das ist Mariensinn und nicht etwa in süße Gedanken versunkene Untätig-keit.« – Zum Schluß wendet er sich dann an Hausfrauen und Mütter und sagt: »Und nun, meine Schwester, die du ein Hauswesen zu leiten hast und aus Erfahrung weißt, wieviel Schmerz und Weh die kleinen Widerwärtigkeiten des täglichen Lebens uns bereiten können, die du schon manches Jahr unter den Sorgen und Nöten, unter dem Druck und der Last einer Haushaltung einhergegangen bist, die du schon manchmal deine Seelenruhe und dein inneres Gleichgewicht verloren hast, weil dir die Arbeit über den Kopf wuchs, weil du nicht zur Zeit fertig wurdest, weil du es deinem Mann und deiner Familie nicht recht machen konntest, suche doch besser als Martha zu verstehen, was es heißt, Jesus ins Haus aufnehmen. Gib Ihm deine Entlassung als Herrin und lege die Zügel allzumal in Seine Hände, die allgemeine Leitung des Hauswesens sowohl als die Anordnungen und Einrichtungen im einzelnen und besonderen, um fortan Seiner Weisungen und Anordnungen gewärtig zu sein! Kommen Verwicklungen, so steht der Herr auf dem Plan und tritt ein. Bleibe nur Maria, so übernimmt der Herr alle Verantwortung! Er versteht alle Knoten zu lösen, wird alles in den rechten Gang und auf den rechten Fuß bringen, ohne daß du dich abhärmst. Wähle das gute Teil, das soll nicht von dir genommen werden!«

4. *Dunkle Wolken* umzogen bald darauf den Himmel des Glücks in dem trauten Heim der Geschwister in

Bethanien. Lazarus, der Bruder von Martha und Maria, würde krank. Unermüdlich und treu wird Martha den kranken Bruder gepflegt haben. Wie sorgsam holte sie alles herbei, wovon sie dachte, daß es dem Bruder eine Erquickung oder eine Erleichterung verschaffen könnte. Tag und Nacht sorgte sie gewiß in der rührendsten und aufopferndsten Weise für den Kranken. Aber alle ihre Bemühungen waren umsonst. Die Krankheit steigerte sich von Tag zu Tag. Das Fieber nahm immer mehr zu. Endlich war es nicht mehr zu verhehlen, daß der Zustand des Kranken äußerst bedenklich war.

Wir sehen, auch da, wo man den Herrn liebhat, gibt es dunkle Wolken. Wer da meint, Kinder Gottes gingen durch lauter Glück und Sonnenschein hindurch, der irrt sich sehr. Auch im Leben der Kinder Gottes gibt es Leiden und Trübsale, ja, es gibt sogar für gewöhnlich in ihrem Leben besonders viele Heimsuchungen. Noch immer gilt das alte Wort: »Welche Ich liebhabe, die strafe und züchtige Ich.« Gerade *weil* Er uns liebhat, darum schickt Er uns Trübsale und Leiden. Er braucht sie, um uns zu rüsten für die Herrlichkeit, die Er uns bestimmt hat. So wie ein Bildhauer dem Stein Schlag auf Schlag versetzt, weil er besondere Absichten mit ihm hat, weil er aus ihm ein Bild herausmeißeln möchte, so macht es auch unser Gott.

Wie der Goldschmied das edle Metall in den Tiegel tut, um es zu läutern und zu reinigen, so macht es auch der Herr. Der Prophet Maleachi sagt von Ihm: »Er wird sitzen und schmelzen und das Silber reinigen.«

Oft gibt es so viele Leiden im Leben der Gläubigen, daß es den Kindern der Welt seltsam und verwunderlich vorkommt. Sie meinen, wer so fromm lebe, der müsse doch auch besonders glatte und ebene Wege geführt werden. Sie meinen, die Nachfolge Jesu lohne sich nicht, wenn es nicht lauter gute Tage gebe. Sie wissen nichts davon, wie nötig der Herr die Leiden braucht, um uns zu erziehen, wie dringend wir der Leiden bedürfen.

Aber auch Kinder Gottes werden manchmal irre, wenn sie durch tiefe Täler und dunkle Wege gehen müssen. Von dem Psalmisten Asaph lesen wir, daß er fast gestrauchelt wäre, als er sah, wie gut es den Gottlosen ging, während die Gotteskinder, wie auch er selbst, viel Schweres durchzumachen hatten. Erst als er mit seinen Zweifeln an dem Walten Gottes ins Heiligtum ging und die trüben Gedanken betend vor dem Herrn niederlegte, da kam er wieder zurecht. Er sah nun das Ende an und wurde gewahr, daß die Gottlosen, so gut es ihnen auch im Leben gegangen war, doch ein Ende ohne Frieden fanden, während die Kinder Gottes heimgingen, wenn auch unter Tränen und Nöten, doch mit Friede und Freude.

Vielleicht hast auch du schon geklagt und geseufzt über soviel Schweres, das über dich kam. Denke daran, daß die Leiden die Meißelschläge deines himmlischen Bildhauers sind, wodurch Er Sein Bild bei dir ausgestalten will. Wenn du das bedenkst, dann wirst du nicht mehr seufzen und klagen, sondern du wirst dem Herrn auch für das Leid danken, weil auch das Leid ein Beweis Seiner Liebe ist.

> Unter Leiden prägt der Meister
> in die Herzen, in die Geister
> Sein allgeltend Bildnis ein.
> Wie Er dieses Leibes Töpfer,
> will Er auch des künftgen Schöpfer
> auf dem Weg der Leiden sein.

Halte still, wenn Er dich durch Leiden und Trübsale führt. Es ist und bleibt wahr: »Was Gott tut, das ist wohlgetan!« Er macht keine Fehler. Und wenn sich dein Himmel mit Wolken umzieht, so ist es gut für dich! –

Denke doch –:

> Wenn alles eben käme,
> wie du gewollt es hast,
> wenn Gott dir gar nichts nähme
> und gäb dir keine Last,
> wie wär's dann um dein Sterben,
> du Menschenkind, bestellt?
> Du müßtest ja verderben,
> so lieb wär dir die Welt!

5. *Die Botschaft.* Als die Krankheit des Lazarus einen immer gefährlicheren Charakter annahm, da schickten die beiden Schwestern eine Botschaft an Jesus. »Da sandten seine Schwestern zu Ihm und ließen Ihm sagen: Herr, siehe, den Du liebhast, der liegt krank« (Joh 11, 3).

Wenn beim ersten Besuch Jesu in Bethanien eine gewisse Spannung zwischen den beiden Schwestern geherrscht hatte, so war sie jetzt nicht mehr vorhanden. Die Mahnung Jesu: »Martha, Martha, du hast viel Sorge und Mühe! Eins aber ist not. Maria hat das gute Teil erwählt« war gewiß nicht ohne Wirkung geblieben. Martha hat gelernt das stille, sanfte Wesen der Maria mit andern Augen anzusehen. Sie hat nicht mehr über Zeitverlust gesprochen, wenn Maria dasaß, ins Lesen des Wortes Gottes oder ins Gebet vertieft, sie hat sich gewiß jetzt selber mehr Zeit genommen zu stillen Stunden. Und wenn doch noch ein Rest von Uneinigkeit vorhanden gewesen wäre, so wäre der jetzt beseitigt worden in den Tagen der Trauer. Nichts bindet so fest zusammen wie gemeinsames Leid. Wie viele Geschwister, die sehr verschiedene Wege gingen, sind schon wieder zusammengekommen durch das Leiden oder Sterben des Vaters oder der Mutter, von dem sie Zeugen waren. – So wird es auch in der Endzeit mit dem Volke Gottes gehen. Die Uneinigkeit, die jetzt vielfach zwischen den Gläubigen der verschiedenen Gemeinschaften herrscht, wird erst dann ganz schwinden, wenn die große Trübsal hereinbricht. Wenn die Verfolgung der Endzeit kommt, dann wird man nicht mehr sagen: »Ich bin kirchlich!« – »Ich bin freikirchlich!« – dann wird es *ein* Volk Gottes geben. Dann wird alles Trennende und Spaltende vergessen sein. Alle Schlacken werden abgeschmolzen im Feuer der Trübsale und der Leiden.

So hat das Leiden vielleicht auch mit dazu beigetragen, die Schwestern ganz zu vereinigen. Nicht Martha allein schickt Botschaft an Jesus, auch nicht Maria allein, sondern beide zusammen. Sie haben es zusammen beschlossen, sie führen es auch zusammen aus.

Und wie lautet die Botschaft? »Herr, siehe, den Du liebhast, der liegt krank.« Wie zart! Da ist kein ungestümes Fordern, da ist kein wildes Verlangen: Du *mußt* kommen! – Nur die einfache Meldung: »Herr, siehe, den Du liebhast, der liegt krank.« Wenn Er es nur weiß, dann ist es schon gut. Keine Bitte, kein Wunsch: Komm doch! Die einfache Mitteilung erscheint ihnen genug. Wenn Er kommen *kann,* dann *wird* Er kommen, das ist ihnen gewiß. Denn sie wissen, daß Jesus ihren Bruder Lazarus liebhat.

Ach, wie oft lauten unsere Bitten ganz anders, wenn wir in Not sind oder wenn wir an Krankenbetten sitzen! Wie ungestüm sind dann oft die Forderungen, auch von Kindern Gottes! Ja, der Mund betet vielleicht: Dein Wille geschehe! Aber das Herz schreit so laut dazwischen: Nein, nein, *mein* Wille geschehe! Ich kann nicht in diesen Verlust willigen, nein, Du *mußt* mir den Kranken noch lassen! O liebes Herz, so spricht niemand, der davon überzeugt ist, daß unser Gott allezeit Liebesgedanken und Friedensabsichten mit uns hat. So spricht nur einer, der Gott noch nicht als einen liebevollen Vater kennengelernt hat. Wer aber weiß, daß ein *Vater* über ihm waltet, der trotzt und fordert nicht mehr, der weiß:

Es kann mir nichts geschehen,
als was Er hat ersehen
und was mir selig ist.

Der verlangt nicht mehr: es muß so gehen, so will ich es
haben, sondern der legt sich mit seinen Hoffnungen und
Befürchtungen ganz still und ergeben in Gottes Hand
und sagt: »Herr, siehe, den Du liebhast, der liegt krank.«
Dann bleibt es ganz dem Herrn überlassen, wie Er es
machen will. Fehler macht Er ja nicht. Er allein weiß,
was für uns gut ist, was zu unserm Wohl und zu unserm
Heil gereicht. –

Der Bote, den die Schwestern zu Jesus geschickt
haben, kommt zurück. »Was hat Er gesagt?« Das ist die
Frage, womit sie ihn empfangen. »Er hat gesagt: Die
Krankheit ist nicht zum Tode, sondern zur Ehre Gottes,
daß der Sohn Gottes dadurch geehrt werde.«

Ein Seufzer der Erleichterung kommt da gewiß aus
ihren Herzen. »Gott sei Dank! Die Krankheit ist nicht
zum Tode! Hat Er das gesagt?« – »Ja, das hat Er gesagt!«
– »Oh, dann wird ja noch alles, alles gut!«

Aber die Krankheit läßt nicht nach, im Gegenteil, sie
nimmt immer mehr zu. Das sind bange Augenblicke, als
sie an dem Bett des Kranken sitzen und seinen Fieber-
phantasien lauschen. Wie ein Ertrinkender sich an einen
Strohhalm klammert, so klammern sie sich an das Wort,
das der Bote ihnen überbracht hat: »Die Krankheit ist
nicht zum Tode.« Sie sind davon überzeugt, daß der Herr
entweder kommen wird, um den Bruder zu heilen, oder
daß Er aus der Ferne ein Wort sprechen wird, um die
Krankheit zu bannen, wie Er es bei dem Knecht des
Hauptmanns getan hat. Aber Stunde um Stunde vergeht;
Jesus kommt nicht. Und kein Anzeichen von Heilung
und Hilfe!

Und dann geschieht das Unerwartete – Lazarus stirbt.
Sie meinen zunächst: Es kann ja nicht möglich sein. Und

doch ist es wahr. Der Atem setzt aus, das Herz stockt, die Augen brechen: Lazarus stirbt.

Jedes Sterben ist schwer. Aber doppelt schwer ist es, wenn man gar nicht daran gedacht hat, daß der Tod so nahe ist.

Hat Jesus das Wort gesprochen, um Hoffnungen zu erwecken, die sich nachher nicht erfüllten? Nein! Er hat das Wort ganz anders gemeint! Er hat es ja deutlich genug gesagt, daß durch diese Krankheit »der Sohn Gottes geehrt werde«. Er sah voraus, wie gehen würde. Er sah, daß Er hier das größte Wunder tun sollte, was Er je vor Menschenaugen getan hatte: daß Er hingehen sollte, um Lazarus aufzuerwecken aus dem Grabe. Aber die Schwestern hatten sich nur an die ersten Worte geklammert: »Die Krankheit ist nicht zum Tode.«

Wie wichtig ist es doch, daß man das Wort Gottes immer im Zusammenhang nimmt, daß man nicht ein Wort hervorhebt und das andere darüber vergißt, sonst kann man in eine falsche Richtung geraten!

Lazarus ist tot. Und nun kommt all die Arbeit, die ein Todesfall mit sich bringt, all die schmerzliche Arbeit, die doch gleichzeitig so wohltätig und so nötig ist, um das Herz von dem Verlust abzulenken, um es daran zu erinnern, daß es noch in der Welt ist und noch Pflichten und Aufgaben in der Welt hat. Und dann kommen die Besuche, die so gut gemeint sind und doch so furchtbar weh tun, weil jeder Besuch die Wunde wieder aufreißt, so daß sie aufs neue zu bluten anfängt. Da wird immer wieder nach den letzten Stunden und Augenblicken gefragt, und jedesmal, wenn das Bild der letzten Augenblicke vor die Seele tritt, kommt das Weh wieder mit erdrückender Wucht über das vereinsamte Herz, über das verwundete Gemüt. Und all die faden Redensarten, die bei solchen Anlässen gemacht werden! Wer den Quell des Trostes nicht kennt, wer nicht Jesus als den Tröster bringt, der sollte nicht versuchen, zu trösten.

Menschliche Worte verwunden nur, aber sie heilen nicht. »Menschen sind leidige Tröster«, wer hätte das nicht schon erfahren?

Und noch immer kommt Jesus nicht! Der Tag, die Stunde der Beerdigung kommt. Aber Jesus ist fern. Wie mögen die Schwestern nach Ihm ausgeschaut haben! Aber Er kommt nicht. Seine Stunde ist noch nicht gekommen.

Die schwere Stunde kommt, wo man den teuren, toten Leib aus dem Hause trägt, um ihn zur letzten Ruhe zu betten. Es tut den beiden wunden Herzen so wohl, die große Anteilnahme zu sehen, die ihnen von allen Seiten entgegengebracht wird. Aber der Eine, auf den sie gehofft haben, nach dem sie sich gesehnt haben, der Eine ist nicht gekommen.

Sie kehren zurück ins leere Haus. Wie einsam kommt ihnen das Haus vor! Wie öde erscheint ihnen ihr Leben! Es ist ihnen, als ob sie gar nichts mehr zu tun hätten auf der Welt. So ausschließlich waren die letzten Tage von der Pflege des Kranken in Anspruch genommen, daß ihnen die Tage, die Stunden so leer vorkommen, daß sie gar nicht wissen, was sie eigentlich tun sollen den ganzen langen Tag.

Wer hätte nicht schon ebensolche Erfahrungen gemacht, wenn der Tod in den Kreis seiner Lieben hineingegriffen und ihn so arm gemacht hatte!

Immer noch kein Wort von Jesus! Dachte Er nicht an sie? Hatte Er sie vergessen? Nein, Jesus hatte sie nicht vergessen! Ich bin gewiß, daß keine Stunde verging, wo Jesus nicht an sie dachte, wo Er nicht aufsah zu Seinem Vater und Ihn fragte: Soll Ich nicht hingehen? Und als keine Weisung von Gott kam, da erbat Er für sie Kraft und Trost von Seinem Vater. Im Geiste war Er bei ihnen. Aber selbst kommen, das konnte, das durfte Er noch nicht. Er mußte noch zwei Tage an dem Ort bleiben, wo Er war. – Unsere Uhr geht oftmals vor; wir können die

Zeit und Hilfe oft nicht erwarten. Aber der Herr weiß die rechte Zeit. »Wenn die Stunden sich gefunden, bricht die Hilf mit Macht herein; unser Grämen zu beschämen, wird es unversehens sein.«

Warte nur auf Ihn und Seine Hilfe! Er hat dich nicht vergessen! Sagt Er doch: »Kann auch ein Weib ihres Kindleins vergessen, daß sie sich nicht erbarme über den Sohn ihres Leibes? Und ob sie gleich sein vergäße, so will Ich doch dein nicht vergessen, spricht der Herr, *dein* Erbarmer!«

6. *Jesus kommt.* Endlich, endlich kommt diese ersehnte Kunde. Schnell wie immer eilt Martha hinaus vor den Ort, Jesus entgegen. Sie sieht Ihn, und ohne sich erst Zeit zu nehmen, Ihn zu begrüßen, klagt sie Ihm ihres Herzens Leid und Weh. »Herr, wärest Du hier gewesen, mein Bruder wäre nicht gestorben!« Man könnte das Wort fast für eine Anklage halten; aber gewiß ist es nur eine Klage in ihrem Munde gewesen, sonst würde ihr der Herr sicherlich eine andere Antwort darauf gegeben haben. Sie hat auch jetzt noch unbegrenztes Vertrauen zu Ihm, wie sich das auch in ihren folgenden Worten ausdrückt: »Aber ich weiß auch jetzt noch, daß, was Du bittest von Gott, das wird Dir Gott geben.«

Was bedeutet dies Wort? Manche verstehen es so, daß sie denken, Martha habe hier sagen wollen, es sei auch jetzt noch nicht zu spät zur Hilfe. Wenn Er wolle, könne Er Lazarus aus dem Grabe erwecken. Aber das stimmt doch mit ihren folgenden Worten nicht überein. Sie denkt doch nicht an eine sofortige Auferstehung, sondern, wie sie sagt, an eine Auferstehung am Jüngsten Tage. Und als nachher Jesus an das Grab des Bruders tritt und es zu öffnen befiehlt, da ist es Martha, die Ihm wehren will. Darum haben wir diese Worte wohl so zu verstehen, daß Martha sagen will: Herr, wärest Du hier gewesen, so wäre mein Bruder nicht gestorben. Aber darum ist mein Vertrauen zu Dir doch nicht erschüttert.

Ich bin nach wie vor davon überzeugt, daß Du alles von Gott bekommen kannst im Gebet, wenn Du uns auch diesmal nicht hast helfen können oder wollen!

Wenn wir das Wort so verstehen, dann paßt es mit ihren folgenden Worten ganz gut zusammen.

»Herr, wärest Du hier gewesen, mein Bruder wäre nicht gestorben!« Wie oft bewahrheitet sich dieses Wort, auch heute noch! Warum sterben und verderben so viele? Weil Jesus nicht da ist! Wenn Jesus der Herr und Gebieter wäre, so mancher ginge nicht zugrunde! Wenn der Arzt den Totenschein schreibt, dann muß er auch die Todesursache angeben. Er schreibt das, was vor Augen ist. Aber in wie vielen Fällen müßte die Ursache des Todes lauten: Er starb an Heilandslosigkeit. Ach, wie groß ist in unsern Tagen die Zahl derer, die Hand an sich selber legen! Sie haben irgendeine Schuld auf sich geladen, und sie fürchten sich nun vor der Entdeckung und vor der Strafe, oder sie haben irgendeine Krankheit, die sie quält, die unheilbar ist – da greifen sie zum Revolver oder zum Gift, oder sie öffnen den Gashahn, um ihrem Leben ein Ende zu machen. Wenn sie zum Heiland gekommen wären, wenn der Heiland Platz gehabt hätte in ihrem Leben, sie hätten nicht zu sterben brauchen! Denn Er hat Gnade für jede Sünde. »Das Blut Jesu Christi, des Sohnes Gottes, macht uns rein von aller Sünde.« Und auch in Krankheiten und Schmerzen und Leiden will Er uns nahe sein und uns Seine Herrlichkeit offenbaren. Niemand braucht den Weg des Judas zu gehen! Niemand braucht zu denken, daß seine Sünde zu groß sei, als daß sie ihm vergeben werden könnte! Wir haben einen großen Heiland.

Wenn Er nur in allen Häusern und Herzen zu finden wäre!

Warum gibt es soviel Elend und Herzeleid in deinem Hause, in deiner Ehe? Nicht wahr, weil Jesus nicht da ist? Wenn Jesus da wäre, dann würde es bei euch gut sein, auch in Tagen der Trauer und der Tränen. Aber wo Jesus nicht ist, da ist es trüb und traurig, da ist es hoffnungslos und zum Verzweifeln. Ja, wenn ich daran denke, wieviel Schweres das Leben mit sich bringt, wieviel schmerzliche Erfahrungen, wieviel Enttäuschungen und Verluste, dann wundere ich mich, daß die Zahl der Selbstmorde nicht noch größer ist, als sie jetzt schon ist. Denn ein Leben ohne Jesus ist so armselig, so jämmerlich. Das weiß ich von mir selber aus den Jahren, als ich Ihn noch nicht kannte, als Er noch nicht mein Glück und mein Friede geworden war.

Ist Jesus in deinem Hause, in deinem Leben? Ist Er in deiner Ehe und in deinem Beruf?

Als Jesus sieht, wie fest Martha Ihm vertraut, auch jetzt, wo der Schein, wenn ich so sagen darf, gegen Ihn ist, da spricht Er zu ihr das Wort: »Dein Bruder soll auferstehen!«

Wo der Herr Vertrauen findet, da kann Er sich weiter offenbaren; aber wo es am rechten Vertrauen fehlt, da kann Er nichts tun. So ging es Ihm in Nazareth, in Seiner Heimat. »Er konnte daselbst nicht eine einzige Tat tun, außer: wenig Siechen legte Er die Hände auf und heilte sie« (Mk 6, 5). Wenn dein Leben arm ist an Offenbarungen Seiner Gnade und Seiner Herrlichkeit – kommt es dann nicht daher, daß du Ihm so wenig zutraust? Habe Vertrauen zu Ihm, und Er wird dich mit weiteren Offenbarungen segnen können. –

Martha versteht das Wort in seinem tiefsten Sinne nicht. Darum antwortet sie: »Ich weiß wohl, daß er auferstehen wird in der Auferstehung am Jüngsten Tage.«

Jetzt spricht Jesus das königliche Wort: »Ich bin die Auferstehung und das Leben; wer an Mich glaubt, der wird leben, ob er gleich stürbe, und wer da lebt und glaubt an Mich, der wird nimmermehr sterben.«

Wie viele haben sich an diesem Wort schon aufgerichtet, wenn sie tief gebeugt an Särgen und Gräbern standen! Wie viele haben schon aus diesem Worte Trost und Kraft geschöpft und es erfahren, daß die Worte Jesu Leben und Geist sind! Und dies wunderbare Wort hat der Herr zuerst an Martha gerichtet.

Es zu verstehen, dazu gehört ein ganzes Leben, dazu gehört eigentlich das Sterben selbst. Wer an Ihn glaubt, der hat das Leben, das ewig ist. Und das kann auch durch den zeitlichen Tod nicht beeinträchtigt und gestört oder gar aufgehoben werden. Ja, für den Gläubigen ist der Tod überhaupt kein eigentliches Sterben mehr, es ist ein Heimgehen in Seine Herrlichkeit und in Seinen Frieden. Wer im Glauben an Christus lebt, der kann singen und sagen:

> Jesus lebt, nun ist der Tod
> mir der Eingang in das Leben.
> Welchen Trost in Todesnot
> wird Er meiner Seele geben,
> wenn sie gläubig zu Ihm spricht:
> Herr, Herr, meine Zuversicht!

Aber wer so sprechen will, der muß schon hier im Leben erfahren haben, daß Jesus die Auferstehung und das Leben ist. Wer nicht *hier* schon auferstanden ist aus dem Grab der Sünden und das neue Leben in der Gemeinschaft des Herrn kennengelernt hat, der wird *dereinst* nicht teilhaben an der Auferstehung des Lebens.

Ist Jesus *dein* Leben geworden? Wer das weiß, dem ist der Tod kein König der Schrecken mehr, dem ist er ein Freund, der ihn heimgeleitet aus der Wüste nach Kanaan, aus der Pilgerschaft in die Heimat, aus der Fremde ins Vaterhaus. –

Wenn das Wort aber so unerschöpflich tief und herrlich ist, dann ist es kein Wunder, daß Martha es nicht ganz verstand. Aber als Jesus sie nun fragte: »Glaubst du das?« – da gab sie die Antwort: »Herr, ja, ich glaube, daß

Du bist Christus, der Sohn Gottes, der in die Welt gekommen ist.«

Ein herrliches Bekenntnis, ähnlich dem Bekenntnis des Petrus: »Herr, wohin sollen wir gehen? Du hast Worte des ewigen Lebens, und wir haben geglaubt und erkannt, daß Du bist Christus, der Sohn des lebendigen Gottes.« Überhaupt hat Martha in ihrem Charakter manche Ähnlichkeit mit Petrus. Sie ist genauso tatkräftig und energisch wie er; sie ist auch ebenso schnell fertig mit ihren Worten wie er. So ist ihr selber die ganze Tragweite und Bedeutung ihres Bekenntnisses vielleicht nicht bewußt gewesen. Es gibt eben solche Naturen, deren Bekenntnis oft dem wirklichen Verständnis weit vorauseilt. Es ist, wenn ich so sagen darf, etwas Prophetisches in ihrem Wesen. Auch die Propheten haben manches Wort gesprochen im Heiligen Geist, über dessen Bedeutung sie sich selber nicht klar waren. –

Jesus bricht das Gespräch ab. Er gibt ihr den Auftrag, ihre Schwester Maria zu rufen. Gewiß hätte Martha gern noch länger mit dem Herrn geredet; aber Sein Gebot beendet das Gespräch. Warum bricht Jesus wohl gerade jetzt das Gespräch ab? Weil Er Martha helfen will, zu erkennen, wieviel von Ihrem Bekenntnis bei ruhigem Nachdenken und bei nüchternem Erwägen als ihr wirklicher Besitz übrigbleibt.

Wenn das Bekenntnis deines Mundes auch noch so entschieden ist, es kommt doch darauf an, daß es sich mit deinem Leben und Wandel deckt. Ein Bekenntnis, dem die Bewährung im Leben fehlt, ist nicht nur wertlos, nein, es ist sogar schädlich und gefährlich. Bedenke einmal, ob du nicht mehr *sagst*, als du *lebst*, ob zwischen deinen Worten und deinen Werken ein Gegensatz ist, oder ob Wort und Werk miteinander übereinstimmen.

Martha ist gehorsam. Wenn ihr auch in diesem Augenblick der Gehorsam vielleicht nicht ganz leichtfällt, so ist sie dennoch gehorsam. Der Herr hat es sie geheißen, da geht sie eilends hin, um ihre Schwester zu benachrichtigen. Es gibt Christen, die können das noch nicht. Sie können nicht unter allen Umständen gehorsam sein. Da ist etwa eine Versammlung, und es wäre sehr schön, der Versammlung beizuwohnen. Aber Gott gibt einen andern Auftrag. Er gebietet vielleicht, still bei einem Kranken zu sitzen oder gar eine Arbeit im Haus zu tun, die getan werden muß. Das will man nicht. Da sagt man, um der Sache ein christliches Mäntelchen umzuhängen: »Ich habe keine Freudigkeit dazu!« Aber das ist nur eine Redensart; die Wahrheit ist: man hat keine Lust, jetzt zu gehorchen, weil man das andere lieber tut. Wir sollten von Martha lernen und gehorsam sein unter allen Umständen. Willst du das?

7. *Am Grabe.* Martha richtet den Auftrag aus, den Jesus ihr gegeben hat; sie eilt, um Maria von der Ankunft des Herrn zu benachrichtigen. Sie sagt es ihr heimlich, um ihr zuerst ein Beisammensein mit Ihm zu ermöglichen, ohne daß die Juden als Zeugen dabei wären, die gekommen waren, um sie zu trösten.

Welch zarte Rücksichtnahme spricht doch daraus! Wir sehen, Martha ist nicht mehr dieselbe, die sie damals war, als Jesus zum erstenmal unter ihr Dach kam. Jetzt achtet sie die stille Art der Schwester, ja, sie sucht sie in ihrem Verlangen nach stillem Alleinsein mit dem Herrn zu unterstützen und ihr zu helfen. Aus diesem kleinen Zug können wir sehen, daß Jesus Sein Werk in ihrem Herzen tat und daß Er auch mit Martha zum Ziel kommt.

Wie wird dieser kleine Dienst der Schwester wohlgetan haben! Gewiß hat ihr Maria mit einem gütigen Blick dafür gedankt, und das war Martha Lohn genug. Denn an die Stelle des gespannten, eifersüchtigen Verhältnisses von früher war jetzt herzliche Liebe getreten.

So ein freundliches Wort, so ein kleiner Liebesdienst, das sind sehr geringe Sachen. Und doch, was können solch kleine Dienste für große Freude und tiefe Dankbarkeit hervorrufen! Bist du auch darauf bedacht, durch liebevolles Eingehen auf die Art des andern ihn zu erfreuen und ihn zu gewinnen? O wie manche Frau läßt es daran fehlen! Wie mancher Mann könnte gewonnen werden, wenn die Frau darauf bedacht wäre, ihm durch solche Kleinigkeiten den Beweis zu liefern, was Jesus aus einem selbstsüchtigen Herzen machen kann!

Über die Begegnung der Maria mit Jesus haben wir ein anderes Mal zu reden, wenn wir das Bild der Maria einer eingehenden Betrachtung unterziehen. Hier wollen wir nur das Bild der Martha zeichnen. Und sie hielt sich bei dem Zusammentreffen ihrer Schwester mit Jesus still im Hintergrund. Erst als Jesus gefragt hatte: »Wo habt ihr ihn hingelegt?« und als man sich anschickte, zum Grabe zu gehen, schloß sie sich dem kleinen Zuge an.

Aber wie erschrak sie, als Jesus, am Grabe angelangt, den Befehl gab: »Hebt den Stein ab!« Sie weiß nicht, daß Jesus ohne Verzug ans Werk gehen und den Bruder auferwecken will; sie meint, Er wolle den verstorbenen Freund noch einmal sehen, noch einmal die teuren Züge des Entschlafenen anschauen. Und da glaubt sie, daran erinnern zu müssen, daß er schon vier Tage im Grabe lag und bereits eine Beute der Verwesung geworden ist.

Hier wird offenbar, daß ihr schönes Bekenntnis doch ihrem wirklichen Verständnis weit vorausgeeilt war. Sie denkt gar nicht daran, daß Jesus hier ein Wunder zu tun beabsichtigt. Darum denkt sie in ihrer praktischen Art, Ihn darauf hinweisen zu müssen, daß das Grab nicht mehr geöffnet werden darf. Sei unbesorgt, Martha! Jesus macht keine Fehler! Er weiß, was Er tut; du brauchst Ihn nicht zu belehren und zu korrigieren!

Jesus wandte sich zu ihr um. »Habe Ich dir nicht gesagt, so du glauben würdest, du solltest die Herrlichkeit Gottes sehen?«

Sie hat wohl geglaubt, daß Jesus ihren Bruder auferwecken würde, aber jetzt noch nicht, erst am Tage der

Auferstehung aller, die in den Gräbern liegen. Das weiß sie ja aus ihrer Bibel, daß Hiob an eine Auferweckung geglaubt hat. Sie kennt ja sein Wort. »Ich weiß, daß mein Erlöser lebt, und Er wird mich hernach auferwecken aus dem Staube« (Hiob 19, 25). Und auch im Buch Daniel hat sie es gelesen, daß die vielen, die unter der Erde liegen, aufwachen werden, etliche zum ewigen Leben, etliche zu ewiger Schmach und Schande (Dan 12, 2). An eine künftige Auferstehung glaubt sie, weil das in der Bibel steht; aber *jetzt* hält sie eine Erweckung nicht für möglich. Aber ob es jetzt schwerer war, den Toten zu erwecken als am Jüngsten Tage? Gewiß nicht. Es ist nach menschlichen Begriffen jetzt geradeso unmöglich wie später. Aber für den wahren Glauben gibt es eben keine Unmöglichkeiten. »Alle Dinge sind möglich dem, der da glaubt.« Wenn wir dem Herrn nur mehr zutrauten, so würden auch wir mehr von der Herrlichkeit Gottes sehen. Daß das Leben von Kindern Gottes oft so arm und kümmerlich ist, kommt allein daher, daß sie dem Herrn so wenig zutrauen. Wer dem Herrn z. B. nicht zutrauen kann, daß Er ihn löst von seiner Gebundenheit, der wird auch nicht davon loskommen, das ist gewiß. Wer dem Herrn nicht zutraut, daß Er helfen kann, der wird auch schwerlich Seine Hilfe erfahren.

Bei andern Wundern, die Jesus tat, konnte Er sagen: »O Weib, dein Glaube ist groß! Dir geschehe, wie du willst!« Das konnte Jesus hier nicht sagen, wenigstens nicht im Blick auf Martha. Nicht um ihretwillen hat Er das Wunder getan, sondern um die Herrlichkeit Gottes zu offenbaren, um den zahlreich versammelten Juden einen Beweis zu geben von der Macht und Majestät Gottes.

So ruft Er denn in das geöffnete Grab hinein: »Lazarus, komm heraus!« Und siehe da, das Unerhörte geschieht: In den toten Leib, der schon die Spuren der Verwesung trägt, kehrt das Leben zurück. Langsam richtet der Tote sich auf und erhebt sich. Aber es ist für ihn mühsam, sich zu bewegen, weil die Leichentücher ihn aufhalten und behindern. Darum gebietet Jesus: »Löset ihn auf und laßt ihn gehen!«

Sicher sind da die beiden Schwestern zu Jesu Füßen niedergesunken, um Seine Knie in heißer Dankbarkeit zu umklammern! Es war ja so unerhört, so wunderbar, was hier geschah! Ihr Bruder lebendig! Erweckt durch ein Wort aus dem Munde des Meisters! Das war fast zu wunderbar, um es glauben zu können. Aber da sahen sie den Toten vor sich, wie er um sich blickte, um sich klarzumachen, was hier eigentlich vorging. Sich ihm zu nahen, das wagten sie nicht, aber Jesu Knie umklammerten sie in tiefster Bewegung.

Gewiß hat diese Tat Jesu den letzten Rest des alten Wesens der Martha beseitigt. Gewiß hat sie nach diesem Beweis Seiner Macht gelernt, Ihm alles zuzutrauen. Haben doch viele Juden, die Zeugen dieser Tat des Herrn waren, sich nicht länger widersetzen können; sie mußten an Ihn glauben. Dieses Wunder zerstreute alle ihre Bedenken und Zweifel.

Aber freilich, dieses Wunder, das manchen die Augen öffnete, daß sie zum Glauben kamen, das verschloß die Augen der andern nur um so mehr. »Und von Stund an beratschlagten sie, wie sie Ihn töteten.« –

Noch einmal wird uns Marthas Name genannt. Bei dem Gastmahl, das etliche Freunde des verstorbenen und auferweckten Lazarus veranstalteten, um sich mit ihm über das wiedergeschenkte Leben zu freuen, da ist Martha wieder die geschäftige Dienerin, genau wie bei dem ersten Besuch. Gewiß wird uns das nicht ohne Absicht gesagt. Wir finden sie unter genau denselben Verhältnissen wie das erstemal, aber doch jetzt ganz anders. Wieder hilft Maria ihr nicht. Wieder hat Maria ganz andere Dinge, an die sie denkt; aber kein Wort des Vorwurfs kommt über Marthas Lippen. Sie ist eine andere geworden in der Schule des Herrn. Als Maria die teure Narde nimmt und damit die Füße Jesu salbt, da hätte Martha sicher in früherer Zeit dem Judas zugestimmt, der darüber schalt, daß man das Geld dafür nicht lieber den Armen gegeben hat. Gewiß wäre ihr früher eine solche Handlungsweise auch als törichte Schwärmerei vorgekommen; aber nun ist sie zufrieden und ganz still.

Jesus ist mit Martha zum Ziel gekommen. Sie hat sich etwas sagen lassen. Wird Er mit dir auch zum Ziel kommen? Läßt du dir etwas sagen? Wenn Er dir etwas sagt, bist du dann bereit, zu gehorchen? Der Herr helfe all den unruhigen Marthaseelen unter den Lesern, daß sie zur Ruhe kommen in Jesus! Denn es steht geschrieben, daß, wer zu Ihm kommt, *Ruhe* finden wird für seine Seele.

Maria von Bethanien

Mit dem Bild der Martha, das wir betrachtet haben, gehört das Bild ihrer Schwester Maria aufs engste zusammen. Wir haben wohl schon einiges auch von ihr gesagt, als wir von der älteren Schwester sprachen; aber es wird sich doch lohnen, wenn wir noch länger bei ihrem Bild verweilen.

1. *Zu des Heilands Füßen.* Das erste Wort, das uns von ihr berichtet wird, lautet. »Und Martha hatte eine Schwester, die hieß Maria; die setzte sich zu Jesu Füßen und hörte Seiner Rede zu.«

Was für eine Freude mag Maria empfunden haben, als der große Prophet, der in Israel aufgestanden war, unter ihrem Dach einkehrte! Nun konnte sie Ihn nach allem fragen, was ihr in Seiner Predigt dunkel geblieben war. Jetzt konnte sie Antwort auf alle Fragen erhalten, die sie beschäftigten. Es war doch etwas ganz anderes, Ihn für sich allein zu haben, als unter den vielen Zuhörern zu sitzen und Seiner Rede zu lauschen.

Darum dachte sie: Diese Stunde des Zusammenseins muß ausgekostet und genutzt werden! Und so setzt sie sich zu den Füßen des Meisters und hört Seiner Rede zu.

Wie wichtig ist das doch, daß man solche Gnadenstunden auskostet! Während Martha ab und zu geht, um die Vorbereitungen für ein Festmahl zu treffen, sitzt Maria und lauscht, was der Meister sagt. Sie wird nicht müde, zu fragen, und Er wird nicht müde, zu antworten. Wie gern redet Er mit jemandem, der Hunger und Durst nach Seinem Wort hat! Da wird Ihm die Zeit nie zu lang, da ist Ihm keine Stunde zu spät. Er hat für den Nikodemus auch Zeit in der Nacht. Was für eine Freude für den Herrn, wenn Er einen Menschen findet, der begierig ist, sich von Ihm füllen zu lassen mit himmlischen Segnungen!

Bist du so eine Maria? Sitzt du auch gern zu Seinen Füßen, um Ihm zuzuhören? Oder verlierst du die Zeit an die Nichtigkeiten des Lebens? Ach, wie viele Menschen gibt es, auch unter den Gläubigen, die ihre Zeit mit lauter Nichtigkeiten verzetteln! Sie reden vom Essen und Trinken oder von einem neuen Kleid mit einer solchen Ausführlichkeit und Wichtigkeit, als ob Leben und Seligkeit davon abhingen. Sie sprechen von geringfügigen Dingen mit einem solchen Aufwand von Worten, daß man wohl denkt: das wäre einer besseren Sache würdig! Machst du es auch so? Die Zeit ist so kurz und so kostbar – da sollte man doch die Sorge für den Leib und was man essen und was man anziehen soll – nicht soviel Raum und Zeit wegnehmen lassen. Man sollte doch mehr für seine Seele sorgen und an die Ewigkeit denken.

Warum ist das Leben so vieler Kinder Gottes so ungesegnet und so unfruchtbar? Weil sie sich so wenig Zeit nehmen, sich zu des Heilands Füßen zu setzen. Je mehr Anforderungen das Leben, auch das christliche Leben, an uns stellt, um so mehr sollten wir uns Zeit nehmen für vertraute Zwiesprache mit dem Herrn. Da liegen die Wurzeln unserer Kraft. Da bekommen wir die Ausrüstung für unsern Dienst; nur dann kann Jesus *durch* uns etwas ausrichten, wenn Er *in* uns Sein Werk tun kann.

Denn das Wort ist eine Gotteskraft. Darum – je weniger Zeit ein Christ für seine Bibel hat, um so weniger Kraft hat er auch. Daher so viel armseliges, klagendes, zagendes Christentum, daher so wenig Sieger- und Überwinderkraft, weil man es hier fehlen läßt. Für alles hat man Zeit in unsern Tagen; für alle möglichen Fragen interessiert man sich. Aber für die Bibel, für das Wort Gottes, das unsere Seele nährt und stärkt, dafür bleibt keine Zeit. Das ist ein tiefer Schade. Ich erschrecke, wenn ich sehe, wie groß auch in christlichen Kreisen die Unkenntnis in bezug auf die Bibel ist, wie wenig man mit dem Wort Gottes vertraut ist.

Und wie es bei den einzelnen ist, so ist es auch bei christlichen Vereinen. Auch da wird vielfach neben das Wort, ja an die Stelle des Wortes so vieles andere gesetzt, daß das Wort seine Bedeutung verliert. Wie kann man da erwarten, daß innerhalb der Kirche das Reich Gottes gebaut wird, wenn man dem Worte nicht den Platz läßt, der ihm gebührt? Da wird nach wissenschaftlichen Erkenntnissen gefragt, da werden Spiele gemacht, da werden Vorträge gehalten über dies und das, so daß für das Wort Gottes kaum Zeit bleibt. Wenn man es vielleicht auch nicht völlig abschafft, so wird es doch sehr eingeschränkt und geringgeachtet.

Wenn wir der Welt Konkurrenz bieten wollen mit Vergnügungen und dergleichen, dann werden wir doch immer zu kurz kommen; denn die Welt hat ganz andere Vergnügungen und Lockungen, als sie die christliche Kirche bieten kann. *Unsere* Macht ist das *Wort*. Das Wort ist stark genug, auch die härtesten Herzen zu zerbrechen, auch die größten Bollwerke zu zersprengen. Laßt uns dem Wort nur mehr zutrauen, laßt uns dem Wort *alles* zutrauen. Und wir werden siegen auf der ganzen Linie!

2. *Unrecht leiden und stille sein,* das ist das zweite, was wir von Maria von Bethanien lernen können.

Als Martha sich so bemühte, dem Herrn ein festliches Mahl zuzurichten, da saß Maria still zu des Heilands Füßen und rührte sich nicht. Martha hätte wohl auch gern so zugehört, aber sie glaubte, keine Zeit dazu zu haben. Mit allerlei Zeichen sucht sie Marias Aufmerksamkeit auf sich zu lenken, wenn sie ins Zimmer tritt oder aus dem Zimmer hinausgeht. Aber Maria ist so hingenommen von ihrem Meister, daß sie für niemand anders Augen hat als für Ihn. Sie beachtet die Winke der

Schwester nicht. Da kann sich Martha endlich nicht mehr zusammenreißen; mit hochrotem Antlitz, in größter Erregung sprudelt sie ihren Vorwurf heraus: »Herr, fragst Du nicht danach, daß mich meine Schwester läßt allein dienen? Sage ihr doch, daß sie es auch angreife!«

Wie unzart, so ihrem Ärger Luft zu machen, obendrein in Gegenwart des Herrn! – Was wird Maria jetzt tun? Jetzt wird Maria gewiß entrüstet aufbegehren und der Schwester eine heftige Antwort geben. Ja, das hättest *du* vielleicht getan! Aber Maria tut das nicht. Sie hört den Vorwurf an und – schweigt. Sie blickt zu Jesus auf. Es ist ja nicht ihre Sache, sich zu verteidigen, sondern Seine Sache. Und er übernimmt denn auch ihre Verteidigung und spricht: »Martha, Martha, du hast viele Sorg und Mühe; eins aber ist not! Maria hat das gute Teil erwählt, das soll nicht von ihr genommen werden.«

Wie gut, daß Maria schwieg! Hätte sie geantwortet, so hätte es einen regelrechten Zank zwischen den beiden Schwestern gegeben. Das ist nun vermieden; denn zum Zanken gehören immer zwei.

Hier haben wir etwas Wichtiges zu lernen. Nämlich, daß wir unsere Sache, wenn wir angegriffen werden, getrost dem Herrn überlassen dürfen. Wir brauchen uns nicht selbst zu verteidigen und unser Recht zu suchen. Wir haben in Jesus einen Rechtsanwalt, dem wir alle diese Sachen übergeben dürfen. Wenn sich im gewöhnlichen Leben jemand einen Rechtsanwalt genommen hat, dann gibt er ihm die ganze Sache in die Hand. Der Rechtsanwalt führt den Prozeß. Er versteht sich viel besser darauf als der, der den Prozeß hat. Der kennt die Paragraphen des Gesetzes nicht so, der kann die Sache nicht so ins Licht stellen, der kann nicht so fließend reden – darum vertraut er sich völlig dem Rechtsanwalt an. Er weiß dann: meine Sache ist in guten Händen.

Nun, in bessere Hände kannst du deine Sache niemals legen, als wenn du sie in die Hände des Herrn gibst. Wirst du angegriffen, wirst du verleumdet, wirst du verdächtigt, dann sage es Jesus! Er will deine Sache führen. Er will dein Rechtsanwalt sein. Das ist biblisch. Im 1. Johannesbrief heißt es. »Wir haben einen Fürsprecher bei dem Vater.« Das kann man auch übersetzen. »Wir haben einen Rechtsanwalt.«

Als ich einst auf einer Konferenz diese Wahrheit aussprechen hörte, da habe ich begriffen, daß wir es nicht nötig haben, selber unsere Sache zu führen und uns zu verteidigen, sondern wir dürfen alles dem Herrn anbefehlen. Wie habe ich mich früher bemüht, wenn es sich darum handelte, eine gerechte Sache zu verfechten! Und wie traurig war ich, wenn ich es erlebte, daß das Unrecht siegte! Ich weiß, daß ich in früherer Zeit manche Nacht nicht geschlafen habe, wenn mir oder andern Gläubigen irgendein Unrecht geschah. Das ist nun überwunden: Ich habe einen Rechtsanwalt. Sobald ich angegriffen oder verleumdet werde – und welchem Christen passierte das nicht? –, sage ich es Jesus. Ich zeige Ihm den Brief und sage Ihm: »Herr, diesen Brief habe ich bekommen. Sieh, wie ich darin gescholten und geschmäht werde! Herr Jesus, Du bist mein Rechtsanwalt; ich gebe Dir diese Sache in die Hand. Bitte, führe Du meine Sache, und bringe Du mein Recht hervor wie den Mittag! – So, nun habe ich's Dir gesagt, nun werde ich mich nicht mehr darum kümmern. Meine Sache ist nun Deine Sache!«

Und dann bin ich ganz gelassen. Habe ich ein gutes Gewissen, dann brauche ich mich doch nicht zu beunruhigen und zu erregen. Es wird die Stunde kommen, wo der Herr dem Kinde Gottes, das fälschlich angegriffen wird, Seine Zusage einlöst: »Siehe, Ich will sie dazu bringen, daß sie kommen sollen und niederfallen zu deinen Füßen und erkennen, daß Ich dich geliebt habe« (Offb 3, 9).

In manchem Falle habe ich es schon buchstäblich erfahren, daß diejenigen, die schlecht von mir geredet oder geschrieben hatten, kamen und sich entschuldigten und Abbitte taten. Manche sind noch nicht gekommen; aber ein Prozeß dauert beim Gericht ja auch manchmal lange. So hat der Rechtsanwalt Jesus mit manchem Menschen viel Mühe, bis er sein Unrecht eingesehen hat und bereit ist, es einzugestehen. Aber ob das lange oder kurze Zeit dauert, hier sagt der Herr: »Ich will sie dazu bringen.« Er wird es auch tun.

Wer Jesus als seinen Rechtsanwalt kennt, der ist ein glücklicher Mensch! Der hat manchen Kummer und manchen Verdruß nicht, mit dem andere sich tragen. Willst du Ihn nicht auch zu deinem Rechtsanwalt machen? Schon im Alten Bund steht das Wort: »Jehova wird für euch streiten, und ihr werdet stille sein.« Eine köstliche Erlaubnis! Und Josaphat hat es wirklich so erfahren, buchstäblich erfahren, daß Jehova selber für ihn stritt (2 Chr 20). –

Und hat Jesus es uns nicht vorgelebt? Wie hat man Ihn gescholten und verfolgt! Und was hat Er getan? »Er schalt nicht wieder, da Er gescholten ward; Er drohte nicht, da Er litt; Er stellte es aber Dem anheim, der da recht richtet« (1 Petr 2, 23).

Nun, das können wir auch. Und das wollen wir auch. Dann sind wir ganz getrost. Dann brauchen wir unserm Gott nicht etwas wegzunehmen, wovon Er gesagt hat, daß es Ihm gehöre. Er sagt doch: »Die Rache ist *Mein*; Ich will vergelten!«

Ja, das sagt Gott. Aber wer denkt daran, und wer handelt danach?

Aber, wenn auch andere nicht danach handeln, dann wollen *wir* es wenigstens tun! Wir wollen nicht sagen: *der* macht es auch so – *die* sind auch zum Schiedsmann gegangen – *der* hat sich auch an die Polizei gewandt! Nein, damit wollen wir uns nicht trösten. Wir wollen dem Wort Gottes gemäß handeln und wandeln.

Damit haben wir auch die Antwort auf die Frage, wie

man das denn lernen könne, still und ruhig zu werden, wenn man angegriffen wird. Wie hat Maria das fertiggebracht? Sie hat dem Wort Jesu zugehört; sie war nahe beim Herrn. Da lernt man es, stillzuschweigen, wie Er schwieg; zu leiden, wie Er litt.

Wer das Wort Gottes liebt und liest, wer mit dem Herrn Umgang hat im Gebet, dem kommt es nicht schwer vor, stillzuschweigen, sondern dem erscheint es je länger je mehr als ganz selbstverständlich, und er wundert sich nur, daß es gläubige Christen geben kann, die noch so auf ihrem Recht bestehen, die sich so eifrig verteidigen, anstatt die Verteidigung dem Herrn zu überlassen.

Wann war David am größten? Wo glich er am meisten dem Herrn Jesus? Als Simei ihn schimpfte und ihn mit Schmutz bewarf, und als David sagte: »Laßt ihn fluchen; der Herr hat's ihn geheißen!« Wenn das ein Mann aus dem Alten Bund fertigbrachte, dann sollten *wir* es nicht vermögen? Wenn ein Mann mit einem so hitzigen Temperament wie David so ruhig bleiben konnte, dann muß es auch für dich möglich sein. Geh nur in die Schule Jesu wie Maria und lerne von Ihm! Er hat ja gesagt: »Lernet von Mir; denn Ich bin sanftmütig und von Herzen demütig, so werdet ihr Ruhe finden für eure Seelen.«

Komm, wir wollen in Jesu Schule gehen und das Schweigen lernen! »Reden ist Silber; Schweigen ist Gold«, sagt ein Sprichwort. Und so ein Schweigen wie das der Maria, das ist mehr als Gold, das ist wie Edelstein.

3. *Still im Leide* finden wir Maria in der Geschichte von der Krankheit und Auferweckung des Lazarus.

Wenn uns auch nicht erzählt wird, wie sich Maria verhielt in den Tagen der Krankheit ihres Bruders, so glaube ich doch, daß wir einen Rückschluß ziehen dürfen aus dem, was uns sonst von ihr berichtet wird. Ich denke mir, daß der Wortlaut der Botschaft, welche die Schwestern gemeinsam an Jesus schickten, von Maria herrührte. Ihrem zarten Empfinden widerstrebte es, dem Herrn eine direkte Bitte und Aufforderung zugehen zu lassen. Sie vertraute dem Meister so völlig; sie war so fest davon überzeugt, daß Er immer das Rechte und Beste tat, daß sie die bloße Mitteilung von der schweren Erkrankung des Lazarus für genügend hielt. Nun sollte Er es machen, wie es Ihm recht erschien.

Ob Martha gleich damit einverstanden war, daß Jesus gar nicht direkt um Sein Kommen gebeten wurde? Innerlich vielleicht nicht. Aber von jenem Besuch Jesu an hat sie gelernt, ihre Schwester mit ganz andern Augen anzusehen. Noch immer denkt sie über das Wort nach: »Maria hat das gute Teil erwählt.« Darum überläßt sie es auch jetzt der Maria, dem Boten den Auftrag mitzugeben, den sie für den rechten hält. Sie ist einverstanden mit dem, was Maria vorgeschlagen hat – und die Botschaft kann bestellt werden im Namen der beiden Schwestern.

Weiter erfahren wir nichts von Maria in diesen schweren Tagen. Gewiß hat auch sie dem Herrn entgegengehofft und sich nach Ihm und Seiner Hilfe gesehnt. Aber Tag um Tag verging, und Jesus kam nicht. Und endlich geschah das Furchtbare: Lazarus starb – und Jesus war nicht da!

Warum kam Er nicht? Wie verhielt es sich nun mit Seinem Wort: »Die Krankheit ist nicht zum Tode«? Was sollte sie nun denken? In solchen Tagen und Stunden, da steigen Fragen im Herzen auf, daß man vor sich selber erschrickt, daß einem der Boden unter den Füßen zu wanken scheint. Ob Maria auch ins Wanken gekommen ist? Fast will es mir so scheinen, wenn ich mir die ganze Geschichte und namentlich das Verhalten der Maria lebendig vorstelle.

Das erste Wort, das wir wieder von Maria hören, steht in Johannes 11,20: »Als Martha nun hörte, daß Jesus kommt, ging sie Ihm entgegen; Maria aber blieb daheim sitzen.«

Manche sagen, sie sei so in ihren Schmerz vertieft gewesen, daß sie gar nicht auf die Nachricht geachtet habe, daß Jesus nahe. Aber das will mir nicht recht glaubhaft erscheinen. Gewiß wurde die Meldung, daß Jesus komme, der Martha gebracht, weil sie doch die Hausmutter war. Vielleicht hat Martha es der Schwester gar nicht erst gesagt, sondern in der Ungeduld ihres Herzens ist sie sofort hinausgeeilt, um Jesus zu sprechen. Wenn sie es aber Maria gesagt hat, dann merkte diese doch sofort, daß Martha den Wunsch hatte, Ihm entgegenzueilen. Und da trat sie gleich zurück. Es war viel Besuch im Haus. Viele Juden waren da, die gekommen waren, um die Schwestern zu trösten über den Verlust des Bruders. Da konnten doch nicht beide Schwestern fortgehen. Eine mußte daheim bleiben. Wenn es sich aber um das Aufgeben eines Wunsches handelte, dann war Maria gleich dazu bereit. Und obwohl es ein Lieblingswunsch war, trat sie gern zurück und überließ es der Schwester, zuerst mit dem Meister zu sprechen. Sie hat es gelernt, ihre eigenen Wünsche unterzuordnen.

Verstehst du dich auch darauf, zurückzutreten um anderer willen? Oder suchst du noch dich und deine Wünsche durchzusetzen? Bist du schon erlöst von dir selber? Ein alter, gesegneter Bruder sagte mir einmal, die wichtigste und notwendigste Bitte für einen Christen sei: »Herr, erlöse mich von mir selber!« Ob das nicht wahr ist? Ich glaube es. Wenn du wirklich von dir selbst, von der Sklaverei des eigenen Ichs erlöst bist, dann hat alle Unzufriedenheit, alles Übelnehmen, alle Gereiztheit ein Ende. Bist du aber noch so leicht verletzbar, kannst du dir noch nichts sagen lassen, bist du noch so empfindlich, dann bist du ganz gewiß noch nicht losgekommen von dir selber. Dann hat dein Ich noch nicht den Platz eingenommen, der ihm allein gebührt, den Platz am Kreuz.

Jenes Wort ist so wahr: Ist unser Verhältnis zum Herrn richtig, dann wird auch unser Verhalten den Menschen gegenüber richtig. Hast du wie Maria still zu den Füßen des Heilands gesessen und Seiner Rede gelauscht, dann lernst du es auch, mit den Menschen umzugehen. Dann kannst du auch abdanken und zurücktreten um des Bruders oder der Schwester willen. –

Nach einer Weile kommt Martha zurück. Sie hat mit Jesus gesprochen. Er hat ihr das wunderbare Wort gesagt: »Ich bin die Auferstehung und das Leben. Wer an Mich glaubt, der wird leben, ob er gleich stürbe; und wer da lebt und glaubt an Mich, der wird nimmermehr sterben.« Und dann hat Er ihr den Auftrag gegeben, die Schwester zu rufen. Nun kommt Martha schnell nach Hause und sagt heimlich zu Maria. »Der Meister ist da und ruft dich!«

Welch eine willkommene Kunde für Maria! Ihr Meister, den sie mehr liebt als sich selbst, dem ihr Herz in dankbarer Liebe entgegenschlägt, wenn sie Sein Fernbleiben auch nicht verstanden hat, der ruft sie. Nun darf sie all ihren Schmerz, all ihr Leid in Sein teilnehmendes Herz ausschütten! Nun darf sie sich einmal bei ihm ausweinen!

»Dieselbe, da sie das hörte, stand sie eilig auf und kam zu Ihm.«

Wenn Er sie ruft, dann gibt es für sie keine Rücksichten mehr. Das Wort ihres Meisters geht ihr über alles. Und wenn sie auch das Haus voll Besuch hat – das gilt ihr nichts gegenüber der Botschaft: »Der Meister ist da und *ruft* dich!« Da muß alles andere zurückstehen. Sie steht eilends auf, um dem Ruf des Meisters zu folgen. –

Und du? Wie oft hat dich der Meister schon rufen lassen! In Freuden und im Leid ist Sein Ruf an dich ergangen. Einmal war es ein Wort der Predigt, das dich traf, dann ein Wort in einem Buch oder Blatt, das du lasest. Du spürtest es: der Meister ist da und ruft mich! Oder es war eine Krankheit, durch die Er bei dir anklopfte, eine Heimsuchung, eine Trübsal, durch die Er dich rief – bist du gekommen? Ach, wie oft werden die Einladungen und Aufforderungen Gottes überhört! Wie oft muß Er rufen, bis sich einer aufmacht, um zu Ihm zu kommen!

Wenn ich dich nur einmal an die Sonntage deines Lebens erinnern darf – wieviel Sonntage hast du schon erlebt? Wenn du nur 21 Jahre zählst, dann hast du schon drei volle Jahre von Sonntagen gehabt! Und bist du in den Sechzigern, dann hat dir Gott schon neun Jahre von lauter Sonntagen geschenkt! Was für eine Summe von Gnadentagen und Gnadenstunden! Und was ist die Frucht? Wie oft hat Gott dich rufen lassen – und du bist nicht gekommen! Gott hat lange Geduld gehabt! Aber auch göttliche Geduld geht einmal zu Ende. Heute, jetzt, durch dies Buch, das du in der Hand hältst, wirst du wieder gerufen. Mache dich auf und komm!

Und du, Kind Gottes, hat Gott dich nicht auch schon manchmal gerufen, ohne daß du kamst? Wie oft hat es geheißen: »Wen soll Ich senden? Wer will Mein Bote sein?« Aber während ein Jesaja alsbald antwortete: »Hier bin ich, sende mich!«, sagtest du: »Ich habe keine Lust.« Du wolltest nicht. Du warst zu bequem, um den Auftrag Gottes auszuführen. Oder du fürchtetest dich vor den Menschen. Du warst bange vor ihrem Spott. – Wie schade! Gott hatte Aufträge für dich; Er wollte dich würdigen, Sein Werkzeug zu sein – und du hast die Ehre verscherzt, du hast nicht gewollt, du bist nicht gekommen!

Maria hat es anders gemacht. Als der Ruf an sie ergeht, da steht sie eilends auf. Sie nimmt keine Rücksicht darauf, was die Juden, die zu Besuch gekommen sind, sagen werden. Sie eilt hinaus: der Meister hat sie gerufen!

Gib doch auch du endlich deine Menschenfurcht und deine Rücksichten auf! Mach dich auf und komm! Jesus wartet. Willst du Ihn warten lassen? –

Die Juden dachten, sie ginge zum Grabe, von einer neuen Aufwallung ihres Schmerzes übermannt. Und sie standen auf, ihr zu folgen. Aber sie ging nicht an den Ort des Todes; sie ging zu dem Fürsten des Lebens.

»Als nun Maria kam, da Jesus war, und sah Ihn, fiel sie zu Seinen Füßen und sprach zu Ihm: Herr, wärest Du hier gewesen, mein Bruder wäre nicht gestorben!«

Es sind dieselben Worte, die auch Martha gesprochen hat. Gewiß haben die beiden Schwestern vorher manchmal einander gegenüber diesem Gedanken Ausdruck gegeben, so daß er sich ihnen jetzt unwillkürlich auf die Lippen drängt. Aber wenn es auch dieselben Worte sind, es ist doch ein großer Unterschied in der Art, wie sie gesprochen werden. Martha ruft sie dem Herrn entgegen, als sie Ihn sieht. Maria aber liegt zu Seinen Füßen, und unter vielen Tränen schluchzt sie die Worte hervor.

»Als Jesus sie weinen sah und die Juden auch weinen, die mit ihr kamen, ergrimmte Er im Geist und betrübte sich selbst und sprach: Wo habt ihr ihn hingelegt?«

Er ergrimmte im Geist. Ein merkwürdiges, geheimnisvolles Wort. Worüber ergrimmte Er? Ergrimmte Er über die Macht des Todes, die Ihm hier entgegentrat? Aber dessen war Er hier in Bethanien doch nicht zum erstenmal Zeuge. Ergrimmte Er über das Elend, das der Tod im Gefolge hat? Aber es gab viele Todesfälle, die viel trauriger waren als der des Lazarus. Und zudem wußte Er doch, was Er tun wollte! Nur noch wenige Minuten, dann würde der Tote seinen Schwestern wiedergeschenkt sein. Da war doch eigentlich kein Grund vorhanden, sich so zu betrüben!

Worüber ergrimmte Er? Ich möchte glauben, daß Er darüber ergrimmte, daß kein Herz, auch nicht das Herz der lieben Maria, wirklichen Glauben, rechtes Vertrauen zu Ihm hatte. Er hat den Jüngling von Nain ins Leben gerufen, den Er vorher gar nicht kannte; Er hat das Töchterlein des Jairus auferweckt, obwohl Er vorher nie in dem Hause gewesen war. Sollte Er nun nicht auch Seinen Freund Lazarus auferwecken können? Aber diesen Gedanken hat keiner zu fassen gewagt. Daran hat niemand gedacht.

Darum ergrimmte Er im Geist, darum war er so betrübt. Er hatte gehofft, eine Maria zu finden, die Ihm mit völligem Vertrauen entgegentrat, und nun lag sie, in Tränen aufgelöst, zu Seinen Füßen und klagte: »Herr, wärest Du hier gewesen, mein Bruder wäre nicht gestorben!«

Hatte Er nicht dem Boten gesagt: »Die Krankheit ist nicht zum Tode, sondern zur Ehre Gottes«? Aber Maria hatte die traurige Wirklichkeit gesehen und sich dadurch niederbeugen lassen. Wie anders steht ein Abraham da! Als er mit seinem Isaak den Berg Morija hinaufsteigt, um dem Befehle Gottes gemäß seinen Einzigen zu opfern, da denkt er: Gott kann ihn auch von den Toten erwecken!

Es war wohl eine Glaubensprobe ganz besonderer Art, auf die der Heiland die Maria stellte. Aber sie hat die Probe nicht bestanden.

Und wir? Ach, es sind viel geringere Proben, die wir nicht bestehen! Es sind viel kleinere Steine, über die unser Glaube stolpert! Das betrübt den Herrn. Da ergrimmt Er im Geiste. Wir dürfen Ihm *alles* zutrauen. Wir dürfen auch das *Größte* von Ihm erwarten. Er kann helfen. Aber das haben wir oft nicht bedacht. Wir haben geseufzt und geklagt, wir haben geweint und uns gegrämt – und dadurch haben wir Jesus verunehrt und Seinen Geist betrübt. Auch wir haben wohl Grund, mit dem Dichter zu sprechen:

> Daß wir Ihn so oft betrübt,
> Seinen Wink nicht ausgeübt,
> Herr, Du wollest es verzeihn!
> Künftig soll es besser sein!

4. *Völlige Hingabe.* Von den Empfindungen, welche das Herz der Maria und ihrer Schwester durchflutet haben, als Jesus ihren Bruder Lazarus auferweckte, davon erzählt die Bibel nichts. Von Gefühlen, von Empfindungen, mit denen heutzutage so viel Aufhebens gemacht wird, ist nicht oft die Rede in der Heiligen Schrift. Sie ist ein Buch der Tatsachen, nicht der Gefühle und Ansichten.

Aber wenn uns auch am Grabe des Lazarus nichts von Maria erzählt wird, so können wir doch einen Blick in ihr Herz tun in der Geschichte von der Salbung, die uns im 12. Kapitel des Johannes-Evangeliums sowie in Matthäus 26 und Markus 14 berichtet wird.

»Sechs Tage vor Ostern kam Jesus gen Bethanien, da Lazarus war, welchen Jesus auferweckt hatte von den Toten. Daselbst machten sie Ihm ein Abendmahl, und Martha diente; Lazarus aber war einer von denen, die mit Ihm zu Tische saßen.«

Was für eine wunderbare Tischgesellschaft! Wie mag ihnen wohl zumute gewesen sein, mit einem Mann zusammenzusitzen, der schon vier Tage im Grab gelegen hatte! Gewiß herrschten heilige Scheu und Ehrfurcht in dem Kreis der Versammelten. Auch durch das Herz Jesu gingen besondere Gedanken; Er wußte, daß es Seine letzte Reise war, die Er nach Jerusalem gemacht hatte; Er wußte, daß es der letzte Sabbat Seines Erdenwandels war, den zu feiern Er nach Bethanien gekommen war. Es lag eine Hoheit in Seinem Wesen, welche die Tischgenossen wunderbar ergriff. –

Da wallte das Herz der Maria über: »Da nahm Maria ein Pfund Salbe von unverfälschter, köstlicher Narde und salbte die Füße Jesu und trocknete mit ihrem Haar Seine Füße; das Haus aber ward voll von dem Geruch der Salbe.«

Es war ein kostbarer Besitz, den sie damit hergab. Denn die Narde hatte einen hohen Wert. Aber das Beste war ihr nicht zu schade für Jesus. Sie gab Ihm alles, was sie hatte. Sie wollte Ihm einen Beweis ihrer Liebe, ihrer Dankbarkeit geben, und das wußte sie nicht anders zu tun, als daß sie diese köstliche Narde nahm und das Glas über Sein Haupt (Mt 26, 7) und Seine Füße ausgoß. Um ja keinen Tropfen zurückzuhalten, zerbrach sie das Glas, damit jeder Tropfen Ihm geweiht sei. Sie tat es einfach, weil sie es tun mußte. Ihr ganzes Herz sehnte sich danach, einen Ausdruck zu finden, um dem geliebten Meister, der so Großes an ihr und den Ihrigen getan, einen Beweis ihrer hingebenden Liebe zu geben.

Beschämt dich das Beispiel der Maria nicht? O wie kalt ist dein Herz gegen Jesus! Und wieviel Gutes hat Er doch an dir getan! Namentlich, wenn du deine Seele gerettet weißt durch Sein Blut, sollte dein Herz Ihm schlagen in dankbarer Liebe! Dann solltest du doch in Wahrheit sagen können: »Es sei in mir kein Tropfen Blut, der nicht, Herr, Deinen Willen tut!«

Wie steht es mit deiner Hingabe? Gehört Ihm dein ganzes Herz, dein ganzes Leben? Bist du Sein mit allem, was du hast und bist? Ach, wie oft *spielen* auch gläubige Christen nur Hingabe! Aber sie geben sich nicht wirklich hin. Sie sagen, sie wollten sich Ihm ganz hingeben, und sie tun es doch nicht. Dies und das behalten sie zurück. Sie machen es wie Ananias und Saphira; die taten auch so, als ob sie ganz für den Herrn da sein wollten; aber sie hatten doch erst einen Notgroschen für sich in Sicherheit gebracht. –

Machst du es auch so, daß du etwas zurückbehältst? Gib Ihm alles! Gib Ihm das ganze Herz und Haus und Leben, gib Ihm deine Ehe, deine Familie, deinen Beruf, deine Verwandtschaft, deine Erholungen, deinen Verkehr, deine Geselligkeit, gib Ihm alles! Zerbrich das Glas, damit Er auch den letzten Tropfen erhält. Er hat sich auch ganz hingegeben für dich! Nun gib dich auch ganz hin für Ihn! Daran krankt das Christentum so mancher Kinder Gottes, daß sie nicht *alles* hingeben wollen. Sie fürchten sich, »zu extrem« zu werden. Sie fürchten, man könnte sie für unnüchtern und schwärmerisch halten!

Gewiß, völlige Hingabe ruft immer Spott und Gerede bei der Welt hervor. Solange man »noch nicht ganz extrem« ist, so lange ist die Welt noch zufrieden; aber wenn einer wirklich vollen Ernst macht mit seiner Hingabe an Gott, mit seinem Leben für den Herrn, dann ist es aus. Das hat auch Maria erfahren. Kaum durchduftet ihre Narde das Haus, da rümpft Judas, der Zwölfe einer, die Nase und spricht: »Was soll diese Vergeudung? Warum ist die Salbe nicht verkauft um dreihundert Groschen und den Armen gegeben?« Und so wie er, so redeten auch die andern Jünger. Ach, es braucht nur einer so recht laut zu kritisieren, dann schließen sich ihm etliche an. Im Grunde ihres Herzens und bei ruhiger Überlegung stimmen sie ihm vielleicht gar nicht zu; aber wenn eine Ansicht nur mit der nötigen Bestimmtheit und Dreistigkeit ausgesprochen wird, dann finden sich immer Leute, die sie teilen.

Aber was kümmert es Maria, was Judas sagt, wenn nur Jesus sie versteht! Und Er versteht sie. Er hält Seine Hand über sie und spricht: »Laßt sie in Frieden! Was bekümmert ihr sie? Sie hat ein gutes Werk an Mir getan. Ihr habt allzeit Arme bei euch; und wenn ihr wollt, könnt ihr ihnen Gutes tun; aber Mich habt ihr nicht allezeit. Sie hat getan, was sie konnte. Sie ist zuvorgekommen, Meinen Leichnam zu salben zu Meinem Begräbnis. Wahrlich, Ich sage euch: Wo dies Evangelium gepredigt wird in aller Welt, da wird man auch das sagen zu ihrem Gedächtnis, was sie jetzt getan hat« (Mk 14, 6–9).

Wie freundlich der Herr für sie eintritt! Er weiß, was in ihrem Herzen vorgeht. Er sieht die Beweggründe, aus denen ihr Tun entstanden ist. Er sieht die herzliche Liebe und wie sie ihr ganzes Herz Ihm zum Opfer darbringt.

Und daran hat Er Seine herzliche Freude. Ja, Er sieht noch mehr in der Salbung als nur einen Ausdruck ihres liebevollen, dankbaren Herzens. Er faßt sie als eine symbolische Handlung auf, als eine Vorbereitung auf Sein Begräbnis. Das hat Maria selber nicht gewußt und gedacht. Aber Jesus sieht ihrem Tun auf den Grund. Und darum legt Er ihrem Handeln eine Bedeutung bei, über die sie selber staunt. Von diesem Tun wird man reden, solange das Evangelium gepredigt wird.

Ist es nicht wahr geworden, was Jesus sagte? Wird nicht immer und immer wieder gepredigt von der Salbung Jesu in Bethanien? So schätzt und wertet Jesus einen Liebesbeweis, den man Ihm erzeigt. Nicht das Allergeringste und Kleinste, das Ihm geschieht, wird vergessen. Wenn Er schon einen Becher kalten Wassers zu belohnen versprochen hat, den man in Seinem Namen jemand reicht, wieviel mehr dann diese Narde, in der die herzlichste Liebe Ihm dargebracht und ausgegossen wurde! Darum gib dich Ihm hin, mit einer ganzen, vollen Hingabe, und du wirst bis in die Ewigkeiten der Ewigkeiten dich der Huld und Gnade deines Herrn erfreuen!

Aber wisse, Er ist mit nichts anderm zufrieden.

> Es gilt hier kein geteiltes Leben,
> Gott krönet kein geteiltes Herz.
> Wer sich nicht ganz dem Herrn ergeben,
> der macht sich selber Müh und Schmerz.

Nur wenn du dich Ihm *ganz* hingibst, wird Er auch von dir sagen können: »Sie hat getan, was sie konnte.« Man kann dies Wort sehr häufig hören. Aber wie oft trifft es gar nicht zu! Wie oft könnte man viel mehr tun, als man getan hat! Wenn es sich ums Geben handelt für die Sache des Herrn – tust du da immer, was du kannst? Wenn es sich darum handelt, deinem Nächsten beizustehen und ihm in der Not zu helfen – tust du da immer, was du kannst? Ach, ich fürchte, da bist du oft zurückgeblieben!

Du hast nicht getan, was du konntest. Warum? Weil du nicht ganz dem Herrn ergeben warst. Weil dein Geld, weil deine Zeit, deine Kraft, deine Liebe nicht ganz Ihm gehörten. Darum: Wenn deine Hingabe noch keine völlige ist, wenn es noch Gebiete in deinem Leben gibt, die Ihm nicht ausgeliefert sind, dann zerbrich noch heute das Glas, damit jeder Tropfen deines Herzblutes für Ihn da sei!

Wir hören von Maria nichts mehr. Aber was tut das? Wir wissen genug. Wir wissen, daß sie durch ihre Hingabe auf ewig mit Jesus zusammengehört. Man kann nicht von dem Leiden und Sterben des Heilands reden, ohne auch Maria Erwähnung zu tun. Es trifft auch auf die stille Maria zu, das die Bibel von Abel sagt: Wiewohl sie gestorben ist, redet sie noch.

Wenn doch auch auf deinem Grabstein einmal als Inschrift das Wort stehen könnte, das Jesus von Maria gesagt hat: *»Sie hat getan, was sie konnte.«*

Die Ehebrecherin

»Die Ehebrecherin« – das ist kein feiner Titel. Aber Gottes Wort nennt die Sünde mit dem rechten Namen. Die Bibel schrickt auch nicht davor zurück, von einer Ehebrecherin zu reden. Unsere Zeit liebt das freilich nicht. Man ist so fein geworden, daß von der Sünde nicht geredet werden darf. Ja, wenn man nur auch die Sünde nicht *täte*! Dann wäre es ein großer Fortschritt. Aber es ist zu befürchten, daß diejenigen, die sich am lautesten entrüsten, wenn die Sünde einmal mit ihrem Namen genannt wird, ihr vielleicht in der Stille huldigen. Viele verdecken ihre Sünde unter dem Mantel ihrer moralischen Entrüstung. Ja, sie ereifern sich wohl gar über die Bibel, weil sie von solchen Dingen redet. Sie wollen heiliger sein als der Heilige Geist. Aber in Wirklichkeit sind sie sehr unheilig. Gottes Wort beweist sich gerade auch dadurch als Gottes Wort, daß es so schonungslos von der Sünde der Menschen redet. Darum wollen wir von der Ehebrecherin sprechen, weil die Bibel es auch tut.

Es ist ein trauriges Bild von menschlicher Sünde und Schuld, das uns in Johannes 8, 1–11 vor Augen gestellt wird. Am Laubhüttenfest auf frischer Tat im Ehebruch ergriffen – was für eine Schande offenbart sich darin! Wo die Herzen besonders für Jehova schlagen sollten, da entbrennt dieses Weib in sündiger Begierde. Wo Gott gefeiert werden sollte, da triumphiert der Satan. Das ist heute noch nicht anders als damals. Was ist aus unsern Sonntagen geworden! Man nennt den Sonntag wohl einen »Tag des Herrn«. Aber in Wahrheit ist er ein Tag des Teufels geworden. An keinem Tag geschehen so viele Sünden wie gerade am Sonntag. Eine folgt der andern, eine geht aus der andern hervor. Wie viele haben schon an einem Sonntag ihre Ehe und ihre Unschuld, ihr Leben und ihre Seligkeit verloren! Und wenn der Teufel seine Hand auf den Sonntag gelegt und ihn sich angeeignet hat, dann ist das bei den christlichen *Festen* erst recht der Fall. Wie hoch geht es da her! Man braucht nur einmal ein Zeitungsblatt in die Hand zu nehmen in einer solchen kirchlichen Festzeit, da überbietet der Feind sich selbst. Eine Einladung unter der andern, Spalte um Spalte! Wenn es dem Herrn vielleicht gelungen war, am Vormittag einen gewissen Eindruck auf einen Menschen zu machen, dann kommt am Nachmittag der Feind mit seinen Vergnügungen und Lustbarkeiten und weiß diesen Eindruck nicht nur wieder zu verwischen, sondern die Seele so in die Sünde und Schande zu stürzen, daß er sie als sein willenloses Eigentum behält. Sage ich zu viel, wenn ich sage, daß die christlichen Feier- und Festtage auch Festtage des Teufels sind? Was geschieht nicht alles, was das Licht nicht sehen darf!

Was machst du mit deinen Sonntagen? Wie verlebst du sie? Sind es für dich wirklich »Tage des Herrn«? Wie viele gebrauchen den Sonntag zur Arbeit. Grobe und schmutzige Arbeit wird in manchen Gegenden auf den Sonntag verlegt. Da wird Holz gehackt und Wäsche gewaschen und was sonst noch für Arbeit geschieht. Daß an den Sonntagen geerntet oder im Garten gearbeitet wird, das erscheint vielen als eine Selbstverständlichkeit.

Andere entheiligen den Sonntag durch Sport. Was für eine Rolle spielt heutzutage der Fußball! Wie viele benützen den Sonntag zum Rudern und Schwimmen und Radfahren. Für Gottes Wort ist keine Zeit mehr bei solchem Betrieb.

Andere denken nur an ihr Vergnügen. »Wo gehen wir am Sonntag hin?« »Was machen wir am Sonntag?« Das sind Fragen von Tausenden und aber Tausenden. Sie kennen nur den *einen* Wunsch, den Sonntag auf ihre Art zu verleben. Gott und Sein Wort spielen keine Rolle in ihren Gedanken. Der Gedanke kommt ihnen gar nicht, daß sie etwa zur Kirche gehen könnten. Daran denken sie nicht jahraus, jahrein. Vielleicht denken sie am Bußtag oder am Karfreitag einmal daran, weil da eben sonst »nichts los« ist. Aber im übrigen Verlauf des Jahres kommt ihnen die Möglichkeit, Gottes Wort zu hören, gar nicht in den Sinn.

Ist es ein Wunder, wenn mit solchen Menschen, die sich vom Wort Gottes entwöhnt haben, der Teufel leichtes Spiel hat? Was ihnen gefällt, das geschieht; ob Gott damit einverstanden ist, das kümmert sie nicht. Und wenn so ein Gedanke vielleicht einmal auftaucht, dann wird er weggelacht und weggespottet. So macht der Teufel Beute – heute wie damals, als diese traurige Geschichte sich begab.

Das Laubhüttenfest war ein fröhliches Fest. Da bauten sich die Festpilger alle ihre Hütten und Lauben in und um Jerusalem, da verbrachten sie Tage und Nächte, solange das Fest währte. Und diese günstige Gelegenheit nahm dies Weib zur Ausübung ihres sündigen Treibens wahr.

Aber »es ist nichts so fein gesponnen, es kommt doch endlich an die Sonnen«. Und manchmal folgt die Strafe der Sünde auf dem Fuß. So war es auch hier. Etliche Pharisäer und Schriftgelehrte kamen des Weges, die ergriffen sie auf frischer Tat. Sie entbrannten in heilig scheinendem Eifer. Sie entrüsteten sich aufs höchste über diese offenbare Schande. »Was sollen wir mit ihr tun?« beratschlagten sie. Daß sie sie bestrafen müßten, das war ihnen selbstverständlich. Sie konnten den Leuten doch so recht ihre Heiligkeit zeigen, wenn sie sich über die Tat der Frau ereiferten. Aber einer hatte einen noch besseren Vorschlag: Man könne Jesus sehr gut eine Falle stellen, wenn man Ihm die Frau bringe und Ihn dann frage, was mit ihr geschehen solle. Alle stimmten dem Vorschlag zu.

Was für ein furchtbarer Weg für die Frau: durch das

ganze Volk geschleppt zu werden, das überall zusammenlief und fragte, was sie denn getan habe! Diese Fragen, diese Blicke, diese Worte – es mag entsetzlich gewesen sein. Aber ohne Rücksicht, ohne Gefühl, ohne Gehör zu haben für ihr Flehen und Bitten, schleppte man sie in den Tempel hinein. Mit lautem Lärm störte man die Versammlung, die sich um Jesus geschart hatte, der ihnen das Wort Gottes sagte. Sie ruhten nicht, bis sie zu dem Platz des Heilands durchgedrungen waren und die Frau in die Mitte der Versammlung gestellt hatten.

Und dann kam ihre Frage: »Meister, dies Weib ist ergriffen auf frischer Tat im Ehebruch. Moses hat uns im Gesetz geboten, solche zu steinigen; was sagst Du?«

Mit Schadenfreude und in zuversichtlicher Erwartung ihres Sieges harren sie Seiner Antwort. Wie Er auch antwortet, jetzt werden sie Ihn fangen. Sagt Er, man solle dem Weib gnädig sein, dann hat Er sich gegen das Gesetz versündigt; denn das Gesetz sagt klar und bestimmt: »Wer die Ehe bricht mit jemandes Weibe, der soll des Todes sterben, beide, Ehebrecher und Ehebrecherin, darum, daß er mit seines Nächsten Weibe die Ehe gebrochen hat« (3. Mose 20, 10). Sagt Er aber, man solle dem Gesetz freien Lauf lassen, dann widerspricht Er nicht nur sich selber, nachdem Er doch gesagt hat, die Zöllner und Huren kämen eher ins Reich Gottes als die Schriftgelehrten und Pharisäer, sondern Er wird sich auch beim Volk unbeliebt, ja, unmöglich machen. Denn wenn man die Sünde des Ehebruchs hätte überall mit dem Tode bestrafen wollen, dann hätte man viel zu tun gehabt. Solche Sünden waren an der Tagesordnung im Volk. Man dachte längst nicht mehr daran, sie zu bestrafen.

Also wie Er sich auch ausdrückt – sie werden Ihn fangen. So meinen sie. Als ob der »wunderbare Rat«, wie Jesaja Ihn genannt hat, nicht auch mit solchen Fragestellern fertig werden könnte!

Was antwortete der Herr? Zunächst nichts. Er »bückte sich nieder und schrieb mit dem Finger auf die Erde«. Es gab eine Pause. Alles schaute schweigend auf Jesus – und Jesus schwieg auch. Als ob Ihn die Sache nichts anginge, schrieb Er auf die Erde.

Warum machte Er diese Pause? Wollte Er selbst erst um Rat fragen bei Seinem Vater, was Er antworten sollte? Ich glaube nicht. Er wollte wohl Seinen Gegnern Zeit geben, sich zu besinnen. Und es wurde ihnen denn auch unheimlich über diesem Schweigen. Eine gewaltige Macht kann oft im Schweigen liegen. Wenn wir uns nur mehr auf die Kunst des Schweigens verständen! Aber für gewöhnlich sind wir so schnell fertig mit unsern Worten, daß wir sie schon herausgestoßen haben, ehe wir Zeit hatten, zu überlegen. Und nachher bereuen wir es und denken: Hätten wir doch das Wort nicht gesagt! Manchmal ist Schweigen die beredteste Sprache.

Ich weiß von einer Schwester, die in dem Krankensaal, den sie zu versorgen hatte, einen abscheulichen Flucher hatte. Sie hatte öfter mit ihm darüber gesprochen und ihm gesagt, daß das Fluchen Sünde sei. Da war er wild geworden und hatte ihr gesagt, sie solle den Mund halten; er bedanke sich für ihre Predigten. Als nun die Schwester ihn verband und das Erneuern des Verbandes ihm Schmerzen verursachte, fing er wieder an zu fluchen. Die Schwester sagte nichts. Aber eine brennende Träne fiel aus ihrem Auge in seine offene Wunde. Er fühlte es und sah die Schwester an. Er merkte, wie sie schnell mit der Hand über die Augen fuhr, und – es war sein letzter Fluch! Die Predigt ihres Schweigens und ihrer Tränen hatte ihn überwältigt.

Wenn ein Mensch wirklich mit Gott in Gemeinschaft steht, dann kann er durch sein Schweigen oft genauso Zeugnis ablegen wie durch viele Worte. Es ist gar nicht immer gesagt, daß man unter allen Umständen reden und Jesus mit Worten bekennen muß. Ein schweigender

Blick, fest auf den Spötter gerichtet, bringt ihn auch oft zum Schweigen. Aber es muß ein göttliches Schweigen sein, nicht das Schweigen der Furcht und der Feigheit.

Kannst du schweigen? Kannst du warten, ehe du antwortest? Es ist eine große und schwere Kunst, im rechten Augenblick zu schweigen! Geh in Jesu Schule und lerne sie!

Das Schweigen des Herrn wurde den Pharisäern endlich unheimlich. Sie fragten Ihn erneut, was Seine Meinung sei in dieser Sache. Da richtete Er sich auf und schaute sie an und sprach: »Wer unter euch ohne Sünde ist, der werfe den ersten Stein auf sie.« Und dann bückte Er sich wieder und schrieb auf die Erde.

Es gab eine tiefe Stille. Sie blickten alle auf den schreibenden Finger, wie die Höflinge des Königs Belsazar einst auf die Hand schauten, die das erschütternde »Mene-mene-tekel« an die Wand des Saales schrieb. Vielleicht ging ihnen das Wort des Jeremia (17, 13) durch den Sinn: »Die Abtrünnigen müssen in die Erde geschrieben werden.«

Nur einen Augenblick hatten die Augen des Herrn auf ihnen geruht, als Er mit ihnen sprach. Aber es war ihnen, als ob sie auf dem Grund ihrer Herzen gelesen hätten, als ob ihr ganzes Leben vor Ihm offen daläge. Was kam ihnen da nicht alles in die Erinnerung! Wer weiß, was dieser Prophet noch weiter sagen würde! Er konnte ihr ganzes Ansehen im Volke untergraben, wenn Er offenbarte, was Er in ihren Herzen sah. Und langsam, einer nach dem andern, schlichen sie hinaus. Ihr Gewissen hatte sie überführt.

Hier wurde offenbar, daß es Leute gibt, die sich über die Sünde anderer entrüsten – und sie selber tun! Vielleicht war es bei ihnen nicht zu Taten gekommen. Aber vielleicht war selbst *das* geschehen! Jedenfalls überführte ihr Gewissen sie, so daß sie kein Recht hatten, den ersten Stein auf die Frau zu werfen.

Und du? Du entrüstest dich auch sehr, wenn du von einer Gefallenen hörst. Du wendest dich mit einem verächtlichen »Pfui!« von ihr ab. Aber – nun laß einmal das Licht des Geistes Gottes in dein Herz hineinscheinen – was siehst du dann? Dieselbe Sünde, die jene *getan* hat, hast du *gedacht*. Vielleicht ergab sich nur keine Gelegenheit, sonst wäre sie auch geschehen. Deine gute Erziehung, deine Häuslichkeit, die Furcht vor der Schande hielten dich zurück; aber hast du nicht dieselbe gedacht? Hast du nicht deine Gedanken befleckt und besudelt mit unreinen Bildern? Denke einmal an die Bücher, die du gelesen hast, an die Bilder, die du gesehen hast – hast du nicht deine Phantasie damit beschäftigt und durch diese Beschäftigung befleckt? Und hast du nicht auch oft frivole Worte gesprochen, unreine Scherze gemacht? Ach, wie oft vielleicht! Deine moralische Entrüstung, die du so gern im Mund führst, betrügt Ihn nicht, der die Herzen und Nieren prüft. Damit betrügst du kaum Menschen. Schon diese durchschauen dich.

Komm mit deiner Unreinheit unter das Blut Jesu! Es macht rein von aller Sünde, auch von der Unreinheit und Unkeuschheit. Nicht nur deine Seele soll dem Herrn übergeben sein, auch der Leib gehört dem Herrn und soll mit hineingezogen werden in die völlige Heiligung. Ist da nichts, was nicht bestehen kann vor dem Lichte Seines Angesichts? In den Himmel »wird nicht hineingehen irgendein Gemeines«, das steht geschrieben. Darum räume auf mit allem, was nicht in den Himmel paßt! Laß dich reinigen, laß dich waschen im Blut des Lammes, und bitte den Herrn, daß Er die Begierde, die böse Lust aus deinem Herzen wegnehme. Er kann es, und Er will es tun. Er wartet gewiß schon lange darauf, daß du dich Ihm ganz hingibst, daß auch dein Eheleben, dein geselliger Verkehr voll und ganz unter die Zucht Seines Geistes kommen.

Bitte Ihn doch:

> Herr Jesus, laß gar nichts Unreines in mir;
> entsündige mich, daß ich heilig sei Dir!
> Ich gebe Dir gerne mein alles zum Preis.
> O wasche mich, mache wie Schnee mich so
> weiß!

Und Er wird es tun. Denn getreu ist Er, der es verheißen hat. Er wird es auch tun. –

Die Pharisäer zogen es vor, sich dem Auge des Heilands zu entziehen. Sie wollten lieber in der Finsternis weiterleben. Sie wollten nicht von ihren Sünden lassen. Darum zogen sie sich zurück und gingen hinaus. Das ist früher oder später bei jedem so, der nicht mit der Sünde brechen will. Er geht zurück. Wer sich nicht wirklich dem Herrn ergeben will, der kann es auf die Dauer nicht bei Ihm aushalten. Aber wer um jeden Preis rein werden will, der wird es erfahren, was Jesus vermag!

Nach einer Weile schaut Jesus auf. Die Ankläger haben sich alle entfernt. Es ist niemand mehr da außer der Frau. Da läßt Er ein Auge auf ihr ruhen und fragt sie: »Weib, wo sind sie, deine Ankläger? Hat dich niemand verdammt?« Sie zuckt zusammen bei dem Wort. Ja, das war die Strafe, die sie verdient hatte, daß sie »verdammt« wurde zum Tode. Was wird Jesus jetzt tun? Ihr Leben ist in Seiner Hand. Sie fühlt, daß Er die Macht hat, den ersten Stein auf sie zu werfen. Darum spricht sie zitternd und zagend: »Herr, niemand!«

Und dann kommt das Wort aus Seinem Munde, das ihr die Last der Todesangst vom Herzen nimmt, aber eine neue Last aufs Herz wälzt: »So verdamme Ich dich auch nicht; gehe hin und sündige hinfort nicht mehr!«

Sie ist dem Tode entronnen, den sie mit ihrer Tat erwirkt hatte. Aber mit tiefem Schmerz und in heißer Scham erkennt sie jetzt die Schuld ihres Lebens. Wie ein Berg liegt auf ihrem Gewissen die Last ihrer Sünde.

Jesus spricht nicht zu ihr wie dort zu der großen Sünderin: »Gehe hin in *Frieden*!« So weit ist sie noch nicht. So kann Er nicht zu ihr reden. Jene war aus eigenem Antrieb zu Ihm gekommen. Ihr Leben in Sünde und Schande war ihr leid geworden. Aber diese war mit Gewalt vor Ihn gebracht worden, noch dazu auf frischer Tat ertappt. Das ist ein großer Unterschied. Dennoch sieht Jesus in ihrem Antlitz, in ihrem Herzen, daß sie zum Bewußtsein ihrer Schuld gekommen ist, daß es eine Erneuerung ihres Lebens geben wird. Darum entläßt Er sie mit einem Worte der Mahnung, an dem sich ihr Leben festhalten und anklammern soll: »Gehe hin und sündige hinfort nicht mehr!«

Ob die Ehebrecherin zurechtgekommen ist? Ganz gewiß. Dieser Tag wird nicht vergebens gewesen sein in ihrem Leben. Sie hat gesehen, wohin die Sünde die Menschen führt, daß das Ende heißt: »Verdammt!« Sie hat in diesen furchtbaren Augenblicken inmitten der Versammlung Jesu im Tempel die Donner des Gerichts über ihrem Haupt rollen hören. Und dann ist die Sonne der Gnade durchgebrochen und hat sie beschienen mit leuchtendem Strahl. Und beides, Gesetz und Gnade, wirkten in ihr und führten sie zu einem neuen Leben. Davon bin ich überzeugt.

Wie herrlich ist das doch, daß Jesus keinen ausstößt und abweist! Daß Er nach der ganzen verlorenen Welt die Arme ausstreckt und alle einlädt: »Kommt her zu mir *alle*!« Und daß Er allen entgegenruft »*Wer* zu Mir kommt, den werde Ich nicht hinausstoßen!«

Bist du schon gekommen? Und »wenn deine Sünde gleich blutrot wäre, so soll sie doch schneeweiß werden.« Und »wo die Sünde mächtig geworden ist, da ist doch die Gnade noch viel mächtiger geworden.« Gelobt sei der Herr!

Die krumme Abrahamstochter

Es ist nicht viel, was uns in Lukas 13, 10–17 von dieser armen Frau erzählt wird; aber es ist ein überaus schweres Geschick, von dem uns berichtet wird. Wir lesen: »Als Jesus am Sabbat in einer Schule lehrte, da war ein Weib, das hatte einen Geist der Krankheit achtzehn Jahre; und sie war krumm und konnte nicht wohl aufsehen.«

Achtzehn Jahre krank! Was für ein schweres Geschick!

Wenn wir einmal eine solche Zeit durchdenken mit all ihrem Schmerz und Elend, dann wird uns klar, wieviel Grund wir zum Danken und Preisen haben, daß Gott uns so viel leichtere Wege geführt hat. Wir sollten den Herrn täglich loben und Ihm danken, daß Er uns »Gesundheit verliehen, uns freundlich geleitet! In wieviel Not hat nicht der gnädige Gott über uns Flügel gebreitet!« Und was haben wir getan? Ich fürchte, manche von denen, die dies lesen, müssen eingestehen, daß sie sich so an die Gabe der Gesundheit gewöhnt haben, daß sie kaum mehr dafür gedankt haben. Man nimmt die Güte Gottes so hin, als müsse das so sein, als wäre das ganz selbstverständlich. Wie unrecht und undankbar ist das!

Und wenn nun einmal eine Krankheit kam, bist du da nicht ungeduldig geworden und unzufrieden gewesen? Und es war doch nur eine so kurze Zeit!

Ich kannte eine liebe alte Frau, die saß über zwanzig Jahre krank zu Hause. Sie sah nichts als ihre Schlafkammer und ihr Wohnstübchen, in das sie sich mühsam schleppte, und durch die mit Blumen zugestellten Fenster ein Stück roter Wand. Das war alles. Man hat ihren Mann zum Friedhof getragen; ihre Kinder haben eins nach dem andern geheiratet – sie saß in ihrem Stuhl,

Monat um Monat, Jahr um Jahr, Jahrzehnt um Jahrzehnt. Die Haare waren weiß geworden in dieser langen Leidenszeit; aber die Seele war frisch und fröhlich, und sie hing mit kindlichem Glauben am Herrn.

Und da lag eine Schwester in einem Diakonissenhause. Vor Jahren hatte man ihr Arme und Beine abnehmen müssen, weil sie Knochentuberkulose hatte. So lag sie da als ein trauriger Rumpf, hilflos und hilfsbedürftig. Und dabei – der Sonnenschein des Hauses! Wenn irgendeine Schwester etwas Schweres hatte, das sie bedrückte und niederbeugte, dann ging sie zu Schwester Lenchen, dieser armen Jammergestalt, und richtete sich auf an ihrem Glauben und Gottvertrauen. Unsere verstorbene Kaiserin, die sie öfter besuchte und ihr eigenhändig eine schöne Decke gearbeitet hatte, fragte sie einmal, ob sie ihr denn nicht einen Wunsch erfüllen könne. Da sagte Schwester Lenchen mit strahlenden Augen, sie habe keinen Wunsch, sie sei ganz glücklich.

Und du? Mußt du dich nicht schämen deiner Ungeduld, deines mürrischen, verdrießlichen Wesens, wenn du einmal aufs Krankenbett mußtest? Ach ja, es ist sehr verschieden, was die Krankheit bei den Menschen ausrichtet! Während der eine dadurch seinem Gott nähergebracht wird, während der eine dadurch zur Einkehr und zur Umkehr kommt, wird der andere verbittert und verdrossen. Wie viele gibt es, die sich in guten Tagen nicht um Gott kümmern; aber wenn sie in Not und Krankheit geraten, dann schelten sie Gott über alle Maßen und sagen, sie hätten eine andere Behandlung verdient – ob denn das Gerechtigkeit sei usw.

Diese arme Frau in der Synagoge, von der wir hören, hat sich durch die Krankheit nicht erbittern lassen. So mühsam es ihr auch war, sie konnte es doch nicht lassen, am Sabbat zur Synagoge zu kommen, um mit der versammelten Gemeinde das Wort Gottes zu hören. Wie gut hätte sie sich entschuldigen können, wenn sie keine Lust gehabt hätte. Aber sie hatte Freude am Gesetz des Herrn und hatte lieb den Ort, da Gottes Ehre wohnte.

Wie anders machen es viele heutzutage! Wie viele, die überhaupt nicht mehr zum Gottesdienst gehen. Sie sind darüber hinaus. Sie machen sich ihre eigene Religion zurecht, die heißt: Was mir gefällt, das ist recht. Mit den Forderungen Gottes in der Bibel sind sie fertig, das ist für sie ein überwundener Standpunkt. – Andere gibt es, die kommen wohl noch dann und wann, aber selten. Sie meinen, damit eine religiöse Pflicht zu erfüllen, ohne deren Befolgung Gott mit ihnen nicht zufrieden sein würde. Sie sind immer froh, wenn das »Amen« ertönt und die Kirche aus ist. Dann gehen sie erleichterten Herzens nach Hause. Daß Gott mit ihnen reden wollte, das haben sie gar nicht gemerkt. Sie gehen genauso wieder hinaus, wie sie hineingegangen sind. – Aber von all diesen wollte ich jetzt nicht reden, sondern von denen, die Gottes Wort wirklich liebhaben. Wie leicht lassen sich oft auch die abhalten, unters Wort zu kommen! Vielleicht fallen ein paar Tropfen Regen, da kann man doch die wenigen Minuten nicht gehen. Oder es ist zu warm oder zu windig, oder was es sonst für nichtige Gründe sind. Es ist ganz jämmerlich, aus was für Gründen manche zu Hause bleiben. Und wenn man erst mehrere Male gefehlt hat, dann schämt man sich nachher, so lange nicht gekommen zu sein, und bleibt lieber ganz weg. Und das innere Leben – erstirbt! Ich habe noch immer gefunden, daß der nicht vorwärts kam in seinem inneren Leben, der träge war im Besuche der Gottesdienste oder Bibelstunden. Es gibt vier wichtige Dinge für Kinder Gottes, von denen keins ohne den schwersten Schaden des eigenen Glaubenslebens vernachlässigt werden darf, das sind: Gottes Wort, Gebet, Gemeinschaft und Arbeit für den Herrn. Wer nur in einem dieser vier Dinge untreu ist, dessen inneres Leben geht notwendigerweise zurück. Wer nichts für den Herrn tut, wer die

Gemeinschaft der Kinder Gottes vernachlässigt, der wird auch bald seine Bibel vernachlässigen und das Gebet versäumen. Darum, wenn du an deinem Ort das große Vorrecht hast, eine Gemeinschaft zu haben, dann sei dankbar dafür und mache Gebrauch davon. Das Fernbleiben geschieht auf Kosten deiner Seele.

Das krumme Weiblein kam zur Synagoge. Ihre Seele verlangte nach Erquickung. Gerade Leidende und Kranke sind besonders der Erquickungen bedürftig. Gerade solche, die schwere Wege zu gehen haben, brauchen Erquickung und Ermunterung durchs Wort. Ich weiß von einer Frau, deren Kind lange Zeit schwer krank war. Da sorgte die Frau zuweilen für Vertretung und kam in die Stunde. Und – *alle* Leute kritisierten und meinten, daß sie eine schlechte Mutter wäre. Und sie hatte es doch in den schweren Tagen und Nächten so nötig, sich dann und wann eine Stärkung und Ermunterung zu holen! Man ist so schnell fertig mit dem Urteil: »Die versäumt ihren Haushalt, die vernachlässigt ihre Familie«, wo man sich oft freuen sollte, daß jemand ein Herzensverlangen nach dem Brot des Lebens hat!

Es war eine schreckliche und schwere Krankheit, an der die arme Frau litt. Sie hatte, so heißt es, »einen Geist der Krankheit und war krumm und konnte nicht wohl aufsehen«. Irgendwie hing die Krankheit mit dämonischen Mächten zusammen, die sie gebunden und gekrümmt hatten. Satan hatte sie gebunden, sagt Jesus nachher von ihr. Wie viele gibt es auch heutzutage, die so »einen Geist der Krankheit« haben! Ich war einmal in einer großen psychiatrischen Klinik. Da befanden sich etwa 1800 Kranke. Was für ein Jammer, was für ein Elend! Da sprach ich mit einer Frau, die schon 14 Jahre in der Anstalt gewesen war. Als ich mit ihr von Jesus sprach und sie aufforderte, sich Ihm anzuvertrauen, dann käme auch in ihre friedelose, gejagte Seele Friede und Ruhe, da erklärte sie mir nur: »Ich kann nicht.« Ich meinte: »Sie müssen wollen«; aber da weinte sie: »Ich kann nicht wollen«. »Doch, Sie können wollen«, sagte ich. Aber da schlug sie mit der Faust auf den Tisch und stampfte mit dem Fuße auf den Boden, daß man erschrecken konnte. Der Geist der Krankheit ließ es nicht zu, daß sie wollte. Sie hatte gar keinen Willen mehr.

So ähnlich war es auch mit der krummen Frau. Sie hatte sich ganz in ihr Leiden geschickt. Sie hatte sich damit abgefunden. Sie dachte: Das muß ich nun einmal tragen. Und sie trug es still und geduldig. Gewiß hatte sie auch in früheren Jahren viel Geld an die Ärzte gewandt wie jene andere Kranke; aber als alles umsonst war, da hatte sie sich in ihr Schicksal ergeben. Sie wollte nicht mehr.

Aber wenn sie auch nicht mehr wollte, *Jesus* wollte. Als Er sah, wie mühsam sie in die Synagoge geschlichen kam an ihrem Stock, als Er sah, wie aufmerksam sie zuhörte, da ging ein großes Erbarmen durch sein Herz. Ich glaube, Er hat Seine ganze Rede, die Er hielt, hauptsächlich an die arme Frau gerichtet. Wenigstens hatte sie den Eindruck: Das ist alles für mich. Davon bin ich überzeugt.

»Da sie aber Jesus sah, rief Er sie zu sich und sprach zu ihr: Weib, sei los von deiner Krankheit! Und legte die Hände auf sie; und alsobald richtete sie sich auf und pries Gott.«

Sie konnte Jesus nicht sehen; aber Er sah sie. Und da erbarmte Er sich ihrer und half ihr.

> Es ist das ewige Erbarmen,
> das alles Denken übersteigt;
> es sind die offnen Liebesarme
> des, der sich zu dem Sünder neigt.

War es nicht dasselbe Erbarmen, das Ihn trieb, den Thron Seiner Herrlichkeit zu verlassen und auf unsere arme, fluch- und schuldbeladene Erde zu kommen? War es nicht dasselbe Erbarmen, mit dem Er sich uns zuneigte, die wir Seine Kinder geworden sind? »Es jammert Ihn des Volkes,« das ist heute wie vor Jahrtausenden der innerste Trieb Seines Herzens. Darum bemüht er sich um jedes Menschenkind, das sich krumm und gebückt, mit Schuld und Not und Sorge beladen dahinschleppt. Ach, wie viele solcher Krummen gibt es doch! Wir sind dazu geschaffen, aufrecht zu gehen, das Auge frei zum Himmel erhoben. Aber da kam die Sünde, und die Menschen lernten, ihre Augen niederzuschlagen. Sie wagten es nicht mehr, frei und froh aufzublicken, weil ihre Schuld sie bedrückte. Und allmählich hat sich das ganze Menschengeschlecht angewöhnt, die Augen auf den Boden zu richten und krumm zu gehen. Man blickt auf das Irdische, auf das Diesseitige. Man lebt für diese Welt, für ihre Freuden und Genüsse; man lebt für diese Welt mit ihren Nöten und Leiden. Ach, wie viele krumme Leute gibt es, die nie ihr Auge emporheben! Die Sünde liegt auf ihrer Seele mit schwerer Last. Die Sorge des Lebens hat ihren Rücken gekrümmt. Sie haben es längst verlernt: »Ich hebe meine Augen auf zu den Bergen, von denen mir Hilfe kommt.« Denn sie erwarten keine Hilfe mehr.

Horch, da erklingt ein wunderbarer Ton: »Kommt her zu Mir alle, die ihr mühselig und beladen seid; Ich will euch erquicken!«

O eine frohe Botschaft! Für wen? Für all die armen, krummen Menschenkinder, die keinen Glauben und keine Hoffnung mehr haben. Hier ist einer, der verheißt Erquickung. Hier ist einer, der will alle Lasten abnehmen und tragen. Wirf nur getrost »dein Anliegen auf den Herrn; Er wird dich versorgen!«

Und es gibt noch andere krumme Menschenkinder, ja, es gibt krumme Gotteskinder; die sehen immerfort ihre Sünde an, und dann jammern sie: »Ach, wir armen Sünder! Ach, wir armen Sünder!« Und je älter sie werden, um so schlechter werden sie, wie sie sagen, und immer lauter jammern sie über ihre Sünde. Sie verkehren die herrliche Erlaubnis: »Freuet euch in dem Herrn allewege – und abermals sage ich: Freuet euch!« in das entsetzliche Gebot: Jammert in dem Herrn allewege – und abermals sage ich: Jammert doch! Statt wie andere Kinder Gottes zu singen:

> Ich will von meinem Jesus singen,
> von Seiner Gnade, Lieb und Treu;

klagen sie ununterbrochen:

> Ich will von meinem Elend singen
> und wie so groß die Sünde sei.

Das sind arme, kranke, krumme Leute. Mit denen muß man viel Mitleid haben; für die muß man viel beten, daß sie gesund werden, daß sie sich aufrichten und den Blick dem Herrn zuwenden, der heilen und helfen kann.

»Sie richtete sich auf und pries Gott.« Wie sollte das auch anders möglich sein, wenn eine so herrliche Tat geschehen ist? Ja, das Leben eines Menschen, dem der Herr geholfen hat, ist Loben und Danken. Da versteht man den Wunsch des Dichters:

> O daß ich tausend Zungen hätte
> und einen tausendfachen Mund!

um mit allen tausend Zungen den Ruhm und den Preis des Herrn zu singen. Und doch gibt es Leute, die sagen mit kläglichem Gesicht. »Man kann nicht immer Halleluja singen! Das Leben ist so ernst; der schmale Weg ist so schwer; die Nachfolge Jesu ist so dornenvoll; der Feind ist so böse; da können nur Toren und Schwärmer Halleluja singen!«

Ist das wahr? Von einem Bruder bekam ich vor einiger Zeit einen Brief, in dem es hieß:

Halleluja, wenn die Freunde loben,
Halleluja, wenn die Feinde toben,
Halleluja, wenn in Not ich stehe,
Halleluja, wenn ich Hilfe sehe,
Halleluja in Gewitternacht,
Halleluja, wenn die Sonne lacht,
Halleluja in der Geistesfülle,
Halleluja in der Seele Dürre,
Halleluja, wie es Gott auch wende,
Halleluja stets und ohne Ende!

Freilich, wenn man auf sich blickt, auf den mächtigen Teufel, auf die Schwierigkeiten unserer Lage, auf die Gefahren, die uns umgeben, dann verliert man allen Mut, dann wirft man die Flinte ins Korn und wird verzagt. Aber wenn man auf den Herrn blickt, wenn man Ihm zutraut, daß Er auch durch diese Schwierigkeiten hindurchhelfen kann, wenn man weiß, daß auch diese Heimsuchung von Ihm kommt, dann lernt man es, wenn auch manchmal mit nassem Auge und zuckender Lippe, Ihm zu danken für *alles*. Er macht keine Fehler!

Sollte man nun nicht denken, die ganze Synagoge hätte widergehallt vom Lobpreis der ganzen Gemeinde? Man hatte diese Frau nun so lange Jahre gekannt, immer krumm, immer gebückt – nun, mit einem Male, richtete sie sich auf und pries Gott; das war doch zum Staunen und Anbeten! Aber was geschah? Der Synagogenvorsteher fing an zu schelten. Er murrte: »Es sind sechs Tage, an denen man arbeiten soll; an denselben kommt und laßt euch heilen und nicht am Sabbattage!«

Sollte man das für möglich halten, daß es Menschen gibt, die so niedrig und kleinlich denken? Jesus antwortet darum kurz und scharf auf seine Worte: »Du Heuchler, löst nicht ein jeglicher unter euch seinen Ochsen oder Esel von der Krippe am Sabbat und führt ihn zur Tränke? Sollte aber nicht gelöst werden am Sabbat diese, die doch

Abrahams Tochter ist, welche Satan gebunden hatte nun wohl achtzehn Jahre?«

Ja, für ihr Vieh sorgen sie, aber für Menschen und ihre Nöte haben sie kein Herz. Das ist Pharisäerart.

Niemand hat ein Wort der Erwiderung. Gar zu kläglich war das Wort des Vorstehers gegenüber der Wundertat des Herrn. »Und es mußten sich schämen alle, die Ihm zuwider gewesen waren.«

Auch heute gibt es solche Stimmen, die unzufrieden sind, wenn der Herr ein Werk tut. Wenn es nicht so geschieht, wie *sie* es gewünscht und gedacht haben, dann ist es ihnen nicht recht, dann knurren und murren sie. Wie traurig ist das! Wie oft habe ich das während gesegneter Erweckungen erlebt, daß man sich dachte, daß es gehen würde, darum schüttelte man den Kopf und kritisierte. Davon, daß Hunderte von Menschen bekehrt wurden, sprach man mit keinem Worte; aber wenn einmal zwei Brüder in einer Versammlung zu gleicher Zeit beteten, so wurde daraus ein Staatsverbrechen gemacht.

Wie würde Jesus wohl zu solchen Kritikern reden, die sich nicht freuen können über die Wunder Seiner Macht? Ob Er nicht auch zu ihnen sagen würde: »Ihr Heuchler!«? Ich fürchte es.

Es ist so schade, wenn man in einer großen Zeit steht, daß manche Menschen so kleinlich sind! Nun, wenn die Synagogenvorsteher knurren und murren und abseits stehen, dann tritt das Volk auf den Plan. »Und alles Volk freute sich der herrlichen Taten, die von Ihm geschahen.« Recht so! Das gebührt sich. Und wir wollen uns auch die Freude an den Taten des Herrn in unsern Tagen nicht verkümmern lassen, wenn es etlichen Synagogenvorstehern nicht nach ihrem Sinne ist. Wir wollen unsern großen und herrlichen Heiland preisen, der auch tief gefallene Sünder aufrichten kann, der solche, die von Schuld und Sünde beschwert sind und sich kummervoll

durchs Leben schleppen, befreien kann, der auch sorgen-
volle und bekümmerte Herzen erquicken und erfreuen
kann. Trotz allen Richtens und Kritisierens, bleiben wir
dabei: Wir preisen unsern herrlichen Heiland, unsern
großen Gott für alle Wunder Seiner Gnade, die Er uns
schauen und miterleben läßt.

Die arme Witwe

Nur vier Verse erzählen uns von der armen Witwe, welche der Herr beobachtete, als sie ihr Scherflein in den Gotteskasten legte; aber in diesen paar Versen ist eine wichtige und ernste Lehre enthalten, die auch wir nötig haben. Markus erzählt im zwölften Kapitel am Schluß: »Und Jesus setzte sich dem Gotteskasten gegenüber und schaute, wie das Volk Geld einlegte in den Gotteskasten; und viele Reiche legten viel ein.«

In scharfen Worten hatte Jesus unmittelbar vorher über die Schriftgelehrten gesprochen und das Volk vor ihnen gewarnt. Denn sie wurden nicht müde, Ihm immer neue Fallen zu stellen, um Ihn mit Seiner Rede zu fangen. »Hütet euch vor den Schriftgelehrten, die in langen Kleidern gehen und lassen sich gern auf dem Markte grüßen und sitzen gern obenan in den Schulen und am Tisch beim Abendmahl; sie fressen der Witwen Häuser und wenden langes Gebet vor. Dieselben werden desto mehr Verdammnis empfangen!«

Wenn Ihn der ununterbrochene Kampf gegen die heuchlerischen Schriftgelehrten auch tief und schmerzlich bewegt hat – aus der Ruhe Seines Herzens können Ihn auch die Schriftgelehrten nicht bringen. Beim Herausgehen aus dem Tempel macht Er im Vorhofe der Frauen, wo meist die Versammlungen stattfanden, halt. Dort standen die Opferstöcke, die Gotteskästen, dreizehn an der Zahl, für die verschiedenen Zwecke und Bedürfnisse des Tempels bestimmt. In den einen legte man die Tempelsteuer für das laufende Jahr, in einen zweiten die rückständige Steuer des vergangenen Jahres; dann war dort ein Kasten für das Holz, das zum Feuer auf dem Altar gebraucht wurde, für Weihrauch usw. Einige

Gaben waren vom Gesetz vorgeschrieben, andere wiederum waren freiwillig.

Hier setzte sich Jesus nieder und sah dem Volk zu, wie es in diese Opferbüchsen Geld einlegte. »Und viele Reiche legten viel ein.« Sie ließen sich ihre Religion etwas kosten. Etliche taten es vielleicht, um von den Leuten gesehen zu werden; andere, um sich dadurch einen gnädigen Gott zu erkaufen. Und darum hatten ihre Gaben vor Gott keinen hohen Wert. Davon wollen wir jetzt nicht reden. Wir wollen nur einmal bei den Worten stehenbleiben: »Und viele Reiche legten viel ein.« Aber wo sind heutzutage die Reichen, wenn es sich um Gaben für dieses und jenes Werk der Kirche handelt? Es gibt ja wohl einige, die ein offenes Herz und auch eine offene Hand haben; aber sie sind sehr dünn gesät. »Viele Reiche legten viel ein«, das kann man heute nicht mehr sagen. Die meisten sind sehr unzufrieden, wenn sie um eine Gabe angesprochen werden. »Schon wieder eine Sammlung! Die Bettelei wird doch bald zu arg! Die Türklinke wird ja gar nicht mehr kalt, so viele Sammler laufen jetzt herum! Wofür ist das denn schon wieder?« Wie oft ist das der Willkomm, den die Reichen dem bereiten, der sie um eine Gabe ansprechen möchte. Und es sind nicht nur Reiche, die es so machen, solche, die man nicht reich nennen kann, machen es ebenso. Wie traurig ist das! Aber noch viel trauriger ist es, wenn auch Kinder Gottes so reden und so denken. Es gibt genug Leute, die so am Gelde hängen, daß sie jede Bitte um Unterstützung einer Reichs-Gottes-Sache sehr übel aufnehmen!

Und doch hat Jesus so oft und so eindringlich vor den Gefahren des Geizes gewarnt und gesagt: »Sehet zu und hütet euch vor dem Geiz; denn niemand lebt davon, daß er viele Güter hat!« »Die da reich werden wollen, fallen in Versuchung und Stricke.« »Es ist leichter, daß ein Kamel durch ein Nadelöhr gehe, denn daß ein Reicher ins Reich Gottes komme.« Die Bibel ist voll von Beispielen, daß das Geld die Leute unglücklich und elend macht. Warum kam der reiche Jüngling nicht dazu, dem Herrn nachzufolgen? Weil er sein Geld zu lieb hatte. Warum nahm der reiche Kornbauer so ein trauriges Ende? Warum kam der reiche Mann in die Hölle und in die Qual? An ihrem Verderben war das Geld wesentlich mit schuld. Warum starb Judas, einer der Zwölfe, als ein Selbstmörder? Weil er sein Herz ans Geld gehängt hatte. Wie viele Menschen bringt das Geld um! Wie viele werden zu Betrügern, zu Dieben, zu Meineidigen, zu Wechselfälschern, zu Räubern, zu Mördern – um des Geldes willen! Da sehen wir, daß Geld eine gefährliche Sache ist. Da gilt es, sehr auf der Hut zu sein. – Es braucht nicht immer eine große Summe Geld zu sein, die dich in Gefahr bringt. Auch das wenige Geld, das du hast, kann dir gefährlich und verderblich werden. Nimm dich in acht!

Darf ich dich einmal fragen, ob du den rechten Gebrauch von deinem Geld machst? Gib dir einmal Rechenschaft darüber: Was brauchst du für dich selber und für deine Bedürfnisse, und – was bekommt der Herr? Steht das in irgendeinem Verhältnis zueinander? Es stimmt mich immer traurig, wenn ich Gläubige sehe, die so viel Geld in blauen Rauch verwandeln und in die Luft blasen. Wie kurz ist der Genuß, den man von einer Zigarre hat! Ja, wie eingebildet ist der Genuß! Wie gut, wieviel *besser* würde man auskommen, ohne dieser Leidenschaft zu frönen! Und was könnte man mit all dem Geld, das man verraucht, im Reiche Gottes ausrichten! Aber wenn man mit Gläubigen über ihre Zigarre spricht, dann werden sie sehr unangenehm, dann schelten sie über »Gesetzlichkeit« und verbitten sich solche »plumpen Angriffe«. Sie haben gar kein Gefühl mehr dafür, daß das Rauchen Geldverschwendung ist. So wie der Rauch die Geschmacksnerven abstumpft, so stumpft er auch das Gefühl für Recht und Unrecht ab in bezug auf die Verwendung des Geldes. Man kann seinem Bedürfnis, seiner Leidenschaft viel, viel Geld opfern, ohne sich ein Gewissen daraus zu machen.

Und was kostet der Alkohol? Und was kostet die Mode? Was kostet der Schmuck? Was die Leckereien und Schleckereien, die sich manche so angewöhnt haben? Mit einem Worte: Was kostet das eigene Ich mit seinen Bedürfnissen und Angewohnheiten – und was bekommt der Herr?

Ach, wie bedaure ich die armen Menschen, die nichts von der Seligkeit des Gebens wissen! Was sind das doch für arme Leute! Es kommt nur darauf an, daß man das Geben richtig ansieht, daß man nicht sagt: »Ich *muß* geben«, sondern daß man sich klarmacht: »Ich *darf* geben.« Ist das denn nicht eine Gnade von Gott, wenn man geben darf? Wenn man einem Armen aus der Not helfen darf? Wenn man das Werk Gottes unterstützen darf? Es ist doch ein herrliches Vorrecht, das wir haben, daß wir mit dabeisein dürfen, wo Gott ein Werk tut. Sieh das Geben doch einmal richtig an! Sicher, Gott braucht dich nicht, um Sein Reich zu bauen. Aber Er erlaubt dir, dabei mitzuhelfen mit deinen Gaben. Ist das nicht Gnade? Ich kann es nicht anders sehen.

»Einen fröhlichen Geber hat Gott lieb.« Bist du so ein fröhlicher Geber, den Gott liebhat, oder willst du wenigstens einer werden?

Die arme Witwe war eine fröhliche Geberin, das ist gewiß. Als sie an dem Gotteskasten vorbeikam, ließ sie zwei Scherflein hineingleiten, »die machen einen Heller«. Sie schämte sich, daß es so wenig war. Aber sie konnte nicht mehr geben; denn es war alles, was sie hatte. Diese zwei Scherflein bildeten ihr ganzes Vermögen.

Was meinst du, wenn diese arme Witwe zu dir gekommen wäre und dich um Rat gefragt hätte? Ich bin sicher, du hättest gesagt: »Aber ich bitte Sie, wenn Sie so arm sind, brauchen Sie doch nichts zu geben!« Nicht wahr, so hättest du ihr geraten? Und wenn sie mit sich selber zu Rate gegangen wäre, da hätte sie sagen können: »Das letzte Geld, das ich besitze, kann ich doch nicht geben! Wovon soll ich mir denn morgen ein Stück Brot kaufen? Von mir kann doch Gott keine Gabe verlangen; ich bin doch zu arm! Und auch, wenn ich meine zwei Scherflein gebe – was ist das? Das spürt man ja gar nicht. Ob im Opferkasten die zwei Scherflein mehr oder weniger sind, das macht ja nichts aus. Ich will mein Geld nur behalten!« Nicht wahr, wenn sie so gesprochen hätte, das wäre ganz gut zu verstehen? Aber so hat sie nicht gesprochen. Das Geben war ihr eine Freude. Das Geben war ihr so selbstverständlich, daß sie den Gedanken gar nicht erwog, ob sie heute einmal an dem Gotteskasten vorbeigehen sollte, ohne etwas einzulegen. Ihr Herz war so voll Dank und Freude über das, was sie heute im Tempel gehört hatte, daß sie sich gedrungen fühlte, eine Gabe der Liebe und des Dankes zu opfern.

Ihr Geben war kein Müssen, es war ein Dürfen.

Sie war *frei vom Geld*. Denn sie war *frei vom Sorgengeist*. Und zwar darum, weil sie ein *völliges Vertrauen* zu Gott hatte. Darauf kommt es an, daß man dem Herrn völlig vertraut. Wo man nicht völlig vertraut, da kann man auch nicht frei sein und nicht loskommen vom Geld, das ist ganz natürlich.

Die arme Witwe hatte ein unbegrenztes und unbedingtes Vertrauen zu Gott. Gewiß hatte sie in ihrem Leben genug Erfahrungen gemacht, wie treu Er für die Seinen sorgt. Sicher war auch die Geschichte ihres Witwenstandes eine Kette von lauter wunderbaren Durchhilfen Gottes und von Erhörungen ihrer Gebete. Da hatte sie es in der harten Schule des Lebens gelernt, ihrem Gott völlig zu vertrauen. Sie wußte: »Der bisher so liebreich und väterlich gesorgt hat, der wird auch weiter für mich sorgen und an mich denken. Er hat mich noch nie im

Stich gelassen. Er hat mir Arbeit gegeben, daß ich mein tägliches Brot verdienen konnte; Er hat mir Kraft und Gesundheit verliehen, daß ich imstande bin, meiner Arbeit nachzugehen. Manchmal bekomme ich auch etwas von guten Leuten, denen Gott den Auftrag gab. Wenn ich meinem Gott nicht trauen wollte, das wäre fürwahr ein furchtbares Unrecht!« Und so gibt sie das Letzte, was sie hat. Und sie gibt es mit Freuden.

Hast du schon völliges Vertrauen gelernt? An Gelegenheiten dazu hat es dir doch nicht gefehlt. »In wieviel Not hat nicht der gnädige Gott über dir Flügel gebreitet!« Wie oft hast du es erfahren, wie treu Er für dich gesorgt hat. Und doch machst du dir noch Sorgen? Ist das nicht sehr unrecht? Beleidigst du nicht deinen Gott damit? Das hat er doch nicht verdient, daß du so wenig Vertrauen zu Ihm hast! O gib Ihm doch deine Zukunft getrost und zuversichtlich in die Hand! »Wirf dein Anliegen auf den Herrn, der wird dich versorgen!« Das ist ganz gewiß. Wer Gott wirklich und völlig vertraut, wer davon überzeugt ist, daß der Herr für ihn sorgen wird, der macht sich keine Sorgen mehr. Und wer sich keine Sorgen mehr macht um die Zukunft, der lernt es auch, königlich mit seinem Geld umzugehen; der weiß:

> Der Wolken, Luft und Winden
> gibt Wege, Lauf und Bahn,
> der wird auch Wege finden,
> wo mein Fuß gehen kann.

Genauso hat die arme Witwe gedacht, und so hat sie ihre ganze Habe dem Herrn gegeben in dem festen Glauben, daß der Herr sie schon versorgen werde. Und meinst du, Er hätte es nicht getan? Glaubst du, er ließe Menschen im Stich, die Ihm vertrauen? Gott kann niemanden enttäuschen. Das ist unmöglich. Er steht noch immer zu seinem Wort, das Er einst durch den Propheten Maleachi geredet hat (3, 10). »Bringt aber den

Zehnten ganz in Mein Kornhaus, auf daß in Meinem Hause Speise sei, und prüfet Mich hierin, ob Ich euch nicht des Himmels Fenster auftun und Segen herabschütten werde die Fülle.« Ja, Segen die Fülle, das ist die Antwort Gottes, wenn man Ihm auch in Geldsachen völlig vertraut. So viele, die damit Ernst gemacht haben, den Zehnten ganz in des Herrn Kornhaus zu bringen, die haben es auch erfahren, daß Segen in Fülle die Antwort Gottes ist.

Vor Jahren machte ich einmal eine Fußwanderung mit einem jungen gläubigen Lehrer meiner Gemeinde. Wir sprachen über allerlei miteinander und kamen auch auf die Predigten zu sprechen, die ich damals gerade über das Leben Abrahams hielt. »Jetzt kommen Sie bald an die Stelle«, sagte mein Begleiter, »wo Abraham dem Melchisedek begegnet und ihm den Zehnten gibt von allem, was er hat. Da müssen Sie aber einmal ordentlich durchbeißen!« – Meine Antwort ließ eine Weile auf sich warten. »Es ist schlecht durchzubeißen, wenn man keine guten Zähne hat«, sagte ich endlich. Ich wollte damit sagen: Es ist schlecht über den Zehnten predigen, wenn man ihn selbst nicht gibt. »Oh«, sagte der Bruder, »dann sorgen Sie doch dafür, daß bis dahin Ihre Zähne in Ordnung sind!« Und sie waren bis dahin in Ordnung, und ich konnte meiner Gemeinde getrost das predigen, was ich mir erst selber gepredigt hatte. Und Gott lenkte es so, daß sich sofort etliche Gemeindeglieder dazu entschlossen, fortan auch dem Herrn den Zehnten zu geben. Und die Erfahrung aller ist gewesen, daß von Stund an der Segen Gottes über Haus und Geschäft lag wie nie zuvor. – Es ist nun manches Jahr her, seitdem ich das gepredigt und praktisch ausgeführt habe. Und es ist mir noch keine Stunde leid gewesen. Denn ich habe in wunderbarer Weise erfahren, wie Gott sich zu Seinem Worte bekennt, wenn man Ihm in einfältigem Glauben gehorsam ist.

Und darum, weil ich weiß, was für eine Segensquelle

sich erschließt, wenn man hierin dem Herrn gehorcht, darum werde ich nicht müde zu bitten: Versucht es doch, ihr gläubigen Christen! Gott hat ja gesagt: »Prüfet Mich hierin!« Versucht es doch einmal eine gewisse Zeitlang! Und ich bin fest davon überzeugt, daß ihr dann, wenn die Probezeit um ist, euren Gott treu erprobt habt. Ja, es ist ein köstliches Ding, wenn man frei ist von der Sorge und damit auch los vom Geld. Dann ist man glücklich und fröhlich wie ein Kind, das sich auch keine Sorgen macht, das für alles und jedes die Eltern sorgen läßt. Willst du dich also von der armen Witwe am Gotteskasten beschämen lassen? Sie war eine Tochter des Alten Bundes; du bist ein Kind des Neuen Bundes. Und sie war reicher und vertrauensvoller als du es bist?

Setze auf den Herrn dein *völliges* Vertrauen, dann wirst du frei von der Sorge und unabhängig vom Geld!

Salome

An verschiedenen Stellen der Schrift ist von Salome die Rede, wenn sie auch nicht immer mit Namen genannt wird. Sie war die Mutter der beiden Jünger Jakobus und Johannes und selbst auch eine Jüngerin, die dem Meister treulich diente. Sehr wahrscheinlich war sie sogar eine Verwandte Jesu, die Schwester Seiner Mutter Maria. Wenn auch keine volle Einmütigkeit in der Auslegung der Stelle Johannes 19, 25 besteht, so darf doch wohl angenommen werden, daß hier mit den Worten »und Seiner Mutter Schwester« Salome gemeint ist. Denn wo käme es vor, daß zwei leibliche Schwestern denselben Namen führten? Etliche Ausleger fassen diese Stelle nämlich so auf, daß sie sagen, die Worte »und Seiner Mutter Schwester, Maria, des Kleophas Weib« gehören zusammen und bezeichnen dieselbe Person. Danach hätten dann die beiden Schwestern denselben Namen gehabt. Und das erscheint doch sehr unwahrscheinlich. Es wird wohl so sein, daß hier Salome als die Schwester der Maria bezeichnet wird. Denn daß Salome mit unter dem Kreuz stand, geht aus Markus 15, 40 hervor.

Es mag nun sein, wie es will, *das* ist für uns nicht die Hauptsache an dem Bild der Salome. Auf äußere Zugehörigkeit und Verwandtschaft kommt es ja nach des Herrn eigenen Worten nicht so sehr an, sondern ob man innerlich mit Ihm verbunden ist. Sagt Er doch: »Wer den Willen tut Meines Vaters, der ist Meine Mutter, Mein Bruder, Meine Schwester!« Nicht daß sie mit Jesus verwandt war, macht uns die Salome so lieb, sondern daß sie eine Jüngerin des Herrn war, die Ihm nachfolgte und Ihm diente, die Ihm nahe war, als Er starb, und die eine der ersten war, die in der Frühe des Ostermorgens an Sein leeres Grab trat.

Die äußere Zugehörigkeit zum Herrn genügt auch heute nicht. Wie viele tragen den Namen Christi, die Ihn mit Wort und Wandel verleugnen, die Ihn lästern und verunehren! Wie viele! Es kommt nicht auf den Namen an, sondern darauf, daß man wirklich mit Christus in Verbindung und Gemeinschaft steht, daß man Ihm nachfolgt als Sein Jünger, als Seine Jüngerin.

1. *Salome als Mutter.* Salome war die Frau des Zebedäus, der eine größere Fischerei am Galiläischen Meer betrieb. Wenigstens sagt uns Markus (1, 20), daß er Tagelöhner gehabt hat. Also muß sein Betrieb nicht ganz klein gewesen sein. So ein Geschäft erfordert aber die Aufmerksamkeit des Mannes voll und ganz. Wenn der Chef nicht überall nach dem Rechten sieht, dann geht es nicht. So wird die Sorge für die Erziehung der Kinder mehr oder weniger der Salome zugefallen sein. Während der Vater draußen beim Fischfang war oder umherzog, um Fische zu verkaufen und abzusetzen, war ihr die Erziehung der Kinder überlassen. So ist es ja auch heutzutage, daß die Mütter in erster Linie die Erziehung der Kinder zu leiten haben. Darum hat die Mutter eine besonders große Verantwortung zu tragen. Ihre Arbeit ist keine leichte. Vielleicht ist die Arbeit, die sie tut, die wichtigste und verantwortungsvollste, die es überhaupt gibt. Hängt doch die Richtung, die ein Mensch im Leben einschlägt, wesentlich davon ab, wie seine Mutter ihn in den Tagen der Kindheit angeleitet und unterwiesen hat. Von der Arbeit der Mütter hängt die Zukunft eines Volkes ab. Weht in der Kinderstube Heiliger Geist, dann ist das für die Kinder ein Gewinn für ihr ganzes Leben. Läßt es aber die Mutter an der rechten Unterweisung und Ermahnung fehlen, so ist das unberechenbarer Schade, der oft bis in die Ewigkeit hineinreicht.

Auch Salomes Arbeit war keine leichte. Waren doch

ihre Knaben Jakobus und Johannes von heftiger, leidenschaftlicher Gemütsart. »Donnerskinder« nannte sie der Herr Jesus, weil diese leidenschaftliche Gemütsart sich auch später noch offenbarte. Es war der Mutter nicht gelungen, diese Leidenschaftlichkeit aus ihren Herzen auszurotten. Das hat erst Jesus fertiggebracht mit der Zucht eines Geistes und der Macht Seiner Liebe. So ungestüme Knaben zu erziehen, ist keine kleine und geringe Aufgabe für eine Mutter. Wie oft ist da das Mutterherz schwach und gibt dem Kind nach!

Und doch ist es so sehr wichtig, daß gleich in den ersten Jahren des Kindes sein Wille gebrochen und sein Trotzkopf gebeugt wird. Man sagt, wenn in den ersten drei Jahren das Kind nicht erzogen worden sei, dann sei später alle Mühe umsonst. Und daran ist gewiß viel Wahres. Früh, ganz früh muß die Erziehung der Kinder beginnen. Und wenn sie nicht ganz früh beginnt, dann kommt sie für gewöhnlich überhaupt zu spät. Schon das ganz kleine Kind gibt deutliche Zeichen von seinem Eigenwillen. Man kann es ganz gut hören, ob das Geschrei des Kindes dem Hunger oder der Unart entspringt. Die Art und Weise, wie das Kind seine Flasche zurückstößt, läßt schon erkennen, wenn es trotzt und seinen Kopf durchsetzen will. Da muß die Erziehung früh beginnen. Da darf die Mutter nicht in falscher Liebe nachgeben.

Gerade in bezug auf das Essen wird von manchen Müttern sehr gesündigt. Das Kind setzt einmal seinen Kopf durch und schiebt den Teller zurück: »Das mag ich nicht.« Und was tun dann manche Mütter? Anstatt das Kind mit freundlicher Bestimmtheit zu zwingen, seinen Teller leer zu essen, geben sie nach. »Wenn er es nun einmal nicht mag!« sagen sie entschuldigend und gehen hin und machen ihm ein Butterbrot. In wie vielen Familien geht es so!

Einst war ich bei einer Familie gerade zur Mittagszeit.

Die Suppe kam auf den Tisch; aber der kleine Franz mochte keine Suppe. Als der Vater haben wollte, daß er doch Suppe bekäme, sagte die Frau vorwurfsvoll zu ihm: »Du weißt doch, Vater, daß Franz keine Suppe ißt!« Statt dessen fing Franz an, von den Pflaumen zu essen, die als Nachtisch auf dem Tisch standen. Nun kamen die Kartoffeln. »Willst du auch ein paar Kartöffelchen?« fragte die Mutter ihren Sprößling; der schüttelte nur den Kopf. »Pflaumen!« Und richtig, er bekam einen Teller voll Pflaumen. Der Vater versuchte Einspruch zu erheben, aber ohne Erfolg. »Wenn er sie nun doch aber so gern mag!« sagte die Mutter zu ihm. Zu den Kartoffeln und dem Fleisch bekamen die Erwachsenen Gurken. Kaum hatte Franz die Gurken gesehen, da äußerte er sein Verlangen danach. Und richtig, er bekam zu seinen süßen Pflaumen die sauren Gurken. Der arme Magen! Als die Mahlzeit sich dem Ende zuneigte, da entstand in Franz der Wunsch, doch auch etwas Festes zu sich zu nehmen. Er begehrte jetzt plötzlich: »Kartoffeln!« Aber als er sie dann hatte, da schmeckten sie ihm nicht nach den süßen Pflaumen, und er erklärte: »Mag ich nicht!« Und was sagte die Mutter? Sagte sie nun endlich einmal ein ernstes Wort? O nein, sie sagte: »Laß sie nur stehen, Fränzchen, wenn du sie nicht magst; Mutter ißt sie!«

Liebe Mutter, wenn dein Franz nachher dein Herz zerreißt, weil er immer nur nach seinem Willen handelt, wenn all deine Ermahnungen, wenn all deine Tränen umsonst sind, dann denke daran, wie du ihm, als er noch ein kleiner Junge war, allen Willen gelassen hast, wie du ihn verteidigt und in Schutz genommen hast gegen den Vater, und dann sage: Es geschieht mir ganz recht. Ich bin schuld daran, daß der Junge mißraten ist; ich habe ihm nie beigebracht, sich anzupassen, ich habe ihn nie das Gehorchen gelehrt! Und wenn dein Sohn ins Gefängnis kommt, und wenn dein Sohn verlorengeht, Mutter, dann bist du schuld. Weißt du das?

Denke nur nicht, es handle sich hier um Kleinigkeiten. Es handelt sich hier um überaus wichtige Dinge. Es gibt gar keine wichtigeren für dich! Wenn *du* nicht frühe den Willen deines Kindes brichst, dann bricht dein Kind dir im Alter dein Herz.

Von großer Wichtigkeit ist es auch, den Kindern nichts zwischen den Mahlzeiten zu geben. Wie töricht sind manche Mütter! Sie klagen darüber, daß die Kinder bei Tisch »nicht ordentlich essen«; aber woher sollen sie denn Hunger haben, wenn sie eben erst ein großes Butterbrot bekommen haben? Gewöhnt doch eure Kinder daran, bei den regelmäßigen Mahlzeiten tüchtig zu essen, aber außer der Zeit gebt ihnen nichts. Der Magen will und muß doch auch seine Ruhe haben. Wenn er fortwährend in Anspruch genommen wird, dann wird er krank und schwach. Wenn deine Kinder so schlecht aussehen, Mutter, weißt du, wer schuld daran ist? Du bist schuld!

Ich erlaubte es meinen Kindern nie, etwas zwischendurch zu essen. Und wenn jemand kam, der den Kindern etwas mitbrachte, dann wurde es fortgelegt bis zur nächsten Mahlzeit. »Aber ein Plätzchen dürfen die Kinder doch wohl essen!« bekam ich dann mit vorwurfsvollem Ton zu hören. Aber lieber diesen Vorwurf hinnehmen und den Verdacht erwecken, ein harter Vater zu sein, als meinen Kindern auf diese Weise einen Schaden zufügen zu lassen fürs Leben! Man muß allerdings sehr energisch und bestimmt sein in diesem Punkt, sonst kommt man gegen die lieben Besucher, die es doch mit den Kindern »so gut meinen«, nicht auf!

Unser Hausarzt kam einmal dazu, als die Kinder aßen. Da sah er ganz verwundert zu und sagte. »Wie machen Sie denn das?« Wie schnell war so ein gehäufter Teller mit Gemüse leer, und schon streckten sie die leeren Teller aufs neue der Mutter entgegen: »Da sind die hungrigen Löwen wieder!« Das sind fröhliche Mahlzeiten, wenn die Kinder alles, was auf den Tisch kommt, zu ihrem »Lieblingsessen« erklären. Willst du das auch in deinem Hause haben, liebe Mutter, dann gib den Kindern *nichts mehr zwischen den Mahlzeiten.*

Ich war in einem Haus, in dem ein Kind krank war. Der Arzt hatte angeordnet, es dürfe nur flüssige Nahrung zu sich nehmen. Aber das Kind bat: »Mutter, ein Plätzchen!« Die Mutter sagte zwar: »Der Doktor will es nicht haben!« Aber das Kind blieb bei seiner Bitte. Da – ging denn die Mutter hin und holte die besten Plätzchen, die sie bekommen konnte. Gut sollten sie sein; das Kind war ja so krank. Und das Kind aß seine Plätzchen – und dann bekam es die furchtbarsten Schmerzen; das Fieber stieg, und die ganze Krankheit verschlimmerte sich. Der Doktor mußte schnell kommen. »Wenn Sie das noch einmal tun«, sagte er, »dann werden Sie Ihr Kind töten!« Und was sagte die Mutter? »Aber es wollte doch durchaus! Ich hab's ja auch gesagt, Sie hätten's verboten; das Kind wollte doch nun einmal so gern Plätzchen haben.«

Aber wenn sie mit den vom Arzt verordneten Pulvern kam, dann drehte das Kind sich nach der Wand um und nahm sie nicht.

Es ist so wichtig, daß Kinder das essen und trinken lernen, was ihnen vorgesetzt wird! Wie schwer ist es in Krankheitstagen, die Kinder zum Essen der Krankenkost und zum Einnehmen der Medizin zu bewegen, wenn sie in gesunden Tagen nicht gelernt haben, zu essen und zu trinken, was ihnen gereicht wird!

Und nicht nur für Krankheitstage ist es wichtig – wo es eine ungeheure Erleichterung der schweren Zeit ist, wenn die Kinder vorher gehorchen gelernt haben, sondern für ihr ganzes Leben ist es wichtig. Was macht das für einen schlechten Eindruck, wenn ein Mensch am Essen herummäkelt, wenn er von dieser und jener Speise erklärt: »Das mag ich nicht!« Wie unangenehm ist das für alle, die mit einem so unerzogenen und ungezogenen

Menschen zusammenkommen. Und wie unangenehm ist das für den Menschen selbst, wenn er alle Speisen erst darauf untersuchen muß, ob er sie mag oder nicht!

Mutter, wie dankbar werden dir deine Kinder einmal sein, wenn du sie daran gewöhnt hast, alles ohne Unterschied zu essen! Sie bleiben ja nicht immer bei dir im Haus. Sie werden in andern Häusern andere Speisen und Gerichte essen müssen. Wie schwer ist es für sie, wenn sie dann nicht alles essen können, wenn sie dann dies und das nicht mögen. Wie gut, wer zu Hause gelernt hat, alles zu essen.

Es kam wohl nur selten vor in meiner Kindheit, daß ich etwas nicht mochte. Da hatte die Mutter ein sehr gutes Mittel. Sie sagte nicht viel. Sie stellte den Teller, der nicht leer gegesssen war, ruhig beiseite; aber wenn man dann aus der Schule kam am Nachmittag, dann stand der Teller wieder da. Sie hat nicht viel Last damit gehabt, daß ihre Kinder etwas nicht essen mochten. Und wie dankbar bin ich ihr dafür.

Ich hörte einmal erzählen, daß diese strenge Sitte auch in der Familie des früheren deutschen Kaisers bestand. Einer der Prinzen erzählte, wenn sie bei einer Mahlzeit etwas übriggelassen hätten, so hätten sie es bei der nächsten Mahlzeit ungewärmt wieder bekommen. Nur bei der Prinzessin sei die Strenge etwas gemildert worden: sie habe ihr Strafessen gewärmt bekommen.

In seinem Buch »Fußspuren des lebendigen Gottes in meinem Leben« erzählt Otto Funcke, daß er von seinen Eltern angehalten worden sei, alles zu essen. Nur Rüben wurden ihm erlassen, weil er ein schwächliches Kind war. Aber als er dann als Gymnasiast nach Gütersloh kam, da gab es zweimal oder dreimal in der Woche – Rüben. Jetzt mußte er wohl oder übel Rüben essen, auch wenn er sie nicht mochte. Er schreibt davon: »Glücklich die Kinder, die im elterlichen Hause gelernt haben, alles zu essen und zwar ohne Ausnahme! Was half mir schließlich die trefflliche Wülfrather Regel mit der einen Rüben-Ausnahme, da diese *eine* Ausnahme in Gütersloh schier zur Regel wurde!«

Aber es ist nicht nur für das Essen von Bedeutung, ob man gehorchen und sich beugen und fügen gelernt hat, es ist *fürs ganze Leben* wichtig, daß man in der Jugend Gehorsam gelernt hat. Wie schwer haben es die Menschen, die in der Jugend immer ihren Willen bekommen haben! Natürlich erwarten sie, daß nachher im Leben auch jeder sich ihnen fügt. Und wenn das nicht geschieht, dann ist immer Zank und Zwist, Unzufriedenheit und üble Laune da. Ja, wie viele haben sich und andere dadurch unglücklich gemacht, daß sie nicht gehorchen gelernt hatten und nun rücksichtslos ihren Willen durchsetzen wollten! Liebe Mutter, das Lebensglück deines Kindes, vielleicht sogar das ewige Heil deines Kindes hängen davon ab, ob du ihm in der Kindheit den Willen läßt, oder ob es sich fügen lernt. Vergiß das nicht!

Laß dir Weisheit von oben schenken zu deinem wichtigen und schweren Amt! Laß dir die Liebe schenken, die nicht schwach und nachgiebig ist, sondern die auch züchtigen und strafen kann.

Dein Kind wird es dir einmal danken, und Gott wird es dir einmal lohnen.

2. *Salomes Bitte.* Unter der Obhut der Mutter sind Jakobus und Johannes herangewachsen. Und sie sind die Freude der Mutter gewesen. War doch ihr Sinn nicht wie der von so vielen ihrer Altersgenossen auf irdische Dinge, auf die »Ergötzung der Sünde« gerichtet, sondern ihr Streben galt einem höheren Ideal. Sie warteten, wie so viele junge und alte Leute in jenen Tagen, auf den Trost Israels. Darum schlossen sie sich alsbald an den Täufer Johannes an, als dieser öffentlich hervorgetreten war. Und von ihm auf das Gotteslamm hingewiesen, das der Welt Sünde trägt, folgten sie alsbald Jesus nach.

Was war das für eine Freude für Salome, daß ihre

Söhne Jünger Jesu wurden! Wie viele Mutterherzen beten darum und hoffen darauf, auch endlich zu erleben, daß ihre Söhne sich Jesus zu eigen geben möchten!

Wie kommt es, daß manche Mutter so lange darauf warten muß, bis sich der Sohn oder die Tochter zu Christus bekehrt? Ich glaube, in manchen Fällen ist der tiefere Zusammenhang der, daß Gott die Sünden der Väter heimsucht an den Kindern. Unser Gott ist ein heiliger und gerechter Gott. Wie manches Mal läßt Er die Eltern darum so viel Schweres mit ihren Kindern erleben, um ihnen in Erinnerung zu bringen, wieviel Schweres sie einst ihren eigenen Eltern zugefügt haben.

Und wie oft erben die Kinder die bösen Eigenschaften der Eltern! Ach, es ist eine traurige und ernste Sache, wenn man in dem Charakter der Kinder sich selber wiedererkennt, wenn uns das eigene alte Wesen in neuer Gestalt in unsern Kindern entgegentritt! Das treibt dann um so mehr ins Gebet, da klammert man sich dann um so fester an die Verheißung: »Glaube an den Herrn Jesus Christus, so wirst du und dein Haus selig!«

Liebe Mutter, wenn deine Kinder noch nicht gerettet sind, hast du es vielleicht irgendwo fehlen lassen? Bist du ihnen auch immer ein rechtes Vorbild gewesen? Und wenn du es nicht warst, dann bete um so mehr, dann bitte um so mehr den Herrn, daß Er dir helfe, so zu leben, daß die Kinder dadurch gelockt und gezogen werden, zu Jesus zu kommen.

Dieser eine große Wunsch der Salome war erfüllt, ihre Söhne folgten Jesus nach. Da erwachte eines Tages ein neuer Wunsch in ihrem Herzen. Ihre Söhne hatten ihr von einer Unterredung berichtet, die sie mit Jesus gehabt hatten. Als der reiche Jüngling den Herrn verlassen hatte, weil er nicht bereit war, seine Güter den Armen zu geben, da hatte Jesus mit ihnen über die Gefahren des Geldes gesprochen. Auf das herausfordernde Wort des Petrus: »Siehe, wir haben alles verlassen und sind Dir nachgefolgt; was wird uns dafür?« hatte Jesus geantwortet. »Wahrlich, Ich sage euch, daß ihr, die ihr Mir seid nachgefolgt in der Wiedergeburt, da des Menschen Sohn wird sitzen auf dem Stuhl Seiner Herrlichkeit, werdet auch ihr sitzen auf zwölf Stühlen und richten die zwölf Geschlechter Israels.«

Darüber hatten die Söhne gewiß mit der Mutter gesprochen. Und da war in ihrem Herzen der Wunsch erwacht, daß ihre Söhne einst zur Rechten und Linken des Herrn auf den Ehrenplätzen an Seiner Seite sitzen möchten. Dieser Gedanke beschäftigte sie so lange, bis sie endlich nicht mehr anders konnte: Sie mußte ihn vor Jesus aussprechen.

Sie kam und warf sich vor Ihm nieder und trug Ihm ihre Bitte vor. Vielleicht sprach sie so leise, daß Er sie nicht verstehen konnte; vielleicht sprach sie auch gar nicht, und Er sah nur an ihrer bittenden Gebärde, daß sie einen Wunsch hatte. Da neigte Er sich zu ihr und fragte sie: »Was willst du?«

So hat Er oft gefragt. Wenn jemand Ihn anrief und Hilfe von Ihm erbat, dann fragte Er wohl: »Was willst du, daß Ich dir tun soll?« Er will mit solcher Frage dem Bittenden Mut machen. Er will ihn auch veranlassen, seine Bitten deutlich und bestimmt auszusprechen. Er will, daß man sich darüber klar wird, was man von Ihm begehrt. Bei vielen Menschen ist das, was sie Beten nennen, nur ein gedankenloses Vor-sich-Hinstarren. Ob wohl die Herren, die in der Kirche eine Weile in ihren Hut blicken, ehe sie sich setzen – ob sie wohl wirklich etwas von Gott erbitten? Wenn man sie fragen würde: »Was haben Sie denn jetzt gebetet? Was haben Sie denn von Gott erfleht?« dann würden viele gewiß sehr verlegen werden. Sie haben nur vor sich hingestiert, aber einen klaren Gedanken haben sie nicht gehabt. Und das geht nicht nur vielen Herren so in der Kirche, daß sie ganz gedankenlos vor sich hinstarren, anstatt zu beten, das geht auch andern Christen so, wenn sie des Morgens oder des Abends an ihrem Bett knien, um den Segen des Herrn zu erflehn. Wie oft ertappen sie sich dabei, daß sie nichts gedacht haben. Eine gewisse Hilfe bringt es, wenn man seine Gedanken in Worte faßt und *laut* betet. Aber auch da kann es noch vorkommen, daß man seine Gedanken schweifen läßt und gar keine bestimmten Anliegen hat.

»Was *willst* du?« fragt Jesus die Salome. Da brachte sie ihre Bitte vor: »Laß diese meine zwei Söhne sitzen in Deinem Reiche, einen zu Deiner Rechten und den andern zu Deiner Linken.«

Als die andern Jünger das hörten, wurden sie ungehalten über diese Bitte. Und gewiß war viel Törichtes und Eitles in der Bitte. Aber Jesus hat die Gabe, aus allem noch etwas Gutes herauszuhören. Er hört auch aus dieser Bitte noch etwas Gutes heraus. Er hört den Wunsch des Mutterherzens, daß ihre beiden Söhne so dicht wie möglich bei Jesus sein und bleiben möchten. Und das ist ein guter Wunsch. Er hört auch aus der Bitte den festen Glauben an Sein Wort heraus. Noch ist nichts von Seiner Herrlichkeit zu sehen; aber Er hat es gesagt, und Salome glaubt Seinem Wort. Weil Jesus das alles heraushört, darum tadelt Er die Bitte auch nicht, sondern Er fragt die beiden Söhne: »Könnt ihr den Kelch trinken, den Ich trinken werde und euch taufen lassen mit der Taufe, mit der Ich getauft werde?«

Sie wissen nicht, was das bedeutet, darum sagen sie kühn: »Jawohl!«

Der »Kelch«, von dem Jesus hier redet, das ist das Leiden, wie es Ihm von Gott aufgetragen ist. Es ist derselbe Ausdruck, den Er in Gethsemane gebraucht, um das Leiden zu bezeichnen, das der Vater Ihn durchkosten läßt. Und bei dem Wort »Taufe« denkt Er an die Fluten des Leidens, die sich über Ihn ergießen werden um der Bosheit Seiner Feinde und Verfolger willen.

Die beiden Jünger wissen nicht, wie bitter der Kelch

ist, und wie furchtbar die Bluts- und Leidenstaufe sein wird, die auf ihren Meister wartet, sonst würden sie nicht so getrost ja gesagt haben.

Jetzt schaut Jesus in die Zukunft hinein. Er sieht, wie Jakobus als der erste von den Seinen den Leidenskelch trinken und die Blutstaufe empfangen wird bei seinem Märtyrertod. Und wenn Johannes auch bis in ein hohes Alter hinein lebt, so ist doch auch sein Leben schwer und leidensvoll. Was war es doch für ein Kummer für ihn, den Untergang der Stadt Jerusalem mitzuerleben und von den entsetzlichen Greueln zu hören, die in der belagerten Stadt geschahen! »Ja, Meinen Kelch sollt ihr zwar trinken und mit der Taufe, mit der Ich getauft werde, sollt ihr getauft werden; aber die Sitze zu Meiner Rechten und Linken zu vergeben, steht Mir nicht zu, sondern denen es bereitet ist von Meinem Vater.«

Was für eine beschämende Antwort für Salome und ihre Söhne! Sie wollten Ehre haben für sich. Und Jesus hat nicht einmal Ehre für sich selbst! Er hat alles darangegeben, alles verlassen. Er ist von Seinem Vater abhängig. Nichts verlangt und begehrt Er für sich. Wie ehrgeizig sind *sie*, wie demütig ist *Er!*

Dann wendet der Meister sich den andern Jüngern zu, um ihnen in ihrem Murren eine gute Lehre zu geben. Er sagt ihnen, daß die Hauptsache im Reiche Gottes das Dienen sei. »Gleichwie des Menschen Sohn ist nicht gekommen, daß Er sich dienen lasse, sondern daß Er diene und gebe Sein Leben zu einer Erlösung für viele.«

Salome hat den Wink verstanden. Sie hat etwas gelernt. Sie hat fortan dem Meister den demütigen Dienst der Liebe erwiesen und auf ihre hohen Gedanken verzichtet.

3. *Salomes Dienst.* In Markus 15, 40.41 finden wir es ausgesprochen, daß Salome auch unter den Frauen war, die Jesus nachfolgten und Ihm dienten. Er hatte ja mit Seinen Jüngern keinerlei Erwerbsquellen. So war Er

darauf angewiesen, was Ihm von freundlicher Hand gegeben wurde. Und da finden wir auch die liebe Salome wieder. Sie diente Ihm sicherlich auch mit ihren Gaben. Denn sie war jedenfalls eine wohlhabende Frau. Vielleicht war ihr Mann Zebedäus inzwischen gestorben, so daß sie frei war, den Herrn zu begleiten.

Sie blieb Ihm auch bis in die schwersten und dunkelsten Stunden hinein treu. Als die Jünger Ihn alle verlassen hatten, da blieben Ihm die Jüngerinnen treu. Da steht Salome mit unter Seinem Kreuz. Da schaut sie, wie Er den Kelch der Leiden bis zur Neige trinkt, da ist sie Zeugin der furchtbaren Blutstaufe von Golgatha. Jetzt ist ihr ganzer Ehrgeiz, Ihm im Tode nahe zu sein und bei Ihm zu stehen im Sterben. Und nicht nur sie, auch ihr Sohn Johannes ist da. Jetzt geht der Wunsch der Mutter Salome in Erfüllung: Johannes ist ganz nahe beim Herrn. Und des sterbenden Meisters Augen ruhen mit Liebe auf Seinem Getreuen, und Er gibt ihn Seiner eigenen, ganz gebeugten und gebrochenen Mutter zum Trost und zur Stütze in kommenden Tagen. »Weib, siehe, das ist dein Sohn!« »Sohn, siehe, das ist deine Mutter!«

Und noch einmal begegnen wir der treuen Salome. In der Frühe des Ostermorgens ist sie eine von den Frauen, die zum Grabe des Herrn wallfahrteten, um den toten Leib zu salben. So ist sie eine der ersten, welche die frohe Botschaft hörten: »Ihr sucht Jesus von Nazareth, den Gekreuzigten; *Er ist auferstanden* und ist nicht hier; siehe da die Stätte, da sie Ihn hinlegten.« »Da gingen sie schnell hinaus und flohen von dem Grabe; denn es war sie Zittern und Entsetzen angekommen.« So wunderbar, so ungeheuerlich war die Kunde, daß ihr Meister, dessen blutigen, zerschlagenen Leib sie vorgestern erst hier zur Ruhe gebettet hatten, auferstanden und verklärt sei in Herrlichkeit. Da ging ein heiliger Schauer vor der Größe und Herrlichkeit Gottes und Seines Gesalbten durch ihre Seele.

Weiter hören wir nichts mehr von Salome. Gewiß ist sie bei denen gewesen, die nach der Himmelfahrt mit viel Gebet auf die Gabe des Trösters warteten. Aber ihr Name wird nicht mehr genannt. Dennoch wissen wir, daß wir sie einmal schauen werden, die Mutter der Donnerskinder, die demütige Jüngerin, die Zeugin Seines Todes und Seines Auferstehens. Und wer in den Himmel kommt, der wird sehen, ob ihr Wunsch in Erfüllung gegangen ist, ob ihre Söhne die Plätze eingenommen haben zur Rechten und zur Linken des Meisters in Seiner Herrlichkeit.

Aber ich weiß noch etwas, das noch viel herrlicher ist. Davon kann man singen und sagen: Das wird allein Herrlichkeit sein: Jesus zu sehn, Ihm ganz nahe zu stehn!

Denn in der Herrlichkeit sind nicht nur für die Zwölfe Stühle bereitet, sondern auch für dich und für mich. »So wir anders mit leiden, auf daß wir auch mit zur Herrlichkeit erhoben werden.« Das ist der Weg für uns wie für die Söhne der Salome, und für die Söhne der Salome wie für den Herrn selber: durch Nacht zum Licht, durch Kreuz zur Krone! Wenn wir Ihm recht nahe sind und bleiben, dem Gekreuzigten und Auferstandenen, dann lernen wir in Seiner Kraft alles überwinden. Und wenn wir Überwinder sind, dann gilt uns das Wort: »Wer überwindet, dem will Ich geben, mit Mir auf Meinem Throne zu sitzen, wie Ich überwunden habe und bin gesessen mit Meinem Vater auf Seinem Throne.«

Die Türhüterin

Es ist eine kurze, aber sehr traurige Geschichte, die uns von der Türhüterin im Palast des Hohenpriesters erzählt wird. Wir lesen von ihr in Johannes 18, Lukas 22, Markus 14 und Matthäus 26. Es ist darum eine so traurige Geschichte, weil diese Türhüterin es mit ihrer spitzen Zunge fertiggebracht hat, daß Petrus die schwere Sünde tat, seinen Meister zu verleugnen.

Als Judas mit der Schar der Häscher kam, um Jesus gefangenzunehmen, da hatte Petrus als erster sein Schwert gezogen und dreingeschlagen. Aber als Jesus sich ruhig gefangennehmen ließ und dem Petrus gebot, das Schwert in die Scheide zu stecken, da war er mit den andern Jüngern geflohen. Doch nachher hatte ihm seine Flucht leid getan. Er dachte daran, wie er dem Herrn gesagt hatte, wenn sich auch alle an Ihm ärgern würden, so würde er Ihm doch treu bleiben. Nun wollte er es wiedergutmachen. Aus einiger Entfernung folgte er dem traurigen Zug, der Jesus in den Palast des Hohenpriesters brachte. Als Jesus im Palast verschwunden war, schlich sich Petrus in den Hof, um zu sehen, wie es gehen würde.

Als die Türhüterin ihn sah, leuchtete sie ihm mit der Lampe ins Gesicht. Und da erkannte sie ihn als einen Begleiter Jesu. »Bist du nicht auch dieses Menschen Jünger einer?« Und ach, ehe sich Petrus Zeit nahm, nachzudenken oder einen Augenblick um Kraft von oben zu bitten, war seine Antwort schon heraus: »Ich bin's nicht!«

Wie oft kommt es vor, daß Kinder Gottes ihren Herrn vor der Welt verleugnen. Sie tun es vielleicht nicht mit Worten wie Petrus. Wenn man sie fragt, dann sagen sie wohl, daß sie gläubig seien. Aber wie oft wird Jesus in Taten verleugnet!

Kennt man dich als einen, der es auch mit Jesus von Nazareth hält? Weiß die Welt, daß du auch ein Jünger, eine Jüngerin des Herrn bist? Nun, dann lebe auch wie ein Jünger! Dann geh auch nicht dorthin, wo man sich über dein Kommen wundert, wo keine Christen sich befinden sollen.

Die Türhüterin legte große Verachtung in ihre Worte. Sie nennt Jesus »dieser Mensch«. Gerade dadurch bringt sie Petrus dazu, den Herrn zu verleugnen. Wenn sie mit Liebe und voll Lob von Jesus gesprochen hätte, dann hätte er Jesus nicht verleugnet. Dann hätte er begeistert in ihre Worte eingestimmt. Aber als sie so verächtlich von Ihm redet, da wagt er es nicht, sich zu Ihm zu bekennen. Er fürchtet, es könne auch ihm der Prozeß gemacht werden. Und ohne Überlegung sagt er die Worte, die ihm nachher so bitter leid getan haben: »Ich bin's nicht!«

Wie viele Menschen gleichen darin der Türhüterin heutzutage. Wie verächtlich redet man über Jesus. In allen Kreisen und Ständen unseres Volkes – für wie viele Tausende und aber Tausende ist Jesus nicht der Schönste unter den Menschenkindern, sondern der Allerverachtetste und Unwerteste! Manche bezeigen Ihm ihre Verachtung mit lästernden, höhnenden Worten, manche dadurch, daß sie Ihn totschweigen. In wie vielen Häusern ist niemals die Rede von Jesus! Über alles mögliche redet man, aber über den Eingeborenen vom Vater, der uns mit Seinem Blut und Leben erkauft und erlöst hat, über den wird nicht geredet. Was für eine Verachtung liegt darin!

Und viele, viele Menschen kommen nur darum nie zum Glauben, bekehren sich nur deshalb nicht zum Herrn, weil sie vor der Türhüterin so bange sind. Sie fürchten sich vor der Verachtung, mit der man Jesus behandelt. So will man sich nicht behandeln lassen. Man will doch etwas gelten in der Welt. Sich so verächtlich über die Schulter ansehen lassen, das mag man nicht. Und aus Furcht vor dem Gerede der Welt, vor dem Ausgelacht- oder Verspottetwerden bleibt man lieber dem Heiland fern.

Was für ein gefährlicher Dienst, den so eine Türhüterin tut! Die Sünde des Petrus wird dadurch nicht entschuldigt. Die Sünde dessen, der sich aus Menschenfurcht nicht zu bekehren wagt, wird nicht entschuldigt und beschönigt; aber *der* Mensch trägt doch eine schreckliche Verantwortung, der einem anderen im Wege steht! Es steht geschrieben: »Wehe dem Menschen, durch den Ärgernis kommt (d. h. durch den jemand arg, böse gemacht, um seine Seligkeit gebracht wird)! Es wäre ihm besser, daß ihm ein Mühlstein an den Hals gehängt und er ersäuft würde im Meere, da es am tiefsten ist!«

Es ist entsetzlich, so etwas zu tun, eine Türhüterin zu sein! Ich kenne Eltern, die sprechen mit solcher Verachtung von Jesus vor ihren eigenen Kindern. Ich kenne Arbeiter, die so lange spotten und lachen über den neuen Anfang, den ein Mitarbeiter gemacht hat, bis sie ihn wieder auf dem Weg der Sünde haben. Entsetzlich, so ein Türhüter des Teufels zu sein und andern die Höllentür auf- und die Himmelstür zuzumachen!

Hast du schon im Wege gestanden? Hast du schon vor andern über Jesus gespottet, um jemand dadurch von der Bekehrung zurückzuhalten?

Ein zweites Mal tritt die Türhüterin an Petrus heran, wie uns Markus erzählt. Sie gibt sich mit der Abweisung, die sie erfahren hat, nicht zufrieden. Sie besinnt sich doch zu genau darauf, Petrus im Gefolge Jesu gesehen zu haben. Und nun will er das abstreiten? Sie tritt zu den Knechten, zu denen sich Petrus ans Feuer gesetzt hat, um sich zu wärmen, und sagt zu ihnen: »Dieser ist deren einer!« Aber schnell ist auch Petrus wieder mit der Abwehr bei der Hand: »Ich kenne den Menschen nicht.«

O Petrus, wie konntest du es übers Herz bringen, das zu sagen? »Den Menschen!« So redest du von dem, den du erkannt hast als den »Christus, den Sohn des lebendigen Gottes?« Und du sagst, du kennst Ihn nicht?

So weit kommt es, wenn man sich mit falschen Kameraden einläßt. Wehe dem, der sitzt, wo die Spötter sitzen! Und das tat Petrus jetzt. Er saß bei den Feinden und Henkern des Herrn. Ach, wenn er doch lieber drin gewesen wäre beim Verhör! Besser mit Jesus Schmach und Leiden ertragen, als Ihn verleugnen! Oder wenn er doch bei den andern Jüngern geblieben wäre und mit ihnen zusammen seine Knie gebeugt hätte! Aber nun sitzt er hier allein unter den Kriegsknechten. Da hat er keinen Mut. Er schämt sich; er fürchtet sich – er verleugnet den Herrn.

Nimm dich vor der Türhüterin in acht! Sie kommt wieder und immer wieder. Bald sind es die Arbeitskollegen, bald ist es einer von den Vorgesetzten, bald ist es ein Nachbar und bald einer aus der Verwandtschaft; aber die Türhüterin kommt wieder. Um gewappnet zu sein gegen ihre wiederholten Angriffe, brauchst du viel Kraft und Gnade. Und die erhältst du besonders dadurch, daß du treu bist im Lesen deiner Bibel, daß du ein Leben des Gebets führst und daß du die Gemeinschaft mit Kindern Gottes pflegst. Tust du das nicht, dann wird dich die Welt bald zum Verleugnen gebracht haben. Denn in dir ist keine Widerstandskraft. »Mit unsrer Macht ist nichts getan.« Das ist wahr.

Sei doch ja treu, lieber Bruder, liebe Schwester, die großen Gnadenmittel Gottes – Gottes Wort, Gebet und Gemeinschaft – zu gebrauchen, sonst ist es bald um dich geschehen.

Gerade die Worte, die Petrus zu seiner Verteidigung spricht, verraten ihn. Man hört, daß er ein Galiläer ist.

Seine Sprache verrät ihn. Aufmerksam gemacht durch die Türhüterin, fangen die Kriegsknechte an, mit ihm zu reden, und da wird es bald offenbar, daß er ein Galiläer und ein Jünger des Herrn ist.

Es gehört nicht viel dazu, um die Kriegsknechte gegen Petrus aufzubringen. Es bedarf nur eines Wortes gegen einen Anhänger Jesu, dann machen seine Gegner sofort gemeinsame Sache. Man mag sonst sehr verschiedene Ansichten haben, vielleicht gar verfeindet gewesen sein wie Herodes und Pilatus, aber wenn es gegen Jesus geht, dann ist schnell Frieden geschlossen. Es bedarf nur eines Wortes der Türhüterin, um die Kriegsknechte gegen Petrus aufzuhetzen.

So braucht auch heute nur einer ein Wort des Spottes und der Lästerung zu sagen, dann fallen sofort viele Leute ein. Wer gegen Jesus oder gegen Seine Jünger ins Feld zieht, kann des Beifalls weiter Kreise immer sicher sein. Das ist eine traurige Wahrheit.

Und Petrus? »Er fing an, sich zu verfluchen und zu schwören: Ich kenne den Menschen nicht, von dem ihr sagt!«

Er tat wieder die alten Flüche, die er einst als Fischer am See Genezareth getan hatte. Er tat den schrecklichen Fluch, den man auch heute noch hören kann, daß Gott ihn verdammen möchte!

Wie furchtbar, so die Bekanntschaft mit Jesus abzuleugnen und abzuschwören! Und das hat *der* getan, der sich so gern zum Munde der andern Jünger machte, der sich so gern für besser hielt als die andern. Was für ein tieftrauriger Fall! Und dazu hat ihn die Türhüterin mit ihren verächtlichen Worten gebracht.

Von jedem Menschen geht ein Einfluß aus auf seine Umgebung. Entweder bist du ein Segen für deine Umgebung, oder du bist ein Schade, eins von beiden. Aber irgendein Einfluß geht von dir aus. Bist du ein Segen, oder bist du ein »Unsegen«?

Die Türhüterin war ein Werkzeug in der Hand des Teufels, um den Jünger Jesu zu Fall zu bringen, um ihn auf den Judasweg zu treiben. Aber Gott hatte auch ein Werkzeug; es war eine unvernünftige Kreatur: ein Hahn, der zu wiederholten Malen krähte. Der Hahnenschrei erinnerte Petrus an das wehmütige Wort des Meisters: »Ehe der Hahn zweimal kräht, wirst du Mich dreimal verleugnen.« Und gerade als der Hahn zum zweitenmal krähte, wurde Jesus über den Hof geführt – Er sah Petrus an.

Nur ein Blick des guten Hirten,
nur ein einz'ger, doch er traf
mahnend, rettend den verwirrten
Jünger, das verlorne Schaf.

Nur ein Blick von kurzer Dauer,
doch er konnte ihn verstehn;
eine Welt von Lieb und Trauer
hat er ja darin gesehn.

Dieser Blick hat ihn vernichtet
und sein Elend ihm enthüllt,
hat ihn wieder aufgerichtet
und mit Hoffnung neu erfüllt.

Reuetränen sind geflossen,
heiß und bitter, echt und wahr,
und er ward nicht ausgeschlossen
aus der Jesusjüngerschar.

Aber die Türhüterin? Ob es für sie noch Gnade gab? Ob sie noch zurechtkam und an Jesus glauben lernte? Wie furchtbar ist es, wenn man bedenkt, daß ihr, wenn sie nicht zum Glauben kam, Petrus mit seiner Verleugnung im Wege gestanden haben mag! Wie viele Heiden wurden dadurch für Christus gewonnen, daß sie die Freudigkeit sahen, mit der die Bekenner Jesu in den Tod gingen! Aber wie viele werden dadurch von der Bekehrung zurückgehalten, daß sie so viele Mängel und Fehler und Sünden an uns Christen sehen!

Ach, wenn doch Petrus den Herrn nicht verleugnet hätte! Wenn er doch den Herrn bekannt hätte – um der Türhüterin willen! Was mußte sie denn von Jesus denken, wenn sogar Seine vertrauten Jünger sich Seiner schämten und Ihn verleugneten und verrieten?

Die folgende Frage ist furchtbar ernst: Was bist du deiner Umgebung, deiner Frau, deinem Mann, deinen Kindern, deinen Verwandten, deinen Mitarbeitern, deinen Nachbarn? Bist du ihnen ein Segen, oder bist du ihnen ein »Unsegen«?

Du bist ein Segen, wenn du dich nahe bei Gott hältst – du bist ein Unsegen, wenn der Feind dich als sein Werkzeug gebraucht. Wem willst du dienen? Wessen Tür willst du hüten?

Der Psalmist sagt: »Ich will lieber die Türe hüten in meines Gottes Hause, denn lange wohnen in der Gottlosen Hütten.«

Und du?

Das Weib des Pilatus

Es ist, wie so oft, nur ein einziger Vers, der uns von dieser Frau erzählt (Mt 27, 19); aber er ist inhaltsreich genug, daß wir eine Weile haltmachen und dies Frauenbild betrachten müssen. Die Bibel sagt uns nicht, wie das Weib des Pilatus geheißen hat; wir wissen aber von zeitgenössischen Schriftstellern, daß ihr Name *Claudia Procula* war. Claudia war der Vorname und Procula der Familienname. Denn die Römer hatten, ähnlich wie wir heute, Vor- und Zunamen. Nur verlor die verheiratete Frau ihren elterlichen Namen nicht, wie das bei uns Sitte ist. Sie behielt ihren Mädchennamen bei. Die Kinder aber trugen dann den Namen des Vaters.

Claudia Procula entstammte einem edlen römischen Geschlecht. Sie war also eine Heidin, aber eine solche Heidin, wie wir mehrere im Neuen Testament kennenlernen, die ein Verlangen nach etwas Höherem und Besserem hatten, als der Götter- und Götzendienst ihnen bieten konnte. Edlere Naturen fanden in dem Wirrwarr der römischen Religion jener Tage kein Genüge. Um niemandem Unrecht zu tun, hatte man allen Göttern und Göttinnen der von Rom unterjochten Völker Tempel und Altäre gebaut, und sie alle wurden verehrt und angebetet.

Da war es kein Wunder, daß viele sich der Religion Israels zuwandten, weil darin doch immer die *eine* Wahrheit gepredigt wurde: Es gibt nur *einen* Gott.

Gleich am Beginn der neuen Zeit sehen wir die Weisen aus dem Morgenland kommen, in deren Herzen das Verlangen wach geworden war, den neugeborenen König der Juden zu sehen. Dann hören wir von dem Hauptmann von Kapernaum, dem das Zeugnis ausgestellt wird von den Ältesten Israels: »Er hat unser Volk lieb, und die Schule hat er uns erbaut.« Später sehen wir, wie etliche Griechen nach Jerusalem kommen, von dem Wunsch beseelt: »Wir wollten Jesus gerne sehen.« Dann hören wir, wie der Hauptmann unter dem Kreuz der erste ist, der ein Bekenntnis zu dem Gekreuzigten ablegt: »Wahrlich, dieser ist ein frommer Mensch und Gottes Sohn gewesen.« Endlich lesen wir von dem edlen Hauptmann Kornelius, dem von Gott die Mitteilung gemacht wird: »Deine Gebete und Almosen sind vor Gott gekommen.« Und dann wird ihm der Apostel Petrus geschickt, um ihm das Wort des Evangeliums zu sagen. Aus fernen Landen kam der Kämmerer der Königin Kandaze, um Frieden zu suchen und Antwort auf die Fragen seines Herzens zu bekommen.

So gab es also viele Menschen in den heidnischen Ländern, in deren Herzen ein Sehnen nach Gott, nach dem lebendigen Gott, wach geworden war. Zu diesen Suchenden unter den Heiden gehörte offenbar auch die edle Claudia Procula. Das sehen wir aus dem Traum, den sie hatte. Gott selber redete zu ihr im Traum und gab ihr Aufklärung über Jesus. Das würde Er gewiß nicht getan haben, wenn nicht in ihrem Herzen ein Verlangen nach Jesus und dem Frieden in Ihm gewesen wäre.

Claudia hatte einen Traum. Darin tat Gott ihr kund, daß Jesus ein Gerechter, ja, wie wir nachher noch sehen werden, »*der* Gerechte« war. So macht es Gott öfter, wie es im Buche Hiob heißt (33, 15–18): »Im Traume, im Nachtgesichte, wenn der Schlaf auf die Leute fällt, wenn sie schlafen auf dem Bette, da öffnet Er das Ohr der Leute und schreckt sie und züchtigt sie, daß Er den Menschen von seinem Vornehmen wende und behüte ihn vor Hoffart und verschone seine Seele vor dem Verderben und sein Leben, daß es nicht ins Schwert falle.«

Wie oft lesen wir, namentlich im Alten Testament, daß

Gott den Menschen im Traum allerlei Warnungen und Mahnungen, auch wohl Erquickungen und Tröstungen hat zukommen lassen. Wer dächte nicht an den schönen Traum von der Himmelsleiter, den Jakob bei Bethel hatte, nachdem er das Vaterhaus als ein Flüchtling hatte verlassen müssen. Oder wem fielen nicht die Träume Josephs ein, die ihm so viel Kummer und Herzeleid einbrachten, als er sie erzählte, und die doch nachher so ganz genau in Erfüllung gingen? Wir denken auch an die Träume Pharaos, die ihm dann Joseph deutete, und an den Traum Nebukadnezars, in dem er den Gang der Weltgeschichte in der Gestalt des großen Bildes dargestellt sah, wie Daniel ihm den Traum auslegte. Auch die Propheten hatten oft Gesichte des Nachts im Traum, in denen Gott ihnen wichtige Aufschlüsse und Mitteilungen gab.

Im Neuen Testament begegnen wir den Träumen seltener, da haben sie auch meist einen andern Charakter. Gott gibt darin bestimmte, kurze Weisungen und Aufträge, so z. B. den Weisen aus dem Morgenlande, denen Er im Traum gebot, auf einem andern Wege wieder in ihr Land zurückzukehren. Ebenso empfing Joseph im Traum den Auftrag, mit dem Kindlein und Seiner Mutter nach Ägypten zu flüchten. Auch Paulus bekam im Traum den Ruf, das Evangelium nach Europa zu bringen.

So ist es also nicht immer wahr, was das Sprichwort sagt: »Träume sind Schäume.« Manche Träume sind göttlichen Ursprungs. Gott hat den Menschen durch sie etwas zu sagen. Freilich gibt es auch viele Träume, die nichts zu bedeuten haben. Da ist es töricht und zwecklos zu fragen: »Was hat der Traum zu bedeuten?« Vor allem ist es gefährlich und abergläubisch, wenn man ein »Traumbuch« zu Rate zieht, um zu erfahren, was dies und das zu bedeuten hat. Das ist Aberglauben, das ist Sünde.

Manche Träume sind weiter nichts als der Widerschein

der Gedanken oder Personen oder Dinge, mit denen man sich am Tage beschäftigt hat. Auch wenn der Leib ruht, arbeitet die Seele noch weiter und spinnt die Gedankenreihen fort, denen sie im Laufe des Tages nachgesonnen. Darum ist es auch nicht so leicht zu nehmen, wenn man von bösen und sündigen Träumen belästigt wird. Man soll ja nicht einfach sagen: »Dafür bin ich nicht verantwortlich«, sondern man soll wissen, daß solche Träume aus der Tiefe unseres seelischen Lebens aufsteigen wie Blasen aus einem Sumpf. Böse Träume sind eben ein Beweis dafür, daß der tiefste Grund des Herzens noch nicht gereinigt ist, daß da noch ein Untergrund ist, der auch der Reinigung durch das Blut Jesu bedarf. Darum flehen Kinder Gottes, der Herr möge sie reinigen bis in ihr Traumleben hinein. Und gewiß ist das eine wichtige und notwendige Bitte.

Aber neben diesen gleichgültigen und bösen Träumen gibt es auch solche, die von Gott gegeben werden, in denen Er Mahnungen und Warnungen an die Menschen ergehen läßt. Da denke ich an jenen Traum, den mir einst ein Bruder erzählte. Er sah eine Uhr, auf welcher der Zeiger auf drei Minuten vor zwölf stand. Darunter stand: Jesaja 6, 8. Ich glaube, daß ich mich nicht irrte, als ich ihm den Traum so auslegte: Gott will Ihnen damit sagen, daß es die letzte Stunde auf der Weltenuhr ist; es ist gewissermaßen schon drei Minuten vor Mitternacht. Und da schaut Gott aus und fragt: »Wen soll Ich senden? Wer will Mein Bote sein?« Denn diese Frage steht an der im Traum gesehenen Schriftstelle. Der ganze Traum will demnach besagen, daß der Herr Boten braucht, daß Er speziell auch Sie als Boten haben will, weil es die letzte Stunde der Weltgeschichte ist!

Ein anderer Bruder erzählte mir einst einen Traum, der etwas ungemein Tröstliches, aber auch Mahnendes und Warnendes beinhaltete. Er war im Traum am Tage der Ewigkeit. Da sah er auf einem Tisch ein großes Buch liegen, welches den Titel trug: »Buch der Schuld«. Es war aufgeschlagen, gerade bei seinem Namen. Da stand erst sein Name, und dann kam das ganze Register seiner Sünden. Oh, was für ein langes Register! Immer besondere Gruppen von Sünden standen zusammen; das ging so spaltenlang, seitenlang! Und endlich war das Register zusammengezählt! Was für eine schreckliche Summe war da herausgekommen! Als er sie sah, glaubte er, in den Boden versinken zu müssen. Wie sollte er je eine so fürchterliche Schuld bezahlen? In diesem Augenblick trat ein Mann hervor, der das Buch in die Hand nehmen wollte. Aus seiner durchbohrten Hand fiel ein Tropfen Blut. Und der Tropfen fiel gerade auf die ungeheure Schuldsumme des Sündenregisters. Dadurch wurde diese Summe ausgelöscht, so daß man sie nicht mehr lesen konnte. Dem Zuschauenden war es, als ob ihm eine Bergeslast vom Herzen fiel. In diesem Augenblicke der freudigen Erleichterung erwachte der Bruder. Gott hatte ihm gezeigt, daß *ein* Tropfen des Blutes Jesu Christi imstande ist, seine ganze Schuld zu tilgen. Und er glaubte dem Traum und erfuhr die Kraft des Blutes Jesu an seinem Herzen.

Von einem ähnlichen Traum erzählt Generalleutnant von Viebahn in einem seiner »Zeugnisse«: Ein Mann, der um seiner Sünden willen tief bekümmert war, träumte eines Nachts, er sei auf der Reise nach seiner Heimat. Vor ihm lag ein Berg, den er übersteigen mußte und der, je näher er hinzukam, immer steiler und höher wurde, bis er mit seinem Gipfel über die Wolken ragte. Mehrmals versuchte der Wanderer, den Berg zu erklimmen, aber immer wieder glitt er an der steilen Wand ab. Von der erfolglosen Anstrengung erschöpft, warf er sich betrübt zu Boden und weinte bitterlich. Während er so dalag und im Traum zum Berg emporblickte, war es ihm, als sähe er einen Blutstropfen aus dem Himmel auf den Berg fallen. Kaum war dies geschehen, da fing der Berg an zu schmelzen und war in wenigen Augenblicken verschwunden. Der Weg zur Heimat war offen vor den Blicken des Wanderers. Jetzt erwachte der Schläfer, und der Heilige Geist zeigte ihm, daß nur das Blut Jesu die Berge seiner Sündenschuld wegnehmen könne, damit er einen freien Zugang zur ewigen Heimat habe. Da blickte er mit ernstem Gebet vertrauensvoll auf Jesus und fand bald die Gewißheit der Vergebung; er ergriff, was Gott bezeugt: daß das Blut Jesu rein macht von aller Sünde.

Auch Warnungen läßt Gott manchmal im Traum den Menschen zukommen. Ich las in einem Flugblatt des Lichtentaler Kolportagevereins folgende Geschichte, die als Wahrheit verbürgt wird:

In Glasgow, in Schottland, bestand ein Klub von jungen Männern, welcher wegen der außerordentlichen Üppigkeit und Schwelgerei seiner Mitglieder und wegen der Feiern, die sie öfters zu halten pflegten, gewöhnlich der Höllenklub genannt wurde. Außer ihren wöchentlichen nächtlichen Zusammenkünften hielten sie noch ein großes Jahresfest ab, bei welchem einer den andern in Trunkenheit und Lästerungen zu überbieten suchte, und bei diesen Gelegenheiten tat sich besonders ein junger Archibald B. hervor, ein Mann von schöner Gestalt und mit glänzenden Gaben, der – einst ein vielversprechender Knabe – Hoffnungen erweckt hatte, welche durch seine späteren maßlosen Ausschweifungen vollständig zerstört wurden. Nach einer bei einem solchen Jahresfest durchlebten Nacht hatte Archibald vor Anbruch des Tages folgenden Traum:

Er ritt auf seinem Lieblingsroß auf offener Landstraße, als ein Fremder, den er wegen der Dunkelheit der Nacht nicht erkennen konnte, ihm plötzlich in die Zügel griff und sagte: »Du mußt mit mir!« – »Und wer bist du?« rief der junge Mann mit einem Schwall von Flüchen, danach ringend, sich gewaltsam zu befreien. »Das wirst du bald sehen«, erwiderte der andere in einem Ton, der einen unbeschreiblichen Schrecken in dem Jüngling hervorrief, so daß er, die Sporen in die Weichen des Pferdes eindrückend, nochmals versuchte zu entfliehen. Aber umsonst. So schnell das Tier auch flog, der Fremde war immer neben ihm, bis der Reiter unter verzweiflungsvoller Anstrengung, loszukommen, zuletzt vom Pferd geschleudert wurde; aber anstatt auf die Erde zu kommen, wie er erwartete – sank er in die Tiefe. Als nach geraumer Zeit des Sinkens ein Stillstand eintrat, schöpfte er Atem und fragte seinen Begleiter, der immer neben ihm war. »Wo bin ich? Wo führst du mich hin?« – »In die Hölle!« erwiderte der Fremde, und augenblicklich hallte es unendliche Male wider: »In die Hölle, in die Hölle, in die Hölle!« – Zuletzt erschien ein Licht, welches bald zur hellen Flamme heranwuchs; aber anstatt des Geschreis, anstatt des Geheuls und anstatt der Klagen, welche der erschreckte Wanderer erwartete, vernahmen seine Ohren den Schall wilder Musik, Töne toller Lustigkeit; er sah sich am Eingang eines herrlichen Gebäudes, das alles, was er von Menschenhand je gesehen hatte, weit übertraf. Er trat ein – und was war da zu sehen? – Alle Belustigungen, Unterhaltungen, Beschäftigungen, die man auf Erden findet, wurden hier mit einer außerordentlichen Hast betrieben, was in ihm großes Erstaunen erregte. – Junge Männer und schöne Frauen flogen dahin im törichten Tanze. Der Reiter hing atemlos auf dem schnaubenden Pferd, es antreibend zu unaufhaltsamem Rennen. Der Unmäßige saß fortwährend beim Essen, schwelgend und seinen Leichtsinn in leichtfertigen Liedern und lästernden Reden austobend. Der Spieler blieb am endlosen Spiel, und der Sklave des Mammons trieb sein elendes Geschäft Ewigkeiten hindurch. Der junge Mann bemerkte bald, daß er sich unter alten Bekannten befand, welche gestorben waren, und er nahm wahr, daß ein jeder das trieb, was ihn während seines Lebens besonders eingenommen hatte. – Er wagte es endlich, eine frühere Freundin, Frau D., anzureden. Sie saß beim Kartenspiel, das sie auf Erden besonders geliebt hatte. Er bat sie, etwas von ihrer Beschäftigung zu ruhen und ihn mit den Annehmlichkeiten dieses Aufenthaltsortes, den er sich ganz anders vorgestellt hatte, bekannt zu machen. Aber mit einem gellenden Weheschrei erwiderte sie ihm: »In der Hölle gibt es keine Ruhe!« Und ihre Kleider aufreißend, zeigten sie ihm alle eine brennende Flamme in eines jeglichen Brust. »So sind«, sagten sie, »die Genüsse der Hölle!« – »Ihre Wahl auf Erden ist nun ihr ewiges Los.« – Durchdrungen von Schrecken über das, was er hier erfuhr, wandte sich der junge Mann an seinen geheimnisvollen Begleiter, und dieser, ihm seine dringende Bitte gewährend, brachte ihn auf die Erde zurück und verließ ihn dann mit den Worten: »Denke daran, in einem Jahr und einem Tag kommen wir wieder zusammen!«

An diesem Punkt seines Traumes angelangt, erwachte der Schläfer, fühlte sich aber unwohl und fieberhaft und war genötigt, einige Zeit das Bett zu hüten. Er hatte dadurch Zeit, ernstlich über sich nachzudenken und kam zu dem Entschluß, den Klub aufzugeben und sich von seinen Gefährten zu trennen. Er war jedoch kaum wieder genesen, da umschwirrten ihn seine Gesellen aufs neue und boten alles auf, ein so bedeutendes Glied ihrer Gesellschaft wiederzugewinnen. Nachdem sie die Ursache seiner Erkrankung aus ihm herausgelockt hatten, suchten sie durch Spott und Hohn seine guten Vorsätze im Keim zu ersticken. Und siehe da, er ließ sich von ihnen verführen und führte seinen vorigen Lebenswandel fort. Und als das Jahresfest seiner Gesellschaft wieder herannahte, war er wieder bei ihrem Festmahle, mit dem Glas in der Hand. Der Präsident stand auf, seine gewöhnliche Rede zu halten; er begann mit den Worten: »Meine Herren, da wir ein Schaltjahr haben, ist es nun gerade ein Jahr und ein Tag, seit wir beisammen waren.«

– Diese Worte tönten dem jungen Mann ins Ohr wie eine Posaune; aber – die falsche Scham vor dem Spott und Hohn seiner Kameraden erstickte die Stimme seines erwachenden Gewissens, und nach einem heftigen inneren Kampf setzte er sich nieder zum Festmahl und stürzte sich noch tiefer in die Völlerei als gewöhnlich, um die ihn belästigenden Gedanken in Wein zu ertränken, bis er bei dämmernder Morgenröte sein Pferd bestieg, um nach Hause zu reiten. – Einige Stunden später fand man das Pferd, gesattelt und gezäumt, ruhig am Rande des Weges grasend, während einige Schritte davon entfernt der Leichnam seines Herrn am Boden lag. –

Ebenso verbürgt ist die Geschichte eines andern Traumes, den Steingell hatte, ein Ordonnanzoffizier des Konsuls Napoleon Bonaparte, des späteren Kaisers Napoleon I.

Am Vorabend der Schlacht von Marengo wurde Steingell zu Napoleon gerufen. Er erschien mit einem schwarz versiegelten Paket. »General, das ist mein Testament; ich werde morgen getötet werden und lege meine Verfügungen in Ihre Hände, um ihre Ausführung zu sichern.« Als Bonaparte ihn verwundert anblickte, erklärte er, er habe folgenden Traum gehabt: In einem entscheidenden Augenblick der Schlacht sei er vorgesprengt und habe sich plötzlich einem riesigen, gepanzerten Kroaten gegenübergesehen, den er mit seinem Degen getroffen; es tönte wie der Klang des Metalls; Panzer und Kleider des Kroaten zerfielen in Staub, und Steingell sah den Tod vor sich, der ihm höhnisch lächelnd mit seiner Sichel einen Streich versetzte.

Am nächsten Tag fiel Steingell. Man berichtete dem General Bonaparte, daß Steingell, als die Trompeten der Guiden (der Name eines französischen Reiterregiments) zum Angriff bliesen, vorgesprengt sei und fünfzehn Schritte vor sich einen kroatischen Reiter gesehen habe. Zur Verwunderung seiner Kameraden habe er plötzlich ausgerufen: »Ah, er ist es; ich kenne ihn!« und habe wie gelähmt im Sattel gesessen. Der Kroate sei nun vorgeritten, Steingell habe einen Stoß geführt, der am Panzer des Feindes abgeprallt sei, worauf dieser ihn niedergehauen habe. Napoleon selbst hat später dieses Ereignis erzählt.

Ebenso steht fest, daß wenige Tage vor der Ermordung König Heinrichs IV. von Frankreich (am 13. Mai 1610) seine Gemahlin, Maria Medici, deutlich im Traum die Ermordung des Königs sah.

Es gibt auch wunderbare bewahrende Träume. Hier ein Beispiel: Im Jahre 1892 war der ägyptische Forscher Dr. Heinrich Brugsch auf der Rückreise von Nordamerika bei seiner Familie in Göttingen eingekehrt und gedachte, über Bremen zur See nach Alexandria zu fahren. Indessen änderte er seinen Plan und berichtet darüber selbst: »In Göttingen im Begriffe, nach dem nahe gelegenen Bahnhof zu gehen, um den nach Bremen abgehenden Frühzug zu benutzen, erhielt ich unterwegs eine Drahtmeldung. ›Der Khedive (Vizekönig von Ägypten) ersucht Sie, augenblicklich nach Kairo zurückzukehren.‹ Mit dem nächsten Zug schlug ich die Richtung nach Triest ein, um mich mit dem Lloyddampfer nach Ägypten zurückzubegeben. Ich war nicht wenig überrascht, als mir vom Kommandanten des Schiffes die Nachricht mitgeteilt wurde, daß auf dem letzten Bremer Dampfer, demselben, auf welchem ich die Reise machen wollte, eine von einem Amerikaner namens Thomas konstruierte Höllenmaschine vorzeitig explodiert sei und mehrere Reisende und andere Personen getötet und verwundet habe. Ich dankte Gott im stillen, durch meine Rückberufung einer großen Gefahr für Leib und Leben entgangen zu sein. Bei meiner Ankunft in Kairo stellte ich mich sofort dem Vizekönig vor, in der Meinung, von ihm nachträglich besondere Aufträge zu erhalten, die er nur mündlich mitteilen könne. Wie erstaunt war ich, aus seinem Munde die Versicherung zu erhalten, er sei hoch erfreut, mich gesund zu sehen; er habe sich bewogen gefühlt, mich durch den Draht zurückzurufen, da in der Nacht ein Traumbild ihm dies angeraten habe, widrigenfalls mir ein großes Unglück bevorstände.«

So gibt es wohl je und dann Träume, durch die Gott mit den Menschen redet. Man soll sie nur ja nicht mißverstehen. Einst erzählte mir ein alter Mann, er habe einen Korb in den Lüften schweben sehen, aus dem seien allerlei Kostbarkeiten herausgefallen; ich weiß nicht mehr, welcher Art sie waren. Da habe er sich unten aufgestellt, und richtig, ein herrlicher Schmuck fiel in seinen Schoß. Und nun meinte der gute Alte, dadurch sei er bekehrt. Das meinen viele. Und das ist ein sehr gefährlicher Gedanke. Denn man wird nicht im Traum bekehrt. Dazu gehört ein klarer und bestimmter Willensentschluß.

Überhaupt sollten wir uns ja hüten, Träume zu begehren. Der normale Weg, den Willen Gottes zu erkennen, ist für uns der, daß man den Herrn um Aufschluß durch Sein Wort bittet. Er hat Seinen Heiligen Geist dazu gesandt, daß Er uns zur Wahrheit leite. Der Geist schließt uns das Wort auf und gibt uns klare und deutliche Weisung für all unser Verhalten und für alle Fragen unseres Lebens.

In dem Traum, den Claudia Procula hatte, offenbarte ihr Gott, daß Jesus »der Gerechte« sei. Der griechische Philosoph Plato hat ein Buch geschrieben, in dem er den Idealmenschen schildert, den gerechten Menschen, wie er ihn nennt. Er zeichnet den Menschen, wie er sein soll, der alle seine Pflichten erfüllt, der stets den geraden Weg geht und auch dann dabei verharrt, wenn er um seiner Gerechtigkeit willen leiden muß. Es ist merkwürdig, daß Plato dies ausdrücklich ausgesprochen hat, daß dem Gerechten diese Behandlung von seinen verblendeten Mitmenschen widerfahren werde. Und in der Tat ist das auch immer das Los der Gerechten gewesen, die ihre

Zeitgenossen überragten. Der Athener Aristides war ein so edler Mensch, daß ihm seine Mitbürger den Beinamen »der Gerechte« gaben. Aber eben dieser Beiname ärgerte und reizte die Leute so sehr, daß sie ihn nachher verbannten. Die Heiden hatten also eine sehr hohe Meinung von einem Gerechten. Sie meinten mit diesem Wort nicht etwa bloß einen rechtschaffenen Mann oder eine rechtschaffene Frau, sondern etwas viel Höheres.

Nun verstehen wir erst, was Claudia damit meinte, wenn sie Jesus »diesen Gerechten« nannte. Sie meinte dasselbe, was Jesaja darunter versteht, wenn er im Kapitel 53, 11 sagt: »Und durch Seine Erkenntnis wird Er, Mein Knecht, *der Gerechte,* viele gerecht machen; denn Er trägt ihre Sünden.« Es ist dasselbe, was Johannes sagt in seinem ersten Brief (2, 1) »Und ob jemand sündigt, so haben wir einen Fürsprecher bei dem Vater, Jesus Christus, der *gerecht* ist.«

Der Gerechte, das war also eine Bezeichnung für den Messias, und so etwas Ähnliches wird auch Claudia mit dem Wort gemeint haben. Sie wollte nicht nur sagen: Er ist unschuldig gegenüber den Anklagen, welche die Hohenpriester gegen Ihn vorbringen, sondern Er ist überhaupt *der* Gerechte, der, von dem Plato geweissagt hat, der, von dem Jesaja geschrieben hat, der, auf den alle Welt wartet, der, dessen die Welt nicht wert ist.

Gewiß hatte sie schon manches von Jesus gehört. Wo Seine Wunder und Taten das ganze Volk bewegten und Seine Worte und Aussprüche als »geflügelte Worte« von Mund zu Mund gingen, da ist ja nicht anzunehmen, daß im Palast des Pilatus nie von Ihm geredet wurde. Sie hat sicher von Ihm gehört, Ihn vielleicht sogar gesehen und gehört. Ihr Herz beschäftigte sich viel mit Ihm. Und als sie nun vernahm, daß man Ihm nachstellte, um Ihn gefangenzunehmen, da erschrak sie in tiefster Seele.

Am Abend, da Jesus gefangengenommen wurde, mag

besonders die Rede von Ihm gewesen sein. Da schwirrten schon vorher allerlei Gerüchte durch die Luft. Die Hohenpriester und Pharisäer hegten ja einen grimmigen Haß gegen Jesus. Was hatte Er alles für Worte gegen sie gebraucht! Wie hatte Er ihr Ansehen beim Volk untergraben, hatte sie Otterngezücht und Heuchler genannt! Das konnten sie sich doch nicht gefallen lassen. Die Sache mußte bald zur Entscheidung kommen.

Dann kam die Nacht, wo Claudia den bangen, schweren Traum hatte. Das war die Nacht, wo Judas seinen Meister an die Feinde verriet und Ihn den Häschern überlieferte. Da litt sie viel im Traum Seinetwegen.

Und als sie am Morgen von ihrem unruhigen Schlummer erwachte, da ist die erste Nachricht, die sie bekommt, daß Jesus in der Nacht gefangengenommen und daß Pilatus schon in der frühen Morgenstunde zur Gerichtssitzung gerufen ist, um über Jesus zu entscheiden. – Entsetzlich! Jesus gefangen, und ihr Mann hat die Entscheidung über Sein Leben und Sterben in seiner Hand. Welch ein furchtbarer Gedanke! Was soll sie nur machen? Ihr Mann läßt sich sonst in Regierungs- und Verwaltungsfragen nicht hineinreden. Sie hat es auch noch nie versucht. Aber heute? Ob sie es wohl wagen darf, ihrem Gatten eine Botschaft in die Sitzung hineinzuschicken? Ob er es wohl übel aufnehmen wird? Aber vielleicht hören die Juden es auch gar nicht, was der Bote ihm meldet? Nun, es mag kommen, wie es will, warnen muß sie ihn. Das ist sie ihrem Mann schuldig, das ist sie auch dem Gerechten schuldig, um den ihre Seele bangt. Es wäre doch zu entsetzlich, wenn ihr Mann seine Hände befleckte mit dem Blut des Gerechten.

Sie hat ihren Mann lieb. Sie ist keine Isebel, die ihren Gatten zu immer neuen Willkürlichkeiten und Grausamkeiten antrieb, sondern als eine getreue Warnerin möchte sie ihn vor dem Unrecht bewahren. Vielleicht, wenn Pilatus Jesus nicht freiläßt aus Liebe zur Wahrheit –

daß er Ihn freispricht aus Liebe zu seiner Frau. *Wenn* er Ihn nur freiläßt!

So durchbricht sie die Schranken des Anstandes, die für eine Römerin bestanden und es ihr verboten, sich in die Angelegenheiten der Männer einzumischen; sie schickt einen Boten zu Pilatus und läßt ihm sagen: »Habe du nichts zu schaffen mit diesem Gerechten; ich habe diese Nacht viel im Traum erlitten Seinetwegen.«

Pilatus hört die Botschaft und seufzt. Ja, wie gern würde er den Angeklagten loslassen, wenn er nur wüßte, wie er das machen sollte! Er ist ja sicher unschuldig, ein harmloser religiöser Phantast und Schwärmer, der keinem Menschen mit seinen Ideen etwas zuleide tut. Aber die Juden sind nun einmal darauf versessen, daß Er verurteilt wird.

Es gibt eine Pause. Pilatus stützt den Kopf in die Hand und sinnt. Aber die Hohenpriester wissen diese Pause zu nutzen. »Aber die Hohenpriester und die Ältesten überredeten das Volk, daß sie um Barabbas bitten sollten und Jesus umbrächten.«

Immer ungestümer fordert das Volk, von seinen Führern aufgewiegelt, die Entscheidung. Drohend erklären ihm die Hohenpriester: »Läßt du diesen los, so bist du des Kaisers Freund nicht!« Mit kläglicher Miene wendet sich Pilatus endlich an das Volk und sagt. »Was soll ich denn machen mit Jesus?« Und das ganze Volk antwortet. »Laß Ihn kreuzigen!« Und wenn er auch noch einmal fragt: »Ja, was hat Er denn Übles getan?« – so antworten sie nur um so lauter und frecher: »Laß Ihn kreuzigen!« Und der schwache Mann gibt dem Drängen des Volkes nach. Er läßt sich ein Becken mit Wasser bringen, und dann wäscht er seine Hände vor allem Volk, um damit auszudrücken: Ich wasche meine Hände in Unschuld.

Claudia hat es nicht vermocht, ihrem schwachen Mann Rückgrat zu verleihen gegen die Juden, die nach dem Blute Jesu lechzten. *Aber sie hat getan, was sie konnte*. In der Stunde, wo niemand es wagte, sich zu Jesus zu bekennen, wo Er ganz allein und verlassen dastand, da hat die Römerin ein Bekenntnis zu Ihm abgelegt. Unbekümmert, was daraus würde, ist sie dem Drang ihres Herzens gefolgt und hat in die Gerichtsverhandlung einzugreifen gesucht mit ihrer liebevollen und kühnen Botschaft: »Habe du nichts zu schaffen mit diesem Gerechten; denn ich habe in dieser Nacht viel im Traum erlitten Seinetwegen.«

Sie hat das Urteil nicht aufhalten können. Aber – sie hat getan, was sie konnte.

Nur noch wenige Jahre ist Pilatus in Jerusalem geblieben. Im Jahre 36 wurde er von den Samaritern wegen mancherlei Grausamkeiten, die er sich gegen sie hatte zuschulden kommen lassen, dem Kaiser in Rom verklagt. Er wurde zum Verhör nach Rom befohlen und dann nach Vienne in Gallien, dem heutigen Frankreich, verbannt.

Um des Kaisers Gnade nicht zu verscherzen, hatte er den Hohenpriestern nachgegeben. Er verzichtete lieber auf die Gnade bei Gott, um die Gunst des Kaisers zu erhalten. Nun verlor er die Gnade des Kaisers auch – und da erschien ihm das Leben nicht mehr als lebenswert. Er starb durch eigene Hand als Selbstmörder.

Arme Claudia! So sehr Pilatus auch waschen mochte, er bekam die Flecken doch nicht von seinen Händen. Das heilige und teure Blut des unschuldigen und unbefleckten Lammes klebte an seiner Hand. Dies Blut kam auch über ihn, so wie die Juden es auf sich herabgewünscht hatten in ihrer Vermessenheit.

Wie furchtbar, an der Seite eines solchen Mannes durchs Leben gehen zu müssen! Gewiß hat sich seit dem Morgen des Karfreitags ein schwerer Schatten auf ihr Leben gelegt. Ihr Mann hatte den Gerechten umgebracht. Und sicherlich waren die zunehmenden Grausamkeiten ihres Mannes, unter denen das Volk seufzte, unter denen auch das Glück ihrer Ehe entschwand, nun die Folge seines unruhigen, von Schuld belasteten und von Selbstvorwürfen gemarterten Gewissens.

Ob sie voll und ganz zum Glauben durchgedrungen ist? Die Schrift sagt nichts davon. Aber wenn der Heiland beten konnte: »Vater, vergib ihnen; denn sie wissen nicht, was sie tun!« – wenn Er damit sogar für den Pilatus flehte, dann hat Er gewiß auch Erbarmen mit der Seele der Römerin gehabt, die in dieser dunklen Stunde als einzige von allen ein Bekenntnis zu Ihm ablegte und Seine Partei ergriff. Der Herr, der gesagt hat: »Wer Mich bekennt vor den Menschen, den werde Ich auch bekennen vor Meinem himmlischen Vater«, der wird gewiß in Seinem Himmel auch einen Platz für die Römerin haben, deren Herz einst in banger Liebe für Ihn schlug und die am Tage Seines Todes auf Golgatha für Ihn tat, was sie konnte.

Saphira

Es war eine herrliche Erweckungszeit, in welche der Anfang der Apostelgeschichte uns einen Blick tun läßt. »Die Menge der Gläubigen war ein Herz und eine Seele. Niemand sagte von seinen Gütern, daß sie sein wären, sondern alles gehörte ihnen gemeinsam. Mit großer Kraft gaben die Apostel Zeugnis von der Auferstehung des Herrn Jesus.« Es war eine gesegnete Zeit.

Es gehört mit zu der wunderbaren Erziehungsweisheit Gottes, daß Er seine Kinder löste von ihrem irdischen Besitz. Bald genug sollte ja die Zeit kommen, wo sie gezwungen wurden, ihre Heimat und alles zu verlassen. Da war das Abschiednehmen leichter, wenn sie nicht am irdischen Besitz hingen. Wie schwer war es doch einst, Lot zum Verlassen von Sodom zu bewegen! Sein Herz hing an dem schönen Haus, er konnte sich nicht trennen von seinem Hab und Gut, das er nun verlassen und der Vernichtung preisgeben sollte.

So befreite Gott Seine Kinder beizeiten von der Liebe zu ihrem Eigentum. Es war ja auch nötig, daß man seinen Besitz aufgab um der brüderlichen Liebe willen. Viele von denen, die an Jesus gläubig geworden wären, waren arm, und viele *wurden* arm um ihres Glaubens willen. Da griff die brüderliche Liebe ein und teilte alles mit den Armen. Wo Heiliger Geist weht, da kann der Sorgengeist nicht aufkommen. So machte man sich keine Sorgen, wovon man leben werde, wenn man sein Eigentum veräußert haben würde; man traute darin auf den Herrn und erwartete, daß Er die Seinen schon versorgen werde.

Wie anders ist doch diese Gütergemeinschaft der ersten Christen als der Kommunismus, der heute gepredigt wird. Die modernen Propheten von Freiheit, Gleichheit, Brüderlichkeit tun sehr unrecht, sich auf die ersten Christen zu berufen, als ob sie mit denen irgendwelche Verwandtschaft hätten. »Denn damals« – so schreibt Wenger in seinem Buch über die Frauen des Neuen Testaments – »sprachen die wohlhabenden Brüder zu den Ärmeren: Nimm hin! Heute aber sprechen die Ärmeren zu den Reichen: Gib her! Damals war die Bruderliebe die treibende Kraft, heute ist es die krasse Selbstsucht. Damals hieß es: Was mein ist, das ist dein! Heute heißt es umgekehrt: Was dein ist, das ist mein! Damals handelte man nach dem Wort des Herrn: Geben ist seliger denn nehmen. Heute kehrt man es um und höhnt: Nehmen ist seliger als geben. Da sehen wir, wie unrecht die modernen Gleichheitsapostel haben, wenn sie sich auf die ersten Christen berufen.«

Ein Bruder hatte in jenen Tagen besonders die Aufmerksamkeit der Gemeinde auf sich gezogen. Es war ein Mann mit Namen Joses. Der hatte einen Acker, ging hin und verkaufte ihn und brachte das Geld den Aposteln. Diese Handlung wurde viel besprochen und viel gelobt. Ja, man nannte ihn Barnabas, einen »Sohn des Geistes«. Einen solchen Eindruck hatte seine Handlungsweise auf die andern Brüder gemacht.

Das Lob, das die Gemeinde dem selbstlosen Joses, gewiß sehr gegen dessen Willen und zu seiner größten Überraschung, spendete, ließ einem andern Mann, Ananias, keine Ruhe. Er mag wohl gedacht haben: So möchte ich auch geehrt und anerkannt werden wie dieser Joses. Er hatte auch einen Acker. Er machte es wie Joses: Er ging hin und verkaufte ihn.

Ich denke, daß hier schon seine Sünde begann, daß er den ganzen Handel abschloß aus dem niedrigen Beweggrunde der Selbstsucht und Eitelkeit. Es kann aber auch sein, daß der Verkauf des Ackers noch aus edlen, selbstlosen Gründen geschehen ist und daß die Sünde erst dann gekommen ist, als er das viele Geld im Hause hatte. Jedenfalls nahm die Sünde von ihm Besitz und brachte ihn zu Fall. Es war das leidige Geld, das den Ananias in die Sünde stürzte. Wieviel Verderben hat das Geld schon in die Welt gebracht! Wie viele Menschen haben ihren guten Namen verloren um des Geldes willen, weil sie betrogen und unterschlagen haben! Wie viele sind zu Dieben geworden, ja zu Mördern, um des Geldes willen. Darum warnt der Herr so oft und so eindringlich vor den Gefahren des Geldes. »Wie schwer ist es«, so ruft Er aus, »daß ein Reicher ins Reich Gottes komme! Es ist leichter, daß ein Kamel durch ein Nadelöhr gehe, denn daß ein Reicher ins Reich Gottes komme.« – »Sehet zu und hütet euch vor dem Geiz«, warnt Er ein anderes Mal, »denn niemand lebt davon, daß er viele Güter hat.«

Alle diese Warnungen hat Judas mit angehört, und – sie haben ihm doch keinen Nutzen gebracht. Er hat sie alle in den Wind geschlagen und ist durch seine Geldgier in ewiges Verderben gestürzt. Was für eine ernste Predigt ist das doch! Aber lernen die Menschen etwas daraus? Ach nein, sie jagen immer weiter und immer wilder nach dem Geld, das sie für das Glück halten. Immer toller wird der Tanz um das »Goldene Kalb« in unsern Tagen. Wehe, wenn sich auch ein Christ verführen läßt! Und wie oft kommt das vor! Da ist ein Bruder, der ist ein Vorbild und ein Beispiel für seine Altersgenossen. Er ist ein entschiedener, treuer Zeuge des Herrn. Gott segnet sein Geschäft. Es wächst und blüht. Aber je mehr er äußerlich vorankommt, um so mehr fällt er innerlich zurück. Er wird hochmütig, er fängt an zu spekulieren – sein Platz in der Versammlung der Kinder Gottes bleibt leer. Wenn nur sein Platz nicht auch droben einst leer bleibt!

Mit Ananias und Saphira ging es sehr schnell. Als sie das viele Geld im Hause hatten, das sie für den Acker bekommen hatten, da gab es eine heimliche Unterhaltung und Beratung zwischen Mann und Frau. Ananias sprach zu Saphira: »Was denkst du, Saphira? Ich dachte, wir legen einen Teil des Geldes für unsere alten Tage zurück. Man kann nie wissen, ob man es nicht noch einmal brauchen wird. Es könnte sein, daß es uns einmal leid tut, alles fortgegeben zu haben. Man ist dann doch für alle Fälle gesichert!« Und Saphira stimmte ihm zu: »Du hast ganz recht, lieber Mann. Ich hatte auch schon den Gedanken erwogen, ob wir nicht doch etwas für unsere alten Tage tun sollten. Ich bin ganz deiner Meinung. Du brauchst es Petrus ja nicht zu sagen. Der würde es am Ende nicht verstehen. Es gäbe bloß unnötige Redereien, wenn wir es sagen würden. Ich meine, das kann uns doch auch kein Mensch übelnehmen. Petrus bekommt doch noch Geld genug!«

Oh, eine schreckliche Beratung! »Er entwendete etwas vom Gelde mit Wissen seines Weibes und brachte einen Teil und legte es zu der Apostel Füßen.«

Wenn sie nur nicht beschlossen hätten, geheimzuhalten, daß sie etwas für sich zurückgelegt hatten! Aber natürlich, dann hatten sie nicht den Ruhm von ihrem Verkauf wie Joses! Und darauf kam es ihnen doch gerade an.

Aber sie haben ihre Rechnung ohne den Heiligen Geist gemacht.

Ananias geht in die Gemeindeversammlung, um das Geld hinzubringen. Er hat schon vorher dem einen oder dem andern davon erzählt, daß er eine größere Stiftung vorzunehmen beabsichtige. Als er nun durch die Versammlung schreitet, da hört er, wie die Brüder leise zusammen flüstern. Jetzt reden sie von ihm und seiner selbstlosen Tat! Und etliche Sekunden kostet er die Freude aus, für einen Wohltäter der Gemeinde gehalten zu werden.

Aber Petrus erschrickt, als er ihn herankommen sieht. Denn im selben Augenblick empfängt er eine entsetzliche Mitteilung. Gott offenbart ihm die Unlauterkeit und Verlogenheit dieses Mannes. Ohne eine Frage an ihn zu richten, redet er ihn an und sagt ihm seine Schuld auf den Kopf zu. Totenstille legt sich über die Versammlung. Gott ist gegenwärtig. Der Gott, der Seinen Kindern nichts durchgehen läßt, der das Verborgene der Herzen ans Licht bringt. Der Gott, der einst Nadab und Abihu verzehrt hat mit den Flammen des Gerichts, als sie eigenes Feuer auf den Altar Jehovas gebracht hatten. Der Gott, der die Rotte Korah vernichtete, weil sie an Seinem Knecht Mose gesündigt und sich aufgelehnt hatte wider Gott. Derselbe Gott ist in dieser Versammlung. Und jeder spürt Seine Gegenwart. Wie rollender Donner scheinen dem Ananias die Worte des Petrus: »Ananias, warum hat der Satan dein Herz erfüllt, daß du dem Heiligen Geist lögest und entwendetest etwas vom Gelde des Ackers? Hättest du ihn doch wohl mögen behalten, da du ihn hattest; und da er verkauft war, war es auch in deiner Gewalt. Warum hast du denn solches in deinem Herzen vorgenommen? Du hast nicht Menschen, sondern Gott belogen!«

O wie schrecklich, so vor der ganzen Versammlung als Lügner und Heuchler entlarvt zu werden! Ananias möchte in den Boden versinken wegen der Schande, in die er jetzt geraten ist. Das Herz steht ihm still vor Schreck und Entsetzen.

Die Menschen sagen: »Ein Herzschlag hat seinem Leben ein Ende gemacht.« Wir wissen es besser. Gott hat gerichtet!

Wie oft sagen die Menschen von einem plötzlichen Tod: ein schöner Tod! Und wie oft müßte es heißen: Gott hat gerichtet! Unsere alten Väter beteten einst: »Vor einem bösen und schnellen Tod behüte uns, lieber Herre Gott!«

»Da Ananias diese Worte hörte, fiel er nieder und gab seinen Geist auf. Und es kam eine große Furcht über alle, die dies hörten. Es standen aber die Jünglinge auf und taten ihn beiseite und trugen ihn hinaus und begruben ihn . . .«

Stunden vergingen. Saphira denkt: »Wo mag mein Mann so lange bleiben? Er müßte doch längst wieder zurück sein!« Sie denkt bald dies, bald das, um sich sein langes Ausbleiben zu erklären. Ich denke mir, daß ihr endlich der Gedanke gekommen sein wird: Gewiß haben Petrus und die andern Apostel ihn noch zurückgehalten, um mit ihm zu beraten, wie das Geld am besten verwendet werden könnte. Als Wohltäter der Gemeinde hatte er doch nun seinen Platz im Rate der Apostel!

Endlich kann sie ihre Ungeduld nicht mehr zügeln. Wenn Ananias hochgeehrt im Rate der Apostel sitzt, dann will sie auch ihren Teil an der Ehre haben. Was auch geschehen sein mag, sie muß es wissen. Jedenfalls will sie erfahren, wo ihr Mann so lange bleibt.

»Und es begab sich über eine Weile, bei drei Stunden, kam sein Weib hinein und wußte nicht, was geschehen war.«

Wenn auch ihr Mund nicht fragte: »Wo ist mein Mann?« – so fragten doch ihre Augen danach. Und auf diese unausgesprochene Frage »antwortete« Petrus, wie es hier heißt. Seine Antwort ist eine Frage: »Sage mir, habt ihr den Acker so teuer verkauft?« Was soll Saphira darauf sagen? Ihr Mann hat doch gewiß gesagt, das gebrachte Geld sei der Erlös des Ackers. Nun kann sie ihren Mann doch nicht Lügen strafen! Kurz entschlossen sagt sie: »Ja, so teuer!«

Da sprach Petrus zu ihr: »Warum seid ihr denn eins geworden, zu versuchen den Geist des Herrn? Siehe, die Füße derer, die deinen Mann begraben haben, sind vor der Tür und werden dich hinaustragen.« – »Und alsbald fiel sie zu seinen Füßen und gab den Geist auf. Da kamen die Jünglinge und fanden sie tot, trugen sie hinaus und begruben sie neben ihrem Mann.«

Gott hatte gerichtet.

Aber warum bestraft Er denn diese Lügen gleich mit dem Tode? Es wird doch so viel gelogen in der Welt, und die Lügner gehen ihren Weg ruhig weiter! Warum hat denn Gott Ananias und Saphira so hart behandelt? Ananias und Saphira gehörten zur *Gemeinde*. Es ist ein großer Unterschied, ob man als Kind der Welt sündigt oder als Kind Gottes. Mit Seinen Kindern nimmt es Gott genau, sehr genau. Während Er mit den Sündern der Welt wunderbare Geduld hat, läßt Er Seinen Kindern nichts durchgehen. Gott nimmt es genau.

Es war die Zeit der ersten Gemeinde. Der Heilige Geist regierte. Und Sein Feuer duldet nichts Unreines und Gemeines. In einer Versammlung, wo der Heilige Geist wirklich die Macht hat, da werden Sünder nicht nur zu Boden geworfen, sondern sie werden ausgeschieden, wenn sie sich nicht beugen wollen. Es ist ein trauriges Zeichen für die Geistlosigkeit der Gemeinde Gottes, daß Sünder ungestraft in den Versammlungen der Kinder Gottes aus- und eingehen können, ohne überwunden zu werden; ja, daß sogar unlautere Elemente, die sich für Kinder Gottes ausgeben, nicht als solche erkannt und hinausgeworfen werden. In Erweckungszeiten aber, wo der Geist Gottes eine besondere Macht bekommt, da spürt man wieder etwas von diesem Reinigen und Läutern durch den Geist Gottes. Leute, die jahrelang als Christen mitgegangen sind, ja, die sogar führende Stellungen in Vereinen und Gemeinschaften innehatten, werden dann offenbar. Es gibt Scheidungen, scharfe Scheidungen. Unlautere Christen werden dann offenbar in ihrer Sünde und inneren Unreinheit. Jahrelang sind sie für gläubig gehalten worden, jetzt erkennt man sie als Heuchler, als Feinde des Volkes Gottes und des Kreuzes Christi.

Ja, Gott nimmt es genau! Und wenn du irgendwelche Nebengedanken hast bei deiner Nachfolge Jesu, wenn deine Sache vor Gott nicht ganz klar und ganz rein ist, ich bitte dich: Bring deine Sache in Ordnung! Gott eilt, mit Seiner Gemeinde zum Ziel zu kommen. Er hat angefangen, auch diejenigen zu sichten, die den Namen »gläubig« tragen.

Gib dich dem Herrn hin, ohne etwas für dich zurückzubehalten. Bemühe dich nicht, eine Rolle zu spielen vor den Leuten. Menschen magst du damit längere oder kürzere Zeit täuschen, den Herrn täuschst du nicht. Und wie furchtbar wird es sein, wenn am Tage der Ewigkeit der Herr dir die Maske vom Gesicht reißt und du mit deiner Schande dastehst! Immer für einen Christen gehalten, immer führende und leitende Stellungen innegehabt und doch ein Heuchler! Ach, wie entsetzlich, zu denen zu gehören, die an jenem Tage sagen werden: »Herr, Herr, haben wir nicht in Deinem Namen geweissagt? Haben wir nicht in Deinem Namen Teufel ausgetrieben? Haben wir nicht in Deinem Namen viele Taten getan?« An Erfolgen, an allerlei Wirkungen hat es nicht gefehlt. »Darum ist ihnen viel Volks zugefallen, und der Pöbel ist ihnen zugelaufen wie Wasser«, wie die Schrift sagt. Aber Jesus wird antworten: »Ich habe euch noch nie gesehen, weichet alle von Mir, ihr Übeltäter!«

Darum sei wahr und ehrlich durch und durch! Stelle nicht etwas dar, was du nicht bist! Spiel keine Rolle, sondern gib dich, wie du bist. »Dem Aufrichtigen läßt es Gott gelingen, und dem Demütigen gibt Gott Gnade.« Laß dich richten und läutern in der *Zeit*, damit Er nicht mit dir ins Gericht gehen muß in der *Ewigkeit*!

Volle Übergabe, ganze Auslieferung ist es, was der Herr verlangt. Mit nichts anderm ist Er zufrieden. Ach, wie viele sind schon den Weg des Ananias und der Saphira gegangen, weil sie nicht bereit waren, *alles* dem Herrn auszuliefern.

Der Herr hat unsere ganze Schuld bezahlt, Er hat eine völlige Erlösung vollbracht. Er will das ganze Leben ordnen und erneuern, und doch gibt es etliche, die etwas zurückbehalten.

Mache du es nicht so! Sonst trägt das Ende die Last! Gib deinem Gott das ganze Herz und das ganze Leben! Halte nichts zurück – sonst wird dein Ende sein wie das des Ananias und der Saphira! Hüte dich!

Am Beginn der Geschichte des Volkes Israel, zur Zeit Abrahams, steht ein ernstes Bild vor unsern Augen: eine Frau, deren Herz nicht ungeteilt mit Gott war, die das Irdische liebhatte. Und Jesus hebt den Finger auf und sagt: »Gedenket an Lots Weib!«

So steht auch ein erschütterndes Bild am Beginn der Geschichte der neutestamentlichen Gemeinde. Es ist ein Bild von menschlicher Sünde, von der Sünde innerhalb der Gemeinde. Auf die Sünde folgt das Gericht. Darum, lieber Bruder, laß dich bitten: Gedenke an Ananias! Und du, Schwester, gedenke an Saphira!

Tabea

Die Geschichte der Jüngerin Tabea, von der wir in Apostelgeschichte 9, 36–42 lesen, beginnt mit den Worten: »Zu Joppe aber war eine Jüngerin mit Namen Tabea, welches heißt verdolmetscht: Rehe, die war voll guter Werke und Almosen, die sie tat.« Wieviel enthält dieser kurze Satz!

1. *Sie war eine Jüngerin.* Damit wird gesagt, daß sie in einem persönlichen Verhältnis zu Jesus stand. Sie war nicht bloß ein Glied der Gemeinde wie Ananias und Saphira, von denen wir vorher lesen, sondern sie war eine Jüngerin. Man kann jahrelang die Versammlungen und Gemeinschaften der Kinder Gottes besuchen, ohne ein Jünger, ohne eine Jüngerin zu werden. Die bloße Zugehörigkeit zu einem Verein, zu einer Gemeinschaft macht uns noch nicht zu Jüngern des Herrn. Da muß ein besonderer Entschluß gefaßt und auch ausgeführt werden. Wie wird man denn ein Jünger? Wer ist ein Jünger?

Jesus sagt. »*Will Mir jemand nachfolgen, der verleugne sich selbst und nehme sein Kreuz auf sich und folge Mir nach!*« Da sehen wir die Bedingungen, die erfüllt sein müssen, wenn man ein Jünger werden will. Das erste ist: Man muß sich selbst verleugnen! Was heißt das? In der Nacht vor dem Karfreitag verleugnet Petrus seinen Herrn. Er sagte: »Ich kenne den Menschen nicht!« So sollen wir uns selbst verleugnen, d. h. uns selbst nicht kennen.

Sich selbst verleugnen, das heißt seinen eigenen Willen drangeben, keinen eigenen Willen mehr haben. Wenn ein Handwerker einen Gesellen einstellt, dann erwartet er, daß der Geselle tut, was ihm aufgetragen wird. Das ist selbstverständlich.

Wenn du also ein Jünger, wenn du eine Jüngerin Jesu werden willst, dann mußt du auf deinen eigenen Willen verzichten, dann darfst du nicht mehr nach deinem Willen leben, sondern es gilt, in allen Lagen zu fragen: »Herr, was willst Du, daß ich tun soll?« Das ist die erste Bedingung, die erfüllt sein muß, wenn man in die Nachfolge und Jüngerschaft Jesu eintreten will. Das ist es, was so viele zurückhält: Sie wollen das Opfer ihres eigenen Willens nicht bringen. Sie wollen nicht Jesus zu ihrem Herrn und Gebieter machen. Darum gibt es so viele Mitläufer, so viele halbe Christen in Kirchen und Versammlungen, weil man nicht bereit ist, sich dem Herrn *ganz* zu ergeben. Der Teufel versucht, den Menschen weiszumachen, der Herr Jesus würde wer weiß was für ungeheuerliche Dinge von ihnen verlangen, wenn sie sich bekehren würden. Und damit schreckt er die Menschen ab. Es ist so töricht, sich vor dem Heiland zu ängstigen! Als ob Er nicht das Beste mit uns und für uns vorhätte! Fürwahr, der Dichter hat recht, wenn er sagt:

> Mein Herr ist unbeschreiblich gut,
> und was Er täglich an mir tut,
> kann niemand besser machen!

Darum, wenn du noch kein Jünger, noch keine Jüngerin bist, dann übergib dich dem Herrn und sei ohne Sorge: Er wird es wohl machen. Gib Ihm deinen Willen hin!

Die zweite Bedingung lautet: »Der nehme sein *Kreuz* auf sich.« Jeder, der in die Nachfolge Jesu tritt, der bekommt sein Kreuz zu tragen, das heißt, der bekommt etwas zu leiden und zu dulden um Jesu willen. Denn das Kreuz bezeichnet die Schmach um Jesu willen. Hat die Welt für Jesus nichts anderes als eine Dornenkrone und ein Kreuz gehabt, so dürfen Seine Jünger nichts anderes erwarten. Jesus hat es uns vorhergesagt, und es erfüllt sich heute genauso wie einst: Wer Ernst macht mit seiner Jüngerschaft, der bekommt ein Kreuz zu tragen, der wird verspottet und verfolgt um seines Glaubens willen. Manchmal ist dies Kreuz ziemlich leicht; es besteht vielleicht nur darin, daß man ausgelacht und für verrückt erklärt wird; aber manchmal kann es auch recht schwer und drückend werden. Wie schwer trägt manche Frau, wenn der Mann ihr nicht nur den Besuch des Gottesdienstes verbietet, sondern gar über heilige Dinge spottet und lästert, nur um sie zu kränken! Ich weiß von einer Frau, die sagte: »Ich wollte, er schlüge und mißhandelte mich; das wäre mir leichter und lieber, als daß er meinen Heiland lästert und schmäht.«

Ja, es gibt auch in unsern Tagen etwas zu leiden um Jesu willen. Und je näher wir dem Ende kommen, um so heftiger und gehässiger wird die Verfolgung, die man um Jesu willen auszuhalten und durchzumachen hat. Willst du davor zurückschrecken? Bedenke doch, was Jesus gesagt hat: »Selig sind, die um Gerechtigkeit willen verfolgt werden; denn das Himmelreich ist ihr. Selig seid ihr, wenn euch die Menschen um Meinetwillen schmähen und verfolgen und reden allerlei Übles wider euch, so sie daran lügen. Seid fröhlich und getrost, es wird euch im Himmel wohl belohnt werden.« – Kinder Gottes erfahren, daß es Seligkeit ist, mit Jesus und für Jesus etwas leiden zu dürfen. Es ist ihnen eine Ehre und Freude, wenn sie gewürdigt werden, um Seines Namens willen Schmach und Verfolgung zu erleiden. Sei nicht bange davor! Die Seligkeit der Gemeinschaft und der Nachfolge Jesu ist so herrlich, daß man gern und mit Freuden für Ihn leidet. Denk nur daran, mit welcher Freude die Märtyrer für ihren Meister sogar in den Tod gegangen sind! Mit Psalmen und Lobgesängen sind sie zum Scheiterhaufen oder in die Arena gegangen. Ganz gewiß, es ist Seligkeit, in der Nachfolge Jesu sein Kreuz tragen zu dürfen.

Das also sind die Bedingungen, die erfüllt werden müssen, wenn man ein Jünger werden will. Mancher schreckt vor der ersten, mancher vor der zweiten Bedingung zurück. Mach du es nicht so! Tabea hat den Preis gezahlt, der erforderlich ist, um eine Jüngerin zu werden. Sie hat sich selbst verleugnet; sie hat ihr Kreuz auf sich genommen und ist Ihm nachgefolgt.

Wenn du noch keine Jüngerin bist, dann gebe dir der Herr Gnade, eine zu werden! Und wenn du eine geworden bist, dann bleib es auch! Dann tritt in Seine Fußtapfen und folge dem Lamm nach, wohin es auch geht. Das ist Seligkeit.

> Am Ende ist's doch gar nicht schwer,
> ein seliger Mensch zu sein;
> man gibt sich ganz dem Herren her
> und hängt an Ihm allein!
> Man fügt sich freudig immerfort
> in alles, was Er fügt,
> ist allezeit, an jedem Ort,
> wo man ihn hat, vergnügt.

Wenn man ein Jünger *geworden* ist, dann gilt es, auch ein Jünger zu *bleiben*. Wie viele haben einen Anfang gemacht, auf den kein Fortgang folgte! Wie ernst lesen wir in Johannes 6, 66: »Von dem an gingen viele Seiner Jünger hinter sich und wandelten hinfort nicht mehr mit Ihm.« Ein Wort aus Seinem Munde war ihnen zu scharf gewesen; sie erklärten es für eine »harte Rede« – und mit ihrer Jüngerschaft war es aus. Wer hätte nicht schon selbst solche schmerzlichen Erfahrungen gemacht! Wer hätte es nicht schon erlebt, daß Menschen, die einen guten Anlauf genommen, wieder lau wurden und zurückgingen! Für gewöhnlich war es so, daß ihnen irgendeine Forderung Jesu zu scharf erschien: Irgendein Opfer, das Er forderte, *konnten* sie nicht bringen oder *wollten* sie nicht bringen – und da blieben sie zurück.

Wer ein Jünger bleiben will, der muß nicht nur einmal das Opfer des eigenen Willens bringen, sondern der muß ein für allemal auf den eigenen Willen verzichten. Wer ein rechter Jünger ist, dem ist es keine Last, sondern eine Lust, den Willen des Herrn zu tun, was Er auch fordern mag; der sagt: »Er wecket mich alle Morgen; Er wecket mir das Ohr, daß ich höre wie ein Jünger« (Jes 50, 4). Jeder Tag bringt neuen Dienst in der Nachfolge des Herrn. Aber jeder neue Dienst ist neue Seligkeit. Wer so steht, wer bereit ist, alle Morgen sich wecken zu lassen zu neuem Dienst, wer bereit ist, zu hören »wie ein Jünger«, der wird gesegnet sein in all seinem Tun, der wird Frucht bringen für Gott.

So war es bei Tabea. Wir wissen nicht, wann sie eine Jüngerin wurde. Ob sie es schon länger geworden war oder erst in den Tagen, als Philippus ihre Gegend mit dem Evangelium durchzog. Aber wenn wir auch nicht wissen, wie und wann sie eine Jüngerin wurde, so wissen wir doch, daß sie als eine treue Jüngerin in täglichem Gehorsam und treuem Dienst dem Herrn nachfolgte. Darum war ihr Leben so gesegnet und fruchtbar für Gott und Menschen.

2. *Voll guter Werke und Almosen* war Tabea. Dabei wird uns auch gesagt, daß Tabea auf deutsch soviel heißt wie Reh oder Gazelle. Und gewiß war sie auch so ein flinkes Reh, wie ihr Name besagt. Als sie das Wort vom Kreuz hörte, da wird sie nicht lange gezögert und gezaudert haben, es anzunehmen. Sie war schnell in all ihren Entschlüssen. Gewiß war sie es auch hierin. Und wie äußerte sich ihre Schnelligkeit erst recht nach ihrer Bekehrung! Wo sie Not sah, da war sie zu finden. Wo eine arme Witwe wohnte mit einem Trupp kleiner Kinder, da kam die »Rehe« und nahm sich der Not an.

Es sollte eigentlich nicht nötig sein, das besonders zu betonen. Ein Kind Gottes, ein Jünger Jesu sollte stets zu guten Werken bereit sein. Denn ein Glaube, der nicht Werke hat, ist tot in sich selber. Aber ach, es gibt so viele, die meinen, das Wesen des Glaubens bestehe darin, daß sie einer Lehre zustimmen. »Nichts ist so tot«, hat mal jemand gesagt, »als tote Orthodoxie.« Das ist wahr. Man kann ganz *recht*gläubig sein, man kann allen Lehren und Dogmen der Kirche zustimmen und dabei so hart, so kalt, so tot sein wie ein Stein. Darum ist es nicht überflüssig, daß der Geschichtsschreiber es besonders betont, daß Tabea voll guter Werke und Almosen war. Ihr Glaube war in der Liebe tätig. Sie glaubte nicht mit dem Kopf, sondern mit dem Herzen; und sie liebte nicht mit Worten, sondern mit der Tat. Und du? Du kannst den ganzen Kopf voll Erkenntnis haben – aber wenn dir die Liebe fehlt, dann ist an deiner ganzen Erkenntnis nichts gelegen.

Paulus sagt: »Wenn ich mit Menschen- und mit Engelzungen redete, und hätte der Liebe nicht, so wäre ich ein tönend Erz oder eine klingende Schelle. Und wenn ich weissagen könnte und wüßte alle Geheimnisse und alle Erkenntnis und hätte allen Glauben, also daß ich Berge versetzte, und hätte der Liebe nicht, so wäre ich nichts. Und wenn ich alle meine Habe den Armen gäbe und ließe meinen Leib brennen, und hätte der Liebe nicht, so wäre mir's nichts nütze!«

Darum prüfe dich: Wie steht es bei dir mit der Liebe? Beweist sich dein Glaube in der Liebe? In der Liebe zu den Brüdern – in der Liebe zur Welt, die im argen liegt – in der Liebe zu den Feinden – in der Liebe zu den Armen, die in Not sind? Man muß den guten Werken die richtige Stellung einräumen. Weil die römische Kirche die guten Werke für nötig erklärt hat, um den Himmel und die Seligkeit zu erlangen, darum sind sie in der evangelischen Kirche hier und da so in Verruf gekommen, daß man meint, man brauche überhaupt keine guten Werke zu tun. Gewiß, zur Erlangung der *Seligkeit* sind unsere guten Werke unzureichend. Die Seligkeit wird uns als Geschenk der Gnade Gottes zuteil. Aber wenn man gläubig geworden ist, dann dürfen die guten Werke nicht fehlen. Sie sind eben der Beweis des Glaubens.

Vielleicht fehlt es dir nicht an guten *Absichten* und *Vorsätzen*, dies und das zu tun; aber dann wird doch nie etwas daraus. Gute Werke, die man nur *gewollt*, aber nicht *getan* hat, haben keinen Wert, weder vor Gott noch vor Menschen. Wenn du eine arme Witwe hast unterstützen *wollen*, hast es dann aber doch nicht *getan* – was hat sie dann davon? Tabea war voll guter Werke und Almosen, die sie *tat*. Sie nahm sich dieselben nicht nur vor, sondern sie tat sie auch.

Was ist das beste Mittel, um gute Werke nicht nur zu wollen, sondern auch zu tun? »Man gibt sich ganz dem Herren hin und hängt an ihm allein.« Wenn die Rebe am Weinstock hängt, dann bringt sie Frucht. Sie braucht es sich gar nicht besonders vorzunehmen. Die Frucht kommt ganz von selbst, wenn die Rebe nur Verbindung mit dem Weinstock hat. Bist du in solcher lebendigen Verbindung mit Jesus, dann bringst du auch Frucht. Denn dann bist *du* es eigentlich nicht, der die Früchte bringt, sondern Gottes Geist, der in dir ist. »Die Frucht des *Geistes* ist Liebe, Freude, Friede, Geduld, Freundlichkeit, Gütigkeit, Treue, Sanftmut, Keuschheit.«

So war es mit der lieben Tabea. *»Sie war voll* guter Werke und Almosen, die sie tat.« Sie war in Verbindung mit Jesus, darum war sie eine fruchtbare Rebe.

Und du? Bringst du Frucht? Bist du in Verbindung mit dem Herrn? Oder hat irgend etwas die Verbindung unterbrochen und zerstört? Sieh doch einmal nach, ob kein Hindernis da ist, welches den Weinstock hindert, seinen Saft in dich überströmen zu lassen. Und wenn so ein Hindernis da ist, dann beseitige es, damit der Kanal des Segens durch nichts verstopft und versperrt wird. Ich kenne Christen, die sind wohl mit Jesus in Verbindung, aber *voll* guter Werke sind sie doch nicht. Wie kommt das? Wie kann man dahin kommen, voll guter Werke erfunden zu werden? Da muß man erst leer geworden sein. Ehe man *voll* werden kann, muß man erst *leer* werden, leer von allem Eigenen, dann kann Gott füllen. Darum werden so viele nie voll guter Werke, weil sie immer voll sind von ihren eigenen Wünschen, die sie sich erfüllen wollen. Und sehr oft geschehen die guten Werke nur mit dem Mund, aber nicht mit der Tat! Laß dich entleeren von allem, was du hast und was du bist, und Gott wird dich füllen mit Seiner Kraft, mit Seinem Leben. So hat Er es bei Tabea gemacht, darum war sie voll guter Werke und Almosen, die sie tat. Denn nur leere Gefäße kann Er füllen.

4. *Krankheit und Tod.* »Es begab sich aber zu derselbigen Zeit, daß sie krank ward und starb. Da wuschen sie dieselbige und legten sie auf den Söller.«

Zu derselbigen Zeit, nämlich während Petrus in Lydda war und den gichtbrüchigen Äneas heilte, begab es sich, daß Tabea krank wurde. »Es begab sich« – darin liegt es ausgesprochen, daß die Krankheit sie mit göttlicher Zulassung überfiel. Wie gut ist es, daß wir das wissen, daß uns nichts geschehen kann ohne den Willen und ohne die Zulassung unseres Gottes! Wie macht das so getrost, so gelassen! Es ist kein blindes Ungefähr, das über uns schaltet und waltet, sondern der väterliche Wille unseres Gottes. Von Ihm kommen Gesundheit und Krankheit, von Ihm kommen Leben und Sterben. Unsere Zeit steht in Seinen Händen.

Aber warum ging Gott mit Tabea diesen dunklen Weg? Als sie erkrankte, da wußte keiner eine Antwort auf diese Frage. Man betete und flehte, daß sie wieder gesund werden möchte. Aber es wurde nicht wieder besser. Im Gegenteil, es wurde sogar schlimmer, immer schlimmer. Wie inbrünstig und gläubig man auch für ihre Genesung betete, es gefiel Gott nicht, das Flehen seiner Kinder zu erhören. Es erfüllte sich das Wort: »Was Ich tue, das weißt du jetzt nicht, du wirst es aber hernach erfahren.« Wie oft geht es so, daß Gott uns nicht so erhört, wie wir es wünschen, weil Er andere Gedanken mit uns und unserer Zukunft hat! Wie grämt man sich erst, wenn ein so heiß erbetener Wunsch nicht in Erfüllung geht! Und nach einiger Zeit – schämt man sich vor Gott und bekennt: Du hast alles wohl gemacht!

Es kam auch in Joppe die Stunde, wo die trauernden Jünger und Jüngerinnen die Antwort bekamen auf das bange »Warum?« ihrer Herzen.

Aber wir wollen hier einen Augenblick haltmachen und einige Gedanken erwägen, die sich uns aufdrängen. Es geht im Leben der Kinder Gottes nicht immer auf glatter und ebener Straße. Das ist die erste Wahrheit, die wir uns hier aufs neue sagen lassen wollen. Es gibt manches dunkle Tal; es gibt manchen steilen Berg. Aber wie Er uns auch führt – Er führt uns auf *rechter* Straße. Er macht keine Fehler. Das bleibt wahr, wenn du es auch jetzt noch nicht einsiehst.

Ein anderer Gedanke aber ist dieser: Es gibt sehr viele kranke Kinder Gottes! Ja, es gibt auch solche, die sterben!

Die Krankheit von Kindern Gottes – ich meine jetzt nicht leibliche Krankheit – kann verschiedene Ursachen haben. Wenn ein Mensch Leben aus Gott empfangen hat, dann braucht er dringend drei Dinge: Gottes Wort, Gebet und Gemeinschaft. Wer in diesen drei Dingen treu ist, der wächst; wer aber nicht treu damit umgeht, der geht zurück. Er braucht nur *einen* dieser Punkte zu vernachlässigen – das ist schon genug. Wer die Bibel vernachlässigt, wer nicht mehr fleißig und regelmäßig seine Bibel liest, der versäumt es, seiner Seele die rechte Nahrung zuzuführen – dessen Seele geht an Entkräftung ein. Oder wer kein Gebetsleben führt, dessen Seele kann nicht gedeihen und bestehen. Und zum dritten: Wer die Gemeinschaft der Kinder Gottes nicht pflegt, der erkaltet innerlich und erstirbt. Wenn man mit »kranken«

Kindern Gottes redet und nach dem Grund fragt, dann trägt gewöhnlich einer oder jeder dieser drei Punkte die Schuld an dem Erkranken und Ersterben der Seele. So wie ein normaler, gesunder Mensch Nahrung nötig hat, so braucht die Seele auch ihre Nahrung, und das ist das Brot des Lebens im Wort Gottes. So wie der Organismus unseres Leibes das Atemholen nötig hat, so kann unsere Seele das Gebet nicht entbehren. Und endlich: Wie das Leben des Leibes sich zeigt in der Wärme des Blutes, so offenbart sich gesundes Leben der Seele in der brüderlichen Liebe.

Darum bitte ich dich: Sei treu in diesen drei Dingen! Lies fleißig und betend deine Bibel! Sei treu im Gebet und pflege mit Liebe die Gemeinschaft der Kinder Gottes!

Es kann aber auch noch andere Gründe haben, wenn die Seele krank wird. Oft steht übereifrige Arbeit für Kirche und Gemeinde im Weg. Man müht sich und überarbeitet sich, gewiß in bester Meinung; aber man läßt dem Herrn keine Zeit, in der eigenen Seele zu wirken und zu arbeiten, und dann geht man innerlich zugrunde. Wenn über aller Arbeit keine Zeit mehr fürs Bibellesen und Beten bleibt, da kann es nicht anders gehen, als daß das Leben erstirbt.

Oder es hat noch einen andern Grund. Gott hatte Seinen Finger auf irgendeine besondere Sünde gelegt. Er verlangte, daß diese Sache in Ordnung gebracht werden sollte. Aber es geschah nicht. Man hatte seine Sünde zu lieb; man konnte sich nicht von ihr trennen. Lieber trennte man sich – von Gott. Wie furchtbar ist das! Wenn du eine Sache als Sünde erkannt hast, und du läßt nicht von ihr ab, dann geht dein inneres Leben zurück. Das ist ganz gewiß. Darum sei auf der Hut – und wenn Gott dir eine Sünde zeigt und verlangt, daß du sie aufgeben sollst, dann sei gehorsam!

Vielleicht ist es auch irgendein Bann, der die Seele

belastet, irgendeine alte Schuld, die noch abgebeten oder gutgemacht werden muß. Es kann eine scheinbare Kleinigkeit sein. Aber Gott nimmt es auch mit unsern Kleinigkeiten genau. Und wenn Er dich auf diese alte Geschichte aufmerksam gemacht hat, dann eile, sie in Ordnung zu bringen, sonst – hat Gott etwas wider dich. Ist da noch eine alte Beleidigung, die du abbitten mußt? Ist da noch eine alte Verleumdung, die du zurücknehmen mußt? Ist da noch ein häßlicher Brief, für den du dich entschuldigen mußt? Oder ist es unrechtes Gut, das noch in deinem Besitz ist? Räume auf, liebe Seele, damit diese Sache sich nicht zwischen Gott und deine Seele stellt und dich von Gott trennt!

Wie steht es um dich, ist deine Seele gesund? Liest du das Wort – und lebst du nach dem Wort? Läßt du dir von dem Wort Gottes etwas sagen? Ach, auf wie viele kann man das Wort anwenden: »Dies Geschlecht will sich nicht mehr strafen lassen von Meinem Geiste.« Man hört vielleicht noch das Wort; aber anstatt sich etwas sagen zu lassen, kritisiert man den Redner, als ob es der *Mensch* wäre, mit dem man es zu tun hat!

Ist dein Leben mit dem ganzen Wort Gottes in Übereinstimmung? Hast du in deinem Herzen Frieden wie ein Wasserstrom? Steht nichts zwischen dir und deinem Gott? Sag nicht so schnell nein, sondern prüfe dich vor Gott und bitte den Herrn:

> Entdecke alles und verzehre,
> was nicht in Deinem Lichte rein,
> wenn mir's gleich noch so schmerzlich wäre!
> Die Wonne folget nach der Pein.

Leg einmal dein ganzes Herz und Leben offen hin. Laß Ihn, der Augen wie Feuerflammen hat, einmal alles genau besehen (Mk 11, 11): dein Eheleben, dein Berufsleben, dein Geldverdienen und Geldausgeben. Laß dich genau untersuchen, ob nicht doch irgendein

Krankheitsstoff vorhanden ist in dir, sonst – stirbst du. O wie viele laufen umher, die den Namen haben, daß sie leben, und sind doch tot!

Sie haben sich totgearbeitet, oder sie haben sich totgesündigt. Nun ist das geistliche Leben entflohen. Wenn da nicht eine neue Erweckung kommt – was wird das Ende sein? –

4. *Ein schwerer Tag* war es für die Gläubigen in Joppe, als Tabea gestorben war. Große Bestürzung erfaßte die Leute. Wie ein Lauffeuer ging es von einem zum andern: »Hast du es schon gehört? Tabea ist tot!« – »Tabea ist tot? Unmöglich!« – »In der Tat, sie ist gestorben!« – »Ja, aber – was soll denn nun werden? Wer wird denn nun für uns sorgen?«

Überall gab es weinende Augen und bekümmerte Herzen, wo die Trauerbotschaft bekannt wurde. Jeder hatte einen persönlichen Verlust erlitten. Jedem ging ihr Sterben persönlich nahe. Wie einsatzbereit war sie immer gewesen; wie treu hatte sie immer gesorgt! Und nun war Tabea nicht mehr da! Was sollte denn nun werden? Man konnte sich gar nicht vorstellen, wie es ohne sie gehen würde.

Als nachher Petrus kam, da zeigte man ihm die Kleider und Röcke, welche Tabea machte, »solange sie bei ihnen war«. Das war es, was ihr Leben so fruchtbar machte, wodurch sie so viele Herzen gewonnen hatte: sie nutzte ihre Zeit. Sie lebte nicht in allerlei Gedanken und Plänen, die sie einmal ausführen wollte! Sie tat, was das Nächstliegende war.

Wie viele Leute gibt es, die immer nach großen Dingen ausschauen! Sie haben den ganzen Kopf voll von Plänen. Dies könnte so gemacht werden, und das könnte man so einrichten; hier könnte man es so machen und da so. Und aus all den Plänen wird – nichts. Sie wollen so viel tun, daß nachher gar nichts geschieht. Sie schreiben etwa Briefe über Briefe, um Leute in weiter Ferne zu bekehren, und die Leute in der Nähe werden grob angefahren, wenn sie diese wichtige Arbeit stören.

So hat es Tabea nicht gemacht. Sie hat die Zeit ausgenutzt und ausgefüllt, um Gott und den Menschen zu dienen, so gut sie es vermochte. Darum war ihr Leben so gesegnet, darum flossen so viele Tränen, als sie gestorben war.

Einmal kommt ein Tag, da steht eine schwarzgeränderte Anzeige in der Zeitung – und mitten darin steht in großen Lettern – dein Name. Ich weiß nicht, wann dieser Tag kommt; aber er kommt einmal, auch wenn der Herr es noch hinauszögert, das ist gewiß. Hast du schon einmal daran gedacht? Vielleicht noch nicht. Nun, dann denke heute einmal daran!

Wenn du gestorben bist, wenn man deine Todesanzeige dann in der Zeitung liest, wenn der Trauerbrief ankommt, der deinen Tod meldet, wird das für die, die dich kennen, ein schwerer Tag sein? Wird dein Tod als ein Verlust empfunden werden, oder wird er kaum eine Lücke reißen? Werden die Leute im Blick auf die Todesanzeige gleichgültig sagen: »So, so, die Frau N. N. ist auch tot. Sie war doch eigentlich noch gar nicht alt.« – Und dann schlägt man das Blatt um und liest die Tagesneuigkeiten, und du bist – vergessen. Vergessen – noch ehe du begraben bist!

Wird es so sein?

Oder wird dein Sterben eine Lücke reißen, nicht nur im Kreise deines Hauses, sondern im Kreise deiner Freunde und Bekannten und auch in deiner Gemeinde?

Tabea hat man mit Tränen vermißt. Sie hatte sich unentbehrlich zu machen verstanden. Und du?

Lebe, schaffe und wirke so, daß der Tag deines Todes zwar ein Tag der Freude ist für deine heimkehrende Seele, aber ein schwerer Tag für alle, die dir nahestanden im Leben.

Ich bekam einmal Besuch von unserm ersten Dienstmädchen, das in den ersten Jahren nach meiner Verheiratung bei uns gewesen war. Wir gingen zusammen auf den Friedhof an das Grab meiner Frau. Jahrelang war sie schon in der Ewigkeit. Und noch länger war das Dienstmädchen von uns fort; aber als Berta jetzt auf dem Grabstein den Namen ihrer ersten Hausfrau las, da brach sie in Tränen aus. Die Heimgegangene hatte Liebe gesät, »solange sie bei uns war«; nun erntete sie Liebe. Und nun erzählte Berta mir allerlei, was ich selber noch nicht wußte: »Kein Armer ging unbeschenkt von ihr. Und wenn sie kein Geld hatte, dann holte sie doch wenigstens ein paar Eier hervor. Wie oft, wenn ich abends zu Bett ging, kam sie mir noch nach, die Treppe herauf, um mir einen Apfel zu geben!« Und dabei flossen die Tränen um die geliebte Frau.

»Als ich hörte, sie sei gestorben, da habe ich mich nicht halten können, da habe ich mich aber einmal satt geweint.«

Ja, das war ein schwerer Tag! – Und wenn du stirbst?

5. *Neues Leben*. Die Geschichte fährt fort: »Nun aber Lydda nahe bei Joppe ist, da die Jünger hörten, daß Petrus daselbst war, sandten sie zwei Männer zu ihm und ermahnten ihn, daß er sich's nicht ließe verdrießen, zu ihnen zu kommen. Petrus aber stand auf und kam mit ihnen. Und als er hingekommen war, führten sie ihn hinauf auf den Söller, und traten um ihn alle Witwen, weinten und zeigten ihm die Röcke und Kleider, welche die Rehe machte, als sie noch bei ihnen war. Und da Petrus sie alle hinausgetrieben hatte, kniete er nieder, betete und wandte sich zu dem Leichnam und sprach: Tabea, steh auf! Und sie tat ihre Augen auf, und da sie Petrus sah, setzte sie sich wieder. Er aber gab ihr die Hand und richtete sie auf und rief den Heiligen und den Witwen und stellte sie lebendig dar.«

Ob die Jünger diesen Ausgang erhofften und erwarteten, als sie Petrus baten, daß er kommen möchte? Oder ob sie ihn nur darum haben wollten, daß er ihnen ein Wort des Trostes an ihrer Bahre und an ihrem Grabe sagen sollte? Ich weiß es nicht. Aber jedenfalls merkte Petrus, daß der Herr ihm hier ein Werk übertragen hatte, daß er hier nicht nur trösten, sondern daß er die tote Tabea ins Leben zurückrufen sollte.

Großes Gedränge umgibt ihn, als er in das Trauerhaus eintritt. Jede Frau will ihm sagen, was Tabea ihr gewesen ist, wie sie besonders ihre Hilfe erfahren hat. Man zeigt ihm die Röcke und Kleider, die sie zu ihren Lebzeiten gemacht hat. Man erzählt ihm von den letzten Stunden, und was sie noch gesagt hat, und was so in einem Trauerhause an einer offenen Bahre geredet wird.

Als Petrus dieses Jammern hört, da denkt er an jene Stunde, als er mit dem Meister und Jakobus und Johannes in das Haus des Jairus getreten war. Da war auch der Tod eingekehrt und hatte eine Lücke gerissen. Wenn der Herr ihm jetzt den Auftrag geben möchte, die Tote ins Leben zurückzurufen! Aber er braucht Stille, um sich darüber klarzuwerden. Darum macht er es, wie Jesus es damals auch gemacht hat: Er treibt all die weinenden und klagenden Leute hinaus. Nun ist er allein mit Gott und der Toten.

Er fällt auf die Knie und betet. Und während er betet, wird es ihm gewiß, daß er im Namen des Herrn das entflohene Leben zurückrufen darf. Er steht auf und wendet sich zu dem Leichnam. Und wie einst Jesus im Hause des Jairus gesprochen: »Talitha kumi!« – so ruft Petrus jetzt: »Talitha kumi!« »Tabea, steh auf!« Und sie tat ihre Augen auf, und als sie sah, daß Petrus da war, richtete sie sich auf ihrem Lager auf.

Das war ein Jubel, als die Freunde hereinkamen und ihre liebe Tabea wieder lebendig und gesund vor sich sahen! Wie ein Lauffeuer verbreitete sich diese Nachricht durch die ganze Stadt. Man sprach von nichts anderem als von dieser Offenbarung der Macht und

Herrlichkeit des großen Gottes. Und viele wurden gläubig an den Herrn. Eine Erweckung begann in ganz Joppe.

Wie beginnt eine Erweckung? Wenn ein Kind Gottes, das glaubensschwach geworden ist, zu neuem Leben erwacht. Ich weiß von einem Pfarrer, der auf einer Konferenz gewesen und dort tief gesegnet worden war. Als er zurückkehrte, sagte er in der ersten Versammlung, die er hielt: »Ein großer Mann ist neulich weggegangen – ein zerbrochener Mann ist wiedergekommen.« Und dann bat er um Verzeihung, daß er so oft lieblos und schroff gewesen sei, daß er so oft hinter dem Rücken über andere gesprochen habe usw. Und was geschah? Unter Tränen bekannten die Versammelten, daß sie viel mehr Grund hätten, sich zu beugen und Buße zu tun. Viele bekannten öffentlich ihre Sünden – und eine tiefgehende Erweckung begann.

Wenn sich bei dir neues Leben offenbart, dann greift es alsbald um sich, das ist gewiß. Mit deinem kranken, toten Wesen hast du den Geschwistern im Wege gestanden. Wann gab es eine Erweckung in Sychar? (Joh 4) Als das samaritische Weib gesagt hatte: »Kommt, seht einen Menschen, der mir alles gesagt hat, was ich getan habe!«, als sie ihre Sünden öffentlich bekannte; als sie sich so beugte und demütigte, da machten sie sich auf, Jesus kennenzulernen.

Offenbarst du neues Leben in deinem Wesen und Verhalten? Ist etwas bei dir zu sehen von der Kraft des Heiligen Geistes?

Warum bekennst du deine Sünden nicht? Warum reinigst du dich nicht davon? Warum läßt du dich nicht taufen mit Kraft aus der Höhe? Warum stehst du der Erweckung im Wege? Ganz gewiß, die Erweckung wird in deinem Haus, in deiner Familie, in deinem Ort ausbrechen, sobald du in einem *neuen* Leben wandelst!

6. *Ein gesegnetes Leben* war es doch, das die Tabea lebte. Sie war wohl eine einsame Person. Wie es scheint, war sie eine unverheiratete Schwester. Aber wie war sie doch von Liebe umgeben! Wie war ihr Tod doch ein Verlust für die ganze Gemeinde! Wie haben sie alle getrauert, als diese einsame alte Person gestorben war! Woher kam es, daß sie so viel Liebe fand? Sie hatte Liebe gesät; nun durfte sie auch Liebe ernten. Und wie konnte sie so viel Liebe säen? Weil sie eine Jüngerin des Herrn war. Eine alleinstehende Frau, die eine Jüngerin ist, kann eine gesegnete Dienerin des Herrn sein, deren Fußtapfen Segensspuren hinterlassen. So war es bei der Tabea, so ist es bei vielen gewesen. Wie viele kann man aufzählen, die einsam, unverheiratet ihren Weg durch das Leben gingen, und doch gingen Ströme von Segen von ihnen aus! Laß dir nur die Arbeit zeigen, die der Herr für dich hat. Es ist Arbeit genug vorhanden; niemand braucht im Reich Gottes über Arbeitslosigkeit zu klagen. Im Gegenteil: der Arbeit ist mehr, als die Arbeiter und Arbeiterinnen bewältigen können; draußen auf dem Missionsgebiet wie daheim in der Heimat – Arbeit in Hülle und Fülle! Achte nur auf den Ruf Gottes, der auch dich in Seinen Dienst stellen will, und auch dein einsames Leben wird wie das Leben der Tabea *ein gesegnetes Leben*.

Rhode

Wenn wir das 12. Kapitel in der Apostelgeschichte lesen, in der uns von der treuen Magd Rhode erzählt wird, dann fällt uns der große Unterschied zwischen dem Anfang und dem Schluß des Kapitels auf. Am Anfang lesen wir, daß Herodes die Hände an etliche von der Gemeinde legt, um sie zu peinigen. Jakobus, der Bruder des Johannes, wird mit dem Schwert getötet. Selbst Petrus wird gefangengesetzt. Wenn auch ihm der Prozeß gemacht wird, was soll dann aus dem Häuflein der Christen werden? Wie es scheint, ist jetzt alles aus und vorbei.

Am Ende desselben Kapitels aber sehen wir, daß nach dem Tode des Herodes, der an einer schrecklichen Krankheit gestorben ist, das Wort Gottes wächst und sich mehrt.

Das ist ein wunderbarer Umschwung. Wie kommt es, daß das Kapitel, das so trübe begann, so licht und hell endigt? Zwischen dem dunklen Anfang und dem lieblichen Ende steht das Gebet der versammelten Gemeinde. Es ist ein herrliches Wort: »Petrus ward *zwar* im Gefängnis behalten; aber die Gemeinde betete ohne Aufhören für ihn zu Gott.« Die Lage mag noch so schwierig sein, die Not noch so groß, das Gebet des Glaubens überwindet alle Hindernisse. Es sprengt eiserne Riegel und öffnet eherne Tore.

Petrus war sehr fest verwahrt. Mit zwei Ketten gebunden, so lag er im Kerker, ein Kriegsknecht rechts, ein Kriegsknecht links, Kriegsknechte auch noch vor der Tür, die Tore verriegelt und verschlossen. Da war – menschlich gesprochen – kein Entrinnen möglich; aber die Gemeinde ließ sich nicht abhalten zu beten.

Vielleicht wird diese Nacht die letzte sein für Petrus,

denken sie. Da denkt keiner daran, zur Ruhe zu gehen. Während Petrus ruhig zwischen seinen Kriegsknechten liegt und schläft, als ob morgen ein Tag wäre wie alle Tage, bleibt die Gemeinde auf ihren Knien im Gebet vor Gott liegen. Einer nach dem andern schüttet in heißem Flehen sein Herz vor Gott aus – und Er erhörte die Gebete.

> Kann ein einiges Gebet
> einer gläub'gen Seelen,
> wenn's zum Herzen Gottes geht,
> seines Zwecks nicht fehlen,
> was wird's tun,
> wenn sie nun
> alle vor Ihn treten
> und zusammen beten!

Plötzlich fühlt Petrus einen Schlag an der Seite. Eine leuchtende Gestalt steht neben ihm, deren Licht das düstere Gefängnis erhellt. Er hört die Worte: »Stehe behende auf!« Und siehe, als er sich aufrichtet, da fallen die beiden Ketten mit leisem Klirren von ihm ab. Und wieder spricht die Lichtgestalt des Engels zu ihm: »Gürte dich, und tue deine Schuhe an!« Und er tat also. Und weiter wurde ihm geboten: »Wirf deinen Mantel um dich und folge mir nach!« Und Petrus ging hinaus, immer in der Meinung, einen sehr lebhaften Traum zu haben. Die eiserne Tür tat sich auf, noch eine Straße weiter ging der Engel mit, dann ließ er Petrus allein. Da erst kam Petrus zu sich und merkte, daß es kein Traum war, sondern Wirklichkeit.

Wohin sollte er sich wenden? Natürlich zu dem Hause der Maria, der Mutter des Markus, wo die Gemeinde zusammenzukommen pflegte.

So kam es, daß Petrus draußen ans Tor klopfte, während die Gemeinde noch für ihn betete. Leise stand Rhode, die Magd, auf, um zu sehen, wer da war.

Es ist nicht viel, was wir von dieser Magd hören; aber wenn der heilige Geschichtsschreiber es für wichtig genug gehalten hat, uns ihren Namen zu nennen und uns von ihrem Dienen in dieser Nacht zu erzählen, dann wollen wir auch an ihr nicht vorübergehen.

Eine Magd war Rhode. »*Nur* eine Magd«, würden manche vielleicht sagen. Aber so sagt Gott nicht. Vor Ihm gilt kein Ansehen der Person. Menschen schätzen einander ab nach dem Titel, den sie haben, oder nach den Mitteln, über die sie verfügen. Gott urteilt anders. Er sieht nicht den Namen, nicht die Herkunft, auch nicht das Geld und Vermögen der Menschen an, sondern ihr Herz. Darauf allein kommt es Ihm an: ob das Herz recht zu Gott steht, ob es im Blut des Lammes gewaschen ist. Gott fragt nicht danach, was für eine Stellung man in der Öffentlichkeit bekleidet und was die Menschen von uns halten, sondern ob unsere Stellung zum Herrn Jesus die richtige ist. Ob Dienstmädchen oder Chefin, das ist vor Gott einerlei; denn wir lesen: »Da ist nicht Knecht noch Freier, sondern sie sind allzumal einer in Christus Jesus.«

Kinder Gottes sollten nicht mit anderer Elle messen, als Gott es tut.

Der Apostel Jakobus tadelt es sehr scharf, daß man in der Gemeinde solche Unterschiede machte, daß man einen Reichen, der gut gekleidet war und ein paar Ringe an den Fingern hatte, besser behandelte als einen schlichten, geringen Mann. Das ist nicht im Sinne Jesu, daß man die Reichen den Armen und Geringen bevorzugt. Gewiß gibt es Unterschiede, und die bleiben auch bestehen. Auch der Unterschied zwischen Knecht und Herr wird nicht aus der Welt geschafft durch das Christentum, ebensowenig wie der Unterschied zwischen Mann und Frau aufhört; aber die Liebe, die brüderliche Liebe schlägt die Brücke über die sozialen Klüfte. Kinder Gottes wissen sich als Glieder einer großen Familie, welchem Stande auch die verschiedenen Glieder angehören mögen.

Ich habe einmal eine Bibelstunde gehalten in einem Privathaus, da hat mein Herz gejubelt über die Zusammensetzung der Zuhörerschaft. Da waren ein gläubiger Major und seine Frau, dann kam ein Postbeamter in Uniform, dann ein Leutnant, eine Waschfrau, ein adliges Fräulein usw. Ich glaube, da waren alle Stände vertreten. Und doch wehte durch die ganze kleine Versammlung der Geist brüderlicher Liebe und herzlicher Gemeinschaft. Das verstehen viele nicht. Sie zukken die Achseln und sprechen spöttisch: »Wie kann man sich da wohl fühlen?« Aber Kinder Gottes verstehen es und danken dem Herrn dafür, daß Sein Blut vereinigt, was getrennt war, daß Sein Blut Menschen aller Stände und Berufsklassen zu retten und zu einigen imstande ist.

Eine Magd war Rhode. Es ist etwas Großes um eine fromme und treue Magd!

Vor Gott gibt es keine Kleinigkeiten. Er sieht ebensogut auf die Arbeit der Magd, ob sie treu und gründlich gemacht wird, wie Er auf die Arbeit eines Evangelisten oder irgendeines andern Menschen sieht, auf dem die Augen der breiten Öffentlichkeit ruhen. Es kommt Ihm nur auf die Treue an, mit der die Arbeit geschieht. Ob du ein Talglicht bist oder ein Leuchtturm – wenn du nur leuchtest!

Dienen schändet nicht. Hat doch Jesus selbst gesagt, Er sei nicht gekommen, um sich dienen zu lassen, sondern um zu dienen. Und gewiß hat Er in jungen Jahren die häuslichen Arbeiten ebenso mitgemacht wie Seine jüngeren Geschwister; denn Er war ja Seinen Eltern untertan. Er hat sich des Dienens nicht geschämt. Wenn man ein junges Mädchen heute fragt, wo sie sei, dann sagt sie nicht: »Ich diene«, sondern es heißt: »Ich bin in Stellung.«

Rhode war nicht »in Stellung« bei der Mutter Maria, sondern *sie diente*. Es war ein Bekenntnis, in einem solchen Hause Magd zu sein. Die Jünger Jesu waren verachtet, ja sie waren in Gefahr, das gleiche Schicksal zu erleiden, das ihrem Meister zuteil wurde. Aber Rhode wollte in keinem anderen Haus dienen als bei den Gläubigen. Denn ihr Herz hing am Herrn; ihre Seele verlangte nach dem Brot des Lebens, und das konnte sie nirgends so gut und so reichlich bekommen wie gerade im Hause der Maria.

Heutzutage wählt man oft aus ganz andern Gründen einen Arbeitsplatz aus! Wo am meisten Lohn gegeben wird und wo am meisten Freiheit gelassen wird, die Stellen sind am beliebtesten. Wer fragt danach, ob an dem Arbeitsplatz auch für das innere Leben keine Gefahren vorhanden sind, ob man auch zu Gottes Wort und Gebet angehalten wird? Auch gläubige Eltern sind oft sehr töricht in einer so wichtigen Frage! Das Ende trägt nachher die Last!

Es war keine leichte Stelle im Hause der Maria. Arbeit gab es gewiß genug. Wo so viele Leute ein- und ausgingen, da gab es auch viel zu putzen und reinzumachen. Manchmal übernachteten vielleicht auch Brüder und Schwestern von auswärts in dem Hause. Da gab es für Rhode Arbeit genug; aber sie war ihr nicht zuviel, sie wußte: Das tue ich für den Herrn.

Und wenn man zum Gebet zusammenblieb, dann dachte sie nicht: »Ich bin aber müde nach meinem Tagewerk«, sondern es war ihr selbstverständlich, daß sie aufblieb, nicht nur, um ihren Dienst zu tun, sondern auch, um mitzubeten.

Aber macht denn die Frömmigkeit die Leute nicht untüchtig für ihren Beruf? Das ist eine Rede, die man oft hören kann. Aber ist sie begründet? Man müßte einmal die Personalchefs und die Geschäftsinhaber und die Vorgesetzten fragen, wie es damit steht. Es mag wohl vorkommen, daß man Urteile der Unzufriedenheit zu hören bekommt; gewiß, es gibt ja so viele, die den Namen »Kinder Gottes« tragen, ohne es zu *sein*. Aber die Regel ist: Wo ein gläubiges Mädchen, ein gläubiger junger Mann beschäftigt ist, da weiß man: »Auf das Mädchen kann man sich verlassen«, »dem jungen Mann kann man vertrauen.«

Wahrer Glaube macht nicht unbrauchbar für die Arbeit des Berufs; im Gegenteil, man wird dadurch erst recht tüchtig und brauchbar.

Das bewies auch Rhode in dieser Nacht. Als es klopfte, war man gerade mitten im Gebet; aber sie dachte nicht: Wer da klopft, der kann warten, bis wir ausgebetet haben, sondern sie stand eilends auf, um ihres Amtes als Pförtnerin zu walten. Sie meinte nicht, daß das Beten wichtiger sei als ihre Berufspflicht, sondern sie wußte, daß sich gerade darin ihre Treue zeigen und offenbaren müsse, daß sie treu und gewissenhaft ihre kleinen Pflichten erfülle.

Mache du es auch so! Stelle die Arbeiten deines Haushalts nicht zurück, als ob die minder wichtig seien. Die Welt pflegt so gerne zu sagen, wenn sie Hausfrauen zur Versammlung gehen sieht: »Die sollen auch lieber zu Hause bleiben und sich um ihre Familie kümmern! Wer weiß, wie es bei ihnen daheim aussieht!« Einige Male habe ich so einem Gerede nachgeforscht und bisher noch immer gefunden, daß die Welt eine Verleumderin ist, ja, auch die *christliche* Welt! Aber weil die Welt so redet, weil die Welt das Leben der Kinder Gottes mit so scharfen Augen ansieht, darum ist es wichtig, daß du deine irdischen, täglichen Pflichten mit der größten Treue und Gewissenhaftigkeit erfüllst. Dein Mann darf nichts über deinen Haushalt zu klagen haben; die Kinder dürfen nicht darunter leiden, wenn du dir Zeit für Kirche und Bibelstunde nimmst. Wo das der Fall ist, da solltest du lieber daheim bleiben und die zerrissenen Strümpfe stopfen, als in die Versammlung kommen und Schimpf und Schande auf die Gemeinschaft bringen.

Als Rhode eilends zum Tore kommt und fragt, wer da draußen sei, da hört sie, daß es Petrus ist. Da fährt ein so freudiger Schrecken durch ihre Glieder, daß sie in der Aufregung die größte Torheit begeht, die sie nur tun kann: Sie läßt ihn draußen stehen und läuft ins Haus zurück, um drinnen zu verkünden, daß Petrus da sei.

Wir verstehen es wohl, daß ihr in einem solchen Augenblick die rechte Überlegung fehlte. Vielleicht wäre es uns selbst so gegangen. Aber wir wollen doch hier von ihr lernen, daß man es nicht so machen muß. Geistesgegenwart ist nicht etwa eine Gabe Gottes, die man entweder hat oder die man nicht hat, sondern Geistesgegenwart ist das Ergebnis der Gewöhnung des Geistes an ruhiges, klares Denken, um danach mit Besonnenheit zu handeln. Oberflächliche Naturen sind für gewöhnlich nicht geistesgegenwärtig. Nehmen sie sich zum Denken und Überlegen nie Zeit, dann tun sie es erst recht nicht in kritischen Augenblicken. Wer mit Ruhe und Überlegung seine Arbeit tut, der wird so leicht nicht unklug und unüberlegt handeln, wenn er in schwierige Lagen kommt.

Darum gewöhne dich beizeiten an ruhiges Denken und überlegtes Handeln, dann wirst du auch in besonderen Situationen den Kopf nicht verlieren.

Als Rhode mit ihrer Freudenkunde ins Haus lief, da fand sie keinen Glauben. Sie sprachen zu ihr: »Du bist unsinnig.« Sie aber bestand darauf, es wäre also. Sie sprachen: »Es ist sein Engel.«

Wer weiß, wie lange das Gerede noch hin und her gegangen wäre, wenn nicht Petrus draußen aufs neue geklopft hätte. Da kamen sie alle und machten auf, und richtig: da stand Petrus draußen!

Oh, was wird das für ein fröhliches Fragen und Erzählen, für ein jauchzendes Loben und Danken gewesen sein in dieser Nacht! Und Rhode hat gewiß innerlich mitgedankt. Manch eine hätte jetzt vielleicht schmollend dagesessen, um endlich auf wiederholtes Fragen: »Was ist dir denn?« die mürrische Antwort zu geben: »Sie haben gesagt, ich sei unsinnig.« Das ist eine so sehr verbreitete Unart, bei allen Leuten: Man nimmt so gern etwas übel. Wer so leicht etwas übelnimmt, der beweist damit nur, daß das eigene Ich noch nicht tot ist, daß er noch sich selber sucht und nach Ehre und Anerkennung verlangt.

Wer am Kreuz von Golgatha sein Ich in den Tod gegeben hat, der ist frei vom Übelnehmen, der ist frei von der Empfindlichkeit und wie diese Untugenden, die das Leben verbittern, alle heißen mögen.

Ach, wie machen sich manche Leute selber das Leben schwer, weil sie immer auf der Lauer liegen, ob ihrer eigenen werten Person auch die nötige Anerkennung zuteil wird! Und geschieht das nach ihrer Meinung nicht genug, dann sind sie verstimmt und mürrisch und machen sich selbst und andern Last und Verdruß.

Wenn du so übelnehmerisch bist, dann möchten die Menschen nicht gerne mit dir zu tun haben und Gott erst recht nicht. Gib dein Ich in den Tod, gib dein Verlangen nach Anerkennung und Ehre auf, räume Jesus dein Herz und dein Leben ein, so wird auch von deinem Leben und deinem Schaffen, es sei nun groß oder klein, ein guter Ruf ausgehen, und du wirst sein wie diese Rhode, eine Rose.

Lydia

Die Geschichte der Lydia, welche uns in Apostelgeschichte 16, 13-15 erzählt wird, ist für uns von besonderem Interesse, weil Lydia die erste war, die auf dem
Boden unseres Erdteils Europa das Heil in Christus
annahm und gläubig wurde.

Als Paulus durch Phrygien und das Land Galatien zog,
da geschah das Seltsame, daß ihm vom Heiligen Geist
gewehrt wurde, in Asien das Wort zu reden. Und als er
nach Mysien kam und versuchte, nach Bithynien zu
reisen, da ließ es der Geist wieder nicht zu. Gott hatte
andere Absichten mit Paulus. Er wollte ihn andere Wege
führen. In Europa waren Menschen, denen Er auch das
Heil anbieten sollte. In Europa lebte eine Frau, die sich
nach dem Frieden mit Gott sehnte. Um den Wunsch
ihres Herzens zu erfüllen, mußte Paulus Kleinasien
verlassen und nach Europa kommen, was er von sich
selbst aus sonst nicht getan hätte.

Des Nachts erschien Paulus im Gesicht ein Mann aus
Mazedonien, der stand und bat ihn und sprach: »Komm
herüber nach Mazedonien und hilf uns!« Paulus erkannte
diesen Ruf, in Verbindung mit dem geheimnisvollen und
doch so deutlichen Wehren des Heiligen Geistes in
Kleinasien, als einen Auftrag des Herrn und fuhr alsbald
hinüber nach Mazedonien. Mit seinem treuen Begleiter
Lukas und seinem dankbaren Schüler Timotheus reiste
er nach Philippi, der Hauptstadt des Landes. Zunächst
hatten sie einige Tage Aufenthalt dort und schauten die
Stadt an. Ehe Paulus irgendeine Arbeit anfing, suchte er
erst Land und Leute etwas kennenzulernen. In seiner
Rede auf dem Gerichtsplatz in Athen erzählte er auch,
daß er erst durch die Stadt gegangen sei, um sich die

vielen Tempel zu besehen. Bei diesen Gängen durch die Stadt ist er auch an einen Altar gekommen, der die Inschrift trug: »Dem unbekannten Gott.« Daran knüpfte er dann in seiner Rede an. Das ist praktisch. Davon könnten unsere Prediger heutzutage etwas lernen. Wie oft hat man den Eindruck von einer Predigt: Sie riecht nach der Studierlampe. Oft sind es gelehrte Abhandlungen, dogmatische Erörterungen, manchmal auch polemische Streitreden, aber keine Verkündigung des Evangeliums, wie es sein sollte: klar und deutlich, praktisch und verständlich für jedermann!

Ich habe einmal erzählen hören von einem Lehrer der Kriegsschule, der seinen Kursus hatte unterbrechen müssen, weil der Krieg 1870 alle seine Zuhörer ins Feld gerufen hatte. Als der Krieg beendet war und der Kursus wieder begann, fing der Lehrer an: »Wir waren in der letzten Stunde dabei stehengeblieben« usw. Die großen Ereignisse wurden mit keinem Wort erwähnt. So machen es viele Prediger auch. Es kann in Stadt und Land vorgehen, was da will, auf der Kanzel ist keine Rede davon. Es ist eine andere Welt, in der die Predigt lebt. Aber in dieser Welt fühlt man sich nicht zu Hause, darum bleiben viele lieber der Predigt fern. Es ist ein großer Schaden, daß viele Prediger so wenig Bezug nehmen auf das, was die Zuhörer gerade interessiert. Nicht daß ich der Predigtweise das Wort reden wollte, die heutzutage von vielen geliebt wird, wo man an die Stelle des alten Evangeliums soziale oder politische Fragen setzt und darüber predigt; nein, das meine ich nicht; aber wenn alle Leute sich im Laufe der Woche mit einer brennenden Tagesfrage beschäftigen, dann ist es unnatürlich, wenn die Predigt kein Wort darüber bringt. Der Prediger soll nicht über diese Tagesfragen predigen, aber er soll daran anknüpfen, und er soll Licht von oben auf diese Zeitfragen und Zeitverhältnisse fallen lassen. Ich glaube, manche Kirche, die jetzt halb verödet ist, würde sich füllen, wenn die Prediger es sich auf ihren Knien vom Herrn erbitten würden, zeitgemäß zu predigen. Wer das in rechter Weise tut, der predigt damit auch ewigkeitsgemäß. Und gewiß würden damit auch manche Männer in die Kirche gezogen werden, die jetzt nicht kommen, weil sie meinen, der Prediger habe ja doch kein Interesse für ihre Angelegenheiten und für die Fragen, die sie beschäftigen.

Wie zeitgemäß hat Jesus gepredigt! Allerlei Ereignisse, wie z. B. das Unglück in Siloah, wo durch den Einsturz eines Turmes achtzehn Personen verunglückten, benutzte Er, um Seine Lehren und Ermahnungen daran anzuknüpfen. Und wie ewigkeitsgemäß war Seine zeitgemäße Predigt!

Sodann hat Paulus die Tage in Philippi dazu benutzt, um sich zu erkundigen, ob es dort keine frommen Leute gäbe, die zum Gebet und Bibellesen zusammenkämen. Für gewöhnlich braucht man sich nicht lange danach zu erkundigen, denn die Kinder Gottes bleiben nicht verborgen. Die Welt hat an dem Häuflein der Gläubigen immer ein reges Interesse, viel mehr, als manche wissen und bedenken. Man braucht sich in einer Stadt nur danach zu erkundigen, ob es nicht solche »frommen Leute« gebe, die »frömmer sein wollen als andere«, die »an der Kirche nicht genug haben« und darum auch noch in der Woche zusammenkommen, um die Bibel zu lesen und zu beten, dann wird man bald genug erfahren, daß es in der Stadt »leider« solche »Sektierer«, solche »Kopfhänger« und »Mucker« und wie man sie sonst nennt, gibt. Dann weiß man ja, wo die Kinder Gottes zu suchen sind. Man kennt sie bald an der Schmach, die sie tragen.

»Als der Sabbat kam, ging Paulus mit seinen Begleitern hinaus vor die Stadt an das Wasser, da man pflegte zu beten. Und dann setzte er sich und redete zu den Weibern, die da zusammengekommen waren.«

Es war nur ein kleines Häuflein, das sich dort zusammengefunden hatte; aber dem Apostel waren auch diese wenigen Personen nicht zu wenig. Er dachte an das Wort Jesu, daß Er auch da gegenwärtig sein wolle, wo nur zwei oder drei in Seinem Namen beieinander seien.

Es waren nur Frauen, die dort beisammen waren; aber der Apostel hielt es nicht unter seiner Würde, ihnen eine Stunde zu halten. Er dachte daran, daß es nur eine Frau war, um deretwillen einst Jesus durch Samaria ziehen mußte. Er machte den Weg durch Samaria eigens zu dem Zwecke, um mit dieser Frau eine Begegnung und eine Aussprache zu haben. Und dann brauchte Er diese Frau, um eine Erweckung der ganzen Stadt und Gegend hervorzurufen. Es wäre ganz falsch, wollte man sagen, wie man es heutzutage hören und lesen kann, daß der Apostel das weibliche Geschlecht geringgeschätzt habe. Das ist ganz und gar unrichtig.

Wie gut, daß sich Paulus für diese Frauenversammlung nicht für zu gut hielt! Erwuchs doch aus dieser Stunde am Wasser eine herrliche Frucht: Lydia, die erste in der Gemeinde zu Philippi, und darauf der Kerkermeister und viele andere bis auf diesen Tag.

Wenn aber nur Frauen beisammen waren, wo waren dann die Männer? Ja, wo waren die Männer? Die sagten jedenfalls, sie hätten »keine Zeit«. Die gingen ihrem Beruf und ihrem Gewerbe nach. Die wollten Geld verdienen und Geld erwerben. Die waren über die »altmodischen Dinge« hinaus. Die Männer damals werden wohl dieselben Entschuldigungen gehabt haben wie die Männer heutzutage. Wie unwahr sind diese Entschuldigungen meistens! Die Frauen hätten viel eher Grund zu sagen: »Ich habe keine Zeit.« Denn die haben mit der Küche oder mit den Kindern zu tun. Aber der Mann hätte wohl Zeit, wenn er nur *wollte*. Das ist Tatsache. Man sagt, man habe keine Zeit, aber die Wahrheit ist: man hat *keine Lust*.

Aber immerhin, wenn man die Frauen noch als Zuhörer hat, dann ist noch nicht alles verloren. Denn wenn man die Frauen hat, dann hat man auch die Kinder, und wer die Kinder hat, der hat die Zukunft. Aber wenn auch keine Frauen mehr kommen, wie das von manchen Gegenden unseres Landes berichtet wird, dann sollte man Buße tun. Dann sollte die Kirche die Schuld nicht immer bloß bei den Leuten suchen, man sollte nicht über die Herzenshärtigkeit und Gleichgültigkeit der Leute reden, man sollte an die eigene Brust schlagen und sprechen: »Wir haben gesündigt.« Das sage ich, obwohl ich Pastor bin, ja, gerade *weil* ich Pastor bin. Ich habe Pastoren kennengelernt und so predigen gehört, daß ich sagen muß: »Kein Wunder, daß die Kirche hier so leer ist!« Statt Brot zu geben, warf der Mann in der Predigt mit Steinen. Statt sich auf die Seite der Gläubigen zu stellen, bekämpfte er sie, als ob sie Feinde wären. Von wie manchem Pastor der Kirche muß man sagen: ein Totengräber der Kirche. Wenn seine Gemeinde jahrelang oder jahrzehntelang so einen Pfarrer gehabt hat, da ist natürlich das Leben erstarrt und erstorben. Und wenn dann ein gläubiger Mann hinkommt, dann hat er fast ein Menschenalter lang damit zu tun, die Sünden seines Vorgängers wiedergutzumachen.

Der Herr öffne den Männern, die in unserer Kirche zu sagen haben, die Augen, damit sie den Schaden erkennen und auf die rechte Weise heilen, nämlich mit gründlicher Buße an Haupt und Gliedern! Dann ist noch etwas zu machen, weil unser Volk von alters her ein »kirchliches« Volk ist und bleiben will. Wenn nur das oft so inhaltleere Wort »kirchlich« mit rechtem Inhalt gefüllt würde! –

In der Frauenversammlung vor den Toren von Philippi war der rechte Inhalt, da wurde ein klares Evangelium verkündigt, das sich auch sofort als eine Gotteskraft erwies, denn in dieser Versammlung befand sich die liebe Lydia, deren Bild wir nun genauer betrachten wollen.

1. *Ein gottesfürchtiges Weib*, das ist das erste Wort, das die Schrift meldet. Leider kann Gott nicht immer so von den Frauen reden. Manchmal muß Er ganz andere Urteile fällen. Wie scharf, aber wie wahr ist das Urteil, das 1. Timotheus 5, 13 über viele Frauen gefällt wird. Dort heißt es von jungen Witwen: »Daneben sind sie faul und lernen umlaufen durch die Häuser; nicht allein aber sind sie faul, sondern auch geschwätzig und vorwitzig und reden, was nicht sein soll.« Das ist keine feine Schilderung, aber bezeichnet sie nicht das Gebaren vieler Frauen und Mädchen heutzutage? Ach, wieviel Klatsch entsteht doch durch lose Mäuler! Da kommen sie zusammen in ihren Klübchen und Kränzchen, um andere durchzuhecheln und herzunehmen. Wehe dem, der ihnen zwischen die Zähne gerät! Mit seinem guten Namen ist es für lange Zeit vorbei!

Hast du so ein loses Mundwerk? Denke an die furchtbare Verantwortung, die du schuldig bist! Du mußt ja einst Rechenschaft geben von einem jeglichen unnützen Wort, das du geredet hast! Selbst wenn es wahr ist, was du von dem oder der erzählst, bist du dann dazu berechtigt, darüber zu reden? Mußt du das denn durchaus weitersagen, was du da oder dort gehört hast? Du hetzt ja Land und Leute aneinander mit deinem bösen Maul! Und wie oft, wie oft ist es gar nicht wahr, was so geschwätzt und geredet wird! Wie vieles stellt sich, wenn man der Sache auf den Grund geht, als leerer Klatsch, als giftige Verleumdung heraus!

Aber warum können die Lästermäuler so gut ihr abscheuliches Geschäft betreiben? Weil es so viele Ohren gibt, die sich daran weiden und erfreuen. Wenn niemand mehr zuhören würde, wenn die Lästermäuler anfangen zu berichten, dann würden sie bald verstummen müssen. Ach, daß es so viele Ohren gibt, die so gerne auf den Klatsch und die Verleumdung hören!

Um der Wahrheit willen muß aber hier gesagt werden,

daß es nicht bloß geschwätzige *Frauen* gibt. Es gibt auch geschwätzige *Männer,* die kein größeres Vergnügen zu kennen scheinen, als wenn sie irgendwohin gehen können mit der Botschaft: »Haben Sie schon gehört? Nein, der Soundso! Das hätte man doch nicht gedacht!« Wie es scheint, kommt das Gerede aus dem frommen Bedauern über die Sünde des Abwesenden, in Wahrheit ist es weiter nichts als Freude am Klatsch. Das ist schändlich! Bruder, du gibst dich doch nicht etwa dazu her, so dem Teufel zu Gefallen zu leben?

Lydia war ein gottesfürchtiges Weib. Das heißt auch, daß sie keine Schwätzerin war. Denn Schwätzer und Schwätzerinnen fürchten Gott nicht. Wenn sie das täten, dann würden sie eben keine Schwätzer sein, denn die sind ein Greuel vor Gott.

Kann auch von dir gesagt werden: ein gottesfürchtiges Weib?

Im Neuen Testament bezeichnet das Wort *sebomenos,* das Luther hier mit »gottesfürchtig« übersetzt hat, noch etwas Besonderes, nämlich einen Proselyten, das ist ein Heide, der sich dem Volke Israel angeschlossen und um Aufnahme in den Verband Israels nachgesucht hatte. Das gibt uns auch noch Licht über die Lydia. Sie war eine Proselytin. Sie hatte in dem Heidentum ihrer Zeit kein Genüge gefunden. Ihr Herz sehnte sich nach Wahrheit, ihre Seele verlangte nach etwas anderem, als das griechisch-römische Heidentum ihr bieten konnte. In dem Götzendienst war kein Leben, kein Friede, keine Freude zu finden. Darum hatte sie sich dem Häuflein Juden angeschlossen, das am Wasser draußen vor der Stadt zusammenzukommen pflegte.

Es gehörte Mut dazu, diesen Schritt zu tun. Denn die Juden waren sehr verachtet im Römischen Reich. Und Schmach und Schande wird ein normaler, unbekehrter Mensch niemals gerne tragen. Es muß schon ein rechtes Herzensverlangen vorhanden sein, wenn sich ein Mensch dazu entschließt, sich Hohn und Spott gefallen zu lassen um seines Glaubens willen.

Wäre das Verlangen, Jesus zu sehen, nicht so groß gewesen in dem Herzen des Zachäus, er wäre gewiß nicht auf den Maulbeerbaum gestiegen, wo ihn alle Leute verspotteten und auslachten! Aber er machte sich nichts daraus, weil er um jeden Preis sehen wollte, wer Jesus war. Und die große Sünderin wäre gewiß nicht in das Haus des Pharisäers gekommen, wenn sie ihr Verlangen nach Jesus hätte zurückhalten können. Wer wirklich ein Verlangen, ein Sehnen nach Frieden hat, der bricht auch durch alle Hindernisse durch. Der läßt sich durch nichts und durch niemanden zurückhalten. Mach du es auch so wie die Lydia! Laß dich durch deine Verwandten und Bekannten, durch die Rücksicht auf deinen Mann oder auf wer weiß wen nicht davon abhalten, zu Jesus zu kommen! Mit Recht sagt ein Dichter:

> Wer sich nur halb dem Herrn ergeben,
> der führt ein rechtes Jammerleben!
> Brich durch, es koste, was es will,
> sonst wird dein armes Herz nicht still!

Aber wer durchbricht, wer Jesus finden und haben will um jeden Preis, der wird Ihn finden. Das hat auch Lydia erfahren.

2. *Eine reiche Frau* war Lydia ohne Zweifel, denn sie war eine Purpurkrämerin aus der Stadt Thyatira, wie uns der heilige Geschichtsschreiber sagt. Thyatira war berühmt für seine Purpurfärbereien, die es dort gab. Die Bereitung des Purpurs war sehr kostbar, darum konnten kleine Geschäfte nicht damit handeln; der Handel mit Purpur setzte vielmehr ein großes Luxusgeschäft voraus. Darum werden wir nicht fehlgehen, wenn wir sagen, Lydia sei eine reiche oder doch wenigstens wohlhabende Frau gewesen.

Im Reichtum liegt eine besondere Gefahr. Davon

redet die Bibel sehr oft und sehr eindringlich. »Die da reich werden wollen«, sagt sie, »fallen in Versuchung und Stricke.« – »Es ist leichter, daß ein Kamel durch ein Nadelöhr gehe, denn daß ein Reicher ins Reich Gottes komme.« – »Sehet zu und hütet euch vor dem Geiz, denn niemand lebt davon, daß er viele Güter hat.« Solche Mahnungen und Warnungen gibt es viele in der Schrift – und auch traurige Geschichten, die uns warnen könnten! Warum ist der reiche Jüngling kein Jünger Jesu geworden? Die Forderung Jesu war ihm zu hart. »Er ging betrübt von dannen, denn er hatte viele Güter.« Warum ist der reiche Mann in die Hölle und in die Qual gekommen? Weil er in seinem Wohlleben ganz und gar seinen Gott und seinen Nächsten vergessen hatte. Warum ist der reiche Bauer, von dem Jesus erzählt, ein Narr? Weil er über seinen Plänen seine Seele vergaß. Warum nahm Judas ein Ende mit Schrecken? Weil er sein Herz an das Geld gehängt hatte.

Was hat in alten und neuen Zeiten die Liebe zum Geld schon angerichtet! Überall in Dorf und Stadt kann man erleben, daß das Geld die Herzen hart macht. Nichts erstickt das Verlangen einer Seele nach dem Frieden Gottes so schnell wie das Geld. Wie viele haben schon gesagt: »Oh, wenn ich reich wäre, dann wollte ich aber einen richtigen Gebrauch von dem Geld machen!« Und wenn dann wirklich das Vermögen sich mehrte, dann wuchs das Herz doch ans Geld, und es ging wie bei andern reichen Leuten.

Es ist ja so erklärlich. Wer viel Geld hat, der glaubt, den lieben Gott nicht so nötig zu haben wie arme Leute. Er braucht ja nur in die Tasche zu greifen, dann kann er seine Wünsche und Bedürfnisse befriedigen. Und wenn Nöte und Leiden kommen, dann kann man den besten Arzt kommen lassen, dann kann man in den Süden reisen, dann kann man in Italien oder Ägypten die Genesung finden, die man im rauhen Norden umsonst gesucht hat. Das Geld erlaubt es. Arme Leute sind viel abhängiger von Gott. Sie sind viel mehr aufs Bitten und Flehen angewiesen.

Darum findet man nicht viel reiche Leute, die es mit Jesus halten; die Besitzenden und Wohlhabenden meinen so leicht, sie hätten keinen Gott und keinen Heiland nötig. Eben darum warnt Jesus auch so eindringlich vor den Gefahren des Reichtums.

Nun, unsere Lydia bildet immerhin eine der seltenen Ausnahmen von der Regel. Der Reichtum, den sie besaß, befriedigte ihr Herz nicht. In allem Glück, das ihr äußerlich zuteil geworden war, fehlte ihr doch etwas. Frieden mit Gott kann man für kein Geld der Welt kaufen, und Vergebung der Sünden ist für alles Geld nicht zu haben. Der Seele nutzen Geld und Gut nichts, gar nichts. Wohl hätte sie sich alle Freuden und Genüsse erschaffen können, ihre Mittel hätten ihr das erlaubt; aber sie fand keinen Gefallen daran. Ja, das heidnische Leben und Treiben, das sie umgab, widerte sie immer mehr an. Ihr Herz sehnte sich nach etwas anderem, nach etwas Höherem und Besserem.

Nicht wahr, eine seltene Frau! Wohl gibt es auch heute noch Große und Reiche im Volk Gottes, aber ihre Zahl ist doch sehr gering im Vergleich zu der Menge derer, ie aus den unteren Schichten des Volkes zur Herde des Guten Hirten gekommen sind.

Darf ich dich fragen, wie es in diesem Punkt um dich und deine Seele steht? »Reich« ist ein sehr dehnbarer Begriff. Dem armen, hungernden Handwerksburschen erscheint der Arbeiter als ein reicher Mann. In meinen Studentenjahren habe ich öfter in den Volksküchen Berlins gegessen. Wie viele saßen da, die nicht einmal fünfzehn Pfennige besaßen, um sich »eine halbe Portion« zu kaufen. Sie warteten ab, ob nicht einer etwas in seinem Napf übrigließ, und dann aßen sie begierig die Reste. Diesen Ärmsten der Armen erschien ein Droschkenkutscher, der seine fünfzehn Pfennige hinwarf, um sich eine halbe Portion zu kaufen, schon als ein reicher Mann.

Die Frage ist also nicht, wieviel du hast, sondern wie du damit umgehst. Du kannst wenig haben und dein Herz an das Wenige hängen und dabei verlorengehen. Laß dein Herz nie an deinen irdischen Besitz festwachsen! Laß über der Fürsorge für deinen Leib und dein irdisches Leben nie die Fürsorge für deine Seele und deinen himmlischen Beruf zu kurz kommen. Denk an Lydia, die bei all ihrem Geld und Gut sich nach etwas Höherem sehnte.

Da siehst du schon, daß Geld nicht glücklich macht. Das ist ein großer Irrtum, in dem sich heutzutage viele befinden. Nein, es ist ein großer Gewinn, gottselig zu sein und sich genügen zu lassen.

3. *Eine aufmerksame Hörerin* war Lydia. Das ist das dritte, was wir hier von ihr erfahren. Es heißt hier: »Sie hörte zu.« Das hat uns auch etwas zu sagen. Wie viele kommen in unsern Tagen gar nicht mehr, um zu hören. Sie haben dafür keine Zeit. Oder sie sagen: »Das weiß ich schon lange, was der zu sagen hat. Das habe ich mir schon an den Schuhsohlen abgelaufen.« Aber auch von denen, die noch kommen, um zu hören, hören viele doch nicht. Oder sie hören nicht recht.

Ich kann es gut verstehen, daß eine vielbeschäftigte Hausfrau, wenn sie unter dem Wort Gottes sitzt, Mühe hat, ihre Gedanken auf das Wort zu richten. Die Alltagsgedanken nehmen einen solchen Raum in ihrem Herzen und Leben ein, daß sie sich unwillkürlich auch in die Stunden der Andacht und der Sammlung vor Gottes Angesicht einschmuggeln. Der Feind ist ja so beschäftigt, die Seelen um den Segen des Wortes zu bringen, da läßt er nichts unversucht, um seinen Zweck zu erreichen. Ehe man es sich versieht, sind die Gedanken abgeirrt und beschäftigen sich mit den Lebensmittelpreisen oder mit wer weiß was für irdischen Dingen und häuslichen Angelegenheiten.

So eine Hörerin war Lydia nicht. Sondern »sie hörte zu«. Sie richtete ihre Gedanken auf nichts anderes als auf das Wort, das sie hörte.

Mach du es auch so. Und wenn du versucht wirst mit weltlichen und irdischen Gedanken, dann bitte Gott, daß Er dein inneres Ohr gegen diese Stimmen des Alltags verschließe, damit du deine Aufmerksamkeit allein auf das richten kannst, was dein Gott dir durch Sein Wort zu sagen hat.

Andere gibt es, die hören dem Wort wohl zu, aber sie hören es nicht für sich, sondern für *andere*. »Das war aber gut«, sagen sie nachher, »daß die mal in der Kirche war. Da hat sie doch das rechte Wort zu hören bekommen.« »Damit hat der Pastor gewiß auf *den* gezielt.« – »Und damit hat er *den* gemeint.«

So spricht man und reißt die Predigt in lauter Stücke – *der* kriegt ein Stück, und *die* kriegt ein Stück, und selber geht man leer aus, weil man nicht für sich, sondern nur für andere gehört hat.

Machst du es auch so? Dann bringst du dich um viel Segen. Dann hast du von der Predigt keinen Gewinn. Ja, du schadest dir nur. Das merke dir! Denn jede Verkündigung des Wortes Gottes, die du hörst, bringt dich deinem Gott näher, oder – sie vergrößert deine Verantwortung Gott gegenüber. Am Tage der Ewigkeit wirst du einmal auch dafür zur Rechenschaft gezogen werden, was du mit dem so oft gehörten Worte Gottes gemacht hast. Und je mehr du gehört hast, ohne Gewinn, ohne Segen, um so mehr hast du dir Zorn zugezogen auf den Tag des Gerichts.

Wieder andere hören zu, aber sie hören nur den Menschen, der da redet. Daß es *Gottes* Wort ist, was ihnen verkündigt wird, das bedenken sie nicht. Darum gehen Sie nachher nach Hause und sagen: »Nein, der macht es aber viel zu arg, das kann ja kein Mensch erfüllen, was der da verlangt! Da lobe ich mir doch Pastor Soundso und Pastor Soundso. Überhaupt, wenn ich in die Kirche gehe, dann will ich mich erbauen, aber mich nicht abkanzeln und ausschimpfen lassen. Bei so einer Predigt vergeht einem ja die ganze Andacht.«

Es mag ja manchmal etwas Berechtigtes daran sein. Aber wie oft ist es doch eigentlich nicht der Mensch, an dem man sich stößt, sondern es ist Gott, der durch diesen Boten dir Seine Botschaft überbringen lassen wollte. Darum: Was du gegen den Boten sagst, das sagst du gegen Gott. Und Er wird dir darauf die rechte Antwort zu Seiner Zeit geben. Darum hüte dich! Der Herr hat gesagt: »Wer euch antastet, der tastet Meinen Augapfel an!«

»Sehet darauf, wie ihr zuhöret«, mahnt der Herr einmal Seine Jünger. Ja, das ist eine überaus wichtige Frage: Wie hörst du zu? Wenn du zuhörst, hörst du dann auch wirklich zu? Hörst du dann für dich und deine Seele? Hörst du dann das Menschenwort als Gotteswort? Wenn du das tust, wenn du mit betendem Herzen und gesammeltem Sinn zuhörst, dann wirst du auch einen Segen davon haben, so wie auch Lydia einen Segen von ihrem Zuhören hatte.

4. *Ein offenes Herz* gab ihr Gott, weil sie ein offenes Ohr hatte. »Dieser tat der Herr das Herz auf.« Wer recht zuhört und darum bittet, gesegnet zu werden, an dem tut der Herr ein Wunder. Dem tut Er das Herz auf.

Hat Er an dir dies Wunder schon getan? »Ach nein«, klagst du, »davon weiß ich nichts. Ich habe schon so oft gehört, auch mit rechtem Verlangen zugehört, aber daß Er mir das Herz aufgetan hätte, das kann ich doch nicht sagen.« – Nun, dann muß die Sache irgendeinen Grund haben! Denn es ist eine Regel, die keine Ausnahme erleidet: Wer dem Herrn das Ohr öffnet, dem öffnet Er das Herz. Es muß irgendein Hindernis vorhanden sein, warum Er dein Herz nicht aufgetan hat oder nicht hat auftun können. Ja, daran wird es wohl liegen, daß Er es nicht *konnte*.

Einst kam ich aus einer Versammlung ziemlich spät nach Hause. Ich hatte meinen Hausschlüssel in der Tasche. Ich schloß auf; aber ich konnte doch nicht ins Haus. Warum nicht? Unser Minchen hatte von innen die Sicherheitskette vorgelegt. Glücklicherweise war sie noch auf, so hörte sie mich und kam und machte mir auf. Aber vor Jahren ging es mir übler. Es war im Sauerland, wo ich in meinen Kandidatenjahren Lehrer war. Ich war bei meinem Kollegen eingeladen gewesen. Als ich nach Hause kam, war all mein Schließen umsonst. Die Tür ging und ging nicht auf. Auch all mein Rufen war umsonst. Da blieb mir nichts anderes übrig, als schleunigst wieder umzukehren und den Kollegen um ein Nachtlager zu bitten. Wie war das gekommen? Man wußte nicht, daß ich noch nicht zu Hause war, und hatte die Tür von innen verriegelt. Da mußte ich die Nacht draußen bleiben.

Verstehst du schon, warum ich die beiden Geschichten erzähle? Ich denke, du verstehst mich. Jesus kann ein Herz nicht auftun, wenn es von innen verriegelt ist oder wenn man von innen eine Sicherheitskette vorgelegt hat. Und weißt du, was das für Riegel sind? Jede Sünde, die wir nicht aufgeben wollen, verriegelt und verschließt Jesus das Herz. Dann ist freilich alles Hören umsonst, wenn du nicht bereit bist, deine Riegel zurückzuschieben, deine Sünden dranzugeben. – Riegel gibt es sehr viele, große und kleine: Habsucht, Putzsucht, Genußsucht, Eitelkeit, Geschwätzigkeit usw. usw. Alle Sünden und Leidenschaften und Begierden verriegeln ein Herz. Darum, wenn du willst, daß Jesus dein Herz auftut, um dir Seinen Frieden mitzuteilen, dann laß die Sünden fahren! Dann gib alles auf, was Jesus nicht leiden mag und nicht haben will.

Es brauchen nicht einmal immer Sünden zu sein, es können auch an sich harmlose Dinge sein, die ein Herz dem Herrn verschließen.

Es war auf einer Allianzkonferenz in Blankenburg. In einer seiner Reden sagte Dr. Torrey, es gebe sehr oft im Leben einen gewissen dunklen Punkt, der immer dann in die Erinnerung komme, wenn man sich in besonderer Weihestunde Gott nahe. Es gebe nicht eher Ruhe, bis dieser dunkle Punkt ausgeliefert sei. – Am letzten Tage hatte auch ich zu reden. Und Gott fügte es so, daß ich auch auf diesen dunklen Punkt zu sprechen kam. – Kaum war die Versammlung zu Ende, da kam eine junge Dame auf mich zu, gab mir einen Briefumschlag in die Hand und sagte: »Bitte nehmen Sie dieses für die Mission. Am ersten Tage hat Torrey von dem dunklen Punkt geredet, und da wußte ich sofort, daß das meine kostbaren Ohrringe waren, daß ich die dem Herrn hingeben müsse. Ich weiß nicht, warum das so ist, aber es ist so. Ich habe dann den Betrag der Ohrringe in die Sammlung getan, um Ruhe zu bekommen; aber ich habe keine Ruhe gefunden. Nun haben Sie wieder von dem Punkt geredet. Nun will ich mich nicht länger weigern, die Ohrringe Gott hinzugeben. Hier sind sie!«

In diesem Fall waren die Ohrringe die Kette, die das Herz verschloß.

Auf derselben Konferenz kam ein Mann zu mir und sagte: »Ich komme nun schon fünfzehn Jahre lang zu dieser Konferenz und kann doch nicht zum Frieden kommen.« – »Das ist ja seltsam«, sagte ich. »Dann sind Sie irgendwie gebunden, anders kann ich mir das nicht erklären.« – »Ja«, seufzte er, »ich bin gebunden.« – »Ich kann riechen, worin Ihre Gebundenheit besteht«, sagte ich. Er roch furchtbar nach Tabak. »Sie haben es erraten«, sagte er und weinte. »Fünfzehn Jahre lang weiß ich, daß ich das Rauchen aufgeben soll, und ich kann es nicht. Hier auf der Konferenz rauche ich natürlich nicht, aber wenn ich des Abends in mein Quartier komme, dann kann ich nicht anders, ich muß rauchen.«

Bei dem Mann bildete das Rauchen die Kette, die sein Herz versperrte.

Was ist es bei dir? Ich kann die Riegel und Ketten gar nicht alle aufzählen. Aber es mag sein, was es will – wenn du die Riegel der Sünden nicht zurückschiebst, wenn du die Kette nicht losmachst, dann wird der Friede Gottes nie in dein Herz kommen, da kannst du hören und hören, Jahre und Jahrzehnte, und es ist verlorene Zeit und verlorene Mühe!

Aber sobald du die Riegel auftust und die Tür öffnest, wirst auch du es erfahren, daß Jesus Sein Wort hält: »Siehe, Ich stehe vor der Tür und klopfe an; *so jemand Meine Stimme hören wird und die Tür auftun, zu dem werde Ich eingehen.*«

Willst du jetzt einmal nachsehen, ob nicht am Ende auch an deiner Tür noch ein Riegel sitzt, vielleicht der Geizriegel oder der Hochmutsriegel oder welcher es auch sein mag? Sieh doch einmal nach! Und ob nicht vielleicht eine Kette vorgelegt ist, die dein Herz dem Herrn versperrt? Tu alles hinweg, schieb alles beiseite, und du wirst auch ein Wunder der Gnade erleben, genau wie Lydia.

5. *Sie hatte acht darauf*, was von Paulus geredet ward. Sie hing an seinem Mund und lauschte, ohne ein Wort von ihm zu verlieren. Wie ein durstiges Land den Regen trinkt, so nahm sie seine Worte begierig auf. Und mit dem Worte, das sie hörte, empfing sie den, der in dem Worte lebendig und gegenwärtig ist, Jesus selbst. Da sie das *Wort* aufnahm, da nahm sie *Jesus* auf.

Gewiß hat Paulus seine ganze Rede allein an sie gerichtet. Er sah bald, wie es um ihre Seele stand. Unverkennbar prägte sich ihres Herzens Verlangen auf ihrem Antlitz ab. Da ist leicht predigen, wo das Wort so abgenommen wird, wie Lydia es dem Paulus abnahm. Aber wie oft redet man zu tauben Ohren und verschlossenen Herzen! Man schiebt die Schuld so gern auf den Prediger, wenn seine Rede trocken und uninteressant ist, aber oft liegt sie bei den Zuhörern. Wenn sie das Wort nicht abnehmen, wenn sie nur dasitzen aus Gewohnheit oder aus Neugierde oder um zu kritisieren, dann ist das Reden eine Last.

Hast du acht auf das Wort, das geredet wird? Das heißt: Öffnest du dein Herz dem Herrn, der in Seinem Wort gegenwärtig ist, der sich an Sein Wort gebunden hat? Ja, es ist so, wie Jesus einst gesagt hat: »Ihr sucht in der Schrift, denn ihr meint, ihr habt das ewige Leben darinnen. Und sie ist es, die von Mir zeuget.« Das Wort hat einen etwas andern Sinn, als man es gewöhnlich auslegen hört. Es liegt ein Vorwurf in den Worten. Die Juden lasen so fleißig in der Bibel, um durch das Lesen Leben zu empfangen, und dabei merkten sie gar nicht, daß die Bibel auf jedem Blatt von Jesus zeugte und auf Jesus hinwies! Jesus ist untrennbar von Seinem Worte. Nimm Sein Wort auf in dein Herz, und du nimmst Jesus auf.

Während Lydia auf die Worte des Paulus achthatte, war nicht nur Paulus ihr Prediger, es war noch ein unsichtbarer Prediger gegenwärtig: der Heilige Geist. Wo das Wort recht verkündigt wird, da ist auch der Heilige Geist auf dem Plan, um das Wort den Zuhörern lebendig zu machen. Wenn der Prediger sagt: »Also hat Gott die Welt geliebt«, dann sagt der Heilige Geist: »Also hat Gott *dich* geliebt.« Wenn der Prediger von dem verlorenen Sohn redet, dann sagt der Heilige Geist: »Der verlorene Sohn bist du!« Der Geist bewirkt es, daß man den Eindruck bekommt: Ich habe es nicht mit Menschen, sondern mit *Gott* zu tun. Der Geist bringt es dahin, daß man sich über dem Hören des Wortes in die Gegenwart Gottes versetzt fühlt. Und wenn so das Wort und der Geist zusammenwirken, dann kommt man zum Glauben.

Wie kommt also ein Mensch zum Glauben? Dadurch, daß er dem Wort zuhört und zugleich dem Heiligen Geiste sein Herz öffnet, wenn der sagt: »Du bist der Mann!« Darum ist es wichtig, vor dem Hören des Wortes darum zu bitten, daß der Geist es auch ins Herz hineinschreibe und -treibe. Man kann lange zuhören, aber wenn man sich dem Heiligen Geiste verschließt, der das Wort lebendig machen will, dann kommt man nie zum Glauben. Wer jedoch dem Geiste stillhält und Ihm recht gibt, der kommt zum Glauben.

Das ist aber der Jammer so vieler in unsern Tagen, daß sie dem Geiste Gottes nicht recht geben wollen. Was Gott einst in den Tagen Noahs gesagt hat: »Dies Geschlecht will sich nicht mehr strafen lassen von Meinem Geiste«, das trifft auch heute noch zu, ja, vielleicht heute ganz besonders. Nicht nur, daß die Ungläubigen sich dem Worte Gottes nicht beugen und unterwerfen, sondern ihr Leben nach ihrem eigenen Wunsch und Willen einrichten, nein, auch Gotteskinder beugen sich oft nicht unter das klare Wort Gottes. Irgendwelche alten, von den Vätern überkommenen Ansichten und Meinungen stehen ihnen im Wege. Diese alten Anschauungen müssen, so meinen sie, unter allen Umständen aufrechterhalten werden. Was damit nicht übereinstimmt, das ist Schwärmerei, das ist Neuerung und Irrtum. Und damit bringen sie sich selber um viel Segen. Der Herr kann sie nicht weiterführen, weil sie Ihn nicht mit sich reden lassen. So wie man sich die Ohren mit Watte verstopfen kann, so verstopfen sie die Ohren ihres Herzens mit der Watte ihrer alten Ansichten und Meinungen. Darum kommt Jesus mit ihnen nicht zum Ziel.

Bei den Evangelisationen, die in den letzten Jahren überall im Land durchgeführt werden, werden wohl gedruckte Blätter verteilt, auf denen »Winke für Teilnehmer« verzeichnet stehen. Einer von diesen wichtigen Winken heißt: »Sei bereit, dich auch von alten

Ansichten und Vorurteilen lösen zu lassen.« Das ist sehr wichtig. Wer dazu nicht geneigt ist, der hört das Wort nicht zum Segen. Wer nicht willens ist, das Wort Gottes auch über seine bisherigen Erfahrungen zu stellen, sich *unter allen Umständen* unter das Wort zu beugen, an dem kann der Herr Seine Herrlichkeit nicht offenbaren! Darum mache du es, wie es Lydia machte: Habe acht auf das Wort, das geredet wird, mit dem festen Entschluß, dir von dem Worte sagen und dich von ihm auch strafen zu lassen!

6. *Ein offenes Bekenntnis* legte Lydia ab, sobald sie zum Glauben gekommen war: Sie ließ sich mitsamt ihrem Haus taufen. Damit brach sie die Brücken ab, die sie ins Heidentum oder ins Judentum hätten zurückführen können. Durch die Taufe stellte sie sich mit Entschiedenheit auf die Seite Jesu Christi.

Gerade an diesem offenen Bekenntnis fehlt es heute so oft! Man will es wohl mit Jesus halten; aber mit der Welt will man nicht brechen. In seinen vier Wänden will man wohl ein Christ sein; aber die Umwelt darf es ja nicht merken. Das ist ein jammervolles Christentum! Dem gilt das Wort des Herrn. »Wer Mich verleugnet vor den Menschen, den will Ich auch verleugnen vor Meinem himmlischen Vater.« Ich kenne Hausväter, die für gewöhnlich eine Andacht im häuslichen Kreise halten, aber wenn einmal Gäste da sind, dann kommt das Andachtsbuch oder die Bibel nicht auf den Tisch. Vor den Gästen schämt man sich seines Christentums. Woran fehlt es in unsern Tagen so vielen? An einem offenen Bekenntnis. Spitta hat so recht, wenn er sagt:

Es gilt ein frei Geständnis
in dieser unsrer Zeit,
ein offenes Bekenntnis
bei allem Widerstreit;
trotz aller Feinde Toben,

trotz allem Heidentum,
zu preisen und zu loben
das Evangelium!«

Wenn du dich bisher auch des Evangeliums geschämt hast, dann tue das in Zukunft nicht mehr! Dann sprich mit Paulus: »Ich schäme mich des Evangeliums von Christus nicht, denn es ist eine Kraft Gottes, selig zu machen alle, die daran glauben.«

Warum kommen so manche, die sich Christen nennen, nie zur Freude des Glaubens? Weil es an dem offenen Bekenntnis fehlt! Es ist und bleibt wahr: »So man von Herzen glaubt, so wird man gerecht, und so man mit dem Munde bekennt, so wird man selig.«

Lydia legt dieses offene Bekenntnis aber nicht nur für sich allein ab, sie zieht auch gleich ihr ganzes Haus mit hinein. Wie einst Josua, so erklärt sie für sich und die Ihrigen: »Ich *und mein Haus* wollen dem Herrn dienen.« Ob ihre Hausgenossen schon alle mit ihr zum Glauben gekommen waren, das wird uns nicht erzählt. Aber sie stellt sofort ihr ganzes Haus unter die Segenshände des Herrn.

Auch aus einem andern Grunde ist diese Stelle sehr bedeutsam. Freunde der Großtaufe behaupten so gern, daß eigentlich nach der Schrift nur solche Personen getauft werden dürften, welche schon zum Glauben an Jesus gekommen seien. Aber hier sehen wir, daß eine ganze Hausgenossenschaft getauft wird. Ob sie alle gläubig gewesen sind, wird nicht gesagt. Man kann das ebensogut bejahen wie verneinen. Es steht eben nichts davon da. Nach den Erfahrungen, die wir heutzutage machen, dürfen wir aber sagen, daß es sehr selten vorkommt, daß gleich alle Glieder einer Familie zugleich das Heil in Christus annehmen. Die Gegner der Kinder-taufe behaupten, zu dem Hause der Lydia hätten natür-lich keine kleinen Kinder gehört; aber diese Behauptung ist durch nichts zu beweisen. Wahrscheinlicher ist jedenfalls, daß auch Kinder dazu gehört haben.

Es darf nicht übersehen werden, daß das Haupt eines Hauses, einer Familie, bestimmenden Einfluß auf die religiöse Stellung der Familienglieder ausübte. Es war selbstverständlicher, als es heutzutage ist, daß die Familienglieder dem Glauben des Vaters oder der Mutter nachfolgten. Das beweisen uns auch die Geschichte von dem Kerkermeister in Philippi und von dem Hauptmann Kornelius.

Darum wird nach der Schrift nichts dagegen gesagt werden können, daß gläubige Eltern ihre Kinder schon in früher Jugend dem Herrn übergeben und sie in der Taufe Jesus vorstellen, im Vertrauen auf das Wort: »Glaube an den Herrn Jesus Christus, so wirst *du und dein Haus selig*« und auf das andere: »Lasset die Kindlein zu Mir kommen und wehret ihnen nicht, denn solcher ist das Reich Gottes.«

Bei Lydia war der Glaube echt. Das werden wir gleich sehen.

7. *Brüderliche Liebe*, das ist immer ein Hauptbeweis, daß jemand gläubig geworden ist. Johannes schreibt: »Wir wissen, daß wir aus dem Tode zum Leben gekommen sind, denn wir lieben die Brüder.« Bruderliebe ist also ein Kennzeichen, daß man Leben aus Gott empfangen hat. Diesen Beweis erbringt Lydia alsbald dadurch, daß sie Paulus und seine Begleiter bittet: »So ihr mich achtet, daß ich gläubig bin an den Herrn, so kommt in mein Haus und bleibt allda.« Und sie nötigte sie so lange, bis sie ihren Wunsch erfüllten.

Wenn brüderliche Liebe ein Kennzeichen wahren Christentums und wirklichen Glaubenslebens ist, wie steht es dann bei dir damit? Liebst du die Brüder? Weißt du, unter Brüdern versteht die Schrift immer diejenigen, welche an Jesus gläubig geworden sind. Alle die, welche Kinder Gottes geworden sind, bilden eine große, selige

378

Gottesfamilie. Und alle, die dazugehören, die sind Brüder und Schwestern. Sie mögen sehr verschiedenen Ständen angehören, es mag große Unterschiede zwischen ihnen geben, aber sie wissen sich dennoch eins in Ihm. Das Blut Jesu Christi hat alle Unterschiede beseitigt und hinweggetan.

Nun weißt du, was ich meine, wenn ich dich frage: Liebst du die Brüder? Liebst du die wahren, die entschiedenen Kinder Gottes? Hast du mit ihnen Gemeinschaft? Ich frage dich nicht nach deinem Kirchgang oder nach deinen Spenden und nach deinem Beten. Darum handelt es sich jetzt nicht. *Liebst du die Brüder?* Solange du von »pharisäischem Hochmut« redest, so lange ist es mit deiner brüderlichen Liebe nichts. Solange du sagst, man müsse auch »nichts übertreiben«, man dürfe auch »nicht so unduldsam« sein usw. usw., so lange wirst du mich nicht überzeugen, daß du Leben aus Gott hast. Denn wer Leben aus Gott hat, der liebt die Brüder. Das ist ein Naturgesetz im Reiche Gottes. Das tritt überall und jedesmal in Erscheinung, wenn sich jemand bekehrt hat.

Wer es fertigbringt, über die Sünden anderer öffentlich und lieblos den Stab zu brechen, an dessen Gotteskindschaft hege ich ernste Zweifel. Denn Glieder einer Familie bringen die Schäden ihrer Familie nicht vor die Öffentlichkeit. Und wenn sie es tun, so haben sie damit aufgehört, eine Familie zu sein und zu heißen.

Brüderliche Liebe, die ist etwas überaus Köstliches. Brüderliche Liebe bindet fester als die Liebe zwischen leiblichen Geschwistern und nahen Angehörigen. Denn die irdische Liebe hat ein Ende. Aber was Jesus verbunden hat, das gilt für die Ewigkeit.

Brüderliche Liebe, sie ist oder sie soll doch wenigstens der Mörtel sein, der das Haus Gottes, die Gemeinde, zusammenhält. Brüderliche Liebe ist das hohe Vorrecht der Kinder Gottes. Darum pflege sie, damit es dem Feind nicht gelingt, sie zu stören, sie zu trüben! Nichts ist dem Widersacher Gottes so sehr ein Dorn im Auge als eine Gemeinschaft von Kindern Gottes, die in brüderlicher Liebe aneinander hängen. Da tut er, was er kann, um diese Gemeinschaft zu zersprengen. Denn eine Gemeinschaft von Gotteskindern, durch brüderliche Liebe verbunden, die ist eine Großmacht, vor der die Hölle zittert. O Brüder und Schwestern, wachet darüber, daß es dem Feinde nicht gelingt, die brüderliche Liebe anzutasten! Haltet fest und treu zusammen! Was auch der Feind dazwischenbringen will, sprecht mit Tersteegen:

> O wie lieb ich, Herr, die Deinen,
> die Dich suchen, die Dich meinen,
> o wie köstlich sind sie mir!
> Du weißt, wie mich's oft erquicket,
> wenn ich Seelen hab erblicket,
> die sich ganz ergeben Dir!

So eine kleine liebevolle Gemeinschaft sammelte sich jetzt im Hause der Lydia. Sie war die Seele dieses kleinen Häufleins von Christen, die jetzt dem Guten Hirten nachzufolgen entschlossen waren.

Die Jünger und Jüngerinnen von Philippi sollten aber auch gleich erfahren, daß der Weg der Nachfolge Christi ein Dornenweg und ein Kreuzesweg ist.

8. *Durch Leiden hindurch* geht der Weg der Jünger des Herrn, denn auf diesem Weg ist Er uns vorangegangen. Es ereignete sich, daß eine Magd, die einen Wahrsagergeist hatte, hinter Paulus und Silas herrief: »Diese Menschen sind Knechte Gottes, des Allerhöchsten, die euch den Weg zur Seligkeit verkündigen!« Paulus tat es weh, daß diese Person ihm so die Ehre gab; er wollte, daß Jesus allein geehrt werden sollte. Als er sich mehrere Tage lang dieses Geschrei angehört hatte, konnte er es nicht länger ertragen. Er trieb den Geist, der die Magd beseelte, aus. Das gab einen großen Tumult. Paulus und

Silas wurden gegriffen, furchtbar gestäupt und dann ins Gefängnis geworfen. So erfuhren die Kinder Gottes gleich, was es zu leiden gibt um des Namens Jesu willen.

Aber sie haben sich dadurch nicht abschrecken lassen, sondern sich nur um so fester aneinandergeschlossen. Gewiß kamen sie an diesem Abend zu gemeinsamem Gebet zusammen, um Gott anzuflehen für die teuren Brüder hinter den eisernen Gittern. Wenn Paulus und Silas eine so große Fröhlichkeit besaßen im Gefängnis, daß sie laut singen und jubeln mußten, dann war das gewiß mit eine Frucht der Fürbitte der Geschwister, die Gott anriefen in dieser Nacht.

> Kann ein einiges Gebet
> einer gläubgen Seelen,
> das zum Herzen Gottes geht,
> seines Zwecks nicht fehlen –
> was wird's tun,
> wenn sie nun
> alle vor Ihn treten
> und zusammen beten!

»Schnell aber ward ein großes Erdbeben, also daß sich bewegten die Grundfesten des Gefängnisses. Und von Stund an wurden alle Türen aufgetan und alle Bande los.«

Eine wunderbare Nacht! Nicht nur die Bande der Gefangenen wurden los, auch die Bande des Kerkermeisters wurden los in dieser Nacht, und er bekehrte sich mit seinem ganzen Hause. –

War das eine Freude, als am andern Morgen Paulus und Silas zum Haus der Lydia kamen, von den Dienern der Stadt ehrenvoll geleitet! Das hatten die lieben Geschwister vielleicht gar nicht zu denken und zu hoffen gewagt, daß ihr Gebet so wunderbar erhört werden würde. Aber der Herr tut gerne, was die Gottesfürchtigen begehren, und Er handelt dann über Bitten und Verstehen.

Paulus ging. Aber Jesus blieb. Wenn Er nur da ist, dann mögen die Boten und Knechte des Herrn kommen und gehen! Er wird Lydia weitergeführt, sie behütet und bewahrt haben – und wenn wir auch weiter nichts von ihr hören, so dürfen wir doch glauben, daß Er auch an ihr die Verheißung wahr gemacht hat: »Meine Schafe hören Meine Stimme, und Ich kenne sie, und sie folgen Mir, und Ich gebe ihnen das ewige Leben, und sie werden nimmermehr umkommen und niemand wird sie Mir aus Meiner Hand reißen!«

Die Magd mit dem Wahrsagergeist

Es ist ein großer Unterschied zwischen der Geschichte der Lydia, von der wir in Apostelgeschichte 16, 13–15 lesen, und der Geschichte von der Magd mit dem Wahrsagergeist, von der uns die unmittelbar darauffolgenden Verse berichten. Während Lydia ihr Herz dem *Herrn* öffnet, öffnet diese Magd ihr Herz bösen Einflüssen und finstern Mächten. Sie war von einem bösen Geist besessen, der sie befähigte, zukünftige Dinge vorherzusagen.

Wir wollen die Geschichte einmal etwas näher betrachten. – »Es geschah aber«, schreibt Lukas, »da wir zu dem Gebet gingen, daß eine Magd uns begegnete, die hatte einen Wahrsagergeist und trug ihren Herren viel Gewinn zu mit Wahrsagen. Dieselbe folgte allenthalben Paulus und uns nach, schrie und sprach: Diese Menschen sind Knechte Gottes, des Allerhöchsten, die euch den Weg der Seligkeit verkündigen! Solches tat sie manchen Tag. Paulus aber tat das weh, und er wandte sich um und sprach zu dem Geiste: Ich gebiete dir im Namen Jesu Christi, daß du von ihr ausfahrest! Und er fuhr aus zu derselbigen Stunde.«

Von einem bösen Geist war diese Magd besessen. In einem gewissen Sinne kann es von jedem unbekehrten Menschen gesagt werden, daß er von dem Bösen besessen ist. Denn von Natur sind die Menschen, wie der Apostel Johannes schreibt (1 Joh 3, 10), Kinder des Teufels. Sie stehen unter dem furchtbaren Gesetz der Sünde und des Todes (Rö 8, 2). Man sehe sich nur einmal einen armen Sklaven der Trunksucht an – was für eine entsetzliche Sklaverei ist das doch! Er möchte so gerne los, er hat Stunden, wo ihm sein jammervolles Leben die bittersten Tränen auspreßt, aber – der Teufel hält ihn fest. Kaum hat er seiner Frau die heiligsten Versicherungen gegeben, es solle nun anders mit ihm werden, da hält ihn der Feind schon wieder am nächsten Wirtshaus fest und bringt ihn zu Fall – in derselben Stunde.

Aber neben dieser Gebundenheit an den Teufel und durch den Teufel gibt es noch eine besondere Besessenheit. Es ist möglich, daß Menschen mit dem bösen Feind einen Bund eingehen können. Denn der Teufel ist nicht ein *Begriff*, ist nicht etwa ein anderes *Wort* für die *Sünde*, wie es in manchen Schulen gelehrt wird, sondern er ist ein Fürst und ein Gewaltiger, er ist eine lebendige Person, deren Spuren überall sichtbar werden, wenn man ihn selber auch nicht sieht.

So wie man sein Herz und Leben dem Herrn Jesus übergeben und anvertrauen kann, so gibt es auch Menschen, die sich in wahnsinniger Vermessenheit dem Teufel verschreiben. Und vielleicht ist ihre Zahl größer, als man denkt. Vor Jahren ging die Nachricht durch die Blätter, daß es in Paris einen Bund gebe, der sich dem Teufel verschrieben habe. Dieser Bund habe auch eine Art von Abendmahlsfeier, wobei man schwarze Hostien esse, um – Gemeinschaft mit dem Teufel zu haben! Solche furchtbaren Dinge gibt es nicht nur in Paris – man kann ihnen auch in Deutschland begegnen. Wie werden heutzutage die Bücher verbreitet und angeboten, die direkt zu einem Bunde mit dem Teufel auffordern: das sogenannte »6. und 7. Buch Moses«, »Der wahre geistliche Schild«, »Der schwarze Rabe« und wie diese Schandbücher alle heißen. Früher wagte man sich mit diesen Büchern nicht recht hervor; aber jetzt liegen sie offen in den Schaufenstern der Buchhandlungen. Ich habe einmal in Rostock einen Buchladen gesehen, in dem nichts anderes lag als nur das »6. und 7. Buch Moses«, etwa fünfzig an der Zahl.

Gewiß ist vieles, was sich als Zauberei ausgibt, nur Betrug und Schwindel, darauf berechnet, den Leuten das

Geld aus der Tasche zu locken. Aber es kann nicht geleugnet werden, daß es wirklich Bündnisse mit dämonischen Mächten gibt, die den Verbündeten Satans wunderbare Kräfte oder Künste verleihen.

Mit so einer unglückseligen Person haben wir es hier in unserer Geschichte zu tun. Diese Magd, die auf irgendeine Weise, aber gewiß nicht ohne eigene Schuld, in die Gewalt finsterer Mächte geraten war, konnte wahrsagen. Darum hatte sie viel Zulauf. Die Leute kamen zu ihr, um sich in allerlei Fragen Rat zu holen. Damit machten die Herren, denen sie diente, ein gutes Geschäft.

Wie viele gibt es auch heutzutage, die solche Personen um Rat fragen! Wenn man einmal die letzten Spalten von Illustrierten liest, dann findet man eine Anzeige nach der anderen von Wahrsagerinnen, Kartenlegerinnen usw. In den feinsten Straßen wohnen sie, haben eine große Kundschaft, bezahlen hohe Mieten – also muß ihr Geschäft sich wohl rentieren. Was für ein trauriges Licht fällt dadurch auf unsere sogenannte und vielgerühmte Aufklärung! Man sollte es nicht für möglich halten, daß heutzutage noch Leute auf solche Sachen hereinfallen können!

Und wenn es nur das weggeworfene Geld wäre, dann wäre es noch nicht so schlimm; aber oft ist es nicht bloßer Schwindel, der da getrieben wird, sondern mehr als das. So z. B. bei der sogenannten Sympathie. Es klingt so fromm, das Gerede derer, die Sympathie treiben. Da werden die Namen der Dreieinigkeit gebraucht, so daß unwissende, unkundige Leute meinen, es wäre etwas Frommes. Und es ist doch eine ganz abgefeimte Teufelei. Es gibt Gegenden in Deutschland, in denen diese Schwarze Kunst ungemein verbreitet ist, so z. B. im Erzgebirge. Aber es kann nicht anders sein: Wo man keinen wahren Glauben hat, da fällt man dem Aberglauben in die Hände. An irgend etwas muß sich der Mensch halten. Wenn er kein Vertrauen mehr zu dem lebendigen

Gott hat, dann verfällt er der Furcht vor Unglückszahlen, Unglückstagen und -tieren und wer weiß wovor. Da gilt es, auf der Hut zu sein, daß der Feind es nicht unversehens fertigbringt, seine dunklen Pläne unter dem Scheine der Harmlosigkeit zur Ausführung zu bringen.

Auf den ersten Blick hatte es gar nicht den Anschein, als ob es ein böser Geist wäre, von dem die Magd in Philippi beseelt war. Sie schrie ja den Aposteln nach: »Diese Menschen sind Knechte Gottes, des Allerhöchsten, die euch den Weg der Seligkeit verkündigen.« Es war die reine Wahrheit, was sie sprach. Aber wenn er auch die Wahrheit sagte, ein böser Geist war es doch.

Diese Teufelei war überaus fein eingefädelt. Gott hatte Sein Werk in Philippi begonnen. Lydia mit ihrem Hause war zum Glauben an Jesus gekommen. Eine Gemeinde war in der Entstehung begriffen. Da erschrak der Teufel in der Hölle. Wenn das so weiterging, dann gingen ihm Scharen von Seelen verloren. Bisher war das Wort vom Kreuz noch nicht auf europäischem Boden erschallt. Nun war dieser gefährliche Paulus herübergekommen, nun fing der Abfall vom Teufel auch in Europa an. Das mußte um jeden Preis verhindert werden. Aber wie sollte der Teufel das Werk Gottes in Europa hindern und aufhalten? Den Apostel Paulus in irgendeine Sünde stürzen? Das wäre das Nächstliegende gewesen; aber das hatte der Versucher schon zu oft vergeblich probiert. Wann immer er auch kam, traf er den Apostel in der Gemeinschaft Jesu. Und da mußte er allemal unverrichteterdinge wieder abziehen. Also davon konnte er sich keinen Erfolg versprechen. Ein Mensch, der von sich sagen kann: Christus lebt in mir (Gal 2, 20), der ist geborgen.

Wie, wenn er sich dem Apostel zum Bundesgenossen anböte? Das wäre ein guter Plan. Wenn er durch Vermittlung der Magd dem Apostel Leute in die Versammlungen brächte, wenn er sich den Apostel zu Dank verpflichtete – dann könnte am besten das Werk gelähmt und gehindert werden. Und so ruft denn der Geist die Leute zusammen und macht sie auf Paulus aufmerksam: »Diese Menschen sind Knechte Gottes, des Allerhöchsten, die euch den Weg zur Seligkeit verkündigen.« Was für ein teuflisch schlauer Plan! Wie leicht konnte es geschehen, daß Paulus an diesen Rufen Freude hatte! Es war ja die reine Wahrheit, die die Magd ausschrie. War diese Magd nicht ein guter Bundesgenosse? – Wie mancher wäre durch diese frommen Worte getäuscht worden! Es gehörte wirklich die Gabe, die Geister zu prüfen, dazu, um hier zu erkennen, was das Richtige war, und wie man sich zu verhalten hatte.

Wie oft hat es der Feind auf diese Weise fertiggebracht, Werke Gottes lahmzulegen und aufzuhalten! Wie manches Werk Gottes fing im Segen an, wie viele Anstalten, Vereine, Gemeinschaften begannen im Glauben – und dann kam der Feind und mischte seinen Sauerteig unter das Mehl und verdarb alles.

Nichts ist so verhängnisvoll für das Reich Gottes, als wenn die, die es bauen wollen, einen Bund mit der Welt eingehen. Es sieht so harmlos, so selbstverständlich aus und ist doch eine so sehr gefährliche Geschichte. Denn die Welt steht im Sold des Teufels, und wer sich mit der *Welt* verbindet, der hat sich mit dem *Teufel* verbündet. Freilich, auf diese Weise kann man schnell große Mitgliederzahlen aufweisen, man kann eine einflußreiche Stellung erlangen – aber dieses schnelle Anwachsen und Aufblühen geschieht auf Kosten des inneren Gehalts, es ist ein Wachstum von des Teufels Gnaden. Wenn doch alle, die am Reiche Gottes mitbauen wollen, offene Augen haben möchten, um den Teufel zu erkennen, auch wenn er mit frommen Worten die Leute zu täuschen versucht! Die Gabe, die Geister zu prüfen, ist so selten heutzutage, daß so traurige Bündnisse mit der Welt in christlichen Bestrebungen an der Tagesordnung sind. Ja, sie sind so verbreitet, daß derjenige für schroff und schwärmerisch gehalten wird, der diese weltlichen Dinge für unrecht erklärt und nicht mitmacht.

Der Apostel Paulus war voll des Heiligen Geistes, darum erkannte er alsbald die Schlinge, die ihm der Feind hier stellte. Möchten doch alle Kinder Gottes solche vom Geist erleuchtete Augen haben!

Dann ist der Teufel am meisten zu fürchten, wenn er sich in einen Engel des Lichts verkleidet, wenn er nicht mit Drohungen und Schrecknissen, sondern mit Lockungen und Schmeicheleien kommt. Wie mancher, der sich vor den Drohungen des Feindes nicht fürchtete, ist ihm zum Opfer gefallen, wenn er ihn mit Ehren köderte und ihm mit Lobeserhebungen schmeichelte. Nimm dich darum in acht, wenn der Teufel dir die Hand bietet, um dich bekannt und beliebt zu machen. Gibst du ihm die Hand, dann nimmt er dich bald ganz!

Das Geschrei der Magd tat Paulus weh. Warum? Es war ihm schmerzlich, daß ihm und seinen Freunden die Ehre gegeben wurde, die doch allein dem Herrn gebührte. Darin glich er seinem Meister, daß er nie Ehre und Lob für sich selber beanspruchte. Der Herr sollte alle Ehre allein haben.

Aber wenn ihm das Geschrei so schmerzlich war, warum hat er dann noch tagelang gewartet, ehe er den bösen Geist austrieb? Warum hat er es dann nicht gleich getan? Paulus war ein Mann, der unter der Leitung des Heiligen Geistes stand. Das sehen wir ganz besonders in diesem Kapitel. Der Geist wehrt ihm, das Wort in Asien zu verkündigen. Der Geist ruft ihn nach Europa. Und immer finden wir den Apostel dem Geiste gehorsam. So war es auch hier. Er hat den bösen Geist nicht eher ausgetrieben, als bis er den Auftrag dazu empfangen hatte. Vielleicht wird er auch erst Zeit dazu gebraucht haben, diesen Geist klar zu durchschauen. Oder er hat erst die Tage gebraucht, um für sich und seine Freunde

Kraft zu erbitten. Denn um es mit einem höllischen Geist aufzunehmen, dazu braucht man in besonderem Maße Ausrüstung und Kraft aus der Höhe. Und erst, als er sich seines Auftrages bewußt geworden war, da trieb er durch ein gebieterisches Machtwort im Namen des Herrn Jesus den Geist aus.

Möchten wir doch erkennen und bedenken, daß jeder Kampf gegen die Mächte des Abgrundes nutzlos, ja sogar höchst gefährlich ist, wenn wir nicht die Kraft aus der Höhe empfangen haben. Sonst geht es uns wie den sieben Söhnen des Juden Skevas, von denen uns Apostelgeschichte 19 erzählt.

Jede Arbeit im Reiche Gottes, jede Evangelisation, jedes Zeugnis von Jesus ist ein Eindringen in die Machtgebiete Satans. Darum gilt es, gerüstet zu sein. Denn der Satan läßt sich nicht gutwillig Seelen abspenstig machen. Da gilt es, einen Kampf zu kämpfen. Und in diesem Kampf gibt es nur Sieg, wenn die Kraft von oben, die Kraft des Heiligen Geistes, uns erfüllt.

Als die Herren der Magd nun sahen, daß der Wahrsagergeist sie verlassen hatte, da ergriff sie eine furchtbare Wut. Das Wahrsagen der Magd war ja ihre Haupteinnahmequelle gewesen. Das war nun vorbei. Darum stürzten sie sich auf Paulus und seinen Gefährten Silas und schleppten sie auf den Markt mit dem Ruf: »Diese Menschen machen unsere Stadt irre, sie sind Juden und verkündigen eine Weise, welche uns nicht ziemt anzunehmen, noch zu tun, weil wir Römer sind.« Als ihre Magd gerufen hatte: »Diese Menschen sind Knechte Gottes, des Allerhöchsten, die euch den Weg der Seligkeit verkündigen«, – da hatten sie nichts dagegen gesagt, da waren sie ganz zufrieden, da haben sie jedem gesagt: Diese Menschen sind Knechte Gottes. Aber nun, wo Paulus ihnen den Verdienst entzogen hat, nun sind die Apostel mit einem Male Unruhestifter und Volksverführer. So schnell wandelt sich die Stimmung der Leute, wenn es sich um das Geld handelt. Solange die Knechte Jesu Christi den Geldbeutel der Leute in Ruhe lassen, so lange ist man mit ihnen zufrieden; aber sobald ihre Verkündigung irgendwie den Geldbeutel berührt, dann haben sie es mit sich verdorben. Woher käme sonst der große Haß von vielen Gastwirten, die die Bestrebungen des Blauen Kreuzes bekämpfen? Wenn sie wirklich die Volksfreunde wären, für die sie sich doch ausgeben, dann würden sie Verständnis haben für die Not und das Elend, das der Alkoholismus in unserm Volk anrichtet. Sie haben wohl auch Verständnis dafür. Aber es sind die Interessen des Geldbeutels, die für sie auf dem Spiele stehen. Darum soviel Feindschaft gegen diese Bestrebungen und gegen die Männer, die in dieser Arbeit stehen.

Es gab einen großen Auflauf in Philippi. Wo nur ein paar recht laut schreien, da gibt es immer welche, die mitschreien. Die Hauptleute lassen den beiden Aposteln die Kleider abreißen und sie dann ohne Verhör und Urteil öffentlich stäupen. Das war aber ein Vergehen gegen das römische Recht, welches verbot, einen Römer ohne Urteil zu geißeln oder zu binden. Darum mußten am andern Morgen die Hauptleute auch dazu bereit sein, Paulus und Silas um Entschuldigung zu bitten und sie aus dem Gefängnis wieder herauszuholen.

Aber die eine Nacht im Gefängnis hatte durch Gottes Gnade dazu gedient, dem Kerkermeister die Botschaft des Heils nahezubringen, so daß er mit seinem ganzen Hause gläubig wurde in dieser Nacht. Das war wohl eine Nacht im Gefängnis und etliche Striemen wert! Oh, ein wunderbarer Gott! Wie sollte der Kerkermeister die frohe Botschaft hören, wenn nicht ein Zeuge Jesu in sein Gefängnis kam? Darum brauchte Gott diesen Straßen-auflauf, um Paulus zu dem Kerkermeister ins Gefängnis zu schicken. Wenn wir die tieferen Zusammenhänge gerade dieses Kapitels erwägen, dann müssen wir loben und danken, dann müssen wir staunen und anbeten ob der Größe und Herrlichkeit unseres großen Gottes. Wie wunderbar Er alles zu leiten und einzurichten versteht, wie Er überall die Leute entdeckt, die ein Verlangen nach Ihm haben oder empfänglich sind für sein Heil! Er übersieht nicht einen! –

Was aus der Magd geworden ist? Wir wissen es nicht. Ob ihr der Wutausbruch ihrer Herren die Augen geöffnet hat für den Geist, der sie beseelte? Ob sie den Unterschied sah zwischen den Jüngern Jesu, die so ruhig und fröhlich blieben auch mitten in dem Tumult – und ihren von der Gewinnsucht beherrschten Gebietern? Wer kann das sagen?

Wenn sie verlorengegangen sein sollte, wie ernst wäre das, was für eine Mahnung noch zum Schluß für uns: Man kann die Wahrheit wissen, man kann davon überzeugt sein: diese sind Knechte Gottes, die euch den Weg zur Seligkeit verkündigen – und man kann dennoch verlorengehen! Oh, alles wissen – und doch nicht die Botschaft annehmen. Wir furchtbar ist das, was für eine Verantwortung wird das geben!

Aber wir hoffen gern, daß auch diese Magd gerettet worden ist, nicht nur von der Besessenheit, sondern von aller Gebundenheit des Teufels. Vielleicht haben die Gläubigen in Philippi doch noch Mittel und Wege gefunden, sich auch dieser armen Sklavin anzunehmen und zu erbarmen, damit auch ihre Seele gerettet würde für ewig. Denn »Gott will, daß *allen* Menschen geholfen werde und daß sie zur Erkenntnis der Wahrheit kommen«.

Priscilla

An mehreren Stellen in der Heiligen Schrift ist von Priscilla die Rede. Zunächst finden wir ihren Namen in der Apostelgeschichte, Kapitel 18, 1–3. Da lesen wir, daß Paulus, als er von Athen nach Korinth kam, dort einen Juden namens Aquila fand, der kurz vorher mit seinem Weibe Priscilla aus Italien gekommen war. Später begegnen wir ihr in Ephesus und schließlich wieder in Rom.

1. *In Korinth*. Paulus kam ziemlich bedrückt von Athen zurück. Dort hatte die Predigt des Evangeliums nicht die Aufnahme gefunden, die der Apostel erhofft hatte. Für die oberflächlichen, neuerungssüchtigen Athener war die Predigt vom Kreuz viel zu ernst. Vollends, als sie von der Auferstehung der Toten hörten, hatten sie gespottet. Es waren nur etliche, nur einige wenige, die gläubig wurden: ein Ratsherr Dionysius, eine Frau namens Damaris und noch ein paar. Aber es war keine so reiche Ernte, wie Paulus sie sonst wohl eingebracht hatte. So kam er nach Korinth. Da hatte es Gott freundlich gefügt, daß dort ein Haus war, das sich ihm gastlich auftat, wo er liebevolle Aufnahme fand.

Es ist so wunderbar, wenn man auf die göttlichen Zusammenhänge der Lebensgeschichte der Bibel oder auch der Geschichten unseres Lebens achtet. Bei der Geschichte der Priscilla tritt uns das wieder ganz besonders deutlich und herrlich entgegen. Aquila und Priscilla wohnten in Italien. Sie hätten aus eigenem Antriebe nicht die Reise nach Griechenland und Korinth gemacht. Sie wären gewiß in Italien, in Rom, geblieben. Aber da gab es Streitigkeiten zwischen der Judengemeinde und dem kleinen Häuflein der Christen. Überall hetzten die Juden die heidnischen Obrigkeiten gegen die Christen auf. Aber diesmal ging es den Juden nach dem Sprichwort: »Wer andern eine Grube gräbt, fällt selbst hinein.« Als es vor den Kaiser Claudius kam, daß die Juden sich mit der jüdischen »Sekte« der Christen nicht vertragen konnten, da gebot er kurz und bündig, daß *alle* Juden die Stadt verlassen mußten. Das war nicht die Absicht der Juden gewesen. Aber das hatten sie nun davon.

Unter den Ausgewiesenen befand sich auch der gläubige Jude Aquila aus Pontus am Schwarzen Meer. Wir wissen nicht, wie und wodurch er zum Herrn gekommen war. Seit den Tagen des ersten Pfingstfestes waren dort auch solche, die den Namen des Herrn bekannten. Denn unter den Versammelten am Pfingstfeste waren auch, wie wir hören, Leute aus Pontus.

Mit seiner Frau Priscilla ließ Aquila sich in Korinth nieder und betrieb dort dasselbe Handwerk, das er in Rom ausgeübt hatte. Er war ein Teppichmacher, wie Luther übersetzt hat, oder richtiger: ein Zeltweber. Es gab damals noch keine Gasthöfe wie heutzutage, in denen man übernachten konnte; da war man genötigt, für die Übernachtung unterwegs selber ein Zelt mit sich zu führen. Darum war es ein Handwerk, das überall seinen Mann ernährte.

Als Paulus nach Korinth kam, hat er wohl zuerst seine Zunftgenossen aufgesucht. Er war ja ebenfalls ein Zeltweber von Beruf. Da entdeckte er unter seinen Berufskollegen einen Zeltweber aus seiner kleinasiatischen Heimat. Das war eine Freude! In der Fremde tut ein Gesicht aus der Heimat so wohl, da klingt die Sprache der Heimat so traut! Aber noch größer war die Freude, als sich herausstellte, daß Aquila auch gläubig war! – Als Priscilla davon hörte, daß Paulus in Korinth war, ließ sie nichts anderes zu, da mußte er bei ihnen wohnen.

Wie freundlich Gott für die Seinen sorgt! Wenn sie sich müde gearbeitet haben, dann sorgt Er auch wieder für ein stilles Heim, wo sie sich nach Seele und Leib erholen und erquicken können. Er hatte für Elias die Hütte der Witwe in Zarpath bereit. Er gab dem Reformator Luther die stille Zeit auf der Wartburg; Er gab dem Apostel Paulus dies gastfreie Haus in Korinth.

Gewiß hat es ihm darin an nichts gefehlt. Dafür wird Priscilla schon gesorgt haben. Es war wohl eine Vermehrung ihrer Arbeit; aber es war auch eine Vermehrung ihres Segens. Denn wer einem Kinde oder Knechte Gottes einen Dienst tut, der wird vom Herrn belohnt, als ob der Dienst ihm selbst geschehen wäre. Wenn Er schon ein Glas Wasser belohnt, das man in Seinem Namen einem Durstigen reicht, wie groß wird dann erst der Segen gewesen sein, der dem Hause Aquilas und Priscillas zufloß, die anderthalb Jahre lang den Apostel bei sich beherbergten! Was für ein Segen war allein schon die Anwesenheit des Paulus! Wie wird das innere Leben der lieben Priscilla und ihres Gatten gewachsen und erstarkt sein durch die Gespräche mit dem Apostel! Anderthalb Jahre den Apostel Paulus beherbergen zu dürfen, was für eine Gnade von Gott! Vor der Welt war Paulus wohl nur ein armer Zeltweber und ein geringer Reiseprediger, aber vor Gott war er ein Fürst und ein Großer.

Ich weiß nicht, ob Paulus für seinen Aufenthalt Kostgeld gezahlt hat, oder ob Priscilla ihn umsonst aufnahm; aber das weiß ich, daß *Gott* Kostgeld für Seinen Boten bezahlt hat. Aquila und Priscilla haben es an dem Segen gemerkt, den Gott auf ihr Haus und ihr Geschäft legte, daß Gott ihnen die Aufnahme Seines Knechtes belohnte.

»Beherbergt gern«, sagt Gottes Wort. Denn viele haben schon, ohne es zu wissen, Engel beherbergt. Es ist eine schöne Sache um rechtes Beherbergen. Es muß aber auch *rechtes* Beherbergen sein. Der Apostel Petrus schreibt: »Seid gastfrei untereinander ohne Murren.« Das gehört zum rechten Beherbergen, daß hinterher nicht »gemurrt« wird. Wenn man »Umstände« macht, die den Geldbeutel ungebührlich in Anspruch nehmen, dann wird nachher gemurrt: »Ach, das war aber eine teure Geschichte!« Ob das dem Gast wohl angenehm ist, wenn er merkt, daß man sich um seinetwillen Unkosten macht? Gewiß nicht. Man sollte ihn das mitessen lassen, was der Gewohnheit des Hauses entspricht, dann wird er sich am wohlsten und behaglichsten fühlen.

Vor allen Dingen sollten Christen nicht mit der Geselligkeit der Welt in Wettbewerb treten wollen. Wie öde und geistlos sind manche Einladungen! Da tut man gerade, als ob der Mensch eigentlich nur aus einem Magen bestände. Da wird gegessen und wieder gegessen, ein Gang nach dem anderen. Für ein ernstes, belehrendes Gespräch, für eine tiefere Unterhaltung ist kein Raum und keine Zeit. Wenn Kinder Gottes zusammenkommen in geselliger Weise, dann sollte das Essen niemals die Hauptsache sein, sondern man sollte ein ernsthaftes Gespräch miteinander führen. Dann »hat man etwas« von dem Zusammensein, sonst geht man nach Hause und fragt sich: »Was haben wir nun eigentlich davon gehabt?«

In Korinth im Hause der Priscilla sind gewiß das Wort Gottes und das Gebet die Hauptsache gewesen, wenn die Gastgeber mit ihrem Gast Paulus zusammensaßen. Willst du davon nichts lernen? Willst du es nicht auch so machen? Dann wirst du erfahren, was für ein Segen auf solchem Beherbergen liegt.

2. *In Ephesus.* Als Paulus anderthalb Jahre lang in Korinth geweilt hatte, entstand ein Aufruhr gegen ihn. Die Juden empörten sich wider ihn und führten ihn vor den Richtstuhl des Landvogts Gallion. Als dieser aber merkte, daß es sich um Angelegenheiten ihres Glaubens und ihrer Lehre handelte, nahm er die Klage nicht an, sondern trieb die Ankläger von sich. Paulus merkte aber, daß seine Arbeit in Korinth jetzt getan war. Er blieb noch einige Zeit daselbst, dann nahm er von den Brüdern Abschied, um nach Syrien zu fahren. Aquila und Priscilla

aber begleiteten ihn, wie wir aus Apostelgeschichte 18,18 erfahren. Warum begleiteten sie ihn? Den irdischen, äußeren Grund dieser Reise wissen wir nicht. Aber den göttlichen Grund ihrer Reise wissen wir. Gott hatte Absichten mit ihnen. Er wollte sie in Ephesus haben, um sie dort in Seinem Dienste zu gebrauchen.

In Ephesus trennte sich Paulus von ihnen. Zwar bat man ihn, er möge doch eine Zeitlang in Ephesus bleiben, aber »er willigte nicht ein« (18, 20). Aquila und Priscilla aber blieben in Ephesus. Was für eine Freude wird das für die junge Gemeinde gewesen sein, diese beiden tief gegründeten Christen, welche so lange täglichen Umgang mit Paulus gehabt hatten, unter sich zu haben! So ein Haus in der Gemeinde zu haben, das ist ein großer Segen für die ganze Gemeinde. Das ist heute noch so, wie es damals war. Es ist ja schon kostbar, wenn *eine* Person aus einem Hause bekehrt wird; aber wenn ein ganzes Haus sich dem Herrn öffnet, das ist doch noch viel kostbarer und herrlicher. Und vollends herrlich ist es, wenn ein Haus mit so gereiften und bewährten Christen sich in der Gemeinde öffnet, wie Aquilla und Priscilla es waren. Unter den Kindern Gottes gibt es immer so viele schwankende und wankende Gestalten, die kein festes Rückgrat haben, die sich von jedem Gerede bestimmen und beeinflussen lassen. Da tun alte, erfahrene Kinder Gottes gut, die diesen ungefestigten und hin- und herschwankenden Gemütern Halt und Stütze bieten können.

Den eigentlichen göttlichen Zweck, weshalb Aquila und Priscilla nach Ephesus ziehen mußten, ersehen wir aber aus dem Abschnitt Apostelgeschichte 18, 24–28. Es kam nämlich nach Ephesus ein Jude mit Namen Apollos, »ein beredter Mann und mächtig in der Schrift«. Der fing nun an, unter großem Zulauf Versammlungen zu halten, in denen er mit glänzender Beredsamkeit Jesus predigte. Aquila und Priscilla gingen auch hin, um ihn zu hören. Aber als sie ihn hörten, da hatten sie das Gefühl: Dem

Mann fehlt etwas. Sie ließen sich durch seine glänzende Rednergabe nicht blenden. Sie fühlten alsbald heraus, daß ihm die Kraft aus der Höhe mangle, daß sein ganzes Arbeiten in eigener Kraft geschehe. Manche hätten nun vielleicht hinter seinem Rücken über ihn gesprochen und gesagt: »Mit dem Apollos ist es nichts! Da gehe ich nicht wieder hin!« Aber nein, so machten es Aquila und Priscilla nicht. Sie beteten gewiß über die Sache, und dann gingen sie zu ihm, um mit ihm selbst zu sprechen. Und der Herr gab Gnade, daß der gefeierte Redner mit sich reden ließ. Er merkte, daß sie nicht gekommen waren, um zu kritisieren, sondern um ihm einen Dienst zu leisten. Und er merkte, daß er von diesen schlichten Weberleuten etwas lernen konnte, daß sie tiefgründige Christen waren.

Und was geschah? So wie in Korinth Paulus bei ihnen gewohnt hatte, so zog jetzt Apollos zu ihnen. Und sie legten ihm den Weg des rechten Glaubens aus. Er wußte bisher bloß von der Taufe des Johannes. Jetzt hörte er davon, daß es eine Taufe gebe mit dem Heiligen Geist und mit Feuer. Und der Unterricht der beiden hörte nicht eher auf, als bis Apollos die Kraft des Heiligen Geistes empfangen hatte.

Später zog Apollos dann nach Achaja und war den Gläubigen dort eine rechte Hilfe und Stütze. Ja, er überzeugte öffentlich viele Juden und bewies aus der Schrift, daß Jesus der Messias war.

Und was hatte den Apollos zu einem solchen Mann gemacht? Die schlichte Unterweisung im Hause Aquilas und Priscillas! Gott hatte sie gebraucht, um diesen berühmten und gefeierten Mann zu einem brauchbaren und gesegneten Werkzeuge zu machen. Wunderbare Verkettung der Umstände! Sie müssen aus Rom flüchten, um in Korinth mit Paulus zusammengeführt zu werden. Sie müssen nach Ephesus, um dort dem Apollos diesen Dienst zu leisten.

Bist du eine Priscilla, dann glaube nicht, daß du keinen Einfluß habest. Wenn du für deinen Pastor, für deinen Gemeinschaftspfleger betest, dann kannst du ein wunderbar gesegnetes Werk tun. Das Kritisieren hat wohl noch nie einen Gewinn gebracht; aber die Fürbitte bleibt nie ungesegnet. Wenn wir doch heute viele solche Aquilas und Priscillas hätten, es stände besser um die Gemeinde Gottes! Wieviel wird jetzt an dem Bruder, an der Schwester gesündigt dadurch, daß man nicht offen und ehrlich über das spricht, was sich die Leute erzählen! Wie geneigt ist man, niedrige Beweggründe dem Bruder unterzuschieben, das Schlechteste von ihm zu denken und ihm alles ohne weiteres zuzutrauen! Wie viele sonst treue und liebe Brüder haben sich auf diese Weise vom Teufel fangen lassen! Tut dem Teufel doch nicht den Gefallen, hinter dem Rücken über den Bruder schlecht und abfällig zu reden! Denn damit betrübt ihr den Heiligen Geist, der ein Geist der Liebe und der Zucht ist.

Wenn ihr etwas an eurem Bruder auszusetzen habt, dann sagt es ihm selber. Dann habt auch den Mut, persönlich hinzugehen und unter vier Augen die Sache mit ihm zu besprechen. Aber manche ziehen einen anderen Weg vor: Sie schreiben Briefe ohne Unterschrift. Das ist schimpflich. Aus dem Hinterhalt heraus, aus dem Busch hervor jemand mit Steinen zu bewerfen, das hat noch nie für ehrenhaft gegolten. Und doch gibt es wer weiß wie viele armselige »Gläubige«, die den traurigen Mut haben, sich durch namenlose Briefe zu versündigen. Ja, es gibt sogar auch »Gläubige«, die solche Artikel in die Zeitungen setzen. Man sollte es nicht glauben, aber es ist wahr. In gewissen Zeiten habe ich mir ganze Sammlungen von Zeitungsausschnitten angelegt, in denen sogenannte Gläubige gegen wahre Christen Krieg führten. Eine Unterschrift stand natürlich nicht darunter. Dazu reichte der Mut nicht. Es ist ein Jammer, daß so etwas möglich ist unter Menschen, die sich für gläubig ausgeben. Wenn du eine solche Schuld auf dem Herzen hast, dann komm damit ins Licht! Ich bitte dich dringend!

Diese Sache liegt mir besonders am Herzen, weil ich durch anonyme Schreibereien einst um ein Jahr meines Lebens gebracht worden bin. Ich war auf dem Gymnasium, da bekam mein Vater ein paar Tage nach Neujahr von meinem Klassenlehrer einen Brief, in dem der Lehrer meinem Vater mitteilte, daß ich mir ein Vergehen hätte zuschulden kommen lassen, das sehr leicht mein Verbleiben auf dem Gymnasium unmöglich machen könne. Man fragte mich, man bestürmte mich, was ich denn gemacht habe; ich wußte von nichts. Was war geschehen? Der Lehrer hatte zu Neujahr einige gemeine Witzkarten zugeschickt bekommen, natürlich ohne Unterschrift. Die verstellte Handschrift auf den Adressen schien ihm Ähnlichkeit mit meiner Handschrift zu haben. Daraufhin sagte er, ich hätte diese Karten geschrieben. Ich erklärte: »Auf Ehre und Gewissen, das habe ich nicht getan!« Aber er lachte höhnisch und sagte: »Hat ein solcher Mensch überhaupt noch Ehre und Gewissen?« – Kurz, was ich auch sagen mochte, ich blieb in seinen Augen der Täter. Gewiß, man bestrafte mich nicht. Aber daß jetzt alles unrecht war, was ich tat, das kann man sich wohl vorstellen. Das Ende war: Ich blieb sitzen. Ich habe sonst nicht zu den schlechtesten Schülern gehört; aber diesmal blieb ich sitzen. Und ich war froh, daß ich sitzenblieb; denn nun bekam ich doch einen anderen Lehrer. Aber, o weh, ich merkte bald, daß dieser Lehrer mich auch nach dem Bild beurteilte, das sein Kollege von mir gezeichnet hatte. All die Jahre, bis ich die Schule verließ, habe ich unter diesem Verdacht gelitten, der ungerechterweise auf mich gefallen war. Und all die Jahre hat es der Täter mitangesehen, wie ich darunter zu leiden hatte, und hat sich nicht gemeldet! O der arme Mensch, wie erschrocken wird er sein, wenn Gott ihn am Tage der Ewigkeit an diese Karten ohne

Unterschrift erinnert! Ich denke mir, er hat die Sache aus seiner Jugend längst vergessen; aber Gott hat sie nicht vergessen!

Darum, weil ich es aus eigener Erfahrung weiß, was bei anonymen Schreibereien herauskommen kann, darum bitte ich dich, schreibe doch nie eine Zeile, unter die du nicht deinen ehrlichen Namen setzen kannst! Und hast du etwas gegen einen Bruder, dann gehe hin und sprich dich mit ihm aus, aber schreib keine Briefe ohne Unterschrift, und schreib vor allem keine Zeitungsartikel, ohne deinen Namen darunter zu setzen.

3. *In Rom.* In der Apostelgeschichte hören wir nichts weiter von Priscilla. Aber im Römerbrief wird sie uns wieder genannt. Im letzten Kapitel des Briefes, wo Paulus seine Grüße bestellt an alle, die ihm teuer sind in Rom, da nennt er auch Priscillas Namen. Im dritten Vers schreibt er: »Grüßt die Priscilla und den Aquila, meine Gehilfen in Christus Jesus, welche haben für mein Leben ihren Hals dargegeben, welchen nicht allein ich danke, sondern alle Gemeinden unter den Heiden. Auch grüßt die Gemeinde in ihrem Hause.«

Wir wissen nicht, was sie nun wieder von Ephesus nach Rom gebracht hat, aber gewiß ist es wieder die Hand Gottes gewesen. Vielleicht fehlte es in Rom an einem Haus, wo die Kinder Gottes ein Heim hatten, wo sie zusammenkommen konnten. Da schickte Gott wohl gerade zur rechten Zeit Aquila und Priscilla nach Rom. Und so finden wir sie denn als Mittelpunkt der römischen Gemeinde wieder. In ihrem Hause kommen die Kinder Gottes zusammen. Wie in Korinth und in Ephesus, so ist nun auch in Rom ihr Haus eine Herberge der Gläubigen.

»Meine Gehilfen« nennt Paulus sie. »Sie haben für mein Leben ihren Hals dargegeben«, schreibt er in unauslöschlicher Dankbarkeit gegen sie. Vielleicht war es die Verfolgung in Korinth unter dem Landvogt Gallion, in der sie für den angeschuldigten Paulus Partei nahmen, oder es war der Aufruhr, den der Goldschmied Demetrius in Ephesus gegen Paulus erregte, in dem sie für ihn eintraten. Jedenfalls aber traten sie für ihn ein in einer kritischen und gefährlichen Lage, wo sogar ihr Leben auf dem Spiel stand. Sie waren frei von Furcht. Und wenn es galt, für die Wahrheit zu sterben – sie waren dazu bereit.

O wie viele singen heute mit schallender Stimme:

> Nehmen sie den Leib,
> Gut, Ehr, Kind und Weib,
> laß fahren dahin,
> sie haben's kein Gewinn,
> das Reich muß uns doch bleiben! –

und wenn es dann gilt, um Jesu willen sich nur einmal auslachen zu lassen, dann zieht man sich schon zurück. Ja, das Christentum, das echte, rechte Christentum besteht nicht in Worten, sondern in Kraft. Rede nicht soviel von deiner Liebe zum Herrn, beweise sie lieber mit der Tat und mit der Wahrheit! Das hat Priscilla getan. Und sie war eine schwache Frau. Aber als es sich darum handelte, da ist sie bereit gewesen, ihren Hals für den Apostel darzugeben. Und du?

4. *In Ephesus* finden wir sie zum Schluß. In 2. Timotheus 4, 19 bestellt Paulus an sie und ihren Mann einen freundlichen Gruß. Er hat seine treue Hausmutter von Korinth nie vergessen. Er ist ihr dankbar geblieben sein Leben lang. Und so wollen auch wir sie nicht vergessen, die teure Priscilla, die so liebevoll für den Apostel gesorgt hat, die so tapfer für ihn eingetreten ist. Und wenn Paulus schreibt, daß ihr alle Gemeinden unter den Heiden Dank schuldig seien, weil sie ihr Leben für das seine dargeboten hat, dann wollen auch wir diesen Dank nicht vergessen; denn wir sind ja auch Gemeinden aus den Heiden.

Aber wir wollen auch nicht vergessen, wie Gott diesen kleinen Dienst der Priscilla, den sie dem Apostel getan hat, als er nach Korinth kam, so reichlich gesegnet hat. Was für eine geliebte und verehrte Mutter der Gemeinde ist Priscilla geworden! Da wollen wir uns ermuntern: »Laßt uns Gutes tun und nicht müde werden; denn zu seiner Zeit werden wir auch ernten ohne Aufhören!«

Drusilla und Bernice

Von diesen beiden königlichen Schwestern wird uns in der Apostelgeschichte wenig mehr als ihr Name genannt; aber von den zeitgenössischen Schriftstellern, Tacitus und Josephus, erfahren wir noch manches, so daß wir doch imstande sind, uns auch von ihnen ein Bild zu machen.

Drusilla und Bernice, von denen wir in Apostelgeschichte 24 und 26 lesen, waren Töchter des Herodes Agrippa, welcher den Jakobus mit dem Schwerte hinrichten und bald danach auch den Apostel Petrus gefangensetzen ließ, um auch ihm den Prozeß zu machen. Sie waren beide, wie uns die Geschichtsschreiber jener Tage erzählen, von großer Schönheit, aber auch von einer großen Sittenlosigkeit.

Drusilla

wird uns in Apostelgeschichte 24, 24 als das Weib des römischen Landpflegers Felix genannt; aber seine rechtmäßige Ehefrau war sie nicht. Ein bewegtes Leben liegt hinter ihr, als wir ihr an der Seite des Felix begegnen. Als Kind von sechs Jahren war sie bereits mit dem Sohn des Königs von Antiochien, namens Epiphanes, verlobt worden. Aber sie brach nachher dies Verlöbnis und heiratete den König Azizus von Emesa. Als sie dann aber den Statthalter Felix kennenlernte, umstrickte sie diesen mit ihren Schlingen und ließ sich bereitwillig von dem durch ihre Schönheit berauschten Mann entführen, obwohl er selber bereits verheiratet war. Sie lebte fortan als seine Frau. So frech übertraten die Großen jener Zeit alle Gebote der Sitte und des Anstandes.

Diesem Felix wurde nun Paulus als Gefangener eingeliefert. Ein solcher Mann hatte über das Geschick dieses Fürsten im Reiche Gottes zu entscheiden! Das erste Verhör, das er mit ihm gehalten, hatte ihm schon gezeigt, daß er es mit keinem Verbrecher zu tun hatte, sondern mit einem Mann, den nur der Haß der Juden in die Gefangenschaft gebracht hatte. Wenn der Hohepriester Ananias auch die Ältesten und einen besonderen Redner, Tertullian, mitgebracht hatte, so konnte alle Beredsamkeit, die aufgeboten wurde, doch die schlichte Wahrheit nicht entkräften, die Paulus zu seiner Verteidigung vorbrachte.

Darum wies Felix die Kläger ab mit dem Bescheid, er wolle dann das Urteil in der Sache sprechen, wenn der Hauptmann Lysia zugegen wäre, der die Voruntersuchung geführt habe.

Als er Drusilla von seinem Gefangenen erzählte, da erwachte in ihr die Neugier, einmal diesen Mann kennenzulernen, der von den einen so glühend geliebt wurde, wie sie wußte, während die andern ihn so sehr haßten. Natürlich erfüllte Felix ihren Wunsch, und Paulus wurde nach einigen Tagen wieder vorgeladen, um dem Landpfleger und seiner Frau einen Vortrag über den Glauben an Christus zu halten.

Eine Gnadenstunde für Drusilla! Eine Gnadenstunde für Felix! Ein Mann, voll des Heiligen Geistes, steht vor ihnen und redet zu ihnen von Christus, dem Gekreuzigten und Auferstandenen. Das ganze, volle Heil wird ihnen angeboten in dieser Stunde. Was für eine Gnade!

Aber wird denn Paulus nicht lieber die Gelegenheit benutzen, um seinen Richter für sich freundlich zu stimmen? Er weiß doch, daß sein Los von der Entscheidung dieses Mannes abhängt. Leben und Tod sind in des Landpflegers Hand. Wenn Felix ihm gewogen wird, oder wenn Drusilla sich für ihn verwendet, dann ist er gerettet. Ja, so hätte er denken können, wenn er an sich gedacht hätte, wenn er um sich und um sein Leben besorgt gewesen wäre. Aber daran denkt Paulus nicht. Er sieht sich mit einem Male dem Landpfleger und seiner Frau gegenüber. Da denkt er nur an die Rettung dieser beiden, die so befleckt und besudelt sind von der Sünde. Da denkt er nur daran, daß er im Auftrag Gottes jetzt zu diesen beiden reden soll, um ihnen das Heil zu bezeugen.

Wovon redet er? Von der Gerechtigkeit und von der Keuschheit und von dem zukünftigen Gericht. Schärfer hätte er gar nicht reden können. Mit der *Gerechtigkeit* wird es im Leben des Felix nicht besonders bestellt gewesen sein. Wie könnte denn ein Mann, der so zügellos seinen Lüsten und Begierden lebt, wie könnte der denn auch gerecht sein? Solche Männer führen immer ein willkürliches, grausames Regiment. Das wissen wir von Ahab, der den Naboth um seinen Besitz und um sein Leben brachte; das wissen wir von Pilatus; das wissen wir von Herodes und von allen Machthabern dieser Art. Wer nicht streng gegen sich selber ist, der ist auch nicht gerecht gegen andere.

Es wird Felix unbehaglich gewesen sein, als der gefangene Paulus ihm mit dem größten Freimut die Sünden seiner Regierung und Verwaltung aufdeckte. Aber die Reihe, die Augen niederzuschlagen, kam bald genug auch an Drusilla. Denn als Paulus eine Weile zu Felix über die Gerechtigkeit geredet hatte, wandte er sich an Drusilla und redete mit ihr über *Keuschheit*. Über Keuschheit! Mit einer Ehebrecherin über Keuschheit reden! Was für ein Mut! Namentlich, wenn diese Ehebrecherin die Frau des Landpflegers ist, der über Leben und Tod entscheiden kann! Wie war doch ihr Leben ein Hohn auf Sitte und Sittlichkeit gewesen! Und nun wagt es dieser Mann, ihr schonungslos die Sünde und Schande ihres Lebens aufzudecken!

Und nachdem er so über ihre Vergangenheit geredet hatte, da sprach er von der Zukunft. Da zeigte er ihnen, was das Ende der Sündenlaufbahn ist. Er sagte ihnen, daß es ein *künftiges Gericht* gibt und daß es in diesem Gericht um die Taten geht, die man auf Erden bei Lebzeiten getan.

Als Felix das hörte, erschrak er und Drusilla gewiß nicht weniger. Felix bricht die Rede des Paulus ab mit den Worten: »Gehe hin auf diesmal; wenn ich gelegene Zeit habe, will ich dich rufen lassen.«

Was ist daraus zu schließen? Daß das Wort des Apostels Eindruck gemacht hatte. Wenn sein Wort ihn erbittert und geärgert hätte, dann wäre diese Stunde gewiß die letzte für Paulus gewesen. Warum hat Felix nicht nach den Leibwächtern gerufen und ihn dem Tode ausgeliefert? Aus den Worten des Paulus sprach eine so herzliche Liebe, daß man ihm nicht zürnen konnte. Wohl waren seine Worte Spieße und Nägel; aber durch jedes seiner Worte klang es hindurch, wie sehr ihn danach verlangte, sie gerettet zu sehen. Die Liebe Christi bewirkte, daß er gerade so und gerade hierüber reden mußte.

»Gehe hin auf diesmal!« Damit ist Paulus entlassen. Die Gnadenstunde im Leben der Drusilla ist zu Ende. Felix hat noch öfter mit Paulus gesprochen. Drusilla aber hat nie mehr den Wunsch geäußert, ihn zu hören und zu sehen. Ihre Neugier war völlig befriedigt. Sie verlangte nicht nach einer zweiten Probe der Beredsamkeit des Paulus.

Sie hatte eine Begegnung mit Gott gehabt. Gott hatte in Seiner Gnade hineingeleuchtet in ihr sündiges Herz und in ihr schmachvolles Leben. Er hatte ihr sagen lassen, was das Ende sein würde; aber sie wollte nicht heraus aus dem Sumpf der Sünde, in dem sie steckte. Sie hatte sich so an dieses Leben der Sünde und Übertretung gewöhnt, daß sie sich nicht davon trennen konnte. Sie zog die Sünde vor – sie wies die Gnade ab.

Wie gnädig ist Gott, daß er auch so ein Weib wie Drusilla nicht ungemahnt und ungewarnt zur Hölle fahren läßt! Gott will eben nicht des Sünders Tod, sondern daß sich der Gottlose bekehre von seinem Wesen und lebe. Deswegen stellt Er jeden Menschen vor die Entscheidung, nicht nur einmal, sondern manchmal mindestens zwei- bis dreimal. Denn so steht geschrieben im Buche Hiob: »Solches tut Er an einem jeglichen zweimal oder dreimal, daß Er seine Seele herumhole vom Verderben.«

Es hat auch in deinem Leben schon solche Gnadenstunden gegeben, wo dein Gott dir nahetrat. Auch du hast schon Begegnungen gehabt, wo Gott dir dein Leben in seiner Hoffnungslosigkeit aufdeckte. Was hast du mit solchen Gnadenstunden gemacht? Hast du dich für Gott entschieden? Oder hast du den Eindruck, den das Wort auf dich machte, abgewehrt mit einem verlegenen: »Gehe hin auf diesmal; ich habe jetzt keine Zeit!«?

Gewiß hat es schon Gnadenstunden gegeben, die ohne Segen für dich verstrichen sind. Wie, wenn die »gelegenere Zeit« niemals kommt? So eine Stunde der Begegnung mit Gott legt dir eine große Verantwortung auf. Wenn sie dich nicht dahin bringt, daß du dich für Gott entscheidest, dann belastet sie dein Konto in der Ewigkeit. Dann wirst du einmal für so eine Stunde ganz besondere Rechenschaft zu geben haben. Du kannst dich dann nicht mit der Ausrede entschuldigen: »Ich habe es nicht gewußt.« Diese Stunde wird dann gegen dich zeugen: du hast es gewußt; du bist gewarnt!

Laß es dir sagen: Die Sache ist ernst! Ich habe es erlebt, daß Leute, die durch ein Wort in der Predigt getroffen waren, fortan die Predigt mieden. Sie hatten die Finsternis lieber als das Licht. Sie wollten ihre Sünde nicht aufgeben; sie wollten ihr Leben nicht ändern. Aber wenn sie auch nie wieder eine entschiedene Predigt hören werden, ihr Leben lang, die eine, die sie traf, reicht, um ihnen am Tage der Ewigkeit die Entschuldigung zu nehmen. Und ich habe es erlebt, daß Leute ein

christliches Blatt abbestellten, sobald darin eine Sünde
aufgedeckt wurde, deren sie sich selbst schuldig bekennen mußten. Und wenn sie nie mehr ein christliches Blatt
lesen, so ist diese *eine* Nummer ausreichend, ihnen die
Ausrede zu nehmen, daß sie nicht gewußt hätten, daß
Gott es so genau nehme.

Nun frage ich dich: Ist deine Seele gerettet? Auf die
Gefahr hin, daß du mir meine Frage verübelst und mich
sehr aufdringlich findest, muß ich dich so fragen. Und
wenn du noch nicht im reinen bist mit Gott, dann bitte ich
dich: Eile und errette deine Seele! Verschieb es nicht auf
eine »gelegenere« Zeit! Ich sage dir, eine gelegenere
Stunde wird nie kommen. Das »Heute« gehört dir; ob dir
das »Morgen« auch noch gehört, weiß ich nicht.

Denk an die Schuld deines Lebens, denk an das
zukünftige Gericht, und dann laß dir sagen: Jesus ist
gekommen, um auch für dich eine völlige Erlösung zu
vollbringen, um auch deine ganze Schuld zu tilgen! Und
wenn jetzt, in dieser Stunde, Gott mit dir geredet hat,
dann zögere keinen Tag länger, gib in dieser Stunde dein
Herz dem Herrn! Er wartet auf dich!

Drusilla ließ ihre Gnadenstunde verstreichen. Sie kam
nicht. Zwei Jahre lebte sie noch in der Nähe des Paulus.
Zwei Jahre blieb sie noch mit Felix in Cäsarea; aber sie
suchte keine Begegnung mehr mit Paulus. Gott hat sie
gesucht; sie hat sich nicht finden lassen. Gott hat sie
gewarnt; sie verschloß ihr Ohr und ihr Herz.

Sie wählte die Sünde. Sie wählte den Tod.

Eine furchtbare Wahl!

Bernice

Als Felix nach zwei Jahren abberufen wurde, kam der
Landpfleger Portius Festus an seine Stelle. Da er der
Vertreter des Kaisers in Rom war, kamen nach einiger
Zeit der König Agrippa und seine Frau Bernice, um ihn
zu begrüßen.

Wenn wir schon von Drusilla hörten, daß sie ein sittenloses Weib war, was sollen wir dann erst von Bernice sagen? Sie war nämlich nicht nur Agrippas Weib, sondern sie war auch seine Schwester. So frech trat die Sünde auf, daß die Blutschande ungescheut und ungestraft auf dem Throne saß!

Bei diesem Besuch, den Agrippa und Bernice in Cäsarea machten, kam das Gespräch auch auf Paulus, der sich noch immer im Gefängnis befand und auf die Entscheidung seiner Sache wartete. Es ging nun genauso wie vor zwei Jahren. Agrippa und Bernice sprachen den Wunsch aus, den seltsamen Mann auch einmal sehen zu dürfen, der einen solchen Tumult im Lande hervorgerufen hatte. Bereitwillig sagte Festus zu, am andern Tage den Gefangenen vorführen zu lassen.

So bewegte sich denn am folgenden Tage ein glänzender Zug zum Richthaus. Der Landpfleger geleitete seine königlichen Gäste selber hin. Auch die Ältesten und Ratsherren der Stadt gaben dem hohen Besuche das Geleit.

Vor diese Versammlung wird Paulus gestellt. Wird er durch den Glanz nicht geblendet werden? Wird er vor einer solchen Zuhörerschaft nicht befangen sein? Er war daran gewöhnt, vor dem König aller Könige zu stehen, da erschien ihm diese Versammlung von gekrönten Häuptern nicht so glänzend. Er war gewöhnt, die Menschen nach dem zu beurteilen, was sie vor Gott gelten und wert sind, und da konnte er vor dieser Gesellschaft nicht so große Hochachtung haben. Und dazu kam, daß Jesus, der gesagt hatte: »Man wird euch vor Fürsten und Könige führen um Meinetwillen, aber dann sorgt nicht, wie oder was ihr reden sollt; denn es soll euch zur Stunde gegeben werden, was ihr reden sollt«, ihm jetzt Sein Wort hielt und ihm gab, was er für diese Stunde brauchte.

Mit Freimut und Unerschrockenheit erzählte er die Geschichte seines Lebens, um zu zeigen, was die Gnade aus ihm gemacht hat. Er erzählte von den Jahren seines Studiums; er schilderte die Stunde vor Damaskus, wo Gott ihm in den Weg trat und sein Leben eine andere Richtung bekam. Weiter redete er davon, daß der Herr ihn zum Apostel der Botschaft berufen habe, daß in dem gekreuzigten und auferstandenen Heiland nicht nur für die Juden, sondern auch für die Heiden Heil und Seligkeit sei.

Als er so weit geredet hatte, wurde er von Festus unterbrochen. Das erschien ihm, dem aufgeklärten Römer, denn doch zu viel, daß er an einen gekreuzigten Juden glauben und ihn als seinen Herrn und Gott anerkennen solle. Das war denn doch zu stark. »Paulus, du rasest!« rief er dazwischen. Das wird wohl ungefähr so viel heißen: »Du bist verrückt!«

Wie oft kann man das noch heute hören, auch von ganz gebildeten Leuten, daß sie einen Christen, der die Geschichte seiner Bekehrung erzählt, der mit Wärme für seinen Heiland eintritt, für verrückt erklären. Wenn du das erlebst, mach dir nichts daraus. Haben sie den Apostel Paulus für verrückt erklärt, dann wollen wir es nicht für eine Schande halten.

Es ist auch wahr! Wir sind ja auch von dem breiten, dem falschen Weg, auf den schmalen Weg durch die Gnade Gottes »verrückt« worden. Und diese göttliche Verrückung muß jeder Mensch erleben und erfahren, wenn er selig werden und in den Himmel kommen will.

Mit ruhiger Bestimmtheit lehnt Paulus diese Ansicht des Landpflegers ab. Jetzt wendet er sich aber direkt an den König Agrippa. Wozu auch mit dem Heiden reden, der ja doch keine Spur von Verständnis für seine Botschaft hat? Eben erst ins Land gekommen, hat er vielleicht noch nie zuvor ein Wort von Christus gehört. Aber Agrippa muß davon wissen. Agrippa ist ein Kind des jüdischen Landes. Darum wendet er sich an ihn und fragt ihn: »Glaubst du, König Agrippa, den

Propheten?« Und als die Antwort ausbleibt, da gibt er sie selbst: »Ich weiß, daß du glaubst.« Oft genug hat Agrippa von seinem Glauben gesprochen. Das erforderte ja die Politik! Wollte er über die Juden herrschen, dann konnte er sich ja nur so ihre Sympathie erwerben, daß er sich ihrem Gesetz unterwarf und daß er sich ihren Ansichten anschloß. Aber vor dem stolzen Römer jetzt daraufhin angesprochen zu werden, daß er so verbohrte Ansichten hatte, das ist ihm im höchsten Maße peinlich. Was soll er sagen? *Nein* sagen darf er nicht – sein Gefolge ist ja dabei! Das würden die Juden ja alsbald wieder erfahren. *Ja* sagen, das will er auch nicht. Er meint, er sähe schon das spöttische Lächeln um den Mund des Römers zucken. Darum zieht er sich mit einer Redensart aus der Verlegenheit: »Es fehlt nicht viel, du überredest mich, daß ich ein Christ würde!« Paulus nimmt das Wort sofort auf und spricht: »Ich wünsche vor Gott, es fehle nun an viel oder an wenig, daß nicht allein du, sondern alle, die mich heute hören, solche würden, wie ich bin, ausgenommen diese Bande!« Damit erhebt er seine gefesselten Hände. – Ein kühner Mann, einer solchen erlauchten Gesellschaft zu sagen: »Ich wollte, ihr wäret alle so wie ich!« Aber so groß ist das Glück der Gemeinschaft mit Jesus, daß es herrlicher ist, mit Jesus im Gefängnis zu liegen, als ohne Ihn auf einem Thron zu sitzen. Es ist besser, mit Jesus auf dem Blutgerüst zu stehen, als ohne Jesus in Glanz und Pracht zu leben.

Damit ist die Versammlung zu Énde. Der König steht auf. Die Wendung, die das Gespräch genommen hat, ist ihm doch zu unangenehm. Wer weiß, was dieser Mensch noch alles vorbringen wird! Der ist ja zu allen möglichen Sachen fähig! Er steht auf und mit ihm der Landpfleger und Bernice und die mit ihm dasaßen.

Auch für Bernice ist die Gnadenstunde gekommen – und vergangen wie für ihre Schwester Drusilla. Auch sie hat ein klares Zeugnis von der Wahrheit gehört, auch sie hat ihr Ohr und Herz dagegen verschlossen.

Und du? Denke an Drusilla, denke an Bernice! Was hilft es, dem Heil einmal nahe gewesen zu sein, wenn du es nicht ergreifst? Was hilft es, daß *du beinahe* ein Kind Gottes geworden wärst, wenn du doch keins wirst? Das »beinahe gerettet« ist soviel wie ganz verloren. Die Geschichte von Drusilla und Bernice ist uns zur Warnung geworden, da sollen wir die ernste Wahrheit lernen:

> Beinah bekehret,
> es fehlt nicht viel!
> Beinah bekehret,
> nahe am Ziel!
> So heißt's in manchem Fall:
> Geh hin für dieses Mal,
> später treff ich die Wahl,
> heute noch nicht!

> Beinah bekehret,
> schnell naht der Tod!
> Beinah bekehret,
> jetzt welche Not!
> Beinah, o schlimmer Wahn!
> Beinah reicht nicht hinan;
> nun geht der Jammer an:
> ewig zu spät!

Phöbe

»Ich befehle euch aber unsere Schwester Phöbe, welche ist im Dienste der Gemeinde zu Kenchreä, daß ihr sie aufnehmt in dem Herrn, wie sich's ziemt den Heiligen, und tut ihr Beistand in allem Geschäfte, darinnen sie euer bedarf; denn sie hat auch vielen Beistand getan, auch mir selbst.«

So schreibt der Apostel Paulus im letzten Kapitel des Briefes an die Römer (Vers 1 und 2). Er hat diesen Brief gegen Ende der fünfziger Jahre von Korinth aus geschrieben, und Phöbe ist die Überbringerin desselben gewesen. Es ist so köstlich, was Paulus in diesen Worten von ihr sagt, daß wir nicht an ihrem Bild vorübergehen können.

1. *Unsere Schwester*, so nennt Paulus die Phöbe. Das ist ein schöner Titel, das ist eine wunderbare Bezeichnung.

Eine Schwester des Paulus genannt zu werden, das ist wohl etwas Großes; denn Paulus war ein Fürst und ein Großer im Reiche Gottes. Es hat wohl keinen Menschen gegeben, auf dem so der Segen Gottes geruht hat wie auf ihm.

Als Papst Pius X. gewählt worden war, da bildete sich sein Geburtsstädtchen und seine Familie nicht wenig darauf ein, mit dem »Heiligen Vater« bekannt und verwandt zu sein.

Wer mit einem bekannten und berühmten Mann zusammentrifft im Leben, der freut sich dankbar dieser Begegnung und erzählt Kindern und Kindeskindern davon, wieviel mehr derjenige, der mit einer Berühmtheit sogar verwandt ist!

Wenn Paulus Phöbe »unsere Schwester« nennt, dann

denkt er nicht nur daran, daß er mit ihr Verbindung und Gemeinschaft hat, dann redet er von einer noch viel herrlicheren und höheren Verwandtschaft. Als man einst dem Herrn Jesus sagte, daß Seine Mutter und Seine Brüder daseien, die Ihn zu sprechen begehrten, da sagte Er: »Wer ist Meine Mutter? Und wer sind Meine Brüder?« Und dann reckte Er die Hand aus über Seine Jünger und sprach: »Siehe, das ist Meine Mutter und Meine Brüder! Denn wer den Willen tut Meines Vaters im Himmel, der ist Mein Bruder, Schwester und Mutter« (Mt 12, 48–50). Und was ist der Wille des Vaters? Daß wir glauben an den, den Er gesandt hat, unsern Herrn Jesus Christus. Wer also an Jesus gläubig geworden ist, der ist ein Bruder, eine Schwester Jesu. Wie wunderbar ist das: »Er schämt sich nicht, uns Brüder zu nennen!« (Hebr 2, 11). Er ist der Erstgeborene unter vielen Brüdern. Wir dürfen Ihn, den Sohn Gottes, in Ehrfurcht unsern Bruder nennen.

Ist das nicht Gnade, wenn sich ein Mensch einen Bruder, eine Schwester Jesu nennen darf? Ist das nicht ein wunderbares Vorrecht, zu der Familie Gottes gehören zu dürfen?

Bist du ein Bruder, bist du eine Schwester Jesu? Hast du schon den Willen des Vaters getan und Seinem Sohn dein Herz geschenkt?

Wenn du das tust, dann trittst du in die wunderbare große Familie Gottes ein, dann wird ein Paulus, ein Petrus, ein Johannes, ein Luther, ein Spener, ein Zinzendorf, ein Spurgeon, ein Moody dein Bruder. Und sie werden darum eine Familie, was für eine Verwandtschaft! Es gibt keine vornehmere Verwandtschaft in der ganzen Welt, als ein Kind Gottes, ein Bruder, eine Schwester Jesu zu sein!

Es gibt mancherlei Adel in der Welt. Es gibt Geburtsadel, es gibt Geldadel und Geistesadel. Aber der höchste von allen ist der Wiedergeburtsadel. Die Kinder Gottes, das sind in Wahrheit die Hochgeborenen; denn sie sind aus unvergänglichem Samen gezeugt.

Diese geistliche Verwandtschaft bindet fester, als die nächste leibliche Verwandtschaft es tun kann. Es ist eine ganz andere Liebe, welche die Kinder Gottes untereinander verbindet. Da werden die großen Klüfte überbrückt, die zwischen den Ständen klaffen. Da ist nicht mehr reich und arm, nicht mehr vornehm und gering, nicht mehr gebildet und ungebildet, da sind sie allzumal einer in Christus Jesus. Das kann die Welt nicht verstehen und begreifen; aber sie muß es sehen und sich wundern, wie fest das Volk Gottes zusammenhält, wie sich die Gläubigen in Liebe verbunden wissen.

Zu der Familie Gottes zu gehören, zu denen zu zählen, deren Namen im Himmel aufgeschrieben sind, bedeutet Seligkeit. Gehörst du mit dazu?

Phöbe gehörte mit dazu. Sie hatte ihr Herz dem Herrn geschenkt. Und darum nannte sie Paulus »unsere Schwester«.

Wer ein Kind Gottes ist, der kann nicht anders, der liebt auch die Brüder. »Wer den Bruder nicht liebt«, schreibt Johannes, »der bleibt im Tode.«

Unsere Schwester, darin liegt die brüderliche Liebe, die Paulus mit Phöbe verband. Hast du auch die Brüder lieb? Wer imstande ist, über einen Bruder, über eine Schwester schlecht zu sprechen, der hat gewiß keine rechte Liebe zu den Geschwistern im Herrn. Und wer keine rechte Liebe zu den Brüdern hat, der hat auch nicht die rechte Liebe zum Herrn.

Es mag sein, daß dieser Bruder und jene Schwester andere Ansichten haben als wir. Es mag sein, daß sie anders geführt worden sind. Wer aber ein wirkliches Kind Gottes ist, der weiß sich dennoch mit allen verbunden, die in lebendigem Glauben an Jesus hängen. Mögen sie auch andern Gemeinschaften angehören, mögen sie auch in dieser und jener Beziehung anders denken –

wichtiger als diese Verschiedenheiten ist die Einheit, die alle Kinder Gottes im Glauben an Christus haben.

Wenn der Bruder auch nicht in allem mit uns übereinstimmt, so ist er doch unser Bruder. Mag die Schwester auch anders geführt sein, so ist sie doch unsere Schwester. Es ist ein kostbares Gnadengeschenk des Herrn, daß viele Christen in unsern Tagen sich darauf besinnen, daß sie in Ihm, unserem Herrn Jesus Christus, eine ewige Einheit haben.

2. »*Im Dienste der Gemeinde* zu Kenchreä«, das ist das zweite Wort, das Paulus von der Phöbe schreibt.

Als die Gemeinde in Jerusalem wuchs, da wurde es für nötig angesehen, besondere Diakone für die Armenpflege zu erwählen, damit die Apostel sich allein der Verkündigung des Evangeliums widmen könnten. Gewiß traten schon bald an die Seite der Diakone auch Diakonissen, weibliche Armen- und Krankenpflegerinnen. Denn wenn es sich um die Versorgung von armen und kranken Frauen handelte, konnten doch nicht gut Männer die nötigen Dienste tun, namentlich zur damaligen Zeit, wo der Verkehr der Geschlechter untereinander bei weitem nicht so frei war wie heutzutage. Darum hat man sich schon bald nach weiblichen Dienerinnen umgesehen; denn das bedeutet das Wort »Diakonisse« auf deutsch. Im ersten Timotheusbrief finden wir eine kurze, aber klare Bestimmung, wie Diakone und Diakonissen beschaffen sein sollen. Diakone – Luther übersetzt leider: »Diener« – sollen ehrbar sein, nicht zweizüngig, nicht Weinsäufer; sie sollen keine unehrliche Hantierung treiben; sie sollen das Geheimnis des Glaubens in reinem Gewissen haben. Dann kommt die Anweisung für die Diakonissen; denn im Griechischen heißt es nicht: »*ihre* Weiber«, wie Luther übersetzt hat, sondern: »*die* Weiber«, nämlich diejenigen, die für den Dienst der Gemeinde auserwählt sind. Sie sollen ehrbar sein, keine Lästerinnen, nüchtern, treu in allen Dingen.

416

So bildet das Amt der Diakone und der Diakonissen schon einen wichtigen, sich gegenseitig ergänzenden Bestandteil der apostolischen Gemeinde.

In Kenchreä war der Dienst der Frauen auch besonders nötig; denn Kenchreä war die Hafenstadt von Korinth. Korinth lag auf dem schmalen Isthmus, der die südliche griechische Halbinsel mit dem Festland verbindet. In Kenchreä herrschte darum ein reger Verkehr. Da war ein großes Arbeitsfeld für den Dienst der christlichen Liebe. Die Beschwerden einer Reise waren ja damals ungleich größer als heutzutage. Namentlich die Seereisen dauerten viel, viel länger, als das heute der Fall ist. Und weil es keine Herbergen gab, trat die Gastfreundschaft der Gläubigen in die Lücke. So kam es, daß Phöbe vielen Beistand getan hat, wie Paulus ihr bezeugt. Ja, sie hat auch dem Apostel selber oftmals ihre Dienste geleistet. War er doch ein kranker Mann, der gewiß oft auf fremde Hilfe und Pflege angewiesen war.

Wie viel Gelegenheit ist auch heute zum Dienst in der Gemeinde für gläubige Frauen und Mädchen! Wieviel Arbeit gibt es überall zu tun – und wie gering ist die Zahl derer, die sie tun! Wohl haben die jungen Mädchen heutzutage fast alle einen Beruf; aber wieviel Zeit bleibt ihnen doch, die sie mit Sport und am Fernsehen und Radio verbringen. Aber das Herz findet dabei doch keine Befriedigung. Und das Leben gewinnt dadurch doch keinen Inhalt.

Gläubige Menschen sollten jedenfalls die kostbare Zeit nicht mit so überflüssigen und unnötigen Dingen versäumen und verträumen. Sie sollten fragen: »Herr, was willst Du, daß ich tun soll?« Gewiß würde Er Arbeit genug wissen. Gibt es in deiner Nachbarschaft nicht genug alte Leute, denen du einen Sonnenstrahl in ihr Stübchen bringen kannst, wenn du sie besuchst und ihnen einen Abschnitt aus der Bibel vorliest? Gibt es nicht genug kranke Frauen, denen du eine Erleichterung bringen kannst, denen du einen Dienst leisten könntest? Oder könntest du nicht etliche Jugendliche um dich sammeln und ihnen für den freien Samstag oder Sonntag ein Heim bereiten, ihnen die gefährlichen freien Stunden zu Stunden des Segens machen?

Und willst du dir nicht vom Herrn darüber Klarheit schenken lassen, ob Er dich nicht vielleicht auch als Diakonisse gebrauchen will? Wie groß ist der Schwesternmangel in den Mutterhäusern? Arbeit, Arbeit überall, und es fehlt an Schwestern, die die Arbeit tun. Und der Beruf einer Diakonisse ist doch so ein köstlicher und befriedigender Beruf. Wer wirklich dem Herrn dienen will, der findet im Diakonissenberuf tiefe Befriedigung und ein volles Glück.

Phöbe hieß die Diakonisse in Kenchreä. Das heißt auf deutsch: »die Leuchtende«. Gewiß hat sie ihren Namen mit Recht getragen und, wohin sie kam, Licht und Sonnenschein verbreitet. Wie recht hat doch der Verfasser jenes Verses:

> In der Welt ist's finster; leuchten müssen wir,
> du in deiner Ecke, ich in meiner hier –

Aber tust du das? Leuchtest du? Geht aus deinen Augen, geht von deiner Stirne das Leuchten des Friedens aus? Es gibt Kinder Gottes, von denen so ein Glanz ausgeht, daß man meint, es sei in der Tat heller im Zimmer geworden, seit sie hereintraten. Es gibt Diakonissen, von denen so ein Friede ausgeht, daß der Kranke schon Erleichterung fühlt, wenn sich so ein Friedenskind nur an sein Bett setzt und ihn mit freundlichen Augen anschaut.

Würden doch alle Kinder Gottes so recht das Leuchten lernen! Zunächst im eigenen Hause. Da soll es sich zuerst zeigen, daß wir Lichter sind. Aber gerade im eigenen Hause leuchten oft Kinder Gottes am wenigsten. Da meinen sie, sie könnten sich gehenlassen. In der Versammlung, im Verein oder wo es sein mag, da setzt man sein sonnigstes Gesicht auf, da hat man ein frohes Lächeln für jeden; aber zu Hause kann man oft sehr mürrisch und verdrießlich sein. Das ist sehr schade. Du gläubige Frau, du gläubige Tochter, du sollst leuchten! (s. Mt 5, 15)

Ich kann verstehen, warum manche Männer so unfreundlich gegen ihre Frauen sind. Die Frauen leuchten nicht. Anstatt ihren Männern das Haus zu einem Vorhofe des Himmels zu machen, machen sie ihnen das Haus so ungemütlich durch ihre Launen und Stimmungen, daß die Männer ihre Erholung und ihre Freude außerhalb ihres Hauses suchen.

Ja, sagst du, aber man kann doch nicht immer fröhlich sein! Das Leben bringt so allerlei mit sich – man hat mit den Kindern so viel zu tun, oder die Nachbarinnen machen einem zu schaffen, oder das Geld will nicht recht reichen, oder man fühlt sich nicht ganz wohl – da kann man doch nicht immer guter Dinge sein! So? Kann man das nicht? Hätte dann wohl der Apostel gesagt: »Seid allezeit fröhlich!«? Doch gewiß nicht. Es kommt nur darauf an, ob du dich von den Verhältnissen unterkriegen läßt oder ob du die Verhältnisse überwindest. Wenn du *unter* den Verhältnissen stehst, dann bedrückt und bekümmert und verstimmt dich alles. Stehst du aber *über* den Verhältnissen, dann kann dich nichts anfechten und niederdrücken. Und das sollte die normale Stellung eines Kindes Gottes sein: immer und unter allen Umständen leuchten.

Sieh, da steht Stephanus, von seinen Feinden umgeben, die seinen Tod beschlossen haben. Er weiß, daß er bei ihnen nicht mit Erbarmen rechnen kann. Und was lesen wir von ihm? »Sie sahen auf ihn alle, die im Rate saßen, und sahen sein Angesicht wie eines Engels Angesicht.« Sein Angesicht leuchtete auch, als ihm der Tod drohte.

Halt dich dicht beim Herrn, und du wirst leuchten können! So wie der Mond leuchten kann, obwohl er kein eigenes Licht hat, sondern leuchtet, weil die Sonne ihn bestrahlt, so können auch wir leuchten, wenn die Sonne der Gnade uns bescheint.

Wer hätte nicht schon ein Fenster gesehen, in dem sich die Abendsonne spiegelte? Es sieht aus, als wäre das Haus ganz voll von Glanz und Schimmer, von Feuer und Glut. Und es ist doch nur eine arme Glasscheibe, die so leuchtet. Wie kommt es, daß sie leuchtet? Sie leuchtet deshalb, weil sie die Sonnenstrahlen aufgefangen hat, die sie nun widerstrahlt.

Wenn eine armselige Fensterscheibe so leuchten kann, dann kannst du es auch. Du brauchst dich nur der Sonne auszusetzen, du brauchst nur ihren Schein aufzufangen, und du kannst leuchten. Laß dich erleuchten, und du wirst eine Phöbe, eine »Leuchtende«.

3. *Die Trägerin des Römerbriefes ist*, wie es scheint, Phöbe gewesen. Wir wissen nicht, was für ein Geschäft sie in Rom zu besorgen hatte. Aber Paulus wußte es, und darum gab er ihr eine herzliche Empfehlung mit auf den Weg und bat die Gläubigen in Rom, sie aufzunehmen in dem Herrn, wie es sich den Heiligen ziemt, und ihr Beistand zu leisten in allem, worin sie der Hilfe bedarf.

Und weil sie gerade die Reise nach Rom zu machen hatte, darum benutzte Paulus die Gelegenheit und gab ihr den Brief an die Römer mit. Was für ein Vertrauen bewies ihr der Apostel dadurch, daß er ihr den Brief mitgab! Das hätte er gewiß nicht jedem Bruder und jeder Schwester entgegengebracht. Was für ein wichtiger Dienst war das! Was für einen Dienst hat Phöbe damit auch uns geleistet! Niemals hat ein Mensch einen Brief geschrieben wie diesen. Er ist das Herz der apostolischen Verkündigung. Er stellt die wichtige Lehre von der Rechtfertigung allein aus dem Glauben ins rechte Licht. Wieviel Licht fällt aus diesem Brief auf den verfinsterten

Zustand des Menschenherzens; wie rühmt er die Gnade, die mächtiger ist als alle Sündenmacht; wie klar deckt er uns Gottes Gedanken über das Volk Israel und über die Heiden auf! Was für ein Schatz wurde mit diesem Brief der Phöbe anvertraut! Wenn sie diesen Brief verloren hätte, was für ein unersetzlicher Verlust wäre das gewesen! Aber sie hat ihren Schatz treu und sorglich behütet. Und wenn sie auf der Reise in irgendwelche Gefahren kam, hat sie gewiß erst an ihren kostbaren Brief gedacht und dann erst an sich selber.

In gewissem Sinne soll jedes Gotteskind ein Träger des Römerbriefes sein. Die Gerechtigkeit durch den Glauben, dies herrliche Kleinod, das der Kern des Briefes ist, das soll auch der Inhalt und die Freude unseres Lebens sein. Das sollen wir tief im Herzen tragen, das muß aus unsern Augen leuchten, das müssen unsere Lippen bekennen: »Nun wir denn sind gerecht geworden durch den Glauben, so haben wir Frieden mit Gott durch unsern Herrn Jesus Christus.«

Lebendige Briefe sollen wir sein, schreibt Paulus an die Korinther. Ja, möchte man diese kostbare Schrift in unserm Auge und in unserm Wandel lesen, daß wir frei gemacht sind von dem Gesetz der Sünde und des Todes, daß wir in einem neuen Leben wandeln!

Kann man das bei dir in Wort und Wandel lesen, daß du in Christus Jesus bist (Rö 8, 1.2), daß du nach dem Geist wandelst und nicht nach dem Fleische, daß du dich unter allen Umständen vom Geiste Gottes leiten läßt?

Sei eine lebendige Trägerin des Römerbriefes! Verkündige in Wort und Wandel, daß Jesus ein völliger, ein herrlicher Erlöser ist – und auch du wirst dastehen als eine Phöbe, eine »Leuchtende«.

Evodia und Syntyche

Die Stelle im Philipperbrief, wo wir von diesen beiden Frauen lesen, ist ein Beweis von der zarten Liebe, aber auch von der unbestechlichen Heiligkeit des Geistes Gottes. Wenn *wir* jemand zu tadeln und zu ermahnen haben, dann betonen wir für gewöhnlich nur das, was nicht gut gewesen ist. Wir sagen, was wir auszusetzen haben, und damit fertig. Der Heilige Geist macht es anders. Wenn Er tadeln will und muß, dann vergißt Er auch das Lob nicht. Wenn der Vorsteher der Gemeinde in Ephesus (Offb 2) erfahren soll, daß der Herr etwas wider ihn hat, dann hört er zunächst: »Ich weiß deine Werke und deine Arbeit und deine Geduld und daß du die Bösen nicht ertragen kannst« und was sonst noch Anerkennung verdient. Was anerkannt werden muß, das wird anerkannt. Aber was getadelt werden muß, das wird auch getadelt. So geschieht es auch hier. Paulus fühlt sich vom Heiligen Geist getrieben, die beiden Frauen in Philippi zu ermahnen, daß sie eines Sinnes seien. Dabei aber denkt er mit Anerkennung daran, wie treu und tapfer sie sonst für das Evangelium gekämpft haben.

Davon wollen wir etwas lernen. Wenn wir in die Lage kommen, ermahnen zu müssen, dann wollen wir daran denken, daß ein rechter Tadel mit Lob verbunden sein muß, sonst sieht der Tadel, die Ermahnung leicht ungerecht aus. Laßt uns stets bemüht sein, das hervorzuheben, was gelobt und anerkannt werden kann, dann werden wir auch nichts verderben, wenn wir ein Wort der Ermahnung sagen müssen.

Die Worte in Philipper 4, wo Paulus von Evodia und Syntyche spricht, lauten: »Die Evodia ermahne ich, und die Syntyche ermahne ich, daß sie *eines* Sinnes seien in dem Herrn. Ja, ich bitte auch dich, mein treuer Geselle, stehe ihnen bei, die samt mir für das Evangelium gekämpft haben, mit Klemens und meinen andern Gehilfen, welcher Namen sind in dem Buche des Lebens.«

1. *Ein hohes Lob.* »Sie haben samt mir für das Evangelium gekämpft«, das ist das schöne Zeugnis, das Paulus beiden ausstellt. Wir wissen nicht genau, worauf der Apostel da anspielt. Vielleicht meint er damit die Verfolgung, die über ihn kam, als er die Magd in Philippi von dem Wahrsagergeist befreit hatte. Aber vielleicht ist es bei dieser einen Verfolgung nicht geblieben. Es gab ja in jenen Tagen viel durchzumachen und zu leiden um Jesu willen. Wenn das Evangelium in einem Land Fuß zu fassen beginnt, dann läßt der Teufel sich das nicht so ruhig gefallen, sondern er hetzt seine ganze Meute auf die kühnen Pioniere, die in sein Reich so unerschrocken eingedrungen sind. Mit was für Lügengeistern hatte es Paulus in seiner Arbeit zu tun! Wie war er von Bosheit und Feindschaft immer und überall umgeben! Wie suchte man ihn in seinen eigenen Gemeinden zu verleumden und zu verdächtigen! Ja, auch körperliche Leiden und Schmerzen blieben ihm nicht erspart, wie wir aus 2. Korinther 11 wissen. Und gewiß sind körperliche Schmerzen noch nicht die schlimmsten. Schlimmer und schmerzlicher ist es, wenn man von Brüdern verkannt und verfolgt wird. Und auch das hat Paulus reichlich zu erfahren bekommen.

Es gilt, einen Kampf zu kämpfen. Das ist heute noch so wie damals. Und das wird so bleiben, solange die Welt bleibt. Es ist nicht der Kampf gegen die Sünde, um den es sich handelt, wie so viele meinen. Sondern es ist der Kampf gegen den Teufel und sein Reich. Gegen die Sünde können wir nicht kämpfen. Das hat keinen Zweck. Damit kommen wir nicht zum Ziel. Von der Sünde müssen wir uns *reinigen* lassen. *Das* ist der bibli-

sche Weg. Aber der Kampf gegen die Sünde bringt uns
nur Niederlagen.

Wir müssen es einmal klar erkennen: Wenn die Schrift
von einem Kampf redet, so redet sie von einem »Kampf
des Glaubens« (1 Tim 6, 12; 2 Tim 4, 7 f.; 1.Kor 9, 25;
Hebr 12, 1 u. a.) oder von einem Kampfe gegen Fürsten
und Gewaltige (Eph 6, 12). Nur an einer Stelle heißt es:
»Ihr habt noch nicht bis aufs Blut widerstanden in den
Kämpfen wider die *Sünde*« (Hebr 12, 4). Aber nach dem
Zusammenhang ist auch da nicht von der Sünde, die in
uns wohnt, die Rede, sondern von der Ungerechtigkeit
und Verfolgung der Menschen, von den Leiden und
Trübsalen, welche die Kinder Gottes zum Abfall von
Christus bewegen wollten.

Der Kampf, der uns verordnet ist, ist wahrlich kein
Kinderspiel. Denn »wir haben nicht mit Fleisch und Blut
zu kämpfen, sondern mit Fürsten und Gewaltigen, nämlich mit den Herren der Welt, die in der Finsternis dieser
Welt herrschen, mit den bösen Geistern unter dem
Himmel!« (Eph 6, 12). Kinder Gottes haben es mit
furchtbaren Feinden zu tun. Die ganze Hölle ist gegen sie
in Bereitschaft. Es gibt, wie wir aus der Bibel wissen,
nicht nur einen Teufel, sondern eine große Schar böser
Geister, die ihm dienen und die Seelen der Menschen zu
verderben trachten. Ja, oft ist die Luft geradezu erfüllt
von bösen Geistern unter dem Himmel. Toren mögen
darüber lachen, Christen wissen, daß sie es mit finsteren
Mächten zu tun haben.

Wie sollen wir aber so einen Kampf kämpfen? Ist der
nicht von vornherein aussichtslos? Der Teufel ist doch
ein Fürst und ein Gewaltiger! »Groß Macht und viel List
sein grausam Rüstung ist«, das ist wahr. Darum brauchen
wir eine Waffenrüstung, wenn wir den Kampf mit ihm
wagen sollen und wollen. Wir brauchen den Harnisch
Gottes, um am bösen Tage Widerstand zu leisten, alles
wohl auszurichten und das Feld zu behalten. Wir müssen

unsere Lenden umgürten mit der Wahrheit und um die Brust den Panzer der Gerechtigkeit tragen. Wir brauchen Stiefel, um fertig zu sein für den Dienst und Kampf. Vor allen Dingen aber brauchen wir den Schild des Glaubens, um damit die feurigen Pfeile des Bösewichts aufzufangen und auszulöschen. Schließlich haben wir den Helm des Heils nötig und das Schwert des Geistes, welches ist das Wort Gottes (Eph 6). Wenn wir so gerüstet sind, dann können wir den Kampf aufnehmen. Anders nicht.

Wenn wir nicht die Gerechtigkeit Christi angezogen haben, können wir nicht kämpfen. Wenn irgendwelche Punkte in unserm Leben und Wandel sind, die noch nicht in Ordnung gekommen sind, dann hat der Feind gewonnenes Spiel. Jesus konnte beim Blick auf den Feind am letzten Abend Seines Erdenlebens sagen: »Es kommt der Fürst dieser Welt und hat *nichts* an Mir.« Wehe aber dem, der mit dem Teufel kämpfen will, und der Teufel hat etwas an ihm! Der ist verloren. Denn bei dieser alten Geschichte, bei dieser Sache, die noch nicht ins reine gebracht ist, wird der Feind ihn fassen und zu Fall bringen. Wir müssen umhüllt sein von der Gerechtigkeit Christi, sonst sind wir verloren.

Wir brauchen auch die Stiefel, welche die Bereitschaft andeuten, das Evangelium zu verkündigen. Wer kein Zeuge Jesu ist, wer als »stummer Hund« schweigt, wo er reden und bekennen sollte, mit dem hat der Teufel leichtes Spiel, das können wir zur Genüge aus der Verleugnung des Petrus lernen. Die beste Art des Kampfes ist oft der Angriff. Wir müssen den Feind in seinem eigenen Lager angreifen. Wir dürfen uns nicht darauf beschränken, die Angriffe abzuwehren, die er auf uns macht, sondern wir müssen zum Angriff übergehen, wir müssen suchen, ihm seine Beute abzunehmen, ihm die Seelen zu entreißen, die er schon als sein Eigentum bezeichnet hat. Aber dazu braucht es den Panzer der

Gerechtigkeit. Und dazu braucht es auch den Schild des Glaubens, um die Pfeile abzuwehren, die er auf uns abschießt. Feurige Pfeile sind es, und giftige Pfeile sind es, die er abschießt, manchmal noch obendrein aus dem Hinterhalt: Briefe ohne Unterschrift, häßliche Zeitungsartikel, gemeine Verleumdungen – dem Teufel ist jedes Mittel recht, wenn er den, der gegen ihn kämpft, nur unschädlich machen kann.

Er kämpft aber nicht nur aus dem Busch heraus. Zuweilen tritt er uns auch in seiner ganzen Schrecklichkeit entgegen. Da brauchen wir den Helm des Heils für unser Haupt, einen allezeit getrosten und frohen Blick auf den Herrn, der unser Heil und unsere Hoffnung und Zuversicht ist. Und dann noch in die Hand das Schwert genommen, das Wort Gottes, dann laß den Feind nur schäumen, »es muß uns doch gelingen«! Aber unterschätze doch niemand den Feind! Ich weiß von einem ehemaligen Trinker, der auf einem Blaukreuzfest seine sehnigen Arme entblößte und ausrief: Mit *den* Muskeln will ich es mit dem Teufel aufnehmen!« Und nach einem Vierteljahr – saß er im Zuchthaus. Der Teufel war mit ihm fertig geworden. Der hatte vor seinen Muskeln keine Angst. Aber gefaltete Hände, die kann er nicht leiden. Und gebeugte Knie, die fürchtet er.

Evodia und Syntyche bekommen das Zeugnis, daß sie mit dem Apostel Paulus für das Evangelium gekämpft haben. Sie haben, wie es scheint, einen hervorragenden Anteil an den Leiden und Verfolgungen gehabt, die es zu ertragen galt in Philippi. Und sie haben siegreich gekämpft, bis – bis – ach, das ist eine traurige Geschichte. Davon wollen wir nun miteinander reden.

2. *Ein ernster Tadel.* Dem Teufel ist jedes Mittel recht, das er gebrauchen kann, um ein Kind Gottes zu lähmen und untüchtig zu machen für den Kampf, das heißt: für den Dienst des Evangeliums. Es gelang ihm, zwischen Evodia und Syntyche Unfrieden zu stiften. Sie waren

nicht eines Sinnes. Wie schade! Wo Unfriede ist, da blüht des Teufels Weizen. Darum ist das noch heute eine seiner beliebtesten Vorgehensweisen, eine Gemeinschaft, einen Verein untüchtig und unfruchtbar zu machen: Er stiftet Unfrieden. Vielleicht ist es die Vorstandswahl, wo dieser oder jener sich übergangen und zurückgesetzt fühlt, oder da hat einer eine andere Auffassung als der andere. Anstatt zu sagen: »Es kann sein, daß du recht hast«, hält man die eigene Meinung für die allein richtige – und der Zwist ist da. Hat der Teufel das Wasser erst auf diese Weise getrübt, dann kann er gut fischen. Dann hat er gewonnen.

Tut dem Teufel doch nicht den Gefallen, Geschwister, euch zu zanken und zu verunreinigen! Haltet fest und treu zusammen! Und wenn der Verleumder auch dies und jenes über den Bruder, über die Schwester sagt, glaubt ihm nicht. Fragt den Bruder selbst, der angeschuldigt wird. Dann hört ihr, daß es die reine Verleumdung ist. Aber wenn ihr dem Verleumder glaubt, dann ist bald der Streit da.

Woher kommt der Streit? Im letzten Grunde doch aus einem ungebrochenen Herzen. Man war verletzt, man war beleidigt, man fühlte sich zurückgesetzt, man hatte nicht die erforderliche Beachtung gefunden, man war mit seiner Ansicht nicht durchgedrungen oder was es sonst war. Aber das eigene Ich spielte immer eine Rolle dabei. Wo das Ich seinen rechten Platz bekommen hat, den Platz am Kreuz, da gibt es keinen Streit. Das ist gewiß.

»Ein jeglicher sei gesinnt, wie Jesus Christus auch war«, so schreibt Paulus an die Philipper, in demselben Brief, in dem er von der Uneinigkeit der Evodia und Syntyche redet. Das ist der Weg, wie Kinder Gottes auch mit verschiedenen Ansichten sich verstehen und verständigen können. Die Verschiedenheit der Ansichten und Meinungen über dieses und jenes wird nie aufhören. Wir sind verschieden geführt im Leben, wir haben andere

Überzeugungen gewonnen in diesen und jenen Fragen. Wie ist es dabei möglich, daß wir doch übereinstimmen, daß wir doch miteinander auskommen? Dies ist der Weg: Jedes Kind Gottes muß in Übereinstimmung kommen mit Jesus. Bin ich in Übereinstimmung mit Jesus, und bist *du* in Übereinstimmung mit Jesus, dann sind wir auch untereinander eins. Dann sind wir in dem, was wichtig und bedeutungsvoll ist, eins. Und dann verstehen und lieben wir uns. Darum sagt Paulus: »Ein jeglicher sei gesinnt, wie Jesus Christus auch war.« Und wie war Er gesinnt? Er suchte nicht das Seine. Er suchte nur das, was Gottes war, und das, was der andern, was der Menschen war. Er wollte nichts für sich haben, Er wollte alles dahingeben für die Menschen.

Dann, wenn jeder so gesinnt ist, so bestrebt für den Nächsten, anstatt für sich selbst, dann ist die wahre, rechte Einheit da. Dann tritt man gerne seine vermeintlichen Rechte ab, dann verzichtet man auch bereitwillig auf Ehre und Anerkennung, dann gibt es keinen Streit.

Aber die Voraussetzung muß erfüllt sein, daß man *in Christus eins* ist. Mit Weltmenschen, die nicht an Jesus glauben, können und dürfen Kinder Gottes nicht eins sein. Das wäre unrecht und ein Übertreten des Wortes: »Ziehet nicht am fremden Joch mit den Ungläubigen.« Aber es gibt auch unter denen, die den Namen Christi tragen, solche, mit denen wir nicht eins sein dürfen. An die Thessalonicher schreibt Paulus: »Wir gebieten euch aber, liebe Brüder, in dem Namen unseres Herrn Jesu Christi, daß ihr euch entzieht von jedem Bruder, der da unordentlich wandelt und nicht nach der Satzung, die er von uns empfangen hat.«

Da gilt es also, die Augen aufzumachen und die Geister zu prüfen, ob sie aus Gott sind. Und wenn sie nicht aus Gott sind, dann müssen wir uns zurückziehen, und wenn sie noch so oft sagen, sie seien Kinder Gottes.

Aber da sei man seiner Sache gewiß, daß man nicht erfunden werde als einer, der wider Gott streitet!

Wenn es aber zwischen dir und einem anderen Menschen einen Zwist gegeben hat, dann frage nicht, wer die Schuld hat, sondern dann gehe du hin und reiche die Hand zur Versöhnung. Für gewöhnlich haben beide Parteien schuld. Auch Evodia und Syntyche haben beide gleichermaßen schuld gehabt. Darum werden sie auch beide gleichermaßen ermahnt. Aber selbst wenn die Schuld allein auf der Seite des andern läge, dann mach du doch den Anfang, damit der Zwist aus der Welt kommt. Warte nicht, bis der andere zu dir kommt, sondern geh du zu ihm. Und vielleicht, wenn du die Sache im Lichte Gottes besiehst, dann wirst du auch inne, daß die Schuld sich gar nicht, wie du erst dachtest, nur auf seiten des andern befindet, sondern du siehst, daß ein großer Teil der Schuld auf deiner Seite ist, ja vielleicht sogar der größere. Aber wie dem auch sei – bring deine Sache mit dem Bruder, mit der Schwester ins reine!

Für alle Zeiten steht es in der Bibel, daß Evodia und Syntyche uneins gewesen sind. Wäre das nicht schrecklich, wenn du deinen Zwist nicht aus der Welt schafftest – und am Tage der Ewigkeit käme diese alte, unselige Geschichte wieder ans Licht! Wie werden Evodia und Syntyche sich geschämt haben, als der Brief in der Gemeinde vorgelesen wurde und ihre Namen darin standen! Und wo man noch heute den Philipperbrief liest, da denkt man an die Uneinigkeit von Evodia und Syntyche. Wie beschämend ist das doch! Oh, wenn mit deinem Namen so ein Zwist verbunden ist und bleibt – bis du mit einem Mal an die alte Geschichte erinnert wirst, wenn die Bücher aufgetan werden!

Stehe ihnen bei! So schreibt Paulus an den Vorsteher der Gemeinde. Das ist wichtig und tröstlich. Nachdem er gemahnt und getadelt hat, empfiehlt er die beiden Frauen der ganz besonderen Pflege, damit die Ermahnung auch ausrichtet, wozu sie ausgesprochen ist. – Genauso steht den Kinder Gottes auch heute einer bei, der sie pflegt, der sie auf das Unrecht hinweist, das sie tun; der sie bittet, sich ganz dem Herrn hinzugeben, auf das Opfer glaubend einzugehen, das Christus am Kreuz für uns gebracht hat, um dadurch Heil und Leben für uns zu erwerben. Wer das ist? Der treue, liebevolle Heilige Geist. Wer wirklich aus der Wahrheit ist, der hört auf Seine Stimme, der kommt zurecht. Aber wer sich dem Geist Gottes verschließt, für den geht es durchs Feuer der Leiden und Gerichte hindurch, wenn er doch noch zum Ziel kommen soll.

Liebes Herz, öffne dich dem Heiligen Geist, gib dich Ihm ganz und gar hin, damit Er alles »entdecke und verzehre, was nicht in Seinem Lichte rein«! Und wenn du keine Kraft hast, die erkannte Sünde aufzugeben, Er steht dir auch dann bei. Wende dich nur an Ihn, und bitte Ihn um Kraft – und du kommst zurecht. Er wird nicht eher ruhen, bis daß Er aus dir das Bild des Herrn Jesus herausgearbeitet hat, bis Er auch von dir sagen kann, wenn du bereitet und gerüstet bist für den Herrn: »Es ist vollbracht!«

Überlaß dich Ihm – und Er kommt zum Ziel. Gelobt sei Er für Seine Treue!

Lois und Eunike

Die Namen dieser beiden Frauen finden wir nur in 2. Timotheus 1, 5, wo Paulus an Timotheus schreibt: »Ich erinnere mich des ungefärbten Glaubens in dir, welcher zuvor gewohnt hat in deiner Großmutter Lois und in deiner Mutter Eunike.« Aber wir wissen doch genug aus der Schrift, um uns ein Bild von ihnen machen zu können.

Wenn Timotheus ein so treuer und zuverlässiger Gehilfe des Apostels geworden ist, daß Paulus sogar das Wort von ihm schreibt: »Ich habe keinen, der so gar meines Sinnes sei und so rechtschaffen für euch sorgen würde« (Phil 2, 20), so hat das durch die Gnade Gottes die Erziehung und Unterweisung dieser beiden treuen Frauen bewirkt.

In Lystra haben die Eltern des Timotheus gewohnt. Auf seiner ersten Missionsreise war der Apostel Paulus nach Lystra gekommen und hatte dort einen Mann geheilt, der von Geburt an lahm gewesen war. Diese Tat erregte großes Aufsehen in der Stadt. Die Priester kamen mitsamt dem Volk zu den Aposteln, um ihnen Opfer darzubringen, weil man sie für Götter hielt. Paulus und Barnabas hatten Mühe, das Volk davon abzubringen, ihnen göttliche Ehre zu erweisen.

In Lystra bekamen die Apostel aber auch so recht zu spüren, wie wankelmütig die Volksgunst ist. Es kamen nämlich etliche Juden dorthin aus Antiochien und aus Ikonien, die das Volk so sehr erregten, daß man Paulus steinigte und halbtot aus der Stadt hinausschleifte.

Trotz dieser Erfahrungen ging Paulus auf der zweiten Missionsreise wieder nach Lystra. »Und siehe, ein Jünger war daselbst, mit Namen Timotheus, eines jüdischen

Weibes Sohn, die war gläubig, aber eines griechischen Vaters. Der hatte ein gutes Gerücht bei den Brüdern unter den Lystranern und zu Ikonien. Diesen wollte Paulus lassen mit sich ziehen.«

So geschah es denn auch. Von dieser Zeit an war Timotheus der treue Gefährte oder Sendbote des Paulus. An des Apostels Seite finden wir ihn in Philippi, in Athen und in Ephesus. Während der Gefangenschaft des Paulus war er ihm in Rom nahe, dann wieder war er Vorsteher der Gemeinde in Ephesus, wohin Paulus die Briefe an Timotheus geschrieben hat. Von dort aus wirkte er hier und dort in Kleinasien, von wo er schließlich wieder nach Rom gerufen wurde.

Sein Vater war ein Heide. Also hat Timotheus es ihm gewiß nicht zu verdanken gehabt, daß er ein gesegneter Zeuge des Evangeliums wurde. Auch die zweimalige Wirksamkeit des Paulus in Lystra hat den Vater des Timotheus ebensowenig zu einem Christen machen können wie der treue Wandel seiner Frau Eunike und seiner Schwiegermutter Lois. Oder war er schon bald nach der Geburt des Knaben gestorben? Ich möchte es fast glauben; denn ich kann mir nicht denken, daß ein Mann sich nicht bekehrt haben sollte, der ein solches Vorbild und Beispiel täglich um sich hatte. Der bestimmende Einfluß in der Erziehung des Knaben ging jedenfalls von seiner Mutter Eunike und seiner Großmutter Lois aus.

Lois war wohl eine alte »Mutter in Israel« gewesen, die auf den Trost Israels wartete wie vor ihr Hanna und Elisabeth. Als dann die Kunde nach Lystra kam, daß der Messias erschienen sei, da waren Lois und Eunike gewiß mit unter den ersten, die ihr Herz dem Herrn erschlossen. Das beweist schon der Name, den Eunike ihrem Knaben gab. Sie nannte ihn Timotheus, das heißt »Fürchtegott«. Das war ein guter Name für ihn. Und die beiden treuen Mütter haben dafür gesorgt, daß er seinem

Namen Ehre machte und ein richtiger Fürchtegott wurde.

Von Kind auf wurde Timotheus von den beiden Frauen in der Heiligen Schrift unterwiesen, wie wir aus 2. Timotheus 3, 15 wissen. Die Geschichten der Bibel waren das Element, in dem er lebte. Welches Kind glaubt nicht unbedingt dem, was ihm die Mutter erzählt? Wohl dem Kinde, das eine solche Mutter hat! Mit offenem Herzen nahm der kleine Fürchtegott die kostbaren Geschichten der Bibel in sich auf. So bekam die Bibel früh bestimmenden Einfluß auf den Knaben. Sie wurde ihm von Kind an der Wegweiser und die Richtschnur seines Lebens.

Es wurde dem Knaben um so leichter, zum lebendigen Glauben an Gott zu kommen, als der Glaube seiner beiden Erzieherinnen ein »ungefärbter« war. Das heißt nicht nur, daß sie selber tief von der Wahrheit der Geschichten überzeugt waren, die sie ihm erzählten, sondern sie lebten das, was sie ihn lehrten. – Zwischen ihren Worten und Werken war nicht der störende Unterschied, der so oft die Wirkung des Wortes und Zeugnisses abschwächt und aufhebt. Timotheus sah, daß es ihnen Ernst damit war, auch so zu leben, wie sie sprachen, und darum gewann er ihren Glauben lieb und gab sein Herz dem Herrn.

Da muß ich einen Augenblick haltmachen und dich fragen, liebe Mutter, wie es um dich und um deine Kindererziehung steht. Bist du so wie Eunike? Lebst du gemäß der Bibel? Ach, mit was für Geschichten werden heutzutage oft die Herzen der Kinder angefüllt! Da ist von Hexen und Nixen und Kobolden und wer weiß wovon die Rede. Und dann wundert man sich, wenn die Kinder nachher so bange und so furchtsam sind, daß sie nicht im Dunkeln die Treppe hinaufgehen wollen, daß sie nicht im Dunkeln einschlafen können und dergleichen. Laßt doch die lieben, alten Geschichten der Bibel wieder mehr zu ihrem Recht kommen! Dann werden eure Kinder glücklich und fröhlich in einfältigem Glauben.

Einmal gab es nachts ein Gewitter. Der Donner rollte; die Blitze zuckten. Am andern Morgen sagte unsere kleine Ruth, sie sei vom Donner wach geworden. »Hast du dich denn da nicht gefürchtet?« wurde sie gefragt. »Ja«, antwortete sie, »erst fürchtete ich mich wohl etwas, aber dann betete ich, und dann war ich nicht mehr bange und schlief wieder ein.« Würde wohl ein Märchen mit allerlei Hexengeschichten auch einen so beruhigenden Einfluß auf das Kind ausgeübt haben wie die Geschichte von dem Guten Hirten, die ihm erzählt worden war?

Meine Kinder haben in den ersten Jahren ihres Lebens nur biblische Geschichten gehört. Sie waren in der Bibel zu Hause, daß es eine Freude war. Erst als sie zur Schule kamen, lernten sie dort verschiedene Märchen kennen. Wie wichtig ist es, daß die Kinder erst die biblischen Geschichten kennenlernen! Denn sie merken doch schon früh, daß in den Märchen allerlei Unwahrscheinlichkeiten und Unmöglichkeiten vorkommen. Da liegt die Gefahr nahe, daß sie an die biblischen Geschichten, wenn sie dieselben *nach* den Märchen hören, denselben Maßstab anlegen. Nein, solange das Kinderherz noch weich und aufnahmefähig ist, sollte man ihm nur das Beste bieten, was es gibt, und das sind die Geschichten aus dem ewigen Wort unseres Gottes, aus dem untrüglichen Wort der Wahrheit.

Wenn das auch vielen als nicht *zeit*gemäß erscheint – *ewigkeitsgemäß* ist es auf jeden Fall.

Aber wann erst kann eine Mutter die Geschichten recht lebendig und frisch erzählen? Erst wenn sie selbst im rechten Glauben steht, wenn sie selber von der Wahrheit derselben nicht nur überzeugt ist, sondern wenn Gottes Wort auch ihres Lebens Inhalt, ihres Herzens Freude und Wonne ist.

Und zu dem Wort Gottes muß bei der Erziehung noch

eins hinzukommen, wenn sie erfolgreich sein soll. Das ist das Gebet. Kindererziehen ist keine leichte Arbeit. Da braucht es viel Weisheit. Und um die zu bekommen, braucht es viel Gebet. Eunike und Lois haben ihren kleinen Fürchtegott auf betendem Herzen getragen.

Betest du auch viel für deine Kinder und um die Gnade, sie recht zu erziehen? Vergiß es doch ja nicht, liebe Mutter!

Es kommt einmal die Stunde, wo du dein Kind hergeben mußt, wo du es nicht länger bei dir behalten kannst in der Obhut und dem Schutz des Elternhauses. Früher oder später kommt für jedes Kind die Stunde, wo es Abschied nehmen muß vom Elternhaus, um selbst seinen Weg durch die Welt zu finden. Und da kommt alles darauf an, daß deine Erziehung zu einem guten Abschluß gekommen ist, daß du einen schönen Sieg errungen hast. Das hatte Eunike getan, wie ihr Name besagt; denn Eunike lautet auf deutsch: »schöner Sieg«. –

Es war wohl zunächst sehr schwer für die liebe Mutter und für die alte Großmutter, als Paulus sie bat, ihm ihren Liebling mitzugeben. Es war ein Leben voller Gefahren und Schwierigkeiten, das er an der Seite des Apostels haben würde; das wußten sie ja von dem schrecklichen Tag her, als man Paulus beinahe umgebracht hätte. Dazu war Timotheus noch sehr jung, und der weibliche Einfluß in seiner Erziehung hatte es auch bewirkt, daß er schüchtern und zaghaft war. Aber dennoch war es den lieben Frauen keinen Augenblick zweifelhaft, daß sie den Wunsch des Apostels erfüllen und den Jüngling ihm überlassen sollten. Es war ja der Herr, der ihn rief. Da waren sie zu jedem Opfer gerne bereit.

Wie anders urteilen heute viele Eltern, wenn der Herr ein Kind haben will für den Diakonissen- oder für den Missionsberuf! Wie viele Einwendungen werden da gemacht, wie viele Hindernisse werden da in den Weg gelegt! Nicht wahr, wenn ein Herrscher jemand auf einen

Gesandtenposten im fremden Land beruft, das hält man für eine hohe Ehre! Aber wenn der König Jesus Anspruch geltend macht auf ein Kind des Hauses, dann will man nicht. Und doch ist die Ehre, ein Botschafter und Gesandter Jesu zu sein, viel größer und höher als die, von einem irdischen Herrscher berufen zu werden.

Liebe Mutter, wenn die Stunde kommt, da dein Kind das Elternhaus verläßt – wie wird das sein? Wie viele Mütter denken nur mit banger Sorge daran; denn das Leben ist wie ein wildes Meer. Wie manches Schifflein ist auf den wilden Wellen schon elend untergegangen! Wie mancher hat an seinen Klippen und Riffen schon trostlos Schiffbruch erlitten!

Was nimmt dein Sohn, was nimmt deine Tochter aus dem Elternhaus mit? Nehmen sie den Schatz des Wortes Gottes mit, nicht nur im Koffer, gut verwahrt, sondern im Herzen? Nehmen sie die Erinnerung an eine betende Mutter mit in die Gefahren und Schwierigkeiten des Lebens?

Liebe Mutter, denke daran, du hast nicht lange Zeit für die Erziehung deines Kindes! Es kommt bald die Stunde, wo du dein Kind aus dem Hause lassen mußt. Und in unserer letzten bösen Zeit kommen die Gefahren für ein Kind schon viel früher. Wie traurig ist es um den Unterricht in vielen Schulen bestellt! Wie viele ungläubige Lehrer halten es für ihre traurige Pflicht, den Kindern die Bibel verächtlich zu machen, die Geschichten derselben als Sagen und Märchen darzustellen! Nur die ersten Jahre hast du dein Kind für dich, liebe Mutter. Nutze die Zeit mit Gebet und Flehen, daß du deine Kinder recht erziehen kannst, daß dein Kind ein Fürchtegott wird und daß du wie Eunike wirst, die einen »schönen Sieg« erringt!

Wie köstlich, wenn dies das Ergebnis deiner Erziehung ist, daß deine Kinder Gott fürchten und lieben, daß deine Kinder zum zweitenmal geboren werden, wiedergeboren zu einer lebendigen Hoffnung, zu Kindern Gottes und Miterben Christi! Der Herr schenke es dir in Gnaden!

Zum Schluß noch ein Wort über die Großmutter Lois. Wie überflüssig kommen sich oft Großmütter vor! Der Ehepartner ist vielleicht schon lange tot; ihr ganzes Geschlecht, mit dem sie einst jung gewesen, ist ins Grab gesunken. Da meinen Sie, es wäre besser, sie wären auch nicht mehr da.

So hat Lois nicht gedacht. Sie wußte, daß sie noch eine Arbeit zu tun hatte. Und das war die Erziehung des kleinen Timotheus. Ihren Enkel für Gott zu erziehen, das erschien ihr als eine sehr wichtige Aufgabe. Mit viel Gebet hat sie diese Aufgabe erfüllt. Und Gott hat Gnade zu ihrer Arbeit gegeben.

Hast du, liebe Großmutter, solche Arbeit nicht auch zu tun? Wenn du deine Kinder für den Herrn erzogen hast – kommen dann nicht die Enkelkinder an die Reihe? Brauchen die nicht auch die treue Fürbitte der Großmutter?

Wieviel hängt doch davon ab, eine betende Mutter und Großmutter zu haben! Du bist nicht überflüssig in der Welt, im Gegenteil, du hast noch eine sehr wichtige Aufgabe zu erfüllen: nämlich für Kinder und Enkelkinder zu beten, daß sie doch alle den Herrn kennenlernen und Seine Wege gehen möchten. Wenn du sonst nicht mehr viel tun kannst – diese Arbeit kannst du noch tun: deine Hände falten für deine Enkel.

Gott helfe dir, diese Arbeit treulich zu tun, und Er bekenne sich dazu mit gnädiger Erhörung!

Die auserwählte Frau

So redet der Apostel Johannes die Frau an, an die er den Brief schrieb, den wir den zweiten Brief des Johannes nennen. Wir wissen nicht, wo diese auserwählte Frau gewohnt hat; aber man nimmt gewöhnlich an, daß sie in einer kleinasiatischen Gemeinde lebte. Aus dem Brief können wir nur ersehen, daß sie einem größeren Hauswesen vorstand und erwachsene Kinder hatte. Weil von ihrem Mann keine Rede ist, dürfen wir wohl schließen, daß sie Witwe war. Ebendarum, weil sie eines Rates bedurfte und keinen Mann hatte, der ihr hätte raten können, schrieb Johannes in brüderlicher Liebe diesen Brief an sie.

»Die auserwählte Frau«, das ist der Name, den Johannes ihr gibt. Es ist wunderbar, wenn man weiß und sagen kann, daß man auserwählt ist. Was für eine Gnade ist das, von Gott aus der argen, feindseligen Welt herauserwählt zu sein! Bist du das auch? Soviel ist gewiß, daß Gott an jedem in großer, unendlicher Liebe arbeitet, um ihn aus der Welt »herauszuerwählen«. Es gilt von einem jeden Herzen: »Ich habe dich je und je geliebt.« Aber ist auch das zweite schon wahr geworden: »Darum habe Ich dich zu Mir gezogen aus lauter Güte«? Hast du dich schon herausziehen und an Sein Herz heranziehen lassen? Gib doch endlich Seinem Liebeswerben nach, mit dem dein Gott sich schon so lange um dich bemüht hat!

Und wer endlich dem Herrn nachgegeben hat, wer endlich seinen Widerstand aufgegeben hat, der weiß, daß die Gnade Gottes ihn nicht erst in seinem kurzen Erdenleben gesucht hat, sondern der weiß, daß Gott schon vor Grundlegung der Welt ihn ersehen und erwählt hat.

Es ist für mich ein köstlicher Gedanke, zu wissen, daß

mein Gott sich um mich und meine Seele in Seiner wunderbaren Gnade bemüht hat, daß Er mir nachgegangen ist auf meinen Irrwegen, um mich zu suchen und zu finden. Aber der Gedanke ist doch noch viel größer und gewaltiger, wenn ich mir vorstelle, daß Gott schon von Ewigkeit her an mich gedacht hat, und daß Er schon vor Grundlegung der Welt meinen Namen in das Buch des Lebens geschrieben hat.

Das ist ein fester Grund. Nicht auf meiner armen Liebe zum Herrn, sondern auf Seinem ewigen Erbarmen ruht die freie, unverdiente Liebe meines Gottes gegen mich. Wer in diese Tiefen des ewigen Erbarmens hineinschaut, der kann nicht anders, der muß anbeten und staunen: »Oh, welch ein Tiefe des Reichtums, beides, der Weisheit und Erkenntnis Gottes! Wie gar unbegreiflich sind Seine Gerichte und unerforschlich Seine Wege!«

In der Begrüßung sagt der Apostel der auserwählten Frau und ihren Kindern, daß er sie liebhabe in der Wahrheit, wie auch alle, die die Wahrheit erkannt hätten.

Was für eine Freude wird das für die Frau gewesen sein, mit dem Apostel Johannes in so enger Verbindung zu stehen und mit ihm in Liebe verbunden zu sein! Wie pflegt man die Freundschaft eines hochgestellten Mannes zu schätzen, zu erstreben und sich damit zu rühmen! Aber was ist alle Berühmtheit vor den Menschen gegen den Ruhm Gottes! Was ist alle Freundschaft mit irgendeinem Menschen dieser Welt gegen die Verbundenheit mit einem Großen im Reiche Gottes! Und Große im Reich Gottes sind nicht etwa berühmte Evangelisten, sondern groß bei Gott ist der, der den Johannesplatz einnimmt am Herzen Jesu. Und wenn es ein schlichter Arbeiter ist oder eine arme Waschfrau – es sind Große im Reiche Gottes, wenn sie den Platz gefunden haben, den Johannes einnahm, der an des Meisters Brust lag.

Bist du in Liebe mit den Kindern Gottes verbunden?

Weißt du dich eins mit ihnen in der einen Liebe zu dem einen Herrn, in der einen großen göttlichen Wahrheit? Unterschätze diese Verbindung nicht! Alle andern Bande lösen sich, aber diese Verbindung bleibt, auch bis in die Ewigkeit hinein.

Wie gut wird der Frau dies Wort der Liebe getan haben, was wird es ihr für eine Stärkung in ihrem Witwendasein gewesen sein!

»Ich bin sehr erfreut«, so fährt Johannes alsdann fort, »daß ich gefunden habe unter deinen Kindern, die in der Wahrheit wandeln, wie denn wir ein Gebot vom Vater empfangen haben.«

Wenn das eine Freude für den Apostel war, wieviel mehr war es dann eine Freude für die Mutter! Was wünscht eine gläubige Mutter wohl sehnlicher als dies, daß ihre Kinder es lernen, in der Wahrheit zu wandeln! – »Was ist Wahrheit?« So hat Pilatus einst gefragt. Er hat keine Antwort auf seine Frage bekommen. Aber uns hat der Herr eine Antwort gegeben. Er hat gesagt: »Ich bin der Weg und die Wahrheit und das Leben.« *Jesus* ist die Wahrheit. In der Wahrheit wandeln, das heißt also soviel, wie in Jesus und mit Jesus wandeln. Das taten die Kinder der auserwählten Frau. Gewiß waren für sie viele Gebete aufgestiegen zum Thron der Gnade. Vielleicht hatte das Vorbild eines gläubigen Vaters einen tiefen Eindruck auf sie gemacht. Vielleicht hatte auch sein Sterben ihnen eine eindringliche Predigt gehalten. Kurz, das Ergebnis der Erziehung war, daß die Kinder anfingen, in der Wahrheit zu wandeln.

Wandeln deine Kinder noch nicht in der Wahrheit? Hast du es dann vielleicht irgendwo fehlen lassen? Bist du deinen Kindern immer in Wort und Werk ein rechtes Vorbild gewesen? Oder hast du ihnen, wie so manche Väter und Mütter, hindernd im Wege gestanden? Ja, wie oft ist das der Fall, auch in solchen Häusern, wo man um die Bekehrung der Kinder betet! Ich kenne Eltern, die für ihre Kinder beten, aber mit ihrem schlechten Beispiel stehen sie ihren Kindern im Wege und hindern sie, zu Jesus zu kommen. Das ist furchtbar ernst. Durch nichts wird den Kindern das Christentum so verleidet als durch eine Frömmigkeit, die sich nur in Worten und Redensarten, aber nicht in der Tat und in der Wahrheit zeigt.

Aber so schön das Lob auch klingt, das Johannes hier den Kindern der auserwählten Frau spendet, es klingt doch auch, wenn auch in sehr zarter und taktvoller Weise, ein Wort der Klage und der Mahnung mit durch. Er sagt, er habe unter ihren Kinder solche gefunden, die in der Wahrheit wandeln. Das klingt so, als ob sie nicht *alle* gleicherweise in der Wahrheit wandelten. Und wie wir weiter sehen werden, ist gerade dies der Anlaß, der den Apostel zum Schreiben genötigt hat. Es scheint, daß das eine oder das andere ihrer Kinder in Gefahr stand, vom rechten Weg abzuirren oder daß es schon abgeirrt war. Die Kinder ihrer Schwester, von denen er im Schlußvers herzliche Grüße bestellt, werden Johannes davon erzählt haben.

Nicht als Apostel, sondern als der Älteste der Gemeinde, als ein väterlicher Freund, der um das Wohl der teuren Frau und ihrer Kinder besorgt war, schreibt er an sie, um sie zu bitten, bei der rechten Lehre zu bleiben. Die rechte Lehre sei freilich das alte Gebot der Liebe. Die neuen Lehren betonen bald dies, bald das, stellen bald dieses, bald jenes als Hauptsache hin. Die wirkliche Hauptsache aber ist und bleibt die Liebe Gottes, die sich in Jesus geoffenbart hat.

Es fehlte schon in jenen Tagen nicht an falschen Lehrern, die diesen Hauptpunkt des Glaubens, die Liebe Gottes, in Seinem Sohne Jesus Christus geoffenbart, in Abrede stellten. In dieser Lehre sieht Johannes den Teufel und Antichristen gewissermaßen persönlich auf den Plan treten. Fällt die Lehre von der Gottessohnschaft Christi, so fällt alles. Denn wenn Christus nicht der

Sohn Gottes war, dann hat Er sich fälschlich dafür ausgegeben. Hat Er sich aber dieser *einen* Unwahrheit schuldig gemacht, was wollen wir Ihm dann noch glauben? Wenn Er in diesem Hauptpunkt mit einem Anspruch aufgetreten ist, der nicht mit der Wahrheit übereinstimmt, dann ist Seine ganze Lehre nichts wert, dann ist der ganze Heiland für uns nichts nütze. Es ist nicht zu begreifen, daß die Irrgeister unserer Tage, die Jesu Göttlichkeit bestreiten, diese Folgerung sich nicht selber klarmachen. Ich kann es nicht verstehen, daß sie Ihn als einen idealen Menschen gelten lassen wollen, wenn Er doch in so wichtigen Hauptsachen uns unwahre Mitteilungen gemacht hat! Nein, entweder der ganze Heiland, wie Er uns in der Bibel Alten und Neuen Testaments begegnet, oder fort mit Ihm und mit der Sache des Christentums!

Wer die Gottessohnschaft Christi leugnet, sagt Johannes, der hat in Wirklichkeit keinen Gott. Denn wer nicht an Jesus glaubt als an seinen Heiland, der kann nicht zum Vater kommen, wie Jesus gesagt hat: »Niemand kommt zum Vater, denn durch Mich.«

Warum nimmt der Apostel so besonderen Anteil gerade an diesem Hause? Weil die Kinder dieses Hauses, wie es scheint, mit durch sein Zeugnis zu Christus gebracht worden sind. So dürfen wir das Wort: »Sehet euch vor, daß wir nicht verlieren, das wir erarbeitet haben, sondern vollen Lohn empfangen«, wohl verstehen. Vielleicht war er ihnen ein Wegweiser zu Christus gewesen, und jetzt bestand die Gefahr, daß der eine oder andere Sohn einen falschen Weg einschlug.

Aus dem Folgenden können wir noch mehr schließen. Er schreibt weiter: »So jemand zu euch kommt und bringt die Lehre nicht, den nehmet nicht auf zu Hause und grüßet ihn auch nicht. Denn wer ihn grüßet, der macht sich teilhaftig seiner bösen Werke.«

Dies ist wohl der Hauptvers des ganzen Briefes. Damit

bricht der Apostel ab. Das war es, was er zu sagen hatte. Einer der Söhne hatte, wie es scheint, Beziehungen zu einem Irrlehrer angeknüpft, der die Gottessohnschaft in Frage zog. Um der Freundschaft willen, die ihn mit ihrem Sohne verband, nahm ihn die Mutter gastlich auf. Dadurch aber entstand die Gefahr, daß das Gift der Irrlehre das ganze Haus durchdrang und die ganze Familie ins Verderben brachte. Darum zeigt der treue Mahner der »auserwählten Frau« die Gefahr, in der sie sich befindet.

Aber geht ein solches Verbot nicht doch zu weit? Nicht einmal grüßen soll man den Irrlehrer? Ist das denn noch Liebe? Ja, das ist Liebe. Freilich nicht das schwächliche, weichliche, kraftlose Gehenlassen, das heute für Liebe ausgegeben wird, daß man jeden in Ruhe lassen und auch die Glaubenslosigkeit als eine Glaubensüberzeugung anerkennen soll. O nein, das ist keine Liebe, das ist Schwäche. Wer wirklich den Herrn Jesus liebhat, der kann nicht anders, als Seinen Feinden den Krieg erklären. Nicht wahr, wenn jemand schlecht über deinen Mann spräche oder über deine Frau, dann würdest du den Verkehr mit ihm abbrechen, dann würdest du kein Wort mehr mit ihm wechseln. Aber wenn man deinen Heiland antastet, dann sagst du kein Wort! Schäme dich, wenn du dazu schweigen kannst, wenn du da nicht in heiligem Zorn entbrennst! Aber wie viele sind in diesen Sachen so entsetzlich gleichgültig und urteilslos in unsern Tagen! Wie viele Zeitungen kommen ins Haus, die bald in feiner, bald in grober Weise Jesus schmähen und Ihm Seine Ehre rauben; aber du läßt sie ruhig ins Haus hinein. Da schrieb der ehemalige Pastor Frenssen ein Buch nach dem andern, in denen er Jesus Seiner Gottessohnschaft entkleidet und Ihn als einen Menschen hinstellt wie du und ich – und das deutsche Volk riß sich um seine Bücher. Das ist ein Jammer! Und auch in Christenhäuser fand er seinen Weg. Hinaus! ruft der Apostel Johannes.

So einem Irrlehrer darfst du keine Gastfreundschaft erweisen; so ein Buch darfst du nicht in deinem Hause dulden!

Es ist nicht immer eine leichte Aufgabe für die Eltern, namentlich für eine verwitwete Mutter, in diesem Punkt richtig zu handeln. Die Welt steckt so voll falscher Propheten, daß wir überall von ihnen umgeben sind. Schon unsere Kleinen gehen bei falschen Propheten in die Schule. Ich kenne Grundschullehrer, die den Kindern die Erzählungen der Bibel lächerlich machen. Und auf den Gymnasien und auf Realschulen steht es womöglich noch schlimmer, und auf den Universitäten steht es am allerschlimmsten.

Da muß eine treue Mutter sehr auf der Hut sein. Sie darf in dieser wichtigen Zeit den Einfluß auf ihre heranwachsenden Kinder nicht verlieren. Sie muß suchen, ihr Vertrauen zu erhalten und zu bewahren. Aber sie wird es nur dann haben, wenn sie schon in der Kindheit des Kindes Vertrauen besessen hat, wie wir schon bei dem Bild von Lois und Eunike gesehen haben. Es ist so überaus wichtig, daß du in den ersten Jahren das volle, uneingeschränkte Vertrauen der Kinder gewinnst und daß du sie für Jesus beeinflußt, damit sie gewappnet und gepanzert sind, wenn die Propheten des Unglaubens ihr Zerstörungswerk nachher beginnen wollen.

Aber ist nicht doch die Aufforderung des Apostels zu scharf? Soll man denn nicht Andersgläubige in Liebe zu gewinnen suchen? Soll man denn nicht die Schwachen im Glauben tragen? Gewiß soll man das! Aber darum handelt es sich hier gar nicht. Es handelt sich hier nicht um Schwache im Glauben, sondern um Starke, die ihrer Meinung ganz gewiß sind und zu ihrer Meinung auch andere herumbringen möchten. Sie *nennen* sich wohl gern die Schwachen im Glauben, wenn man ihnen entgegentritt; aber sie verdienen diese Bezeichnung nicht. Sie sind Irrlehrer, und darum soll man sie auch als solche behandeln. Nur keine falsche Duldung und Nachgiebigkeit! Es ist ein Lob, das der Herr an die Gemeinde zu Ephesus schreibt: »Ich weiß deine Werke, . . . und daß du d e Bösen nicht ertragen kannst.« Mit Irrlehrern sollen und dürfen wir keine Gemeinschaft haben!

So bitte ich dich, halt die Augen offen! Unsere Zeit ist sehr böse! Laß den Feind nicht in dein Haus hinein! Daß du nicht nachher klagen mußt, wenn es zu spät ist, daß du nicht wachsam gewesen bist gegenüber dem Umgang deiner Kinder und was sie lasen! Du kannst nicht mit Kain fragen: Soll ich meiner Kinder Hüter sein? Ja, das sollst du, das ist dein Beruf, das ist deine Aufgabe.

Ob der Brief seinen Zweck erreicht hat? Wir wissen es nicht. Aber wir wollen hoffen, daß diese Mahnung, mit so viel Liebe und Takt ausgesprochen, auf einen fruchtbaren Boden gefallen ist, daß der Mutter die Augen aufgingen für die Gefahr, die ihrem ganzen Hause drohte, und daß sie sich ermahnen ließ. Willst du dir auch etwas sagen lassen und auf der Hut sein vor dem Gift, das der Teufel in dein Haus und in die Herzen der Deinen schmuggeln will?

Die Isebel von Thyatira

Das letzte Frauenbild, das uns die Heilige Schrift zeigt, ist leider ein Bild voll Sünde und Finsternis. Im vierten Sendschreiben der Offenbarung wird uns das abschreckende Bild der Isebel von Thyatira gezeichnet, die sich über göttliche Anordnungen und Einrichtungen dreist hinwegsetzte und dadurch die Gemeinde verwirrte und zerstörte, bis das Strafgericht Gottes sie ereilte.

Wir lesen Offenbarung 2 – nach wörtlicher Übersetzung –: »Ich weiß deine Werke, und zwar deine Liebe und Glauben und Dienst und Ausdauer und deiner letzten Werke Mehrsein denn der ersteren. Aber Ich habe wider dich, daß du gewähren lässest dein Weib, die Isebel, die sich eine Prophetin nennt, und sie lehrt und verführt Meine Knechte, Hurerei zu treiben und Götzenopfer zu essen. Und Ich gab ihr Zeit, daß sie Buße täte, und sie will nicht Buße tun von ihrer Hurerei. Sieh, Ich werfe sie in ein Bett, und die Ehebrecher mit ihr, nämlich in eine große Drangsal, wenn sie nicht Buße tun werden von ihren (d. h. Isebels) Werken. Und ihre (d. h. Isebels) Kinder werde ich töten mit Tod. Und erkennen werden alle Gemeinden, daß Ich's bin, der Herzen und Nieren erforscht, und Ich werde euch geben einem jeglichen nach euren Werken.«

So schreibt der erhöhte Herr und Heiland durch die Feder des Johannes an den Vorsteher der Gemeinde zu Thyatira. Was für eine Botschaft! Handelt es sich doch um die eigene Frau des Vorstehers, der die Strafgerichte Gottes für ihr Treiben angedroht werden!

Denn jenen Auslegern kann ich nicht zustimmen, welche der Meinung sind, es handle sich hier nicht um eine wirkliche Frauengestalt, sondern nur um die Personifikation einer falschen Lehre oder einer verkehrten Richtung. Mit dem Namen Isebel, so meinen manche, sei die Irrlehre bezeichnet, welche in der Gemeinde Thyatira zur Herrschaft gelangt war. Das kann aber nicht stimmen, denn dann paßt die Strafe gar nicht, welche der Herr in Aussicht stellte. Eine falsche Lehre oder eine verkehrte Richtung kann man doch nicht »in ein Bett werfen«. Und wenn das auch vielleicht wieder als ein bildlicher Ausdruck dafür angesehen werden könnte, daß für die irregegangene Gemeinschaft Strafgerichte kommen würden, so ist es doch nicht zu verstehen, daß *neben* dieser Isebel dann auch noch diejenigen bestraft werden sollen, die mit ihr die Ehe gebrochen haben. Wenn schon Isebel die Gemeinschaft darstellen soll, wer sind dann diejenigen, »die mit ihr die Ehe gebrochen haben«? Nein, die »Ehebrecher«, das ist die irregeleitete Gemeinschaft; aber die Isebel, das ist eine wirkliche Frauengestalt, das ist das Weib des Vorstehers der Gemeinde gewesen.

Warum nennt sie der Herr Isebel? Weil dieser Name genau zu ihrem Wesen paßt. Die Isebel des Alten Testaments war die bekannte Gemahlin des Königs Ahab von Israel, die den Götzendienst Baals in Israel zur Staatsreligion machte. Denn sie war eine energische und tatkräftige Frau, die ihren schwachen Mann vollkommen beherrschte. Geradeso aber stand es gewiß mit der Isebel von Thyatira. Sie war jedenfalls begabter und gewandter als ihr Mann, und darum bekam sie die Herrschaft über ihn. Und nicht nur über ihn, sondern über einen großen Teil der Gemeinde. Je länger, je mehr wurde es ein schädlicher und gefährlicher Einfluß, den sie ausübte. Aber ihr Mann war zu schwach, um ihr Einhalt zu gebieten. Er ließ ihr Treiben gewähren, wenn er auch nicht damit einverstanden war und auch für seine Person nicht mittat.

1. *Er soll dein Herr sein*, das ist das alte Wort, das Gott

im Paradies zu Eva geredet hat. Das Weib war geschaffen, daß es den Mann als seine Gehilfin umgeben sollte, die ebenbürtig neben ihm stand. Und dann hatte Eva der Stimme der Verführung ihr Ohr geliehen, so hatte sie auch ihren Mann zu Fall gebracht, so wird es ihr auferlegt: »Er soll dein Herr sein.« So ist es durch die Jahrhunderte gewesen. Ach, in was für Sklaverei und Knechtschaft ist die Frau hineingeraten, bis auf den heutigen Tag! Wie schrecklich ist noch heute das Los der Frauen in Indien oder bei den Mohammedanern oder bei den Negern in Afrika! Erst Jesus hat da Wandel geschaffen. Er hat die vorige Stellung der Frau wiederhergestellt, wenn auch eine gewisse, auf der Natur der Frau beruhende Abhängigkeit geblieben ist. »Der Mann ist des Weibes Haupt, gleichwie Christus das Haupt ist der Gemeinde.« Das ist der ideale Ausdruck für das Verhältnis, wie es sein soll. So wie ein Kind Gottes vom Herrn Jesus abhängt, so soll die Frau von ihrem Mann abhängen. Wo das nicht der Fall ist, da ist es nicht richtig, nicht biblisch. Wo die Frau die Herrschaft hat über den Mann, da tun alle beide Unrecht. Da sündigt der Mann durch seine Nachgiebigkeit und Schwäche, und da sündigt die Frau durch ihre Herrschsucht und Überheblichkeit. Es ist eine traurige Sache, wo die Frau die Herrschaft hat. Schon in einem Privathaus ist das sehr traurig; aber noch viel schlimmer wird die Sache, wenn der Mann eine Stellung in der Öffentlichkeit bekleidet und die Frau nicht nur ihn beherrscht, sondern auch im Wirkungskreis ihres Mannes ihren Einfluß geltend macht und einen Anhang gewinnt. Das ist nicht nur demütigend und kränkend und schädlich für den Mann, sondern es ist auch im höchsten Maße gefährlich und schädlich für die Frau selbst. Denn es liegt im Wesen der Frau begründet, daß die Herrschaft ihr leicht gefährlich wird. Die Anlage der Frau zielt darauf hin, daß sie sich in abhängiger Stellung an den Mann lehne und seine Weisungen ausführe.

Diesen göttlichen Einrichtungen und Anordnungen hatte sich die Isebel von Thyatira nicht gefügt. Sie fühlte sich als eine Prophetin, sie glaubte, einen besonderen Auftrag an die Gemeinde zu haben. Aber man durchbricht Gottes Ordnungen nicht ungestraft.

Liebe Frau, hüte dich, die Herrschaft in deinem Hause zu erstreben. Daß es einen sehr schlechten Eindruck auf die Leute macht, die zu dir kommen und merken, daß du das Regiment im Hause hast, das ist nicht das Schlimmste, sondern schlimmer ist, daß du dich dadurch gegen Gott und Seine heilige Ordnung versündigst. Und ganz gewiß, der Segen Gottes wird in deinem Hause fehlen, wenn du die Herrschaft an dich reißt. Wie könnte das auch anders sein!? Wenn die Kinder merken, daß es in deinem Hause so unbiblisch zugeht, wenn die Kinder merken, daß der Vater nichts zu sagen hat, dann werden sie ihm auch nicht die erforderliche Achtung entgegenbringen. Und wenn nachher aus den Kindern nichts wird, dann sind die Eltern schuld.

Liebe Frau, bedenke, daß du einmal in heiliger Stunde gelobt hast, deinem Mann untertan zu sein in dem Herrn. Er soll dein Herr sein! Freilich soll der Mann auch kein Tyrann sein, wie es so oft der Fall ist; aber jedenfalls sollst *du* ihm untertan sein. Das ist deine heilige Pflicht. Je besser du das lernst, ihm nach den Augen zu sehen und ihm in Liebe zu dienen, um so williger und völliger wird er dir den Platz geben an seiner Seite, als seiner ebenbürtigen und unentbehrlichen Gehilfin und Gefährtin.

Hüte dich ja, nach einer Stellung zu streben, die sich nicht für dich ziemt, die Gott dir nicht angewiesen hat! Sonst trägt das Ende die Last, wie bei der Isebel von Thyatira.

2. *Eine Prophetin* glaubte sie zu sein; und sie war auch eine, aber eine falsche Prophetin, die einen verderblichen und schädlichen Einfluß auf ihren Mann und die ganze Gemeinde ausübte. Der Herr sagt von ihr: »Sie

lehrt und verführt Meine Knechte, Hurerei zu treiben und Götzenopfer zu essen.«

Hat sie wirklich einen unmoralischen Lebenswandel geführt und auch andere dazu verleitet? So dürfen wir diese Worte jedenfalls nicht verstehen. Mit dem Wort »Hurerei« bezeichnet die Schrift sehr oft die *Abgötterei* Israels. So sagt z. B. Jehu von der Königin Isebel von Israel: »Deiner Mutter Isebel Hurerei und Zauberei wird immer größer« (2 Kö 9, 22). Gott war der rechtmäßige Gatte des Volkes Israel, darum ist es Ehebruch, Hurerei, wenn Israel sich andern Göttern ergibt. Wenn Israel andern Göttern diente, so nennt das die Schrift sehr oft mit dem Ausdruck: »Es hurte ihnen nach«, z. B. 3. Mose 17, 7; 2. Chronika 21, 11.13; Jeremia 3, 1 ff.; 13, 27; Hesekiel 16, 15 ff.; 20, 30; 23, 5; Hosea 1, 2; 2, 4; 4, 12.15 u. a. Es ist klar, daß sich aus einer solchen unkeuschen Stellung Gott gegenüber auch sehr leicht allerlei Sünden gegen Menschen entwickeln. Das sehen wir in der Geschichte Israels zur Genüge. Aber daran ist bei der Isebel in erster Linie nicht zu denken, sondern ihr Einfluß bewirkte es, daß die Herzen nicht mehr ganz und ungeteilt für Gott waren. Man glaubte, Zugeständnisse an die Welt machen zu müssen.

Die Isebel von Thyatira vertrat denselben Standpunkt, den etliche in Pergamus einnahmen, von denen es heißt, daß sie an der Lehre Bileams festhielten, »welcher lehrte den Balak ein Ärgernis aufrichten vor den Kindern Israel, zu essen Götzenopfer und Hurerei zu treiben«. In Pergamus wurde diese Richtung auch mit dem Namen Nikolaiten benannt.

Diese Lehre bezweckte eine Vermischung von Christentum und Heidentum. Man sagte, es könne der Sache des Evangeliums nur nutzen, wenn man nicht so engherzig sei. Es stehe ja auch in den Briefen des Paulus: »Alles ist euer.« Man müsse die Forderungen des Glaubens in Einklang bringen mit den Ergebnissen weltlicher Wissenschaften, man müsse recht weitherzig und duldsam sein, auch im Blick auf weltliche, heidnische Feste und Veranstaltungen, dann würde die Sache des Christentums viel schneller Fortschritte machen. Wenn man sich an den Götzenopfern beteilige, so schade das doch keinem Menschen etwas, da es ja gar keine Götzen gebe. Man habe aber eine gute Gelegenheit, die noch Fernstehenden für Jesus zu beeinflussen. Wenn man erst mit einem Heiden an seinen Götzenfesten teilgenommen habe, dann werde er auch viel leichter an christlichen Versammlungen teilnehmen. Man könne ruhig solche Feste mitmachen und der heitersten Lebensfreude huldigen, ohne sich dadurch zu versündigen. Man solle dem Fleisch nur seinen Willen lassen, den Geist behalte man dabei ja doch rein und unbefleckt. Es stehe ja auch geschrieben: »Dem Reinen ist alles rein.«

Auf solche Weise suchte man einen Bund zwischen Christentum und Heidentum herzustellen. Und so eine Verbindung sagt immer vielen Leuten ungemein zu. Wenn es nur nicht zu entschieden wird, dann sind sie zufrieden. So ein gemütliches Christentum, das es mit der Welt nicht verdirbt, das ist ihr Fall.

Ob diese Isebel nicht auch heute einen großen Anhang gefunden hätte? Ganz gewiß. Wie viele sind heutzutage von demselben Wunsch beseelt, das Evangelium der Welt schmackhaft zu machen. Da werden Basare und Wohltätigkeitsvorstellungen veranstaltet, da vergnügt man sich, so gut man kann, und dann hat man noch das angenehme Gefühl, ein gutes Werk getan zu haben und fromm gewesen zu sein. Welch ein Selbstbetrug! Soll ich sagen, wie Gott das nennt? Das nennt Gott Hurerei und Götzenopfer.

Wie viele gibt es, die des Morgens in der Kirche sitzen und des Abends ins Wirtshaus oder zum Tanz gehen. Das schließt sich nicht gegenseitig aus, meinen sie. Aber wie nennt Gott das? Das nennt Er »Hurerei«!

Wieder andere meinen, man müsse die Politik, den Staat mit dem Sauerteig des Evangeliums durchdringen. So wird das Gleichnis von dem Weib, das den Sauerteig – der in der ganzen Bibel ohne Ausnahme ein Bild des *Bösen* ist – durch das Mehl knetet, mißverstanden. Und da zerplagt man sich mit rastlosen Bemühungen, man agitiert und politisiert, man bemüht sich und quält sich, die Welt mit dem Evangelium zu beeinflussen – und ehe man sich's versieht, hat man das Evangelium aus den Händen und aus dem Herzen verloren – und man bringt dem Götzen der Partei und der Parteileidenschaft Opfer.

So viele verzehren und verzetteln heutzutage ihre Kraft unnütz und umsonst, weil ihr Herz nicht ungeteilt für Gott ist! Was ist bisher bei allen bileamitischen und nikolaitischen Bestrebungen herausgekommen? Nichts, wenigstens nichts Gutes. Je einseitiger man sich aber auf die Seite Gottes stellt, um so fruchtbarer wird man in Seinem Dienst.

Laß dich nicht verführen durch die Stimmen, die auch in unsern Tagen laut werden und viele verführen! »Es ist in *keinem andern* Heil, ist auch kein anderer Name unter dem Himmel den Menschen gegeben, darinnen sie können selig werden«, als einzig und allein der Name Jesus Christus, hochgelobt in Ewigkeit!

3. *Versäumte Gnadenfrist.* Unser Gott ist treu. Auch mit dem größten Sünder hat Er Geduld. Er gibt ihm Frist zur Einkehr und zur Umkehr. Er klopft an, Er wartet, Er bittet. So hat Er es auch bei der Isebel von Thyatira gemacht. Er hat ihr Zeit zur Buße gegeben. Er hat sie gewarnt auf die eine und auf die andere Weise. Aber sie ließ sich nicht warnen. Alle Bemühungen Gottes waren umsonst.

Es erscheint mir immer so besonders groß und anbetungswürdig, wenn ich in der Schrift lese, wie unermüdlich Gott die Leute ermahnt. Was für ein Unheil hat der

König Jerobeam über Israel gebracht, der Israel sündigen machte! Aber auch er bekam seine Warnungen und Mahnungen. Lies nur einmal die Geschichte seines Lebens, dann staunst du, wie Gott sich um seine Seele bemüht hat. Und so macht es Gott immer. Niemand wird sich am Ort der Qual darüber beklagen können, daß Gott ihm nicht in Liebe und Geduld nachgegangen sei.

Aber wieviel Gnade von Gott wird vergeblich empfangen! Bitte, nutze deine Gnadenzeit aus! Gottes Güte will dich zur Buße leiten. Die Anfechtung soll dich lehren, aufs Wort zu hören. Freuden und Leiden braucht Gott, um dich zur Erkenntnis der Wahrheit über dich und über dein Herz und Leben zu bringen.

Und wie oft schon hat Gott durch Sein Wort mit dir geredet, daß du deine Weltliebe, deinen Götzendienst aufgeben solltest! Aber dann hast du es gemacht wie der König Jerobeam, als der Prophet aus Juda zu ihm kam, um ihm die Strafe Gottes anzukündigen (1 Kö 13). Er erhob den Arm gegen ihn und rief seinen Leibwächtern zu, daß sie ihn ergreifen sollten. Aber im selben Augenblick erstarrte der erhobene Arm und wurde gelähmt. Hast du es nicht auch schon so gemacht, daß du dich erzürntest gegen den Boten, den Gott dir schickte? Statt in dich zu schlagen, schlugst du *um* dich. Eile, deine Gnadenzeit zu nützen, es ist nicht immer Gnadenzeit! Und wenn du die kostbare Zeit der Gnade ungenutzt verstreichen läßt, dann kommen die Gerichte, dann kommen die Heimsuchungen.

Von der Isebel von Thyatira sagt der Herr: »Und Ich gab ihr Zeit, daß sie Buße täte – und sie will nicht Buße tun.«

Wie traurig: Gott will; aber Isebel will nicht. Für jeden Sünder gibt es Gnade, wenn er sie nur nehmen und ergreifen will. Darauf allein kommt es an. Wer nicht will, dem kann nicht geholfen werden.

Willst du? Willst du es dir sagen lassen? Gott hat dir

Zeit gegeben, Er hat sie dir dazu gegeben, daß du Buße tust. Willst du?

4. *Das Gericht.* Wenn alle Bemühungen und Ermahnungen Gottes umsonst sind, dann kommt das Gericht. So war es auch in Thyatira. »Siehe, Ich werfe sie in ein Bett und die Ehebrecher mit ihr, nämlich in große Drangsal, wenn sie nicht Buße tun werden von ihren Werken.«

Auch göttliche Geduld geht einmal zu Ende. Gottes Mühlen mahlen langsam; aber sie mahlen furchtbar fein. Und wehe, wenn die Mühlsteine Gottes einmal anfangen, sich in Bewegung zu setzen!

»Siehe«, sagt der Herr. Das heißt: merke auf! Ja, jetzt gibt es etwas zu sehen; aber die Haut kann einem schaudern bei dem Schauspiel, das nun kommt. »Will man sich nicht bekehren, so hat Gott Sein Schwert gewetzt und Seinen Bogen gespannt und zielt« (Ps 7, 13). Und Er wird einen jeden zu treffen wissen. »Es ist furchtbar, in die Hände des lebendigen Gottes zu fallen!«

Große Drangsal wird über die Isebel und ihren Anhang hereinbrechen. Genauso wie damals große Drangsal kam, als Bileam das Volk verführt hatte, so daß es sich an den Baal-Peor hängte und die Götzenfeste der Moabiter mitmachte. Da kam ein großes Sterben, welches vierundzwanzigtausend Menschen dahinraffte. An dem einen Hauptgerichtstag starben allein dreiundzwanzigtausend Mann, wie wir 1. Korinther 10, 8 lesen.

»Ich werde ihre Kinder töten mit Tod«, so heißt es wörtlich. Das bezeichnet eine besondere Seuche, die unter den Verführten aufräumt. So mordete im Mittelalter der »Schwarze Tod« und brachte viele Menschen um. Wenn Gott anfängt, in Seinem Zorn zu reden, dann ist Seine Stimme wie rollender Donner, dann ist der Hauch Seines Mundes Tod und Verderben.

Soll das dein Ende sein? Laß dich warnen, Gottes Gnade nicht aufs Spiel zu setzen. Er ist der Herr, der

Herzen und Nieren erforscht. Er wird einem jeden geben nach seinen Werken. Nimm dich in acht, Er nimmt es genau!

Die Isebel von Thyatira hat nicht Buße getan. Sie hat ein Ende mit Schrecken genommen. Wie entsetzlich: die Frau eines gläubigen Mannes, des Vorstehers der Gemeinde! Gewiß hat sie auch einst religiöse Erfahrungen gemacht. Gewiß hat sie auch einst eine bessere Stellung eingenommen. Aber der eine Punkt war ihre Gefahr: Sie wollte herrschen. Und wer an *einer* Stelle sich gegen Gott auflehnt, der kommt immer weiter von Gott ab. Darum hüte dich vor dem Anfang, hüte dich vor dem ersten falschen Schritt in verkehrter Richtung! Dann folgt ein Schritt auf den anderen, bis es hinabgeht in ewiges Verderben.

Was für schwächliche, rührselige Vorstellungen sich Leute oft von Gott und dem Herrn Jesus machen! Ja, Gott ist die Liebe. Aber nicht so eine schwache Eli-Liebe, die nicht strafen kann, o nein, sondern eine ernste, heilige Liebe, die das Böse haßt und straft. Ja, Jesus ist das Lamm Gottes gewesen, das der Welt Sünde trug; aber wenn du die Gnadenzeit mißbrauchst, dann wird Er sich erheben als der Löwe aus Juda und wird die Übertreter zerreißen. Dann werden auch die sogenannten Rachepsalmen, die jetzt manchem so befremdlich vorkommen, ihre Erfüllung finden; dann wird Er sie mit Seinem eisernen Zepter zerschlagen, wie Töpfe wird Er sie zerschmeißen (Ps 2). Dann wird Er die Kinder Babels nehmen – um sie zu zerschmettern an einem Stein (Ps 137).

Wie entsetzlich wird das Wehegeschrei der Isebel von Thyatira und ihrer Anhänger gewesen und – geblieben sein bis auf diesen Tag, seitdem sie am Ort der Qual ankam, »wo der Wurm nicht stirbt und das Feuer nicht erlischt!« So nahe dem Heil gewesen, in einer gläubigen Gemeinde, an der Seite eines gläubigen Mannes gelebt – und doch verlorengegangen!

»Da wird sein Heulen und Zähneklappen!« Da wird die Hölle widerhallen von den Selbstverwünschungen dieser Isebel und von den Flüchen derer, die sich von ihr verleiten und verführen ließen. Wie die Furien in der alten Sage das böse Gewissen ängstigen und verfolgen, so werden diese Verführten die Isebel von Thyatira verfolgen, um ihr ihre Flüche entgegenzuschleudern: »Du bist schuld! Du bist schuld!«

Genug davon! Schon der bloße Gedanke daran ist fürchterlich.

Noch ist Gnadenzeit. Noch ist der Tag des Heils. »Heute, so ihr Seine Stimme hört, so verstocket eure Herzen nicht!« Heute!

Die Braut des Lammes

Bei dem Bild der Isebel von Thyatira taten wir einen Blick in die Hölle; nun wollen wir zum Schluß noch einen Blick in die Herrlichkeit tun. Es handelt sich dabei allerdings nicht um das Weib eines Menschen, sondern um »Sein Weib«, um die Braut des Lammes, die Gemeinde Jesu Christi.

Wir lesen in der Offenbarung im 19. Kapitel: »Und ich hörte als eine Stimme einer großen Schar und als eine Stimme großer Wasser und als eine Stimme starker Donner, die sprachen: Halleluja! Denn der allmächtige Gott hat das Reich eingenommen. Laßt uns freuen und fröhlich sein und Ihm die Ehre geben! Denn die Hochzeit des Lammes ist gekommen, und Sein Weib hat sich bereitet. Und es ward ihr gegeben, sich anzutun mit reiner und schöner Leinwand. Die köstliche Leinwand aber ist die Gerechtigkeit der Heiligen.«

Und wiederum heißt es im 21. Kapitel: »Komm, Ich will dir das Weib zeigen, die Braut des Lammes. Und Er führte mich hin im Geist auf einen großen und hohen Berg, und zeigte mir die große Stadt, das heilige Jerusalem, herniederfahren aus dem Himmel von Gott.«

Schon in alten Zeiten hat Gott mit dem Volk Israel einen Bund gemacht. Er wollte Israels Gott sein, und Israel sollte sein Volk sein. Wie hat Er um dieses Volkes Liebe geworben! Sieben Jahre warb einst Jakob um die Rahel. Aber Gott hat länger geworben, Jahrzehnt um Jahrzehnt hat Er geworben um dieses Volk, Jahrhundert um Jahrhundert! Und doch war alle Seine Liebesmüh umsonst. Das Volk wollte immer den Irrweg. Durch die Jahre der Wüstenwanderung, durch die Zeit der Richter und durch die Zeit der Könige – es war immer dasselbe

Lied und dasselbe Leid – und das Volk versündigte sich an seinem treuen Bundesgott. Und doch hatte Gott noch Geduld, und doch sprach Gott noch durch den Propheten Hosea zu diesem ehebrecherischen und verkehrten Geschlecht: »Ich will mich mit dir verloben in Ewigkeit.« Aber alles war umsonst. »Sie entrüsteten und erbitterten Seinen Heiligen Geist; darum ward Er ihr Feind und stritt wider sie« (Jes 63, 10).

Jetzt macht Gott einen Neuen Bund. In Christus bietet Er der Völkerwelt Seine Liebe an. Nun sendet Er Seinen Elieser, den Heiligen Geist, um für Seinen Sohn Jesus eine Braut zu werben. Hat der Heilige Geist als der himmlische Brautwerber nicht auch schon an deine Tür geklopft? Hat Er nicht auch schon um *dein* Herz und *deine* Liebe geworben und dich gebeten, dich dem Sohne Gottes anzuvertrauen und Ihm das Jawort zu geben? Gewiß hat Er das getan. Hast du es Ihm gegeben? Hast du wie Rebekka einst den Entschluß gefaßt: Ja, ich will mit diesem Manne ziehen?

Bedenke doch, du sollst mit dem Herrn einen Bund eingehen! Was für ein Angebot! Es ist kein Traum, keine Einbildung, sondern es ist Wirklichkeit und Wahrheit: Jesus wirbt um dein Herz. Auch du sollst zu Seiner Braut, zu Seiner Gemeinde gehören. Ist das nicht jedes Opfer wert?

Wenn dir eine solche Stellung angeboten wird, da kannst du dich noch besinnen? Da kannst du noch zögern? Gewiß, wenn du auf diese Werbung eingehst, dann mußt du auf deinen eigenen Willen verzichten, denn zwei Herren kannst du nicht dienen. Aber ist denn das ein Opfer? Schau nicht auf das, was du aufgeben sollst, blick auf Ihn, der um dich wirbt, auf Ihn, den Schönsten unter den Menschenkindern! Blick in seine Augen voll Liebe und Güte, blick in Sein Herz, das für dich schlägt – kannst du dann noch zaudern?

Jesus macht das Herz so froh und glücklich. Das

bezeugen alle die, welche Ihm das Jawort gegeben haben:

> Mein Herr ist unbeschreiblich gut,
> und was Er täglich an mir tut,
> kann niemand besser machen!

Ja, wie aus *einem* Munde bekennen sie mit Woltersdorf:

> Wo ist ein solcher lieber Herr,
> der alle Tage herrlicher
> sich gegen mich bezeiget?
> Ich weiß – so wahr Er mir vergibt,
> ich weiß nicht, was Er an mir liebt
> und was Ihn zu mir neiget.
> Heftig, kräftig, unbeschreiblich,
> ganz ungläublich
> sind die Triebe Seiner wunderbaren Liebe!

Ist dir schon jemals ein Mensch begegnet, der ein Wort der Klage über Jesus gehabt hätte? Und so wirst du nie jemand finden, so alt du auch wirst; sondern sie alle, die Ihn kennengelernt haben, die haben nur *ein* Wort des Lobes und des Preises für Ihn. Frage einmal diejenigen, die zurückgegangen sind und die Welt wieder liebgewonnen haben – frag sie einmal, ob sie jetzt glücklicher sind. Du brauchst sie nur einmal anzuschauen, dann hast du schon die Antwort. Glücklich? Nein! In der Welt finden sie keine Befriedigung, und bei den Kindern Gottes haben sie keine Ruhe. Hier haben sie nichts, und dort haben sie nichts. Arme, unglückliche Menschen!

Nun, so komm! »Gib Ihm dein Herz und folg Ihm sofort!«

Aber auch wenn du dem Herrn schon dein Jawort gegeben hast, bedenke: »Auserkorne, Hochgeborne, *standsgemäß* man wandeln muß.«

Bist du ein Glied der Gemeinde Jesu, dann darfst du

459

auch nicht mehr nach deinem Belieben leben, sondern dann hast du zu fragen: »Herr, was willst Du, daß ich tun soll?

Nicht wahr, eine Braut, die ihren Bräutigam liebhat, wird nichts tun, wovon sie denkt, daß es ihn betrüben könnte? Und wenn es ihr fraglich ist, was er darüber denkt, dann fragt sie ihn. Und wenn sie ihn nicht fragen kann, dann denkt sie in unsicheren Fällen: Ich will es lieber nicht tun; es könnte sein, daß es ihm nicht recht ist.

Aber ist das nicht eine traurige Stellung, so abhängig zu sein? Frag einmal eine Braut, ob sie es nicht sehr schwer habe, daß sie nun immer erst den Bräutigam fragen müsse. Sie wird lächeln und dir die Antwort geben: Ob ich es schwer habe? O nein, sondern das Los ist mir gefallen aufs Liebliche. Das ist mir doch kein Zwang und Druck, ihn zu fragen, das tue ich doch von Herzen gern, ich habe ihn ja so lieb! Und ich möchte doch um alles in der Welt nichts tun, was ihn irgendwie betrüben könnte! Es ist einer Braut kein Opfer, es ist ihr eine Lust und eine Wonne, sich von dem geliebten Bräutigam abhängig zu machen. Frag sie nur!

Und siehe, so ist es noch viel mehr Wonne und Seligkeit, von Jesus abhängen zu können. Ihn um alles zu fragen, mit Ihm alles besprechen zu dürfen.

Und wenn ein Bräutigam seiner Braut etwas sagen muß, wenn er sie auf etwas aufmerksam machen muß, was ihm mißfällt, was tut sie dann? Dann tut sie sofort das weg, was ihm nicht gefällt, damit doch nur ja nichts zwischen ihre Herzen sich stellen möchte. Es ist ihr kein Opfer, das daranzugeben, was ihm mißfällt. Sie hat ihn ja lieb! Und da ist es ihr so selbstverständlich, daß sie alles meidet, was er nicht gern sieht.

Nun, so soll es auch in dem Verhältnis zu Jesus sein. Wenn Er auf etwas den Finger legt, dann sollte es selbstverständlich sein, daß man Ihm die erkannte Sünde ausliefert. Ein wirkliches Gotteskind bringt es auf die Dauer doch nicht fertig, in erkannten Sünden zu leben. Denn da fühlt es, daß sich eine Scheidewand zwischen Gott und der Seele aufrichtet, die das Glück und den Frieden stört.

Darum, wer den Herrn wirklich liebhat, der hat eine gute Gelegenheit, es Ihm zu beweisen. Wer Ihn wirklich liebhat, der wird nicht in Dingen leben, die dem Bräutigam mißfallen.

Hier auf Erden ist Brautstand, droben ist Hochzeit. Wie tönt es rauschend und brausend durch die Räume des Himmels: »Halleluja! Denn der allmächtige Gott hat das Reich eingenommen. Lasset uns feuen und fröhlich sein und Ihm die Ehre geben! Denn die Hochzeit des Lammes ist gekommen, und Sein Weib hat sich bereitet.«

Wie lange hat der Herr schon darauf gewartet, daß Seine Braut sich bereite, und sie hat es versäumt und verträumt. Sie hat sich mit allerlei irdischem Tand abgegeben, und darüber hat sie ganz vergessen, sich zu bereiten.

Aber in unseren Tagen, da spüren wir, wie der Geist mit Macht an der Arbeit ist, um die Gemeinde zu bereiten, um sie als eine bereitete und geschmückte Braut ihrem himmlischen Bräutigam zuzuführen. Es geht ein Verlangen durch die Reihen der Gläubigen, rein und frei zu werden von aller Sünde und Gebundenheit. Man bekennt öffentlich und sonderlich seine Sünden. Man räumt auf mit alten Geschichten, die wie ein Bann auf dem Herzen liegen. Näher und näher kommt die Stunde, wo der Heilige Geist im Blick auf die Gemeinde dasselbe Wort sagen kann, das Jesus einst gesprochen, im Blick auf die Erlösung: »Es ist vollbracht!« Und dann wird der Jubel durch den Himmel tönen: »Die Hochzeit des Lammes ist gekommen, und Sein Weib hat sich bereitet.«

Willst du nicht mit dazugehören? Willst du nicht mit dabeisein? Darum bereite dich! Ja, fragst du, wie soll ich mich denn bereiten? Was gehört denn dazu, um bereit zu sein?

»Und es ward ihr gegeben, sich anzutun mit reiner und schöner Leinwand. Die köstliche Leinwand aber ist die Gerechtigkeit der Heiligen.«

»Es ward ihr *gegeben*, sich anzutun.« Die Braut braucht für das Brautkleid nicht selber zu sorgen. Das schenkt ihr der Bräutigam. Sie braucht es nur anzutun. Er hat es erworben, es hat Ihn einen hohen Preis gekostet. Er hat es mit Seinem Blute bezahlt. Das Brautkleid heißt: die Gerechtigkeit Christi, die vollkommene, fleckenlose Heiligkeit und Gerechtigkeit Christi. Und die wird uns als Geschenk angeboten. Wir brauchen nichts mehr dazuzutun. Nicht mit eigenen Bemühungen, nicht mit unsern Anstrengungen, nicht mit unserer Frömmigkeit und Religiosität können wir das Brautkleid erwerben. Wir bekommen es geschenkt. – Diese Gerechtigkeit allein befähigt uns, am Hochzeitstag unsern Platz zur Seite des Lammes einzunehmen, nur diese völlige und wirkliche Gerechtigkeit der Heiligen. Gott sei Dank, daß sie geschenkweise zu haben ist! Sonst kämen wir nie in ihren Besitz. Gott sei Dank, daß wir weiter nichts zu tun brauchen, als diese für uns so teuer erworbene Gerechtigkeit anzunehmen und zu ergreifen!

So leicht ist sie zu haben? Ja, so leicht ist sie zu haben. Durch den Glauben kannst du sie bekommen. Aber weil sie so leicht zu bekommen ist, darum *mußt* du sie auch haben. Wage nur nicht, dich ohne dies hochzeitliche Kleid in den Hochzeitssaal zu begeben. Du weißt ja, wie es dem ging, der kein hochzeitliches Kleid anhatte. Er wurde an Händen und Füßen gebunden und in die äußerste Finsternis hinausgeworfen, weil er in seiner Vermessenheit das Kleid, das ihm angeboten war, verschmäht hatte.

Ohne Heiligung wird niemand Gott schauen. »Selig sind, die reinen Herzens sind, denn sie werden Gott schauen.«

Wirst du dabeisein? O wie herrlich wird das sein, ewig mit Ihm verbunden zu sein und bleiben zu dürfen! Mit Ihm, den unsere Seele liebt!

Wie wird es sein, wenn Er Sein Reich aufrichtet auf dieser Erde – das Friedensreich der tausend Jahre –, und wir dürfen mit dabeisein! Wunderbar! Wie wird das sein, wenn das himmlische Jerusalem, die Braut des Lammes, vom Himmel herniederfährt und auf die Erde kommt! Und dann werden wir thronen an Seiner Seite. Wir werden mit Ihm herrschen dürfen – wenn's nicht geschrieben stände, so würde ich es für Vermessenheit halten, das zu glauben. Aber nun steht es geschrieben, und das Wort Gottes ist ewige Wahrheit.

Es wird geschehen! Wir dürfen an Seiner Herrlichkeit teilhaben, wir dürfen mit Ihm herrschen. Willst du nun auf die Herrlichkeitsgedanken Gottes mit dir eingehen? Willst du nun ja sagen zu den wunderbaren Absichten, die Gott mit dir hat? Oh, ich bitte dich, sage ja! Ach, daß Gott mit dir und mir zu Seinem Ziele kommen möchte in Zeit und Ewigkeit!

> Wenn nach der Erde Leid, Arbeit und Pein
> ich in die goldenen Gassen zieh ein,
> wird nur das Schaun meines Heilands allein
> Grund meiner Freude und Anbetung sein!
> Das wird allein Herrlichkeit sein,
> wenn, frei von Weh, ich Sein Angesicht seh!
>
> Wenn dann die Gnade, mit der ich geliebt,
> dort eine Wohnung im Himmel mir gibt,
> wird doch nur Jesus und Jesus allein
> Grund meiner Freude und Anbetung sein!
> Das wird allein Herrlichkeit sein,
> wenn, frei von Weh, ich Sein Angesicht seh!

Dort vor dem Throne im himmlischen Land
treff ich die Freunde, die hier ich gekannt;
dennoch wird Jesus und Jesus allein
Grund meiner Freude und Anbetung sein!
Das wird allein Herrlichkeit sein,
wenn, frei von Weh, ich Sein Angesicht seh!